STARK

ABITUR-WISSEN DEUTSCH

Werner Winkler

Prüfungswissen Oberstufe

STARK

Bildnachweis

S. 4   © Ewe Degiampietro – Fotolia
S. 7   © andresr – Fotolia
S. 38   © DLA-Marbach
S. 42   2007 © Christian Schneider
S. 48   Cinetext Bildarchiv
S. 69   © Adrian Hillman – Fotolia.com
S. 77   © cinetext
S. 81   © ullstein – Will
S. 84   © Simone Manthey
S. 87   © Juliane Zitzlsperger
S. 92   ullstein bild – dpa
S. 104 © BilderBox.com
S. 114 © Tomasz Kaczmarek – Fotolia
S. 119 © Vladimir Voronin – Fotolia.com
S. 120 © imago / Rüdiger Wölk
S. 123 © Vladek / Dreamstime.com
S. 125 Colin Anderson / Getty Images
S. 139 © Alex Slobodkin / iStockphoto.com
S. 150 © picsfive – Fotolia.com
S. 156 Johann Caspar Lavater, Hinter der Maske der Schönheit lauert der Tod
        (http://de.wikipedia.org/w/index.php?title=Datei:Vanitas_01.png&filetimestamp
        =20050413102019)
S. 170 © Cinetext / Jürgen Banse
S. 245 © Robert Adrian Hillman / iStockphoto.com

ISBN 978-3-89449-419-3

© 2012 by Stark Verlagsgesellschaft mbH & Co. KG
www.stark-verlag.de
1. Auflage 2000

Das Werk und alle seine Bestandteile sind urheberrechtlich geschützt. Jede vollständige oder teilweise Vervielfältigung, Verbreitung und Veröffentlichung bedarf der ausdrücklichen Genehmigung des Verlages.

Inhalt

Vorwort

Analysieren, Erschließen und Interpretieren von Texten   1

Texte und Aufgabenstellungen 1
    Allgemeine Untersuchungsbereiche 2
    Aufgabenschwerpunkte bei nichtpoetischen Texten 3
    Aufgabenschwerpunkte bei poetischen Texten 4
Methodisches Vorgehen und sprachliche Gestaltung 5
    Arbeitsschritte 5
    Hinweise zur sprachlichen Gestaltung 7
Häufige Fehler bei Textuntersuchungen 7
    Fehler beim Erfassen der Aufgabe(n) und des Textes 7
    Fehler beim Konzipieren der Gliederung 8
    Fehler bei der Ausarbeitung 8
    Fehler bei der sprachlichen Gestaltung 8
Häufige Aufgabenbereiche und Arbeitsanweisungen 10
    Umfassende Aufgabenstellungen 10
    Einzelaufgaben 12

Untersuchungsbereiche epischer Texte   33

Der Erzähler 34
    Autor und Erzähler 34
    Wandel der Erzählerposition 34
    Erzählform 34
    Erzählperspektive 35
    Formen des Erzählverhaltens 38
    Darbietungsformen des Erzählens 40
    Aufgaben- und Bearbeitungsbeispiel 42
Aufbau und Handlungsgang 44
    Phasenbildung 44
    Verknüpfungen 45
    Erzähleinsatz 46
    Handlungsstränge 47
    Äußere und innere Handlung 47
    Hinweise zur Untersuchung 48

Figurendarstellung 49
   Figurenkonzeption: Die Einzelfigur 49
   Figurenkonstellation: Die Figuren im Beziehungsgeflecht 52
   Figurendarstellung im geschichtlichen Verlauf 53
   Aufgaben- und Gliederungsbeispiel 54
Raumgestaltung und Raummotive 55
   Raumarten und Raumfunktionen 55
   Raumerfahrungen und Reaktionen 56
   Raumdarstellung im geschichtlichen Verlauf 57
Zeitgestaltung 59
   Erzählzeit und erzählte Zeit 59
   Rückwendung und Vorausdeutung 60
   Zeitbewusstsein im geschichtlichen Verlauf 61
Epische Formen 63
   Kleinere Formen 63
   Die Novelle als Form mittleren Umfangs 66
   Der Roman als Großform 66

Untersuchungsbereiche dramatischer Texte   73

Die Komposition 73
   Die Darstellung der Geschichte 73
   Gliederungseinheiten 73
   Handlung und Geschehen 75
   Offene und verdeckte Handlung 75
   Geschlossene und offene Form des Dramas 75
Figurendarstellung 79
   Figurenkonzeption: Die Einzelfigur 79
   Figurenkonstellation: Die Figuren im Beziehungsgeflecht 81
Raum- und Zeitgestaltung 83
   Konzeptionen und Funktionen des Raumes 83
   Gestaltung der Zeit 84
Formen und Funktionen der dramatischen Sprache 86
   Formen der dramatischen Sprache 86
   Funktionen der dramatischen Sprache 89
Geschichtliche Entwicklung und Formen des Dramas 90
   Hinweise zur Gattungsgeschichte 90
   Aspekte zur Poetik und Aristoteles-Rezeption 93
   Wichtige Formen des Dramas 94
Aufgaben- und Gliederungsbeispiel 98

Untersuchungsbereiche lyrischer Texte — 99

Einteilungsmöglichkeiten 99
Das lyrische Ich 100
Bauelemente lyrischer Texte 101
    Der Vers 101
    Strophe, Strophenformen 105
Gedichte fester Bauart 106
    Ballade 106
    Elegie 106
    Epigramm 106
    Hymne 106
    Lied 107
    Ode 107
    Sonett 107
Lyrische Sprache 110
    Klang 110
    Bildlichkeit 113
    Syntaktische Besonderheiten 116
Aufgaben- und Gliederungsbeispiel 118

Untersuchungsbereiche von Sachtexten und Essays — 119

Kommentierende Formen 119
    Kommentar, Leitartikel 119
    Glosse 120
    Rezension 121
Rede 123
    Aufbau einer Rede 123
    Analyse einer Rede 123
Essay 125
    Analyse eines Essays 125

Die Erörterung — 127

Formen 127
Arbeitsschritte 128
    Erfassen der Aufgabenstellung 128
    Erschließen des Themas 129
    Stoffsammlung 130
    Gliederung 131
    Ausarbeitung 135

Häufige Fehler 139
    Einleitung 139
    Hauptteil 139

Gestaltendes Erschließen — 141

Die gestaltende Interpretation 141
    Arbeitsanweisungen 141
    Hilfreiche Grundlagen 142
    Methodisches Vorgehen 144
Das adressatenbezogene Schreiben 145
    Arbeitsanweisungen 145
    Methodisches Vorgehen 146
    Verfassen eines Kommentars / einer Rede/ eines Leserbriefs /
        eines Essays auf der Grundlage von Texten 147

Literaturgeschichte — 153

Barock (1600–1720) 153
Aufklärung und Empfindsamkeit (1720–1785) 160
Sturm und Drang (1765–1785) 167
Klassik (1786–1805) 173
Romantik (1795–1830) 181
Biedermeier, Junges Deutschland, Vormärz (1820–1850) 188
Realismus (1850–1890) und Naturalismus (1880–1900) 195
Die Moderne. Die Literatur um die Jahrhundertwende,
    Gegenströmungen zum Naturalismus (1880–1910) 203
Die Literatur in der Zeit des Expressionismus (1910–1925) 213
Die Literatur in der zweiten Hälfte der Weimarer Republik
    (1925–1933) 220
Die Literatur in der Zeit des Nationalsozialismus (1933–1945) 226
Die deutschsprachige Literatur im Westen (1945–1990) 230
Die Literatur der DDR (1945–1990) 237
Die deutsche Literatur nach der Wiedervereinigung 240

Literaturhinweise 253
Stichwortverzeichnis 255

Vorwort

Liebe Schülerin, lieber Schüler,

dieses Buch will Ihnen bei der Vorbereitung auf Klausuren und die Abiturprüfung im Fach Deutsch helfen.

Eine kompakte, klar strukturierte und übersichtliche Darstellung grundlegender Fakten ermöglicht Ihnen, wichtige Wissensgebiete und Arbeitstechniken rasch zu wiederholen und vorhandene Kenntnislücken zu schließen. Die Konzentration auf wesentliche und prüfungsrelevante Stoffgebiete erleichtert das effektive Lernen.

Dieser Band bietet Ihnen verdichtet Informationen zu Aufsatzarten, Aufgabenstellungen und Vorgehensweisen sowie Begriffserläuterungen und literarische Grundkenntnisse. Ein Abriss der Literaturgeschichte darf dabei nicht fehlen. Zahlreiche Beispiele, Bearbeitungsvorschläge und praktische Übersichten runden die gezielte Vorbereitung ab.

Arbeiten Sie die einzelnen Kapitel systematisch und sorgfältig durch. Dann können Sie in der konkreten Prüfungssituation Aufgabenstellungen leichter klären, methodisch angemessene Lösungswege finden und stichhaltige Argumente sprachlich korrekt formulieren.

Für Ihre Prüfungsvorbereitung wünsche ich Ihnen viel Spaß und Erfolg!

Werner Winkler

Analysieren, Erschließen und Interpretieren von Texten

Die Untersuchung vorgegebener Texte und die Auseinandersetzung mit ihnen ist wesentlicher Bestandteil der schriftlichen Abiturprüfung im Fach Deutsch. Zum Gelingen der Bearbeitung kann die Kenntnis von Textarten und häufigen Aufgabenstellungen entscheidend beitragen.

Texte und Aufgabenstellungen

Ein **Text** (lat. textus: Geflecht, Gewebe) ist ein nach bestimmten Ordnungskriterien (Regeln) zusammengesetztes Gefüge von Wortfolgen. Die Regeln, die Inhalt, Gestaltungsmittel und Gehalt betreffen, können aus Gewohnheit entstanden oder willkürlich festgelegt sein. Alle Sätze sind strukturiert, aufeinander bezogen, ergeben in ihrer Gesamtheit einen Inhalt und erzielen Wirkung beim Rezipienten.

Der Begriff **Literatur** (lat. litteratura: Buchstabenschrift) wurde früher für alles Geschriebene verwendet. Heute wird er auch für mündlich Vermitteltes und mit technischen Geräten akustisch Konserviertes gebraucht. Ausdrücke wie „schöne Literatur", „Gebrauchsliteratur", „Trivialliteratur" und „Unterhaltungsliteratur" zeigen die Bandbreite des Begriffs. In einem engeren Sinne unterscheidet man Schriftwerke von hoher kulturgeschichtlicher Bedeutung und Unterhaltungsliteratur von Gebrauchs- und Sachliteratur.

Bei einer Textuntersuchung hilft die Differenzierung in nichtpoetische Texte (nichtfiktionale Texte, Gebrauchstexte) und poetische Texte (fiktionale Texte, literarische Texte). Die **nichtpoetischen Texte** lassen sich nach der Autorintention weiter untergliedern. So spricht man von belehrenden (kognitiven), regelnden (normativen), mitteilenden (informativen), begründenden (argumentativen) und auffordernden (appellativen) Texten. Mischformen, etwa Glosse oder Rezension, verbinden mehrere Intentionen. Bei den **poetischen Texten** ist zunächst die Gliederung nach den drei Grundgattungen ausreichend: epische, dramatische und lyrische Texte. Auch hier finden sich Mischformen wie die Ballade. Der Essay enthält poetische und nichtpoetische Anteile.

Poetische Texte unterscheiden sich durch ihre fiktive Wirklichkeit, ihre Komplexität und Vieldeutigkeit von den oft eindeutigen, zweckgerichteten Gebrauchstexten. Diesem Unterschied wird meist auch in der Aufgabenart und -stellung entsprochen: Während die **Textanalyse** mehr auf Segmentierung und genaue Beschreibung von Gebrauchstexten angelegt ist, zielt die **Interpretation** auf eine vertiefte Deutung von poetischen Texten. Da die Aussagen jeder Interpretation stets belegt, begründet und überzeugend abgesichert sein müssen, wird einsichtig, dass die faktenorientierte **Erschließung** im Vorfeld der Deutung und innerhalb der Interpretation absolut notwendig ist. Die Aufgabenziele und Lösungserwartungen bei diesen umfassenderen Aufgabenstellungen können allerdings variieren. So werden bei Textanalysen mitunter auch fiktionale Texte untersucht und bei Erschließungen können unter Umständen Deutungen erwartet werden.

Manchmal führt die Differenzierung in fiktionale und nichtfiktionale Literatur allerdings zu Problemen. Dies geschieht, wenn bei Formen der politischen Dichtung, der engagierten und dokumentarischen Literatur, der künstlerische Anteil gesellschaftlichen Intentionen geopfert wird. Andererseits können Sachbuchtexte oder Essays durch ihre sprachliche Beschaffenheit und ihren Gehalt in den Bereich der „hohen" Literatur hineinreichen. Letztlich geht es also um Wertungskriterien, die Fragen der Kunst berühren und von epochalen und persönlichen Maßstäben beeinflusst werden. Hier berücksichtigt man Kriterien der Analyse als auch der auslegenden und deutenden Interpretation.

Bei Prüfungen kommen einteilige Arbeitsanweisungen, einteilige Aufgabenstellungen mit Zusatzhinweisen und mehrteilige Aufgabenstellungen vor. Handelt es sich um eine differenziertere Anforderung, so zielen die einzelnen Teile in der Regel auf Inhalt, Gestaltungsmittel und Ideengehalt. Da eine Trennung der einzelnen Bereiche besonders bei fiktionalen Texten oft schwierig ist (vgl. Beziehungen zwischen Form und Gehalt) und zu Wiederholungen und Formalismus verführen kann, eröffnet die globalere, einteilige Aufgabenstellung („Interpretieren Sie ...") dem Schüler ein freieres und breiteres Bearbeitungsspektrum.

Allgemeine Untersuchungsbereiche

Autoren verfolgen mit ihren Texten bestimmte Absichten. Dabei schwingen bewusst oder unbewusst persönliche Erfahrungen sowie situative, historisch bedingte Gegebenheiten mit. Sie beeinflussen die Wahl des Themas, dessen Einbindung in eine Textart und dessen Darstellung in Inhalt und Gestaltung. Der Text selbst löst unterschiedliche Wirkungen aus, die durch den Einsatz von Vermittlern verstärkt werden können.

Damit ergeben sich, die Textgenese betreffend, drei Untersuchungsfelder, die bei allen Textarten eine Rolle spielen:

Im ersten Untersuchungsbereich fragt man nach den Hintergründen, den Einflüssen, Ursachen, Anlässen und Absichten, die zur **Textentstehung** führten. Antworten liefern:
- die Biografie des Autors (Elternhaus, Erziehung, Ausbildung, private und berufliche Umwelt, Interessen, Wertvorstellungen, Bildungsstand, sprachliche Fähigkeiten) und
- die situativen Grundfaktoren (tiefer gehende Einflüsse aus dem sozialen, politischen, wirtschaftlichen, kulturellen und weltanschaulichen Umfeld).

Der zweite Untersuchungsbereich erfasst den Text, wie er sich in seinem **Inhalt**, seiner **Gestaltung** und seinem **Gehalt** präsentiert. Schwerpunkte sind:
- Thema,
- Textart (Textsorte, Gattung, Textform),
- Inhalt,
- Gestaltung, beinhaltend
  - den äußeren und inneren Aufbau (z. B. Strophenstruktur, Gedankengang, Argumentationsgang, Erzählstrategie, Gesprächs- bzw. Dialogführung, Komposition) und
  - die Art der Darbietung (Argumentationsweise, Sprache),
- Ideengehalt, Motivik, Problemgehalt.

Der dritte Bereich schließlich befasst sich mit der feststellbaren oder vermuteten **Wirkung** des Textes. Man untersucht:
- Autorintentionen und Lesererwartungen (Interessenbereiche, Wünsche),
- den Einsatz der Vermittler (z. B. Verlagswerbung, Kritikerurteil, Medieneinsatz) und
- die Rezeptionsgeschichte.

Aufgabenschwerpunkte bei nichtpoetischen Texten

Nichtpoetische Texte werden von Realitätsbezug und zweckorientierter Intention bestimmt. Bei **argumentativen Texten** (z. B. Kommentar, Rezension) liegt der Schwerpunkt der Analyse vor allem auf gedanklichem Aufbau, Argumentationsgang und Argumentationsweise sowie der sprachlich-stilistischen Darstellung. Bei **appellativen Texten** (z. B. Rede, Werbung) geht es um das angestrebte Ziel (was will der Autor erreichen?), die eingesetzten Mittel (womit soll das Ziel erreicht werden?) und den Adressatenbezug (welche Wirkung haben die eingesetzten Mittel? Welche Folgen lassen sich erschließen oder sind zu erwarten?). Rein **kognitive, normative und informative Texte** (z. B. Nachricht, Gesetzestext) finden sich bei den Aufgabenstellungen kaum. Hier zielt die Untersuchung auf Informationsaufbereitung und -vollständigkeit, auf Übersichtlichkeit der Gliederung und die korrekte Verwendung von Fachtermini. Bei **Mischtexten**, etwa der Glosse, interessieren der informative, argumentative und appellative Anteil gleichermaßen.

Der Analyse nichtpoetischer Texte kann ein **Erörterungsauftrag** angehängt sein, der vom Schüler verlangt, sich mit den im Text angesprochenen Themenbereichen, Thesen, Fragen und Problemen auseinander zu setzen (vgl. dazu Kap. „Die Erörterung", S. 127 ff.).

Aufgabenschwerpunkte bei poetischen Texten

Die gemeinsame künstlerisch-poetische Grundlage und die Differenzierung der fiktionalen Literatur in die drei Grundgattungen Epik, Dramatik und Lyrik ergeben teils gleiche, teils unterschiedliche Aufgabenschwerpunkte. Gemeinsame Aspekte sind Thema, Inhalt, Aufbau, Sprache, Motivik, Problemgehalt, Epochenbezug.

Bei **epischen Texten** stehen zusätzlich im Vordergrund der Untersuchung Erzählstrategie, Handlungsverlauf, Figurendarstellung sowie Raum- und Zeitgestaltung. Besondere Bedeutung kommt der Motivik zu. Die Epochenzuweisung kann auch Aussagen zur poetologischen Orientierung liefern. Ähnlich verhält es sich bei **dramatischen Texten**: Wichtige Untersuchungsbereiche sind Komposition, Figurendarstellung, Raum- und Zeitgestaltung sowie Kommunikationssituation (Gesprächs-, Dialogführung). Auch hier kann die Poetik im Zusammenhang mit Gattungsfragen und Autorintentionen von Bedeutung sein. Bei **lyrischen Texten** liegen die zusätzlichen Akzente auf den Bauelementen, den Besonderheiten der lyrischen Sprache und der Position des lyrischen Ich. Bei Texten wie der Ballade wird man neben Stoff, Thematik und Motivik auch die Bauelemente des Lyrischen untersuchen und auf epische und dramatische Anteile zu sprechen kommen.

Methodisches Vorgehen und sprachliche Gestaltung

Arbeitsschritte

Das methodische Vorgehen bei Textanalyse, Erschließung und Interpretation von Texten gliedert sich in folgende Arbeitsschritte: Vorarbeiten (Klären der Aufgabenstellung, wiederholtes Lesen des Textes), Untersuchen des Textes (Festhalten der bestimmenden Faktoren in einer Stoffsammlung und Gliederung), Ausführung und Überprüfung.

1. Schritt: Klären der Aufgabenstellung

Bei umfassenderen Aufgabenstellungen („Interpretieren Sie…") ergeben sich die Untersuchungskriterien erst nach dem Lesen des Textes (siehe S. 10 ff.). Die Formulierung der Arbeitsanweisungen lässt das erwartete methodische Vorgehen erkennen. So zielen Aufgabenstellungen wie „Beschreiben Sie…" und „Erläutern Sie…" auf die klare Darstellung vorgefundener Sachverhalte, während Anweisungen wie „Beurteilen Sie…" und „Interpretieren Sie…" auch Wertungen fordern. Entsprechend muss bei den Aufträgen „Untersuchen Sie den Argumentationsgang" und „Untersuchen Sie die Argumentationsweise" unterschieden werden.

Manche Aufgaben liefern Hinweise auf den Bearbeitungsumfang. „Skizzieren Sie…" verlangt nur eine knappe Darstellung. Die Aufgabe „Analysieren Sie…" zielt dagegen auf eine ausführliche und detaillierte Untersuchung.

2. Schritt: Mehrfaches Lesen des Textes

Um die Aufgabe(n) bearbeiten zu können, muss der Text verstanden werden. Das ist nicht immer einfach. Bei nichtpoetischen Texten werden ironische Wendungen oft nicht erkannt und bei poetischen Texten nuancenreiche Aussagen missverstanden. Während des Lesens hält man Auffälligkeiten fest, und zwar in Form einer Textmarkierung (unterschiedliche Farbkennzeichnung).

3. Schritt: Textuntersuchung – Stoffsammlung

Der Textmarkierung schließt sich die Auflistung der gefundenen Fakten in einer Stoffsammlung an. An deren Ende sollten folgende Fragen geklärt sein:
- Einleitung:
  - Verfasser,
  - Titel, Textart, Thema (Hauptmotiv).
- Hauptteil:
  - Schwerpunkte des Inhalts,
  - Textgliederung (Argumentationsgang),
  - ggf. weitere Elemente der formalen Gestaltung,

- Schwerpunkte der sprachlichen Gestaltung,
- bei Interpretation: Ansätze für eine Deutung.
• Schluss:
- Elemente für eine kritische Würdigung, eine persönliche Stellungnahme.

4. Schritt: Gliederung

Diese Zusammenstellung nach Sachgesichtspunkten wird überprüft und ergänzt. Aus der Beziehung und Relevanz der einzelnen Aspekte ergibt sich nun eine strukturierte Ordnung.

Es ist zweckmäßig, die Arbeit mit einer Überblicksinformation (Basisinformation) einzuleiten.

Für den Hauptteil bieten sich verschiedene Gliederungsmöglichkeiten an:
• Bei Entwicklungen (Gedankengänge, Handlungs- und Geschehensabläufe; vorwärtsdrängende Dialoge, personale und räumlich-zeitliche Veränderungen, Erkenntnisprozesse), kann man textbegleitend vorgehen. Allerdings besteht die Gefahr einer zu starken Textanlehnung und -paraphrasierung.
• Dominiert hingegen ein zentrales Thema, eine Idee oder ein Gedanke (eine einheitliche Stimmung, ein Motiv, eine Figur), so lässt sich der Aufbau nach diesem bestimmenden Gegenstand gestalten. Man untersucht seine im Text realisierten Aspekte und gliedert sie entsprechend ihrer Relevanz.
• Handelt es sich um einen argumentativen oder appellativen Text, wird man dem Gedankengang und der Argumentation folgen und die sprachlich-stilistischen Mittel berücksichtigen.
• Stehen kommunikative Gesichtspunkte im Vordergrund, bietet sich eine Gliederung nach Aussageabsicht, eingesetzten Mitteln und Adressatenbezug (Adressatenrelevanz, Wirkung, Folgen) an.
• Enthält ein Text zwei in Opposition stehende Elemente (Figuren, Meinungen), werden diese gesondert untersucht und dann miteinander verglichen.

Der Schluss rundet die Arbeit durch eine Zusammenfassung oder einen Rückgriff auf die Einleitung ab, er bietet die Möglichkeit einer persönlichen Stellungnahme oder weist bei Problemen auf andere Lösungswege hin.

5. Schritt: Ausführung

Während der schriftlichen Fixierung wird das bisher Gefundene noch einmal intensiviert bedacht. Möglicherweise lassen sich ergänzende Aspekte entdecken. Deshalb empfiehlt es sich, die endgültige Gliederung erst nach der schriftlichen Ausgestaltung des Aufsatzes in Reinschrift zu übertragen. Während der Ausführung ist stets auf Absicherung der Aussagen zu achten. Als Beweismittel fungieren Zitate, die mit Zeilenangaben belegt sein müssen.

6. Schritt: Überprüfung

Abschließend wird die Arbeit auf mögliche Fehler überprüft.

Hinweise zur sprachlichen Gestaltung

Die sprachliche Gestaltung einer Textuntersuchung verlangt Angemessenheit, d. h. einen Stil, der
- sachlich-distanziert,
- klar (präzise, eindeutige Formulierungen; Fachtermini),
- abwechslungsreich (flexible Wortwahl und Syntax) und
- korrekt in Rechtschreibung und Grammatik ist.

Tempus ist das Präsens.

Häufige Fehler bei Textuntersuchungen

Fehler beim Erfassen der Aufgabe(n) und des Textes

Die mit jeder Prüfung verbundene Anspannung kann zum ungenauen Lesen der Aufgabe(nteile) und damit zum Übersehen wesentlicher Bereiche führen. Das Missverstehen einer Aufgabe hat falsche Antworten zur Folge. Häufig wird beispielsweise die Frage nach dem gedanklichen Aufbau mit einer Inhaltsparaphrasierung zu beantworten versucht.

Es kommt auch immer wieder vor, dass die Autorintention verkannt wird. Wiederholtes und genaues Lesen und Überlegen sind deshalb unabdingbare Voraussetzungen für das Gelingen der Arbeit. Die dafür benötigte Zeit holt man bei der Ausführung wieder ein.

Fehler beim Konzipieren der Gliederung

Die Gliederung ist nach der Stoffsammlung und vor der Ausarbeitung in ihrer Gesamtstruktur zu erstellen (nur die Reinschrift kann am Schluss erfolgen!). Geschieht dies nicht, so fehlt am Ende die Zeit zur formalen Sauberkeit.

Überprüft werden müssen dabei vor allem Vollständigkeit, innere Logik, Geschlossenheit, Ausgewogenheit und Einheitlichkeit der sprachlichen Darstellung (gleiche Abstraktionsebene; Fehler: Mischung syntaktischer Strukturen, z. B. Hauptsätze und Stichwortsätze).

Fehler bei der Ausarbeitung

Voraussetzung einer Interpretation ist die präzise und sachgerechte Analyse des Textes. Diese verlangt eine sichere Kenntnis der Fachtermini. Fehlendes Grundwissen ist oft die Ursache einer oberflächlichen Darstellung und eines zu lockeren Textbezugs.

Andererseits dürfen die gefundenen textbestimmenden Merkmale aber nicht zu einer bloßen Aneinanderreihung von Details verführen. Allzu leicht verliert man dabei das Ganze aus den Augen, die Ausführung wirkt zerklüftet, langweilig und monoton. Nicht die Fülle der Einzelheiten zählt, sondern das Erkennen ihrer Zusammenhänge. Deshalb ist eine bloße Auflistung der erkannten sprachlichen Mittel strikt abzulehnen (Zusammenfassung nach funktionaler Bedeutung!).

Fehlt eine analytische Vorarbeit, mündet die Ausführung in bloße Thesenanhäufung. Es gilt also zu bedenken, dass jeder Behauptung der überzeugende Beweis zu folgen hat. Bestätigt wird die Aussage durch Textbelege, die von genauen Zeilenangaben begleitet sein müssen. Immer wieder kommen Fehler bei der Zitiertechnik vor.

Fehler bei der sprachlichen Gestaltung

Häufige Fehler liegen in
- einem subjektiv-wertenden, daher unsachlichen Stil (vgl. triviale Formulierungen wie „Schiller, einer unserer größten Dichter"; unstatthafte Wertungen wie „diese schöne Metapher"),
- unklaren und nicht eindeutigen Formulierungen („in gewisser Weise"),
- der mangelnden Verwendung von Fachtermini,
- dem Einbau von zeilenfüllenden Floskeln („wie oben schon erwähnt"),
- unangemessenen Überleitungen („Im Folgenden möchte ich nun den Inhalt kurz wiedergeben.") und
- Monotonie in Wortwahl und Syntax.

Übersicht: Texte, Untersuchungsbereiche, methodisches Vorgehen

Text	Gefüge von Wortfolgen, die nach bestimmten Regeln strukturiert sind und einen sinnvollen Inhalt ergeben
Literatur	• umfassende Bedeutung: alle Texte • engere Bedeutung: Texte mit künstlerischem und kulturgeschichtlichem Anspruch
Texteinteilung	**Nichtpoetische Texte:** kognitive, normative, informative, argumentative, appellative Texte **Poetische Texte:** epische, dramatische, lyrische Texte
Allgemeine Untersuchungsbereiche	**Textentstehung:** biografische Einflüsse, historisch-kulturelle Einflüsse **Textdarstellung:** Inhalt, Gestaltung, Ideengehalt **Textwirkung:** Autorintention, Lesererwartung, Einfluss der Vermittler, Rezeption
Aufgabenschwerpunkte	**Nichtpoetische Texte:** • gedanklicher Aufbau, Argumentation • sprachliche Mittel • Autorintention • Wirkung • Verhältnis von Information und Meinung **Poetische Texte:** • Textform (-sorte, -art) • formale Gestaltungsmittel, Sprache und Stil • Figurendarstellung, Lyrik: lyrisches Ich • Raum-, Zeitgestaltung • Motivik, Ideengehalt • Epochen- bzw. Zeitbezug
Methodisches Vorgehen	**Arbeitsschritte:** • Erfassen der Aufgabenstellung • mehrfaches Lesen des Textes, Textmarkierung • Textuntersuchung, Auflisten der Fakten (Stoffsammlung) • Gliederung • Ausführung, Reinschrift der Gliederung • Überprüfen **Sprachliche Gestaltung:** • Sachstil (Eindeutigkeit, Fachsprache) • Gewandtheit, Korrektheit (Rechtschreibung, Grammatik) • Präsens

Häufige Aufgabenbereiche und Arbeitsanweisungen

Umfassende Aufgabenstellungen

Analysieren eines Sachtextes

Ziel einer Analyse ist es, einen Text nach sachlich beschreibbaren und überprüfbaren Fakten systematisch zu untersuchen. Der Text wird dabei in Teile zerlegt, deren Kenntnis zum Verständnis des Ganzen, des Gesamtzusammenhangs und der Wirkungsabsicht notwendig ist.

Werden keine weiteren Angaben zur Aufgabenstellung gemacht, so strukturiert man nach Sachbereichen. Man nennt zuerst Textart, Thema und Situationszusammenhang, dann beschreibt man den Inhalt und Aufbau (Gedankengang; bei argumentativen Texten: Argumentationsgang), schließlich untersucht man die sprachliche Gestaltung und geht auf die Absicht des Verfassers ein.

Die Untersuchung erfolgt in sachlichem Stil (persönliche Wertungen dürfen nicht vorkommen). Als Tempus wird das Präsens gewählt. Fachtermini sind zu verwenden. Zur Bestätigung und Erläuterung dienen Zitate, deren Standort im Text durch Zeilenangaben nachgewiesen wird.

Erschließen eines poetischen Textes

Die Untersuchung eines literarischen Textes erfolgt wie die Analyse eines Sachtextes nach sachlich beschreibbaren und überprüfbaren Fakten. Ziel ist es, einen Text in seiner Aussage zu verstehen. Dazu segmentiert man ihn in Sinnabschnitte. Deren Kenntnis ist Voraussetzung für das Gesamtverständnis.

Bei der Texterschließung sind häufig detaillierte Fragen vorgegeben, z. B. nach dem Handlungsverlauf, der Figurenkonzeption und den Gestaltungsmitteln. Werden keine Arbeitsanweisungen geliefert, geht man auf Inhalt, Aufbau, gattungsspezifische Gestaltungsmittel, Sprache, Figuren, Raum- und Zeitgestaltung, Epochenbezug und ggf. Intention und Wirkung ein.

Für die Darstellung gelten die gleichen Kriterien wie bei der Analyse eines Sachtextes.

Interpretieren eines poetischen Textes

Bei der Interpretation folgt auf die Erschließung die Deutung des Textes. Die Untersuchung erfährt damit eine besondere Vertiefung. Dabei ist zu beachten, dass jede Deutung einen subjektiven Anteil enthält, der, argumentativ zwar abgesichert, dennoch Akzentuierungen bietet, denen ein anderer Interpret nicht zu folgen braucht.

Die Deutung verbindet die Ergebnisse der Einzeluntersuchungen miteinander. Aus ihrem Zusammenspiel lassen sich Grundideen, Steuerungselemente und Ordnungsprinzipien des Textes erkennen, die sich wiederum als spezielle Grundformen des Denkens erweisen und über den Text hinausgehend ihre Wurzeln in der Persönlichkeit des Autors und seiner Zeit haben können.

Im Gegensatz zu anderen Aufgabenstellungen wird hier meist keine genauere Arbeitsanweisung gegeben. So beginnt man mit den Elementen der Erschließung (Inhalt, formale und sprachliche Gestaltung, ggf. Figuren-, Raum- und Zeitdarstellung), kommt anschließend bei der Deutung besonders auf die Motivik zu sprechen und setzt diese in einen historischen oder biografischen Kontext.

Die Frage, wie man einen literarischen Text methodisch am besten untersuchen könne, beschäftigt die Wissenschaft seit der Mitte des 19. Jahrhunderts. Im Lauf der Zeit haben sich verschiedene Verfahren entwickelt. Die wichtigsten sind:

Die positivistisch-biografische Methode: Ihre Vertreter betreiben Quellenforschung, sammeln biografische Fakten des Autors und versuchen einen Bezug zwischen dem Text und der Lebenssituation des Verfassers herzustellen. Die Entwicklung dieser Methode lief parallel zum Aufschwung der Naturwissenschaften. Gegner werfen diesem Verfahren vor, dass es in seinem Bemühen um Exaktheit und Registrierbarkeit den Kunstcharakter eines Werkes verkennen könne.

Die geistesgeschichtliche Methode: Diese Methode entwickelte sich als Gegenbewegung zum exakten positivistischen Verfahren. Hier geht es nicht um Zusammentragen nachprüfbarer Fakten, sondern um die jeweiligen zeitbestimmenden geistigen Strömungen. Ihre Auswirkungen auf die Texte werden untersucht. Dieser Methode wird subjektiv-spekulatives Vorgehen, Gefahr von überspannten Urteilen und Mangel an wissenschaftlicher Exaktheit vorgeworfen.

Die werkimmanente Methode: Vor allem in der Nachkriegszeit beherrschte diese Methode die Literaturwissenschaft. Ihre Vertreter wollen den Text aus sich selbst heraus (immanent) verstehen, d. h. Biografisches und Geschichtliches werden abgelehnt. Die Untersuchung konzentriert sich ausschließlich auf den Text, wobei sprachliche und stilistische Faktoren für den Interpreten ausschlaggebend sind. Kritiker werfen dieser Methode Sterilität und Lebensferne vor.

Die literatursoziologische Methode: Die Literatursoziologie sucht eine Beziehung zwischen gesellschaftlicher Wirklichkeit und poetischem Text. Die Interpreten interessiert vorrangig die Antwort des Autors auf die gesellschaftlichen Verhältnisse seiner Zeit. Durch die starke Konzentration auf das soziale Umfeld, in dem ein Text entstand, bestehe nach Meinung von Kritikern die Gefahr von Einseitigkeit und Parteilichkeit. Die Methode verfehle die Vielschichtigkeit eines literarischen Werkes.

Für das Abitur bietet die werkimmanente Methode die meisten Vorteile, weil sich mit der Textnähe exaktes und überprüfbares Arbeiten am günstigsten verbindet. Auf dieser faktenorientierten Grundlage aufbauend können auch textübergreifende Aussagen in der Interpretation berücksichtigt werden.

Die Darstellung erfolgt übersichtlich nach den Untersuchungsbereichen gegliedert, in sachlicher Sprache. Zeitstufe ist das Präsens. Fachtermini werden eingesetzt, die Aussagen mit Zitaten belegt. Entscheidend ist nicht die Auflistung von Einzelheiten, sondern das Erkennen übergeordneter Zusammenhänge.

Einzelaufgaben

Überblicksinformation und Inhalt
So können Arbeitsanweisungen lauten:
- „Geben Sie den Inhalt kurz und mit eigenen Worten wieder."
- „Fassen Sie den Inhalt des folgenden Textes kurz zusammen."
- „Beschreiben Sie den Inhalt."

Solche Arbeitsanweisungen verfolgen den Zweck, den Leser über die wesentlichen Aussagen eines vorgegebenen Textes zu informieren. Der Bearbeiter zeigt, dass er Wichtiges von Unwichtigem trennen kann. In der Regel besteht der Aufbau aus zwei Teilen: Überblicksinformation und Inhaltswiedergabe.

Die **Überblicksinformation** (Basissatz, Einleitungssatz) führt zum Thema hin. Hier werden Textart, Titel, Verfasser und Thema genannt. Erwähnen lassen sich ferner: Erscheinungsort und -jahr, Absicht des Autors, Ort und Zeit der Handlung. Bei einer allgemeinen Aufgabenstellung („Analysieren/Erschließen/Interpretieren Sie...") kann diese Überblicksinformation auch die Einleitung bilden.

Beispiel (Überblicksinformation):
> In [Textart] „[Titel]" von [Autor] wird [Thema] behandelt. Das Geschehen spielt in [Ort] um [Zeit] und konzentriert sich auf [Hauptfigur].

Der Aufbau der **Inhaltswiedergabe** richtet sich nach der vorgegebenen Textart. So achtet man bei erzählenden Texten auf die Abfolge der Ereignisse, bei Sachtexten auf den Gedankengang und bei erörternden Texten auf die Argumentationsführung (hilfreich: farbige Markierung der Sinneinheiten).

Die Darstellung zielt auf das Wesentliche, unwichtige Aussagen lässt man weg. Sie erfolgt in eigenen Worten, verständlich, übersichtlich und unter Verwendung der indirekten Rede. Textübernahmen, Zitate, Floskeln und triviale Überleitungen werden vermieden. Günstig erweist sich der Gebrauch von nebenordnenden und unterordnenden Konjunktionen (denn, darum, deshalb; weil, da, als).

Inhaltswiedergabe und **Inhaltsbeschreibung** unterscheiden sich im Abstraktionsgrad. Die Beschreibung verlangt eine größere Betrachtungsdistanz. Bei der **strukturierten Inhaltsangabe** (Textwiedergabe, Inhaltswiedergabe) steht die Darstellung des Gedankenganges bzw. der Argumentationsfolge eines Textes im Vordergrund. Die Ausarbeitung folgt der Struktur der Vorlage.

Aufbau
So können Arbeitsanweisungen lauten:
- „Beschreiben Sie den Aufbau."
- „Beschreiben Sie den gedanklichen Aufbau (den Gedankengang)."

Aufgabe dieser Arbeitsanweisungen ist es, das Ordnungsgefüge eines Textes zu erkennen und darzustellen.

Der Aufbau gehört zum Bereich der äußeren und inneren Textgestaltung. Er kann bei Gedichten aus der Strophengliederung bestehen, bei Dramen die Szenen- und Aktgliederung, aber auch den Gesprächsverlauf meinen und bei epischen Texten Komposition und Erzählstrategie umfassen.

Der gedankliche Aufbau zielt auf die innere Logik des Textes, d.h. auf die Folgerichtigkeit der Sinneinheiten, den Anteil von Information und Meinung und den Argumentationsgang. Deshalb wird diese Arbeitsanweisung besonders bei anspruchsvollen philosophischen und argumentativen Prosatexten sowie bei dramatischen Dialogen zu finden sein.

Auch der Argumentationsgang hat strukturbildende Funktion.

Die Gliederung orientiert sich am Textverlauf. Dabei erweisen sich Zugangsfragen nach einem möglichen Rahmen, nach Sinnabschnitten bzw. Erzählschritten und ihrer Abfolge und Ordnung als nützlich. Oft hilft bereits das Erkennen und Benennen einer Grobstruktur weiter (Einleitung, Hauptteil, Schluss). Auch die Aufgaben der einzelnen Teile (rundet der Schluss ab oder liefert er einen Ausblick?) und deren Ordnungsweise (strenge oder lockere Ordnung?) werden hier erfasst.

Die Darstellung erfolgt übersichtlich und knapp in eigenen Worten. Der Umfang der erkannten und beschriebenen Strukturelemente ist in Klammern durch Zeilenangaben nachzuweisen.

Beispiel (Aufbau):

> Der vorliegende Text ist in **drei Hauptabschnitte** gegliedert. In einem **einleitenden Teil** werden Angaben zu Situation und Figuren gemacht (Z. ...). Eine knappe, auf Spannung bedachte **Überleitung** (Z. ...) führt zum **Hauptteil** (Z. ...). Dieser lässt eine klare Strukturierung in **vier Erzählschritte** erkennen, die in wachsender Spannung einem **Höhepunkt** zustreben. **Zunächst** bietet der Erzähler [...]

Wenn die Aufgabenstellung es zulässt, ist es mitunter ratsam, Aufbau und Inhalt gleichzeitig zu bearbeiten, um Wiederholungen zu vermeiden. Allerdings muss dann die Abfolge der Textstruktur besonders deutlich gemacht werden.

Sprache und Stil

So können Arbeitsanweisungen lauten:
- „Untersuchen Sie die sprachlichen Mittel im Hinblick auf ihre Funktion."
- „Zeigen Sie, wie die sprachliche Darstellung die Aussage stützt."

Die sprachliche Gestaltung eines Textes liefert wesentliche Aussagen über Inhalt und Intention. Ihre Analyse darf deshalb bei einer Textuntersuchung nicht fehlen. Sie umfasst folgende Bereiche: Wortwahl, Syntax, Stil, rhetorische Figuren und gegebenenfalls grammatische Besonderheiten.

Wortwahl
Lassen sich bedeutungstragende Wörter erkennen?
- Zu ihnen gehören **Leitwörter**, die den Gedankengang steuern, Geschehen und Handlung begleiten. Sie finden sich an wesentlichen Stellen des Textes, besitzen oft leitmotivischen Charakter und fassen das Thema komprimiert zusammen (vgl. „Tod" in Thomas Manns *Der Tod in Venedig*).
- Wichtig sind auch **Schlüsselwörter**, die ein Thema gleichsam aufschließen und erhellen. In Thomas Manns Novelle findet sich bereits zu Beginn eine Reihe von Schlüsselwörtern, die einen Zugang in die Thematik und Stimmung eröffnen, so die Ausdrücke „falscher Hochsommer" und „Friedhof".
- Es gibt **stimmungstragende Wörter** (vgl. in Goethes *Werther*: „Natur", „Gefühl"). In nichtpoetischen Texten erstreben Reizwörter eine affektivwertende Einflussnahme. Beiden gemeinsam ist ihre Wirkungsintensität.
- In trivialer Literatur finden sich gehäuft **Modewörter** („in", „Frust") und Floskeln („in gewisser Weise", „wie schon gesagt"). Modewörter sollen Ak-

tualität signalisieren und Distanzen zum Rezipienten verringern. Die substanzarmen Floskeln dienen zur Textfüllung und bescheinigen dem Verfasser lediglich mangelnde Sprachkompetenz. In poetischen Texten benützt sie der Autor, um eine bestimmte Haltung einer Figur, ein zur Konversation verflachtes Gespräch oder die Sinnlosigkeit einer Situation darzustellen.

Die Wortwahl kann weiter im Hinblick auf fachsprachliche, alters- und schichtenspezifische sowie mundartliche Ausdrücke untersucht werden. Mit gehäuftem **Fachwortschatz** und **Fremdwörtern** in Gebrauchstexten will sich der Autor Sachkompetenz bescheinigen; er erreicht indes nur, dass er nicht verstanden wird. Sachliche Souveränität ermöglicht es in der Regel, auch komplexe Phänomene in verständlicher Sprache darzubieten. Gerade die abstrusen Formulierungen im sog. Bürokratendeutsch verwirren und lähmen letztlich das politische Interesse der Bevölkerung. Mit dem Einsatz eines **schichtenspezifischen** und **mundartlichen Wortschatzes** in poetischen Texten zielt der Autor auf Realitätsnähe (vgl. Gerhart Hauptmann; Franz Xaver Kroetz; Ludwig Thoma). Gleichzeitig bedeutet der Dialekt, wie wir ihn heute in zahlreichen Mundartgedichten finden, ein Äquivalent zur sprachlichen Abstraktion und eine Chance zur Identifikation.

Syntax
Sätze sind geschlossene Sprach- und Bedeutungseinheiten, die sowohl ihren Teilen (Satzgliedern, Wörtern) als auch dem Textganzen verpflichtet sind. Ihre Funktion und Leistung liegt in ihrem Sinn- und Bedeutungsgehalt, ihrer kommunikativen Aufgabe, ihrer Handlungs-, Wirkungs- und Wirklichkeitsfunktion. Die Untersuchung berücksichtigt Satzarten, syntaktische Grundformen wie Parataxe und Hypotaxe sowie Satzfiguren, sofern nicht bei den rhetorischen Mitteln behandelt.

Im Hinblick auf die **Satzarten** (Aussage-, Frage-, Befehls- und Ausrufesatz) lassen sich Dominanzverhältnisse bestimmen. Syntaktische Ordnungsverhältnisse kommen in der Parataxe und Hypotaxe zum Ausdruck.

Parataktische Strukturen, bei denen Nebensätze zurücktreten, wirken übersichtlich, erhalten die Aufnahmefähigkeit und verstärken die einprägsame Wirkung.

Beispiel (Parataktische Strukturen):

> Ich löffelte die Suppe. Der Schnee fiel und die Heiligen hatten hohe weiße Hüte. Ich hatte keinen Hut und wartete auf den Tau. Die Sonne wurde länger und die Stürme wärmer – ich löffelte die Suppe. Gestern sah ichs wieder, das erste Grün. Die Bäume blühen und die Frauen werden durchsichtig. Auch ich bin durchsichtig geworden. (Horváth: *Ein Kind unserer Zeit*)

Bei der **Hypotaxe** wird ein komplexer Sachverhalt durch einen Hauptsatz und von ihm abhängige Gliedsätze ausgedrückt (Beziehung durch unterordnende Konjunktionen verdeutlicht). Sie kann sowohl der Vermeidung eines Spannungsabfalls als auch dem Spannungsabbau, der Beruhigung, dienen.

Beispiel (Hypotaktische Strukturen):

> Er zeigte mir alle Gewächse dieser Art, besonders den peruvianus, welcher wirklich eine prachtvolle Pflanze geworden war, er verbreitete sich über die Behandlung dieser Gewächse während des Winters, sagte, daß mancher schon im Hornung blüht, daß nicht alle eine gewisse Kälte vertragen, sondern in der wärmeren Abteilung des Hauses stehen müssen, besonders verlangen dieses viele Cereusarten, und er ging dann auf die Einrichtung des Hauses selber über, und hob es als eine Vorzüglichkeit heraus, daß der Herr für jene Stellen, an denen die Gläser über einander liegen, ein so treffliches Bindemittel gefunden habe, durch welches das Hereinziehen des Wassers an den übereinandergelegten Stellen des Glases unmöglich sei, und das diesen Pflanzen so nachteilige Herabfallen von Wassertropfen vermieden werde. (Adalbert Stifter: *Der Nachsommer*)

Die wichtigsten **Satzfiguren** sind:
- das Asyndeton (Reihung gleichgeordneter Wörter; poetische Funktion: Steigerung),
- die Ellipse (Weglassen von Satzgliedern; Ausdrucksintensivierung),
- die Inversion (Veränderung des üblichen Wortgefüges im Satz; archaisierende und emphatische Wirkung),
- der Parallelismus (gleiche syntaktische Struktur mehrerer Satzteile oder Sätze; rhythmisierendes Element),
- die Parenthese (Einschub eines oder mehrerer Wörter; Spannungssteigerung durch Unterbrechung der Gedankenführung; Betonung z. B. durch Einfügung eines Namens oder eines emotionsaufgeladenen Wortes) und
- das Polysyndeton (Verknüpfung mehrerer Wörter durch dieselbe Konjunktion; rhythmisierendes Mittel; einerseits Beschleunigung des Sprachflusses, andererseits Beruhigung).

Stil

Unter „Stil" versteht man die **charakteristische Ausdrucks- und Gestaltungsweise eines Textes**. Er wird beeinflusst durch:
- das individuelle Sprachvermögen des Autors (Individualstil),
- die Zeit (Zeit-, Epochalstil),
- Vorbilder (Epigonalstil),

- die verwendete Form (Gattungsstil),
- die Intention und Textart (z. B. Sachstil, Wissenschaftsstil),
- die Sprachschicht des Autors (vgl. die umstrittenen Begriffe „restringierter" und „elaborierter" Code; Jargon) und den
- geographischen Raum (Dialekt).

Aus der Antike stammt die Einteilung in drei Stilarten, und zwar in:
- den **niederen Stil** (einfach, schmucklos, umgangssprachlich; diese Form wird im Wesentlichen zur bloßen Mitteilung und Belehrung verwendet),
- den **mittleren Stil** (stärkerer Einbau von rhetorischen Figuren; diese Form findet sich bei unterhaltenden und erbauenden Texten) und
- den **hohen Stil** (gewählte und ausdrucksvolle Sprache, reicher Einbau rhetorischer Figuren; diese Form dient der Darstellung von gesteigerten Affekten und emotionaler Erschütterung).

Rhetorische Mittel
Bereits in der Antike wusste man von den Wirkungsmöglichkeiten der Sprache. Man glaubte, durch **gezielten Einsatz sprachlicher Mittel** (v. a. bei Gericht, in der Politik und bei Festlichkeiten) die Zuhörer im Sinne der eigenen Absicht beeinflussen zu können. Auch wenn das Verhältnis von Kunst und bewusster Sprachstrategie heute vielfach fragwürdig erscheint, kann man ohne Kenntnis der Figuren und Tropen keinen Text hinreichend analysieren.

Der häufigste Fehler, der bei einer Untersuchung der sprachlich-stilistischen Mittel gemacht wird, ist ihre Wiedergabe in Form einer Aufzählung. Denn es geht bei einer Textanalyse und -interpretation nicht um das Erkennen und Festhalten zahlreicher Details, vielmehr soll bei nichtpoetischen Texten die **Absicht des Autors** herausgearbeitet werden (z. B. Appell). Bei poetischen Texten steht die Analyse der rhetorischen Mittel im Dienst der **Deutung**.

Daher ist es zweckmäßig, die eingesetzten Mittel im Hinblick auf ihre **Funktion** zusammenzufassen. So kann der Autor bedacht sein auf Anschaulichkeit, Eindringlichkeit, Spannung, ästhetische Anschaulichkeit und/oder kommunikative Wirkung. In der Übersicht sind die rhetorischen Mittel nach Wort- (W), Satz- (Sa), Stil- (St), Gedanken- (G) und Klangfiguren (Kl) geordnet.

Damit ergibt sich bei der Analyse folgender Weg:
- Lesen des Textes,
- Feststellen der sprachlichen Mittel im Hinblick auf ihren Wirkungsakzent (z. B. durch mehrfarbige Textmarkierung),
- Erkennen der Funktion und Schließen auf die Intention.

Übersicht: Rhetorische Mittel

	Erklärung	Beispiel	Figur
Akkumulation	Anhäufung von Wörtern ohne Nennung eines Oberbegriffs	„Nun ruhen alle Wälder, Vieh, Menschen, Städt und Felder."	W
Allegorie	systematisierte Metapher, durch Reflektion zu erschließen	Justitia: Gerechtigkeit	St, G
Alliteration	gleicher Anlaut aufeinanderfolgender Wörter	Haus und Hof; heiliger Himmel	Kl
Allusion	Anspielung	Sie wissen, was ich meine.	G
Anapher	Wiederholung der Anfangswendung in aufeinanderfolgenden Sätzen, Versen, Strophen	Wir fordern, dass … Wir fordern, dass …	W, Sa
Anrede	Hinwendung an den Adressaten	Meine Damen und Herren, …	G
Antithese	Gegenüberstellung	heiß geliebt und kalt getrunken	G
Antonomasie	Umbenennung	Barbarossa statt Friedrich I.	W
Aphorismus	knapp formulierter Gedanke	Der Klügere gibt nach.	G
Apokope	Wegfall eines Lautes oder einer Silbe am Ende des Wortes; meist durch Apostroph verdeutlicht	ich hab' dich, ich lass' dich	Kl
Apostrophe	Anrede von Dingen, Abstrakta, Göttern	„Mein Schwert!", „Du böser Tod!", „Ihr Götter!"	G
Archaismus	veralteter sprachlicher Ausdruck	abhold	St
Asyndeton	Reihung ohne Konjunktionen	Er kam, sah, siegte.	W, Sa
Ausruf		Stirb!	W, Sa
Beispiel		beispielsweise …	G

Chiasmus	Überkreuzstellung	Die Kunst ist lang, kurz ist unser Leben.	Sa
Chiffre	Zeichen, dessen Inhalt rätselhaft und letztlich nicht zu erfassen ist	„Ein Wort, ein Satz –: aus Chiffren steigen Erkanntes Leben"	G
Contradictio in adjecto	Widerspruch zwischen Substantiv und Adjektiv	blaues Blut	G
Correctio	Verbesserung eines Ausdrucks, der zu schwach erscheint	Die Schulaufgabe ist schlecht, ja geradezu miserabel.	G
Diminutiv	Verkleinerungsform	Äuglein, Häuschen	W
Ellipse	Auslassung eines Wortes oder Satzteils	Je schneller, desto besser.	Sa
Elision	Wegfall eines auslautenden unbetonten Vokals vor einem folgenden Vokal	da steh' ich, hätt' ich doch	Kl
Emphase	akustische Steigerung	„Das Volksvermögen wird bewacht in der Nacht, der Nacht und vor allem in der Nacht."	G, K
Epanalepse	Wiederholung eines Wortes oder Satzteiles, jedoch nicht unmittelbar hintereinander	Er lief und lief.	W, Sa, Kl
Epipher	Umkehr der Anapher	Nicht jetzt, sagt er … später, sagt er.	W, Sa
Epitheton ornans	schmückendes Beiwort	göttergleicher Agamemnon	G
Euphemismus	Beschönigung; Verschleierung	„Dahinscheiden" statt „Sterben"	St
Exclamatio	Änderung einer Aussage in einen Ausruf	„Hoch soll er leben!"	Sa
Figura etymologica	Verbindung eines Verbs mit einem stammverwandten Substantiv; auch: zwei Wörter gleichen Stammes	das Lernen lernen, Spiele spielen, Reden reden das Beste vom Besten	W

Geminatio	unmittelbare Wiederholung eines Wortes (Duplicatio) oder Satzteiles (Repetitio)	rolle, rolle; „Mein Vater, mein Vater"	W, Sa, Kl
Hyperbel	Übertreibung	ein Mund groß wie ein Scheunentor	G
Inversion	Umstellung von Satzgliedern, abweichend vom normalen grammatikalischen Gebrauch	Ich begrüße Sie, meine Damen und Herren, am heutigen Abend!	Sa
Ironie	Es ist etwas anderes gemeint als gesagt.	Du siehst heute aber gut aus!	St, G
Katachrese	Vermengung von nicht zusammengehörenden Bildern	Der Zahn der Zeit, der schon manche Träne getrocknet hat, wird auch über diese Wunde Gras wachsen lassen.	G
Klimax	Steigerung	In jeder Partei gibt es Eifrige, Übereifrige und Allzueifrige.	G
Litotes	Bejahung durch doppelte Verneinung	Die Schüler sind nicht unwillig.	G
Metapher	Bild	kühn: schwarze Milch; verblasst: Redefluss, Flussarm	G, St
Metonymie	Umbenennung, Übertragung	Goethe lesen, ein Glas trinken, Italien friert	W, G
Onomatopoesie	Lautmalerei bei Wortbildungen	Es knistert und knastert.	W
Oxymoron	Zusammenfügen entgegengesetzter Begriffe	alter Knabe, bittere Süße, beredtes Schweigen	W
Parallelismus	gleichartiger Satzbau	Heiß ist die Liebe, kalt ist der Schnee.	Sa
Parenthese	Einschub	Ich möchte Ihnen – ich fasse mich kurz – über den Vorfall berichten.	Sa

Paronomasie	Wortspiel	Wir fürchten niemals Verhandlungen, aber wir werden niemals aus Furcht verhandeln.	W, G
Periphrase	Umschreibung eines Begriffs	„der Allmächtige" statt „Gott"	G
Personifikation	Vermenschlichung eines Gegenstandes	Kunst und Wissenschaft gehen Hand in Hand.	St, W
Polyptoton	Wiederholung des selben Wortes in verschiedenen Flexionsformen	Homo homini lupus.	W, Sa
Polysyndeton	Aneinanderreihung gleicher Sätze oder Satzteile	„... und wiegen und tanzen und singen dich ein"	Sa
Rhetorische Frage	Scheinfrage	Wer glaubt denn das noch?	G
Symbol	„... ein sinnlich gegebenes und fassbares, bildkräftiges Zeichen, das über sich selbst hinaus ... auf einen höheren, abstrakten Bereich verweist" (Wilpert)	„Zauberwort" in Eichendoffs Gedicht *Wünschelrute*; „Sonne" für „Gott", „Wasser" für „Leben"	St
Synästhesie	Vermischung von Sinnesgebieten	goldene Töne	St, G
Synekdoche	Ein Teil steht für das Ganze.	„Klinge" statt „Schwert"	W
Synkope	Ausfall eines kurzen Vokals im Wortinnern	ew'ger Friede	Kl
Vergleich	Form des Bildes	stark wie ein Löwe	St, G
Zeugma	Verbindung von Substantiven durch ein Verb, das zu jedem einzelnen, nicht aber zu beiden passt	Er schlug das Fenster und den Weg zum Bahnhof ein.	Sa
Zitat	Textübernahme (Wort, Satz, Abschnitt)	der Ausdruck „bunte Büsche" (Z. ...)	W, Sa

Beispiel (Sprache und Stil):

> Bereits aus der Wortwahl lässt sich auf die **Intention** des Autors schließen. So **fungiert** der zentrale Begriff […] der Überschrift als Leitwort, das sich an fünf entscheidenden Stellen der Argumentation findet (Z. …). Der Einbau von Reizwörtern, so […] (Z. …), […] (Z. …), Modewörtern, beispielsweise […] (Z. …), und fachsprachlichen Ausdrücken wie […] (Z. …) verdeutlicht, dass der Autor **im emotionalen Bereich wirken**, durch Aktualität die **Distanz zum Rezipienten verringern** und gleichzeitig **Sachkompetenz beweisen** will. Mit Parataxen (vgl. besonders Z. …), Ellipsen (Z. …) und Anaphern (Z. …) versucht er seine Aussagen zu **intensivieren**. Dazu dienen ihm auch die **spannungssteigernden** rhetorischen Fragen (Z. …) und Parenthesen (Z. …) sowie eine scharf **kontrastierende** Antithese (Z. …). Vergleiche (Z. …) und sprachliche Bilder (Z. …) **veranschaulichen** die Argumente. Negativ besetzte Adjektive (Z. …) werten Gegenmeinungen ab, die zusätzlich durch eine Reihe ironischer Wendungen, wie z. B. […] (Z. …; vgl. auch: Z. …) **parodiert** werden. […]

Argumentation

So können Arbeitsanweisungen lauten:
- „Skizzieren Sie den Argumentationsverlauf."
- „Beschreiben Sie den Argumentationsgang."
- „[…], gehen Sie dabei auch auf die Argumentationsweise ein."

Die Untersuchung des **Argumentationsganges oder -verlaufs** eines Textes hat zum Ziel, den Ablauf einer Beweisführung zu beschreiben. Man gibt zuerst das Thema an, nennt dann die Hauptthese, folgt den Argumenten und Beispielen und geht abschließend, falls vorhanden, auf Folgerungen und Appelle ein.

Beispiel (Argumentationsgang oder -verlauf):

> Der vorliegende Text hat […] zum **Thema**. Nach der einleitenden Schilderung eines **aktuellen Falles** (Z. …) formuliert der Autor seine **These:** […] (Z. …) In einem längeren Abschnitt versucht er anschließend seine Meinung mit einer **Reihe von Argumenten** zu belegen. **Zunächst** beruft er sich auf eine **Statistik** des soziologischen Instituts der Universität Hamburg. Danach seien […] (Z. …). **Zwei folgende Beispiele** dienen der Konkretisierung. So zeigt der Autor […] (Z. …) und verweist dann auf […] (Z. …) […]

Die **Argumentationsweise** beantwortet die Fragen: Wie wird argumentiert? Überzeugen die Argumente? Während bei der Beschreibung des Argumentationsganges lediglich die Struktur der Argumentation in ihrer Abfolge festgehalten wird, verlangt die Untersuchung der Argumentationsweise also eine wertende Kommentierung, deren Aussagen freilich auch abgesichert werden müssen. Überprüft werden die Präzision der Beweisführung, die Relevanz, Stichhaltigkeit und Folgerichtigkeit der Argumente, die Berücksichtigung von Gegenargumenten und das Verhältnis von Sachinformation und Meinung.

Folgende Fragen können bei der Beurteilung der Argumentationsweise helfen:
- Ist die Darstellung sachgemäß (keine Abschweifungen, Themabezogenheit, Bemühen um Objektivität, Fachwortschatz)?
- Ist sie übersichtlich (sinnvolle Absätze, Überleitungen, z. B. durch Wiederaufnahme von Leitbegriffen)?
- Ist sie anschaulich (Beispiele, Vergleiche)?
- Ist sie nachvollziehbar (Transparenz von Aufbau und Inhalt; Folgerichtigkeit; Vermeiden von Gedankensprüngen, Widersprüchen, Gemeinplätzen)?

Beispiel (Argumentationsweise):

> Die Ausführungen des Autors überzeugen nicht. Seine Argumentation ist **unsachgemäß**. So lenkt er wiederholt vom Thema ab (vgl. besonders Z. ...) und verliert dieses streckenweise ganz aus den Augen (Z. ...). Statt Sachargumente anzubieten, weicht er auf Gemeinplätze aus (Z. ...). Gegenargumente werden überhaupt nicht berücksichtigt. Fehlende Überleitungen machen den Text **unübersichtlich**. Dies wirkt vor allem in den Zeilen [...] störend. Der Mangel an konkretisierenden Beispielen **reduziert** die vom Leser gewünschte **Anschaulichkeit**. Im emotionalen Stil kann man **Parteilichkeit** erkennen. Auffällig sind Wiederholungen (Z. ...) und Hyperbeln (Z. ...) zur Bestätigung der eigenen Meinung. Euphemismen (Z. ...) sollen eigene Fehler verharmlosen. [...]

Klären von Begriffen, Erläutern
So können Arbeitsanweisungen lauten:
- „Erörtern Sie, ausgehend von einer Definition des Begriffs ‚Technik', [...]"
- „Setzen Sie sich, ausgehend von einer Klärung des Begriffs ‚Natur', mit der Meinung des Autors auseinander."
- „Erläutern Sie die Vorstellung des Autors von [...]"
- „Erläutern Sie wesentliche Erscheinungsformen von Macht [...]"
- „Zeigen Sie an geeigneten literarischen Werken verschiedener Epochen, wie sich Schriftsteller mit dem Thema Abschied auseinandersetzen."

Jedes Gespräch, vor allem aber jede wissenschaftliche Kommunikation, beruht auf dem sicheren Umgang mit den Inhalten von Begriffen. Die genaue Kenntnis der Begriffsinhalte ist deshalb Voraussetzung für das Vermeiden von Missverständnissen und das Gelingen von Kommunikation, Forschung und Wissenschaft.

Die kürzeste Form einer Begriffsklärung ist die **Definition**. Sie erklärt einen unbekannten Begriff mit bereits bekannten Fakten. Die Definition ist wie eine Gleichung aufgebaut. Dem zu bestimmenden Begriff steht auf der Antwortseite die Erklärung seines Inhalts mit bereits bekannten Begriffen gegenüber. Die strenge Form der Definition wird durch Nominalstil, hohen Abstraktionsgrad und absolute Eindeutigkeit der Aussage bestimmt.

Beispiel (Definition):

> **Der Alexandriner ist** ein sechshebiger jambischer Vers mit Zäsur nach der dritten Hebung.

Die **Begriffsklärung** ist weniger kompakt. Sie bietet eine Annäherung an einen Gegenstand über verschiedene relevante Bereiche und erstrebt nicht Allgemeingültigkeit. Wie die Definition erfolgt die Klärung ebenfalls aus sachlicher Distanz, jedoch ist hier der Grad der Anschaulichkeit höher. Es können Beispiele verwendet werden. Zitate sind als Beleg und Nachweis ratsam.

Beispiel (Begriffsklärung):

> **Allgemein versteht man unter ‚Macht'** die Möglichkeit, bei Personen, selbst gegen deren Willen, Gehorsam zu finden. ‚Macht' ist also im sozialen Raum angesiedelt. Hier stehen sich Machtträger und Beherrschte gegenüber. Während die Mächtigen um Beibehaltung ihrer Position bemüht sind und die Nichtbefolgung ihrer Normen bestrafen, zielt das Interesse der Schwachen auf Veränderung der bestehenden Machtverhältnisse. Zwischen beiden Gruppen kann es deshalb zu Spannungen und Konflikten kommen.

Die **Erläuterung** kann von unterschiedlichen Perspektiven her erfolgen, so von der Seite des Autors („Was versteht der Autor unter …?") oder der Seite des Lesers („Erläutern Sie den im Text vorkommenden Begriff … ."). Bezieht sich die Erläuterung auf die Vorgaben des Textes, dann ist nach den dort angegebenen Aspekten zu gliedern. Werden vom Leser jedoch eigene Aussagen erwartet, so überprüft man zur Erhellung und Abgrenzung des Begriffes relevante Bereiche, in denen er eine besondere Rolle spielt.

Bei der Darstellung der Erläuterung ist wie bei der Begriffsklärung auf Sachlichkeit und Anschaulichkeit zu achten.

Beispiel (Erläuterung):
> Die Geschichte zeigt, dass Macht in allen **Bereichen** anzutreffen ist. [Dieser Überleitung folgt dann der Nachweis in den Bereichen **Politik, Wirtschaft, Gesellschaft, Kultur und Religion.**]

Bei der Klärung und Erläuterung von Begriffen wie „Abschied" empfiehlt es sich, verwandte Begriffe zu assoziieren, um ein möglichst breites inhaltliches Spektrum zu finden. Bei „Abschied" könnten sich ergeben: Abschied von einer Person oder von der Heimat, Vergänglichkeit des Lebenden, Krankheit, Abend, Herbst, Fin-de-Siècle, Vanitas-Motiv, Entsagung, Trennung, Furcht vor dem Kommenden, Schmerz, aber auch Befreiung, Hoffnung.

Intention des Autors

So können Arbeitsanweisungen lauten:
- „[...] und zeigen Sie abschließend auf, welche Absicht in den Ausführungen des Redners deutlich wird."
- „[...] und schließen Sie aus der Argumentationsweise auf die Intention des Verfassers."

Mit dieser Aufgabe wird geklärt, welches Ziel der Verfasser verfolgt. In der Regel will er das Verhalten des Rezipienten nach seiner Vorstellung beeinflussen. Beispielsweise kann er belehren, etwas mitteilen oder beweisen, auffordern, unterhalten oder poetisch wirken. Interessant erscheint die Aufgabe vor allem dann, wenn das Verhalten des Lesers manipulatorisch verändert werden soll.

Der Autor drückt seine Intention meist nicht direkt aus. Ihre Darstellung erfolgt indirekt und muss aus der Darbietung der Inhalte, der Argumentationsweise, der Redestrategie, einer möglichen Rezipientenzuwendung und dem sprachlichen Ausdruck erschlossen werden. Besondere Aufmerksamkeit ist der Sprachanalyse zu widmen.

Überprüft werden sollten:
- Sachlichkeit (Bemühen um Objektivität – emotionale Ausgerichtetheit),
- Logik (Schlüssigkeit – Widersprüchlichkeit),
- Vollständigkeit (Berücksichtigung möglicher Gegenargumente – Verschweigen nicht ins Konzept passender Inhalte),
- Realitätsbezug (Authentizität, Überprüfbarkeit – Verfremdung durch Auf- und Abwertungen, Trivialisierung und Verschleierung).

Beispiel (Intention des Autors):

> Die aktuelle Relevanz des **Themas**, die klare Strukturierung des **Inhalts**, die Schlüssigkeit der **Argumentation**, die Berücksichtigung möglicher Gegenargumente und die auf Sachlichkeit bedachte **Sprache** belegen die ernsthafte **Intention** des Autors, dem Leser das **Problem aufzuzeigen** und ihn zu einer **Verhaltensänderung** im Hinblick auf […] zu bewegen.

Motiv

So können Arbeitsanweisungen lauten:
- „Untersuchen Sie das zentrale Motiv."
- „Vergleichen Sie das Hauptmotiv in beiden Texten."

Motive sind Grundideen und Bedeutungsträger, die als Textelemente fungieren. Sie kommen meist an zentralen Stellen vor. Dadurch gliedern und stabilisieren sie den Text und steuern die Textaufnahme. Sie können Handlungen auslösen, verknüpfen oder raffen, machen vergangenes Geschehen erklärbar und zukünftiges vermutbar.

Die Untersuchung richtet sich nach den im Text vorgefundenen Motivaspekten und -bezügen. Dabei geht es meist um die Frage: Welche Aspekte des Motivs werden im Text realisiert? Diese werden markiert, notiert und nach ihrer Bedeutung gegliedert.

Beispiel (Motiv):

> Die **Vergänglichkeit** ist das zentrale Motiv des Textes. Der Autor geht dabei auf deren **verschiedene Formen** ein. So schildert er in einem **ersten Abschnitt** mit impressionistischen Bildern die leuchtenden Herbstfarben (Z. …). Gleichzeitig aber verweist er auf den **Verfall in der Natur** und den drohend bevorstehenden Winter (vgl. besonders Z. …). **Dann** kommt er auf Gegenstände der Kultur und Technik zu sprechen (Z. …) und verdeutlicht die **Vergänglichkeit der vom Menschen geschaffenen Dinge** an drei Beispielen (Z. …). Der umfangreichste **dritte Teil** kreist um die **Zeitlichkeit des Menschen** (Z. …). Das Motiv spiegelt sich in der **melancholischen Abschiedsstimmung**, die über der **Abendlandschaft** liegt (Z. …), der ernsten **Krankheit** der Hausherrin (Z. …) und der Furcht vor dem drohenden **Krieg**, die das leise Gespräch der Gesellschaft beherrscht (Z. …). Selbst die Erwähnung der **Astern** (Z. …) deutet das Motiv an. Wenn der Erzähler auf die ruhige Stetigkeit des großen „schweren Flusses" (Z. …) und die „zeitlose Stille" (Z. …) der Landschaft als Zeichen des Bleibend-Dauerhaften verweist, will er durch **Kontrast** Trennung, Abschied und Vergänglichkeit schärfer hervorheben (vgl. Bild der spielenden Schmetterlinge, Z. …).

Stellungnahme
So lauten Arbeitsanweisungen:
- „Nehmen Sie zu der Meinung des Autors Stellung."
- „Setzen Sie sich mit den Vorstellungen des Autors auseinander."

Äußert ein Autor in einem Text zu einem bestimmten Thema seine Meinung, kann der Leser zur Stellungnahme aufgefordert werden. Der Leser soll also ein auf Argumente gestütztes Urteil abgeben. Gründe und Gegengründe werden aufgezeigt und gegeneinander abgewogen. Stimmt der Leser mit der Meinung des Autors überein, müsste er dies auf jeden Fall begründen. Lehnt er sie ganz oder in Teilen ab, ist ebenfalls eine stichhaltige Begründung erforderlich.

Für eine mögliche **Gegenargumentation** eignen sich folgende Überlegungen:
- Ist die Beweisführung schlüssig?
    - Stimmen Zahlen, Daten, Statistiken, Fakten?
    - Gibt es Widersprüche in der Argumentation?
    - Ist die Gedankenführung folgerichtig?
    - Wurde die These umfassend bewiesen oder nur auf Teile ausgewichen?
    - Wurde sachgerecht argumentiert oder zu manipulieren versucht (emotionale Sprache, Ironie, Polemik)?
    - Wurden mögliche Einwände berücksichtigt?
- Wurden die Beispiele sinnvoll und treffsicher ausgewählt?
- Sind die Folgerungen schlüssig?

So ergeben sich für eine Stellungnahme folgende Gliederungsmöglichkeiten:
- **bei Zustimmung:** Nennen des Themas, Formulieren der These des Autors, eigene Meinungsäußerung, Überprüfung der Argumente, Bestätigung und Ergänzung durch eigene Beweggründe.
- **bei Ablehnung:** Nennen des Themas, Formulieren der These des Autors, Gegenmeinung, Begründung durch Entkräften der einzelnen Argumente, Aufbau einer eigenen Argumentation, Folgerung.

Richtet sich die Aufgabe auf den Gesprächsverlauf oder die Dialogführung, so geht es um die von den Gesprächspartnern (Dialogpartnern) vorgebrachten Argumente bzw. inhaltlichen Schwerpunkte. Man fragt nach Anlass, Verlauf und Ergebnis des Gesprächs. Reizvoll ist die Aufgabe, wenn eine klare Gesprächsstrategie zu erkennen ist. Dann lässt sich vom Ziel ausgehen und von dort zu den einzelnen eingesetzten Mitteln (wie Provokation, Auf- und Abwerten, Verweigern und Entgegenkommen, Ironisieren, Ablenken, Identifikation) kommen, um schließlich das Ergebnis festzuhalten.

Beispiel (Stellungnahme):
> Der vorliegende Text hat [...] zum **Thema**. Dabei stellt der Autor folgende **These** auf: [...] (Z. ...). Mit verschiedenen **Argumenten** versucht er eine Beweisführung. **Doch** [**Einschränkung**] seine Aussagen bleiben unsachlich und tendieren ins Polemische. Dies verdeutlicht bereits sein erstes Argument (Z. ...). So zeigen seine Formulierungen [**Beispiele**] Übertreibung und Pauschalisierung [**Entkräftung**]. Inhaltlich ist dieser Aussage entgegenzuhalten, dass [**Gegenargument**]. Im folgenden Abschnitt (Z. ...) ist der ironische Unterton aus den rhetorischen Fragen zu spüren. Auch hier sind Beweisführung und Konkretisierung schief, **denn** [**Gegenargument, Begründung**]. [...] Aufgrund der unsachlichen und daher nicht nachvollziehbaren Argumentation ist auch die Folgerung nicht schlüssig [**Zusammenfassung und Ausweitung**]. [...] Die Untersuchung hat gezeigt, dass die Behauptung des Autors nicht bestätigt werden kann [**Fazit**]. **Vielmehr** gilt: [**Gegenthese**]. Dies lässt sich mit [**Argumentenkette**] zeigen. [...]

Textvergleich
So können Aufgaben lauten:
- „Vergleichen Sie die beiden Gedichte im Hinblick auf die Weltsicht."
- „Vergleichen Sie das zentrale Motiv in beiden Gedichten."
- „Vergleichen Sie die Kernaussagen beider Texte."
- „Vergleichen Sie beide Gedichte miteinander."

Bei dieser Aufgabe werden meist Gedichte gegenübergestellt, die aus unterschiedlichen Perspektiven ein Thema behandeln. Vergleiche von dramatischen und epischen Texten sind seltener. Die Aufgabe bezweckt, zum einen unterschiedliche Sichtweisen herauszuarbeiten und nach ihren Ursachen zu fragen, zum anderen komplexere Themen durch das Aufzeigen von Gegensätzen schärfer beschreiben zu lassen.

Wenn der Vergleich auf ein bestimmtes Thema (Motiv, Einstellung) beschränkt ist, gliedert man nach Aspekten seiner Realisierung in den Texten. Wird ein umfassender Vergleich gefordert, nennt man in der Einleitung Aufgabe, Verfasser, Titel, ggf. die Epoche. Der Hauptteil folgt am günstigsten den üblichen Untersuchungskriterien (Inhalt, Gestaltungsmittel, Motivbehandlung, historische Einordnung). Der Schluss enthält eine knappe Zusammenfassung.

Die im Abitur am häufigsten praktizierte Methode ist die getrennte Untersuchung beider Texte. Anschließend erfolgt eine Gegenüberstellung von Gemeinsamkeiten und Unterschieden. Eleganter ist es, wenn beide Texte nach den vorher bestimmten, wesentlichen Vergleichskriterien untersucht werden. Diese Möglichkeit verlangt Übung, ist zeitaufwändig und daher nur bedingt zu empfehlen.

Beispiel (Textvergleich):
> [Nennen des Motivs:] Bereits die Überschrift beider Texte zeigt das **zentrale Motiv**, die Technik, [Vorwegnahme des Ergebnisses:] die jedoch **gegensätzlich** bewertet wird. Text A urteilt positiv, Text B negativ. [Gliederung nach Vergleichskriterien:] **Zunächst** gehen beide Autoren auf die **Ursprünge der Technik** ein. [Darstellen des Gegensatzes:] Während Text A vom menschlichen Wunsch nach Organentlastung, -ergänzung und -verstärkung spricht (Z....), wird in Text B menschliche Bequemlichkeit als treibende Kraft genannt (Z....). Der **folgende Abschnitt** bewertet die **Entwicklung der Technik**. [...]

Epochenzuordnung

So können Arbeitsanweisungen lauten:
- „[...], berücksichtigen Sie dabei epochen- und zeittypische Merkmale."
- „Weisen Sie in dem Text epochentypische Merkmale nach."

Bei der Lösung solcher Aufgaben zeigt der Prüfling seine Literaturkenntnisse und verdeutlicht, wie ein Text in einen kulturellen Bereich eingebunden ist.

Die Gliederung könnte Themen und Motivschwerpunkte, Handlung (äußere Handlung: Abfolge der Ereignisse; innere Handlung: geistig-seelisches Geschehen), Figurendarstellung, Raum- und Zeitgestaltung, Wirklichkeitssicht, Weltbild, Dramaturgie, Sprache und Stil berücksichtigen. In manchen Epochen dominieren bestimmte Themen bzw. Motive, die Figurendarstellung wechselt von Epoche zu Epoche; Raum, Zeit, Wirklichkeitssicht, Weltbild und Sprache verändern sich.

Beispiel (Epochenzuordnung):
> Im vorliegenden Text ist die entstofflichte **Handlung** ganz ins Innere der **Hauptfigur** gelegt (vgl. V. ...). Die Heldin entstammt einem gehobenen sozialen Milieu, sie ist der Mittelpunkt eines Geschehens, das **raum**- und **zeit**enthoben scheint (vgl. besonders V. ...). Handlung und Figuren sind einer übergeordneten und allgemein gültigen Idee unterstellt (V. ...). Diese Idee bestimmt als **Hauptmotiv** den Text und verdeutlicht ein geschlossenes, auf festen Werten beruhendes **Weltbild**. Die **Wirklichkeit** ist überblickbar. Die **Sprache** wirkt ritualisiert, künstlich, gedämpft. [...] Die gefundenen Merkmale verweisen auf die Epoche der Klassik.

Übersicht: Häufige Aufgabenbereiche und Arbeitsanweisungen

Analysieren eines Sachtextes	• Verstehen des Textes durch Untersuchung seiner Teile und ihres Zusammenhangs • Überblicksinformation, Inhalt, formale und sprachliche Gestaltungsmittel, Aussageschwerpunkte, Autorintention • Präsens, Sachstil, Zitate, Übersichtlichkeit
Erschließen eines poetischen Textes	• Verstehen des Textes durch Untersuchung seiner Teile und ihres Zusammenhangs • Untersuchung nach vorgegebenen Aufgaben; bei fehlenden weiteren Arbeitsanweisungen: Überblicksinformation, Inhalt, Gestaltungsmittel, ggf. Figurengestaltung, Raum- und Zeitgestaltung, Motivik, Epochenbezug • Präsens, Sachstil, Zitate, Übersichtlichkeit
Interpretieren eines poetischen Textes	• Verstehen des Textes durch Untersuchung seiner Teile und ihres Zusammenhangs sowie Deutung der erkannten Fakten • Vorgehen wie bei der Erschließung; zusätzlich: Zusammenführen der Einzelergebnisse und Festhalten von textbestimmenden Grundideen, Motiven; Bezug auch zum historischen und biografischen Kontext • Präsens, Sachstil, Fachsprache, Beschreibung und kommentierende Deutung mit fortwährenden Zitatbelegen
Überblicksinformation (Basissatz, Einleitungssatz)	• konzentrierte Darbietung von Grundinformationen • Nennen von: Autor, Titel, Textart, Thema; ggf. Erscheinungsort und -jahr, Autorintention, Handlungsort und -zeit, Hauptfiguren

Inhalt	• Zusammenfassen wesentlicher Aussagen
	• Orientierung am Textverlauf:
	  – informative Texte: Sinneinheiten, Gedankengang
	  – erörternde Texte: Argumentationsgang
	  – erzählende Texte: Handlungsverlauf
	  – dramatische Texte: Handlungs-, Gesprächsverlauf
	  – Gedichte: Strophenfolge, Sinneinheiten
	• Sachstil, auf Wesentliches konzentriert, indirekte Rede, eigene Worte, Vermeiden von Textübernahmen und Zitaten

Aufbau	• Erfassen des Ordnungsgefüges eines Textes • Orientierung am Textverlauf; Benennen der Gliederungseinheiten; Fragen nach Rahmen, Grobstrukturierung (Einleitung, Hauptteil, Schluss), Überleitungen, Erzählschritten, Argumentationsgang, Sinnabschnitten • Präsens, Sachstil, Übersichtlichkeit, eigene Worte, Fachwortschatz, Nachweis der Strukturelemente durch Zeilenangaben

Analysieren, Erschließen und Interpretieren von Texten | 31

Sprache und Stil	• wesentliche Grundlage bei jeder Textuntersuchung
	• Untersuchungsbereiche: Wortwahl, Syntax, Stil, Funktion der rhetorischen Mittel
	• Vorgehensweise:
	  – Markieren der sprachlichen Mittel im Text
	  – Zusammenstellen nach gemeinsamen Funktionen
	  – Auswerten; Vergleich mit anderen Textmerkmalen

Argumentation	• Beschreiben einer Beweisführung • Argumentations*gang*: Darstellen von Thema, These, Argumenten, konkretisierenden Beispielen, Folgerung, Appell • Argumentations*weise*: Aussagen zur Objektivität der Beweisführung; Fragen nach Sachlichkeit, Übersichtlichkeit, Anschaulichkeit, Nachvollziehbarkeit • Präsens, Sachlichkeit, Übersichtlichkeit, Fachwortschatz, Zitate als Belege (bei der Argumentationsweise)
Begriffsklärung, Erläutern	• *Definition*: gedrängte Darstellung; Nominalstil, hoher Abstraktionsgrad, Knappheit • *Begriffsklärung*: Annäherung durch Gegensätzliches und Nachweis des Begriffs in relevanten Bereichen; Sachstil, Beispiele, Zitate • *Erläuterung*: Überprüfung relevanter Bereiche; Sachstil, Beispiele, Zitate; Assoziieren als Hilfe bei der Stoffsammlung
Autorintention	• Erkennen der oft verschleierten Pläne des Autors • Erschließen aus Thema, Inhalt, Argumentation und Sprache • Präsens, Sachstil, Zitate als Belege
Motiv	• Grundidee, Bedeutungsträger an zentralen Textstellen; Gliederungs- und Stabilisierungselement • Untersuchung der im Text realisierten Motivaspekte; Gliederung nach deren Relevanz
Stellungnahme	• Auseinandersetzung mit einer vorgegebenen Meinung, Klärung eines Sachverhalts oder eines strittigen Problems • Nennen des Themas und der zentralen These des Autors, eigene Meinung, kritische Überprüfung der vorgegebenen Beweisführung; Ergänzung durch eigene Argumente, Fazit • Präsens, Sachstil, Übersichtlichkeit, Zitate als Belege
Textvergleich	• Aufzeigen unterschiedlicher Sichtweisen eines Themas • vorgegebenes Thema: Gliederung nach Teilaspekten • umfassender Vergleich: Überblicksinformation, Inhalt, Gestaltungsmittel, Thema-(Motiv-)Behandlung, Zusammenfassung
Epochenzuordnung	• Nachweis der historisch-kulturellen Einbindung des Textes • Thematik, Motivik, Handlung, Figuren, Raum und Zeit, Wirklichkeitssicht, Weltbild, Sprache

Untersuchungsbereiche epischer Texte

Die Epik ist eine der drei Grundgattungen der Dichtung. Sie umfasst alle Möglichkeiten **fiktiven Erzählens**, ob in Versen oder in Prosa. Man unterscheidet kleinere Formen (z. B. Märchen, Kurzgeschichte), mittlere Formen (Novelle) und Großformen (Epos, Roman).

Die epische Darstellung wird durch einen **Erzähler** bestimmt. Dabei handelt es sich um eine vom Autor geschaffene fiktive Figur. Autor und Erzähler sind also nicht identisch. Der Erzähler vermittelt dem Leser ein erdachtes, vergangenes Geschehen und gestaltet Handlungen und Figuren in von ihm gewählten Räumen, Zeiten und Wirklichkeiten.

Jedem epischen und dramatischen Text liegt eine **Geschichte** (Story) zugrunde, in der in einem bestimmten Raum, während einer durch Anfang und Ende definierten Zeit, Handlung und Geschehen ablaufen und Figuren beteiligt sind.

Die künstlerische Intention eines Autors kann von einem bereits vorhandenen **Stoff** angeregt werden. Darunter versteht man zunächst verschiedene Teile eines Rohmaterials, das, real oder fiktiv vorgefunden (z. B. als historisches Faktum oder als Gegenstand der Kunst), durch Bearbeitung und Verknüpfung zum eigentlichen Stoff wird. So liegen etwa dem Faust- und dem Don-Juan-Stoff historische Wirklichkeitselemente zugrunde. Ihre dichterische Bearbeitung ist frei. Bedeutende Stoffe haben eine Tradition. An ihr zeigt sich, dass Stoffe bis auf ihre Grundsubstanz verändert werden können, also Orte, Zeiten und Figuren austauschbar sind.

Im Stoff findet der Autor sein **Thema**, d. h. den Grundgedanken, die Problematik oder die **Grundidee** für seine Geschichte. Die Grundidee ist der äußerst abstrahierte und komprimierte Kern einer Geschichte, der einen Sinn vermitteln und zur Deutung anregen soll. So ist Humanität die Grundidee in Goethes *Iphigenie auf Tauris*. In Schillers *Don Carlos* ist Marquis Posa der Träger der Ideen von Humanität und Freiheit.

Geschichte und Fabel stehen miteinander in Verbindung, sie lassen sich aber doch klar voneinander abgrenzen. Während „Geschichte" mehr den Ablauf der Vorgänge meint, versteht man unter „**Fabel**" (Plot) die vom Autor nach seinen künstlerischen Intentionen organisierte Abfolge der Ereignisse: Er verändert Zeiten und Räume, bildet nach seiner Vorstellung Figuren und Figurenkonstellationen, betont Wesentliches, lässt Unwichtiges fort, relativiert, verknüpft und trennt und schafft so durch neue Sinnzusammenhänge eine neue poetische Wirklichkeit.

Der Erzähler

Autor und Erzähler

Um dem Leser seine Geschichte und Absicht vermitteln zu können, wählt der Autor ein erzählendes Medium: den fiktiven Erzähler, von dem nicht vorschnell auf den Autor geschlossen werden darf. So lässt der Stil des Erzählers in Döblins *Berlin Alexanderplatz* nicht folgern, dass dies die Sprache des Autors sei. Denn der Autor kann, je nach seiner künstlerischen Intention, den Erzähler gestalten und ihn mit einem spezifischen Verhalten und einer angemessenen Sprache ausstatten. Deshalb sind Autor und Erzähler zu unterscheiden.

Wandel der Erzählerposition

Die Position des Erzählers hat sich im Verlauf seiner Geschichte verändert. Der Erzähler in **traditionellen Texten** gibt sich **selbstbewusst**. Er lässt erkennen, dass er das Geschehen, über das er berichtet, kennt. Mehr oder weniger deutlich zeigt er seine Präsenz durch eingestreute Wertungen an. Sein Auftreten steht im Zusammenhang mit dem geschlossenen, auf festen Werten beruhenden Weltbild, das ihn, seine Figuren und seine Leser bestimmt: das Weltbild des bürgerlichen Zeitalters.

Die **moderne Literatur** vermittelt ein anderes Erzählerbild. Bereits im Realismus finden sich Tendenzen einer **geschwächten Erzählerposition**. Zunehmend tritt der Erzähler hinter seinen Figuren zurück und gibt ihnen Raum, sich in direkter Rede zu artikulieren. Auch die Mehrdeutigkeit der indirekten und erlebten Rede ist ein Indiz für die unsichere Position des Erzählers. Der Bewusstseinsstrom des inneren Monologs lässt keinen Erzähler mehr erkennen. Außerhalb der Figurenrede berichtet der Erzähler sachlich-distanziert. In einer komplexen Welt, in der Wertepluralismus und rascher Wertewandel die Orientierung erschweren und das Individuum seine Autonomie an das Kollektiv abgegeben hat, hütet er sich vor Urteilen. Er kämpft mit Begriffen (vgl. Hofmannsthal: *Ein Brief*) und gerät in Identitätskrisen (Frisch: *Stiller*); seine passiven und leidenden Figuren spiegeln seine eigene Ratlosigkeit (vgl. die Helden Kafkas).

Erzählform

Epische Texte kann man nach der Ich-Form und der Er-Form unterscheiden. Bei der **Ich-Form** werden die Ereignisse als vom Erzähler selbst erlebt dargestellt. Er ist also zugleich auch handelnde Figur. Durch die auf das erzählende Ich eingeschränkte Sichtweise erhält die Aussage eine stark subjektive Note.

Gleichzeitig ist diese Form ein Kunstmittel, das die Glaubwürdigkeit des Inhalts erhöht und sich deshalb besonders zur Wiedergabe psychischer Vorgänge eignet. Aus diesem Grund greift der Erziehungs- und Bildungsroman gern diese Form auf (vgl. Stifter: *Der Nachsommer*). Auch Tagebücher und Briefromane sind in der Ich-Form verfasst. Verschiedene Autoren benützen autobiografisches und reales Material, das sie dichterisch umgestalten und zur Konfrontation mit einem fiktiven Erzähler bringen (vgl. Goethe: *Werther*). Nicht selten wird solches Schreiben vom Autor als innerer Distanzierungs- und Befreiungsversuch verstanden. Bei Memoiren ist der Autor selbst das erzählende Ich. Der zeitliche Abstand zu den Ereignissen zeigt aber, dass das erzählende Ich vom erlebenden Ich zu trennen ist: Der Verfasser kann zu seinem früheren Leben kritisch Stellung nehmen.

Bei der **Er-Form** (3. Person) beschreibt der Erzähler die Erlebnisse anderer. Hier sind sein Spielraum und der Objektivitätsgrad größer als bei der Ich-Form. Es ist ihm aber möglich, sich kommentierend einzumischen (vgl. auktorialer Erzähler).

Erzählperspektive

Der vom Autor erdachte Erzähler kann zu der ebenfalls fiktiven Welt der Geschichte in unterschiedlicher Beziehung stehen. Sie resultiert zunächst aus seinem **Standort**, von dem aus er Handlungen und Geschehen beobachtet, dann aus seiner **Haltung**, die er zu Ereignissen und Figuren einnimmt. Die Summe der äußeren und inneren Ein-Stellungen ergibt die **Erzählperspektive**.

Die Wahrnehmung der fiktiven Wirklichkeit hängt von mehreren Komponenten ab: Der von Raum und Zeit festgelegte Standort bestimmt den **Blickwinkel** (point of view) des Erzählers. Befindet sich der Erzähler in großem Abstand, geradezu in „olympischer" Höhe „über" den Ereignissen, dann hat er ein breites, unbehindertes Blickfeld. Besitzt er einen zeitlichen Abstand, so kennt er meist Anfang und Ausgang der Geschichte (auktorialer Erzähler). Ist er hingegen mitten im Geschehen, schlüpft er gar in die Figuren hinein,

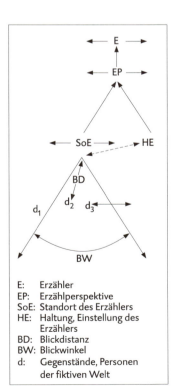

E: Erzähler
EP: Erzählperspektive
SoE: Standort des Erzählers
HE: Haltung, Einstellung des Erzählers
BD: Blickdistanz
BW: Blickwinkel
d: Gegenstände, Personen der fiktiven Welt

so hat es den Anschein, als wäre er gar nicht vorhanden und als ob der Leser ein Bild aus der Perspektive einer Figur erhielte.

In das Blickfeld des Erzählers können **Dinge** und **Figuren** ein- und austreten und sich in größerer oder kürzerer **Blickdistanz** befinden. Gegenstände fallen je nach ihrer Beschaffenheit und ihrer Beziehung zur Umgebung mehr oder weniger auf. Auch das Interesse des Erzählers für bestimmte Gegenstände kann die Aufmerksamkeit des Lesers lenken (vgl. die Betonung des Kleinen und Unscheinbaren im Biedermeier).

Manchmal lösen Gegenstände **Gedanken, Erinnerungen und Träume** beim Erzähler aus. Dann kommt es zu Einschnitten im Erzählablauf, zu Rückwendungen oder Vorausdeutungen.

Beispiel (Veränderung des Erzählerstandorts):

> Sie waren unterdessen längst ins Tal herabgekommen und näherten sich einem Dorf, das ihnen bereits auf der Höhe bemerklich gewesen und hinter welchem sich unmittelbar ein kleines Schloß von modernem Ansehen, der Wohnsitz eines Grafen von Schinzberg, in der freundlichen Ebene zeigte. Es sollte in dem Ort gefüttert, gerastet und Mittag gehalten werden. Der Gasthof, wo sie hielten, lag vereinzelt am Ende des Dorfs bei der Straße, von welcher seitwärts eine Pappelallee von nicht sechshundert Schritten zum herrschaftlichen Garten führte. (Mörike: *Mozart auf der Reise nach Prag*)

Beispiel (Unterschiedliche Wahrnehmung der Gegenstände):

> Das Meer leuchtete von weitem, der Himmel blitzte und funkelte unübersehbar mit unzähligen Sternen, darunter lag die heilige Stadt, von der man nur einen langen Nebelstreif erkennen konnte, wie ein eingeschlafener Löwe auf der stillen Erde, und Berge standen daneben, wie dunkle Riesen, die ihn bewachten.
>
> Ich kam nun zuerst auf eine große, einsame Heide, auf der es so grau und still war wie im Grabe. Nur hin und her stand ein altes, verfallenes Gemäuer oder ein trockener, wunderbar gewundener Strauch; manchmal schwirrten Nachtvögel durch die Luft, und mein eigener Schatten strich immerfort lang und dunkel in der Einsamkeit neben mir her. (Eichendorff: *Aus dem Leben eines Taugenichts*)

Beispiel (Auftauchen und Verschwinden von Gegenständen):

> Ich trat in einen hellen Saal, in welchem es von allen Wänden und von großen Gerüsten in frischen Farben und Gold erglänzte. Der erste Eindruck war ganz traumhaft; große klare Landschaften tauchten von allen Seiten, ohne daß ich sie vorerst einzeln besah, auf und schwammen vor meinen Blicken mit zauberhaften Lüften und Baumwipfeln; Abendröten brannten, Kinderköpfe, liebliche Studien guckten dazwischen hervor, und alles entschwand wieder vor neuen Gebilden, so daß ich mich ernstlich umsehen mußte, wo denn dieser herrliche Lindenhain oder jenes mächtige Gebirge hingekommen seien, die ich im Augenblicke noch zu sehen geglaubt. (Keller: *Der grüne Heinrich*)

Beispiel (Auslösen von Erinnerungen):

> Darüber hinaus fing eine Dame in dem Garten an, überaus lieblich zu singen. Ich stand ganz wie bezaubert, denn es war die Stimme der schönen gnädigen Frau und dasselbe welsche Liedchen, das sie gar oft zu Hause am offnen Fenster gesungen hatte.
> Da fiel mir auf einmal die schöne alte Zeit mit solcher Gewalt aufs Herz, daß ich bitterlich hätte weinen mögen, der stille Garten vor dem Schloß in früher Morgenstunde, und wie ich da hinter dem Strauch so glückselig war, ehe mir die dumme Fliege in die Nase flog. (Eichendorff: *Aus dem Leben eines Taugenichts*)

Beispiel (Auslösen von Fantasie):

> [...] und wenn ich dann an Sonntags-Nachmittagen vor der Mühle im Grase lag und alles ringsum so still war, da dachte ich mir Rom wie die ziehenden Wolken über mir, mit wundersamen Bergen und Abgründen am blauen Meer und goldnen Toren und hohen glänzenden Türmen, vor denen Engel in goldnen Gewändern sangen. (Eichendorff: *Aus dem Leben eines Taugenichts*)

Wenn der Erzähler seinen Standort außerhalb des Geschehens und der Figuren wählt, also aus einem bestimmten Abstand nur äußerlich Wahrnehmbares registriert, spricht man von **Außensicht** oder Außenperspektive. Ist der Erzähler dagegen unmittelbar beim Geschehen und blickt gleichsam in die Figuren hinein, kennt ihre Gedanken und Gefühle, handelt es sich um **Innensicht** oder Innenperspektive.

Formen des Erzählverhaltens

Franz K. Stanzel hat die Möglichkeiten des Erzählers als „Erzählsituationen" bezeichnet. Andere Wissenschaftler sprechen vom „Erzählverhalten". Man unterscheidet folgende Formen:

Die auktoriale Erzählsituation, das auktoriale Erzählverhalten

Hier existiert ein „persönlich anwesender" Erzähler, der den Ablauf der Ereignisse kennt, sie überblickt und gleichsam „allwissend" ist. Obwohl er außerhalb steht, mischt er sich kommentierend, reflektierend und urteilend ein. Indem er den Leser unmittelbar anspricht, fungiert er als eigenes Aussagesubjekt, das sich vom momentanen Geschehen abwendet und kritisch Stellung nimmt. Diese Form wird meist am Tempuswechsel erkennbar (Präsens).

Beispiel:

> Jetzt seht ihr Franz Biberkopf nicht saufen und sich verstecken. Jetzt seht ihr ihn lachen: man muß sich nach der Decke strecken. Er ist in einem Zorn, daß man ihn gezwungen hat, es soll ihn keiner mehr zwingen, der Stärkste nicht. Er hebt gegen die dunkle Macht die Faust, er fühlt etwas gegen sich stehen, aber er kann es nicht sehen, es muß noch geschehen, daß der Hammer gegen ihn saust. (Döblin: *Berlin Alexanderplatz*)

Schutzumschlag der Erstausgabe von Döblins *Berlin Alexanderplatz*. Der Roman thematisiert die Welt der Großstadt, die authentisch als Schauplatz des brutalen Existenzkampfes vorgeführt wird.

Die personale Erzählsituation, das personale Erzählverhalten
Hier wählt der Erzähler seinen Standpunkt mitten zwischen Handlungen und Ereignissen, er scheint aber zurückzutreten, da er sich eigener Kommentare enthält und die Perspektive einer Figur benutzt. Dies zeigt sich besonders dort, wo der Leser mit Gedanken, Gefühlen, also dem Inneren einer Figur konfrontiert wird. Dadurch steigert sich das Leseerlebnis; die Aussage wird unmittelbarer, und es entsteht beim Leser die Illusion, selbst am Schauplatz des Geschehens zu sein.

Beispiel:
> Und siehe da: plötzlich war es, als wenn die Finsternis vor seinen Augen zerrisse, wie wenn die samtne Wand der Nacht sich klaffend teilte und eine unermeßlich tiefe, eine ewige Fernsicht von Licht enthüllte ... Ich werde leben! sagte Thomas Buddenbrook beinahe laut und fühlte, wie seine Brust dabei vor innerlichem Schluchzen zitterte. Dies ist es, daß ich leben werde! Es wird leben ... und daß dieses Es nicht ich bin, das ist nur eine Täuschung, das war nur ein Irrtum, den der Tod berichtigen wird. So ist es, so ist es! ... warum? (Th. Mann: *Buddenbrooks*)

Die neutrale Erzählsituation, das neutrale Erzählverhalten
Von ihr spricht man, wenn der Erzähler ganz zurücktritt, „neutral" bleibt und als außenstehender, unbeteiligter Zuschauer fungiert. Die Vorgänge werden aus der Distanz vermittelt. Besonders deutlich wird diese Form in der direkten Rede (Dialog).

Beispiel:
> Ein Fremder hatte sich neben den entlassenen Sträfling gestellt, sah ihm zu. Er fragte: „Ist Euch was, ist Euch nicht gut, habt Ihr Schmerzen?" (Döblin: *Berlin Alexanderplatz*)

Die Ich-Erzählung
Sie kann sowohl auktoriales, personales als auch neutrales Erzählverhalten zeigen. Der Ich-Erzähler fungiert als **auktorialer** Erzähler, wenn er distanziert aus späterer Zeit sich früherer Ereignisse und Handlungen erinnert. Er kann zu seinem vergangenen Verhalten Stellung nehmen und es kommentieren. Das erzählende Ich steht in Distanz zum erlebenden Ich.

Beispiel:
> Heute ist es eine Woche seit der Ohrfeige, die zu meiner Verhaftung geführt hat. Ich war (laut Protokoll) ziemlich betrunken, weswegen ich Mühe habe, den Hergang zu beschreiben, den äußeren. (Frisch: *Stiller*)

Personal verhält sich der Ich-Erzähler, wenn er gleichsam in sein früheres Ich schlüpft, wenn also erzählendes und erlebendes Ich zusammenfallen. Die Darstellung wirkt durch ihre Unmittelbarkeit.

Beispiel:
> Ich habe noch keine Minute geschlafen und will auch nicht. Ich weiß alles. Morgen werden sie mich aufmachen, um festzustellen, was sie schon wissen: daß nichts mehr zu retten ist. Sie werden mich wieder zunähen, und wenn ich wieder zum Bewußtsein komme, wird es heißen, ich sei operiert. Ich werde es glauben, obschon ich alles weiß. (Frisch: *Homo faber*)

Darbietungsformen des Erzählens

Darunter versteht man die sprachliche Vermittlungsweise des Erzählers. Es gibt zwei grundsätzliche Vermittlungsformen: den Erzählerbericht und die Figurenrede.

Der Erzählerbericht

Er umfasst alle Äußerungen des Erzählers (nicht aber die Äußerungen der handelnden Figuren). Man unterscheidet zeitliche und zeitlose Erzählweisen.

Zu den **zeitlichen Erzählweisen** zählt man den Bericht, der Handlung und Geschehen im Ablauf zeigt (der Erzähler strafft, stellt die Vorgänge aus der Distanz fest), und die szenische Darstellung, die auf Breite, Genauigkeit und Unmittelbarkeit angelegt ist und auch die Personenrede beinhaltet.

Zu den **zeitlosen Erzählweisen** rechnet man die Beschreibung von Örtlichkeiten und Figuren sowie Erörterungen. Sie wirken aus dem Ablauf der erzählten Zeit herausgenommen.

Die Figurenrede

Dazu rechnet man direkte und indirekte Rede, erlebte Rede und inneren Monolog.

Direkte Rede: Sie gibt den Wortlaut des Gesagten der handelnden Figuren unverändert wieder und wird durch Anführungsstriche gekennzeichnet. Der Erzählerbericht erscheint allenfalls in der Redeankündigung.

Beispiel: Er sagte: „Ich gehe jetzt."

Indirekte Rede: Die Reden oder Gedanken der Figuren werden vom Erzähler in der 3. Person und im Konjunktiv wiedergegeben.

Beispiel: Er sagte, dass er jetzt gehe. Er dachte, jetzt sei es genug.

Erlebte Rede: Dieses Stilmittel steht zwischen direkter und indirekter Rede. Es dient der Wiedergabe von Bewusstseinsregungen und erzeugt eine suggestive Wirkung. Kennzeichen sind: 3. Person Indikativ, episches Präteritum (fiktionale Wirklichkeitsaussage zum Ausdruck der fiktiven Gegenwartssituation einer Person) und Wegfall des Einschubs „er dachte", „dachte er".

Beispiel:

> Ob es am Ende wirklich nur eine Reise war? Ob das, was er als Flucht geplant und unternommen, nicht bestimmt sein konnte, als Vergnügungsfahrt zu enden? (Schnitzler: *Flucht in die Finsternis*)

Innerer Monolog: Diese Erzähltechnik sucht ebenfalls den Bewusstseinsstand (Gedanken, Assoziationen, Ahnungen u. a.) unmittelbar darzustellen. Dazu werden die Ich-Form und das Präsens benutzt. Der innere Monolog ist besonders bei modernen Erzähltexten zu finden. Hier realisiert er den sog. „stream of consciousness", eine rasche Folge von Gedanken, Assoziationen, Empfindungen und Wahrnehmungen. Dabei kommt es häufig zur Auflösung der Syntax, die Erzählzeit ist länger als die erzählte Zeit.

Beispiel:

> Wie lange wird denn das noch dauern? Ich muß auf die Uhr schauen ... schickt sich wahrscheinlich nicht in einem so ernsten Konzert. Aber wer sieht's denn? Wenn's einer sieht, so paßt er gerade so wenig auf, wie ich, und vor dem brauch' ich mich nicht zu genieren ... Erst viertel auf zehn? ... Mir kommt vor, ich sitz' schon drei Stunden in dem Konzert. Ich bin's halt nicht gewohnt ... Was ist es denn eigentlich? Ich muß das Programm anschauen ... Ja, richtig: Oratorium? Ich hab' gemeint: Messe. Solche Sachen gehören doch nur in die Kirche. Die Kirche hat auch das Gute, daß man jeden Augenblick fortgehen kann. – Wenn ich wenigstens einen Ecksitz hätt'! – Also Geduld, Geduld! Auch Oratorien nehmen ein End'! Vielleicht ist es sehr schön, und ich bin nur nicht in der Laune. Woher sollt' mir auch die Laune kommen? Wenn ich denke, daß ich hergekommen bin, um mich zu zerstreuen ... Hätt' ich die Karte lieber dem Benedek geschenkt, dem machen solche Sachen Spaß; er spielt ja selber Violine. Aber da wär' der Kopetzky beleidigt gewesen. Es war ja sehr lieb von ihm, wenigstens gut gemeint. Ein braver Kerl, der Kopetzky! Der einzige, auf den man sich verlassen kann ... Seine Schwester singt ja mit unter denen da oben. Mindestens hundert Jungfrauen, alle schwarz gekleidet; wie soll ich sie da herausfinden? Weil sie mitsingt, hat er auch das Billett gehabt, der Kopetzky ... Warum ist er denn nicht selber gegangen? – Sie singen übri-

gens sehr schön. Es ist sehr erhebend – sicher! Bravo! bravo! ... Ja, applaudieren wir mit. Der neben mir klatscht wie verrückt. Ob's ihm wirklich so gut gefällt? [...] ... Ah, ein Solo! Wer ist das? Alt: Fräulein Walker, Sopran: Fräulein Michalek ... das ist wahrscheinlich Sopran ... Lang' war ich schon nicht in der Oper. In der Oper unterhalt' ich mich immer, auch wenn's langweilig ist. Übermorgen könnt' ich eigentlich wieder hingeh'n, zur „Traviata". Ja, übermorgen bin ich vielleicht schon eine tote Leiche! (Schnitzler: *Leutnant Gustl*)

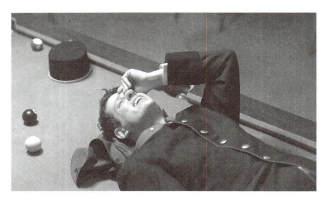

Torsten Hermentin als Gustl in einer Produktion des Salzburger Landestheaters (2007)

Aufgaben- und Bearbeitungsbeispiel

So könnten mögliche Aufgaben lauten:
- „Untersuchen Sie die erzählerische Gestaltung."
- „Zeigen Sie wesentliche Mittel der erzählerischen Gestaltung auf und beschreiben Sie ihre Wirkung."

So könnte eine Bearbeitung der ersten Aufgabe aussehen:

Beispiel:

> Der Text ist in der **Er-Form** verfasst. Die **Erzählperspektive** verändert sich im Verlauf der Handlung. Der Erzähler betrachtet zunächst aus größerer Distanz das Geschehen in der Stadt (Z. ...). Dann verengt sich sein **Blickwinkel** auf die Figur des [...] (Z. ...). Mit ihm betritt der Erzähler eines der typischen Altstadtcafés. Die wahrgenommenen Gegenstände lösen **Erinnerungen** an die Vorkriegszeit aus (Z. ...). An zwei Vergleichen lässt sich die kritische **Haltung** des Erzählers gegenüber der beschriebenen Gegenwart erkennen (Z. ...). Im folgenden Abschnitt werden die Gegenstände schärfer ins Auge gefasst, die Blickdistanz hat sich verringert. Dies zeigt sich besonders bei der Beschreibung der Figur, die am Tisch des

[…] Platz nimmt (Z. …). Jetzt geht der Erzähler von der **Außensicht** zur **Innensicht** über. Er teilt die Gedanken von […] mit (Z. …).
Auch das **Erzählverhalten** wechselt. Zunächst gibt sich der Erzähler **auktorial**, er steht gleichsam über dem Geschehen. Aus verschiedenen Wendungen kann man eine wertende Kommentierung erkennen, so wenn er von dem „hektischen" (Z. …) Verkehr spricht und diesem das „geruhsame" (Z. …) Leben der Vergangenheit gegenüberstellt. Im Café scheint sich der Erzähler zurückzuziehen. Er wählt die Perspektive des […] und konfrontiert den Leser mit dessen Gedanken und Gefühlen (Z. …). Dieses **personale Erzählverhalten** wechselt bei der Wiedergabe des Tischgesprächs in **neutrales Verhalten**.
Der Erzähler bietet seinen Text weitgehend als **Bericht** an. Dazu gehört auch die knappe Beschreibung des Cafés **(zeitlose Erzählweise)**. Der Erzählerbericht wird durch die **Figurenrede** unterbrochen, die in der **direkten Rede** des Gesprächs, der **erlebten Rede** (vgl. „Konnte man ihm trauen? War er glaubwürdig?", Z. …) und des **inneren Monologs** („Ich werde noch abwarten. Ich werde ihm nichts erzählen. Ob er mich für den Mörder hält? Weshalb lächelt er so?", Z. …) zum Ausdruck kommt.

Übersicht: Der Erzähler

Autor und Erzähler	Erzähler als vom Autor erfundene Figur
Erzählerposition	• starke Position (der selbstbewusste traditionelle Erzähler) • schwache Position (der ratlose moderne Erzähler)
Erzählformen	• Er-Form • Ich-Form
Erzählperspektive	• Standort: Blickwinkel, Blickdistanz; Außen-, Innensicht • Haltung: Einstellung des Erzählers
Erzählverhalten	• auktorial • personal • neutral • Ich-Form

Darbietungsformen	• Erzählerbericht:
	  – zeitliche Erzählweisen (Bericht, szenische Darstellung)
	  – zeitlose Erzählweisen (Beschreibung, Erörterung)
	• Figurenrede:
	  – direkte Rede
	  – indirekte Rede
	  – erlebte Rede
	  – innerer Monolog

Aufbau und Handlungsgang

Gegenüber Sach- und Gebrauchstexten haben epische Texte meist einen komplexeren Aufbau. Man kann einen poetischen Text als ein System betrachten, das aus einzelnen Elementen besteht, die in bestimmten Beziehungen zueinander stehen. Es gibt lockere Verknüpfungen, bei denen die einzelnen Teile ein hohes Maß an Autonomie besitzen, und starke Verbindungen, die eine sehr geschlossene Gesamtkomposition bewirken.

Da der Aufbau als gestalterisches Mittel betrachtet werden kann, das der Erzähler zur Realisierung seiner Absichten einsetzt, lässt sich dieser Bereich auch unter dem Aspekt der erzählerischen Gestaltung behandeln.

Phasenbildung

Episch anspruchsvolle Texte reihen nicht monoton Ereignisse aneinander. Vielmehr werden Auswahl und Betonung eingesetzt, um eine bestimmte Absicht zu verwirklichen. So kommt es zu Unterbrechungen und Neuansätzen im Erzählfluss, zu Phasenbildungen und inhaltlichen Gliederungen in Sinneinheiten, die wie Erzählschritte bei der Erlebniserzählung spannungssteigernd aufgebaut sein können.

Die einfachste Struktur bildet die lineare Abfolge des Geschehens. Erzähler und Leser schreiten gemeinsam von Ereignis zu Ereignis:

Ein anspruchsvollerer Erzähler setzt Handlungsschwerpunkte. Unwichtige Ereignisse werden gerafft oder nur kurz gestreift:

Erscheinen bestimmte Phasen dem Erzähler bedeutungslos, so kann er sie überspringen und der Fantasie des Lesers überantworten:

Verknüpfungen

Die einzelnen Erzählphasen müssen zu einem einheitlichen Ganzen geführt werden. Dazu verwendet der Erzähler verschiedene Verknüpfungsmittel:

Viele Geschichten werden durch die **zentrale Figur** eines Helden zusammengehalten, wie es beispielsweise bei den traditionellen Entwicklungs- und Bildungsromanen geschieht.

In anderen Fällen verbinden **Leitmotive** die Erzählabschnitte. In Grimmelshausens *Der abenteuerliche Simplicissimus Teutsch* ist es das Kriegsmotiv, in Goethes *Werther* das Liebesmotiv, in Th. Manns *Der Tod in Venedig* das Todesmotiv und in Döblins *Berlin Alexanderplatz* die Stadt Berlin.

Die traditionelle Novelle enthält häufig an entscheidenden Stellen ein die Ereignisse verknüpfendes **Dingsymbol**, den sog. „Falken": in Kleists *Michael Kohlhaas* die Rappen, in Droste-Hülshoffs *Die Judenbuche* den Baum und in Th. Manns *Der Tod in Venedig* die schlechten Zähne.

Auch mit einer **steigernden Spannung** lässt sich die Geschlossenheit der Geschichte erhöhen. Spannung beruht vor allem auf retardierenden und kontrastierenden Elementen. Viele epische Texte, besonders die Novelle, bieten nach dem Vorbild des Dramas eine Einführung in die Ausgangssituation, die Figuren und die Grundstimmung. Dann folgt eine Steigerung mit verzögernden Elementen, ein Höhe- bzw. Wendepunkt, nach dem keine Umkehr für den Helden mehr möglich ist, schließlich eine letzte Spannungssteigerung vor der Lösung.

Bei streng komponierten Texten treten die verknüpfenden Elemente gehäuft auf. So finden sich in *Der Tod in Venedig* Gustav von Aschenbach als Hauptfigur, der Tod als Leitmotiv, die schlechten Zähne als Dingsymbol, eine einheitliche Stimmung, Spannungssteigerung mit retardierenden Momenten, die Beschränkung auf den Schauplatz Venedig und die Unausweichlichkeit des Geschehens. Bei manchen Erzählungen wird die Binnenhandlung durch eine Rahmenhandlung gefestigt (vgl. Storm: *Der Schimmelreiter*).

Andererseits wirken manche moderne Romane wie die Aneinanderreihung von nahezu selbstständigen Erzählungen. So wird der Inhalt von Thornton Wilders *Die Brücke von San Luis Rey* nur durch das Dingsymbol der Brücke und die Frage nach dem Sinn des Zufalls zusammengehalten, in Bölls *Wo warst du, Adam?* geschieht die Verbindung durch die Figur des Feinhals und das Kriegsmotiv.

Die **Simultantechnik** versucht durch die Aufhebung des zeitlichen Nacheinander und die oft lockere Zusammenfügung verschiedenster Textelemente der Komplexität der Welt zu entsprechen. Sie bedient sich des Mittels der **Montage** (aus der Filmkunst übernommen) bzw. der **Collage** (der bildenden Kunst entlehnt). Die Montage löst den Handlungs- und Geschehensablauf auf, bewirkt Überraschungseffekte und zeigt letztlich den Menschen als Produkt einer Vielfalt von rätselhaften und unvereinbaren Elementen, die nicht auf Harmonie zielen, sondern auf die Bruchstellen aufmerksam machen. Montage bzw. Collage drücken den Verlust eines geschlossenen Weltbilds und die Vorstellung sich vielfältig überlagernder Wirklichkeitsebenen aus. Als einer der bedeutendsten deutschen Montageromane gilt A. Döblins *Berlin Alexanderplatz*. Hier werden in die Handlung Statistiken, Zeitungsberichte, oft in Form von Sensationsmeldungen und Annoncen, Reklametexte, wissenschaftliche und medizinische Exkurse, Lieder, Zitate aus der Literatur und auch der Bibel sowie unterschiedliche Sprachschichten einmontiert.

Erzähleinsatz

Der Erzähleinsatz braucht nicht am Beginn der Geschichte zu liegen. Er kann in der Mitte oder erst am Ende erfolgen. Abschnitte der erzählten Zeit lassen sich herausnehmen und später nachtragen. Differenziert wird das Strukturschema auch durch den Einbau von Rückwendungen und Vorausdeutungen:

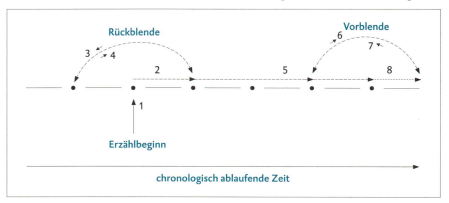

In Milieubeschreibungen, Landschaftsschilderungen und Charakterdarstellungen unterbricht der Erzähler ebenfalls den Gang der Geschichte. Er hält ein und bietet Atmosphäre, die sich bis zum Symbolhaften steigern kann, oder er liefert Erklärungen; mitunter mischt er sich sogar in Form von Kommentaren ein.

Handlungsstränge

Weiter hat der Autor die Möglichkeit, die lineare Abfolge der Ereignisse zu beleben, indem er beispielsweise den Leser kurz in die Schicksale anderer Figuren blicken lässt. Bei zwei Hauptfiguren, die sich oft als Kontrastfiguren gegenüberstehen, kann er alternierend in der Erzählung vorrücken. Diese spannungssteigernde Möglichkeit findet sich beim Märchen und einfachen Kriminalroman:

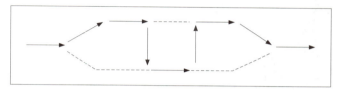

Trennen sich an einem Punkt die Lebenswege mehrerer Hauptfiguren, so kommt es zum Aufbau verschiedener Handlungsstränge:

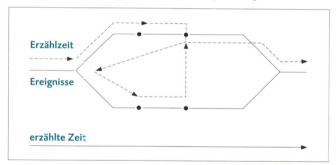

Äußere und innere Handlung

Die Abfolge der Ereignisse wird auch als **äußere Handlung** bezeichnet. Notwendige Voraussetzung zum Verständnis sind dabei der Handlungsraum, die Handlungszeit, der/die Handlungsträger und das Handlungsobjekt, an dem sich Handlung entzündet.

Unter **innerer Handlung** (Tiefenhandlung) versteht man geistig-seelische Vorgänge, die meist die sichtbaren Handlungen auslösen. Sie können von vielen Faktoren beeinflusst werden, so von persönlichen Erfahrungen, Erziehung, Bildungsinformationen, Emotionen, Werten, Normen und Zielsetzungen.

Während im traditionellen Roman der Schwerpunkt auf äußeren Handlungs- und Geschehensabläufen liegt, lässt sich in der Moderne eine Verlagerung zur inneren Handlung, also in die Bewusstseinsvorgänge der Hauptfigur

Untersuchungsbereiche epischer Texte

erkennen. Die chronologisch ablaufende Zeit bleibt auf eine knappe Zeitspanne beschränkt, dafür werden Bewusstseinsvorgänge ausführlich dargestellt: Die innere Handlung dominiert (vgl. Böll: *Ansichten eines Clowns*).

Helmut Griem in *Ansichten eines Clowns* (Verfilmung: Vojtěch Jasný)

Hinweise zur Untersuchung

Da es sich im Abitur meist um einen relativ kurzen Text handelt, müssen in der Regel nicht alle hier dargestellten Aspekte untersucht werden. Wesentlich ist das Erkennen der Textgliederung, der Kompositionsqualität und des Verhältnisses von äußerer und innerer Handlung. Die folgende Übersicht ist deshalb nicht als unbedingt zu erfüllende Checkliste zu verstehen.

Übersicht: Aufbau und Handlungsgang

Einstieg	• Expositionsfunktion: Grundsituation, Figuren, Grundstimmung • Rahmenfunktion

Hauptteil	• Sinneinheiten, Phasen
	• Erzählstruktur, Handlungsablauf:
	  – Handlungseinsatz
	  – chronologisch-lineare Abfolge
	  – Kontrasthandlung
	  – Art der Handlungsstränge: Haupthandlung, Nebenhandlungen
	• Handlungsführung, Kompositionsqualität:
	  – Verknüpfungsarten: Leitmotive, Dingsymbole, Spannung (Steigerung, Retardierung, Höhe-, Wendepunkt, Lösung)
	  – Verknüpfungsdichte
	  – Montage, Simultantechnik
	• Verhältnis von äußerer und innerer Handlung

Schluss	• Art des Ausgangs: positiver, negativer Schluss; Pointe • Rahmen

Figurendarstellung

Bei der genaueren Untersuchung der im Text vorkommenden Figuren konzentriert man sich auf zwei Bereiche: die Kennzeichnung der Einzelfigur (**Figurenkonzeption**) und die Einzelfigur im Beziehungsgeflecht der übrigen Figuren (**Figurenkonstellation**).

Figurenkonzeption: Die Einzelfigur

Der Erzähler steht zu seinen Figuren in einem bestimmten Verhältnis. Dies drückt sich in den Mitteln aus, mit denen er seine Figuren dem Leser näher bringt, in den Positionen, die er ihnen einräumt, und in der Haltung, die er selbst gegenüber den Figuren einnimmt. Die Figurenkonzeption äußert sich auch im Individualisierungsgrad der Figuren, im Erfassen ihrer äußeren Merkmale, ihrer Eigenschaften, ihres Wesens und ihres sozialen Bezugs.

Erzähler und Figur:
Mittel der Darstellung und Haltung des Erzählers

Der Erzähler vermittelt dem Leser seine Figuren auf verschiedene Weise. So besitzt er die Möglichkeit der Beschreibung: Er wählt einen kurzen oder längeren Lebensausschnitt der Figur und teilt äußere Kennzeichen, Eigenschaften und Charakter sowie die Situationen und Beziehungen mit, in denen sich die Figur bewegt. Der Erzähler hat aber auch die Möglichkeit, die Figuren selbst zu Wort kommen zu lassen, z. B. durch wörtliche Reden oder innere Monologe. Schließlich tragen andere Figuren durch ihr Gespräch zur Erhellung der zu untersuchenden Figur bei.

Die Einstellung des Erzählers zu seinen Figuren reicht von innerer Distanz über engagierte Parteinahme bis zum Mitleiden. So warnt der Erzähler in Döblins Hauptwerk seine Figur: „Franz Biberkopf, sieh dich vor, was soll bei dem Sumpfen herauskommen! Immer rumliegen auf der Bude, und nichts als trinken und dösen und dösen!"

Grad der Individualisierung

Manche literarischen Werke enthalten nur typisierte, mit wenigen markanten Eigenschaften ausgestattete Figuren, während in anderen die Helden durch zahlreiche individuelle Merkmale detailliert charakterisiert werden.

In der Literatur läuft die Entwicklung der Individualität parallel zu entsprechenden Prozessen in anderen kulturellen Bereichen. Sie beginnt mit der Mündigwerdung des Ich in der Renaissance. Markantestes Zeugnis ist das Aufbegehren des Menschen gegen das Schicksal in *Der Ackermann und der Tod* (1400) des Johannes von Tepl. Dieser Prozess wird im Barockzeitalter gedämpft, in der Aufklärung durch den Glauben an die Einsichtsfähigkeit des Menschen wieder gesteigert und in der Subjektivität des Sturm und Drangs einem Höhepunkt zugeführt. Die Klassik schränkt den individuellen Spielraum zwar durch Negation extrem-subjektiver Positionen ein, betont aber ausdrücklich die Autonomie der Einzelperson und ihre Fähigkeit zur Entwicklung und Ausbildung. Die Romantik weitet die individuellen Entfaltungsmöglichkeiten durch die Einbeziehung des Unbewussten. Im Biedermeier wird das Individuelle auf das Private reduziert, Realismus und Naturalismus zeigen die Abhängigkeit des Einzelnen von Anlage und Milieu. Die literarischen Figuren der Jahrhundertwende verfügen einerseits über eine hohe, besonders dem Künstlerischen zugewandte Sensibilität, wirken aber andererseits müde, erschöpft und in Resignation verfallen. In der Moderne verliert sich das Ich im Kollektiv der Massengesellschaft, es wird zum verlachten Außenseiter. Häufig lässt sich das Individuelle nur mehr am Verbogenen, Krankhaften und Zukunftslosen erkennen. Zunehmend erscheint der Mensch typisiert, als Rollenträger festgelegt. So geschieht es im Expressionismus und in der zeitgenössischen Dichtung. Doch je komplexer, undurchsichtiger und schwächer die Figuren im modernen Roman werden, desto stärker verlangt es viele Leser nach neuen, selbstbewussten Helden, die nach dem Muster der Märchenfiguren eine einfache Persönlichkeitsstruktur besitzen. Die Trivialliteratur versucht diesen Wünschen zu entsprechen und mit typisierten Helden Identifikationsmöglichkeiten anzubieten.

Beschreibung der äußeren Merkmale

Mitunter gewährt bereits die Namengebung einen Zugang zur Figur (vgl. Simplicius in Grimmelshausens *Der abenteuerliche Simplicissimus Teutsch*; Taugenichts in Eichendorffs Novelle *Aus dem Leben eines Taugenichts*, Aschenbach in Th. Manns *Der Tod in Venedig*, Walter Faber in Frischs Roman *Homo faber*).

Zu den äußeren Merkmalen gehören auch die Lebensdaten, das Aussehen, Gestik und Mimik, die Sprache und Gewohnheiten der Figur. Ebenso kann die Kleidung Auskunft geben (vgl. die Werther-Tracht, die als Protest gegen die gekünstelte höfische Lebensart steht). Zuweilen hat die Betonung körperlicher Merkmale eine tiefere Bedeutung (vgl. das Motiv der schlechten Zähne im Werk Th. Manns, die äußere Erscheinung des Oskar in Grass' *Die Blechtrommel*, das Käferdasein des Gregor Samsa in Kafkas *Die Verwandlung* und die äußere Verjüngung des Gustav von Aschenbach).

Äußeres Verhalten, Einstellung, Bewusstseinsgrad, charakterliche Merkmale

Folgende Zugangsfragen erweisen sich bei einer Untersuchung als hilfreich:
- Wird mehr das äußere Verhalten oder die innere Einstellung beschrieben?
- Welche handlungsauslösenden Motivationskräfte lassen sich erkennen?
- Wie reagiert die Figur auf äußere Einflüsse und Reize?
- Wie scharf ist ihre Wahrnehmung?
- Welche Gefühle und Stimmungen lassen sich erkennen?
- Ist ihr Verhalten außen- oder innengeleitet?
- In welchen Wirklichkeitsbereichen bewegt sie sich, d. h. ist sie stärker realitätsbezogen oder fantasiegeführt?

Einsatzbereitschaft und -fähigkeit des Helden lassen sich an der literarischen Entwicklung ablesen. Im historischen Verlauf nimmt seine Antriebsstärke bis zur Passivität ab; Reflexionen und Unsicherheit steigern sich. Als gegensätzliche Beispiele stehen Heinrich Drendorf in Stifters *Der Nachsommer* und Hans Schnier in Bölls *Ansichten eines Clowns*. Einzelne Epochen wie der Sturm und Drang (vgl. Werther) betonen den Willen zur Individualität und Subjektivität, andere, wie Realismus und Naturalismus, die Abhängigkeit der Hauptfigur von sozialen Bedingungen und genetischen Anlagen. Während in der Romantik den irrationalen Kräften breiter Raum gewidmet wird – so führt Novalis' Romanfragment *Heinrich von Ofterdingen* in eine unrealistische Traumwelt –, beschränkt sich der Realismus weitgehend auf die Darstellung realer Fakten.

Zu den Charaktermerkmalen gehören außer der Lebensgrundstimmung Erlebnisfähigkeit und -tiefe im Gefühlsbereich sowie Abstraktionsvermögen, Folgerichtigkeit und geistige Flexibilität.

Entwicklungs- und Wandlungsfähigkeit

Folgende Zugangsfragen sind hilfreich:
- Bleibt die Figur während der gesamten Darstellung in ihrem Bewusstsein, ihrem äußeren und inneren Verhalten, ihrer Einstellung gleich oder entwickelt sie sich während des Textverlaufs?
- Welche Folgen hat die Entwicklung für die Figur?

Beispielhaft sind hier die Erziehungs-, Entwicklungs- und Bildungsromane zu nennen. Sie sind Ausdruck einer bürgerlichen Welt, in der kulturelle Werte tragende und orientierende Kraft besaßen. In der Moderne, gekennzeichnet durch Bildungskrise und Persönlichkeitsverlust, erlahmt die Fähigkeit zu einer positiven Entwicklung. Den Übergang stellt Th. Manns Roman *Buddenbrooks* dar, der den „Verfall" einer Familie beschreibt.

Die Figur in ihrer Umwelt

Die Beschreibung einzelner Figuren wäre unvollständig, wenn man ihre Umwelt als beeinflussenden Faktor vergäße. Die Zugangsfragen richten sich nach den Orten und Zeiten der Handlungen und Ereignisse, prägenden Kräften (wie Standes- bzw. Schichtzugehörigkeit, Elternhaus, Schule, Freunde, Liebesbeziehungen, Gegner), aber auch umfassenderen Orientierungen (wie Werten und Weltbildern, die den Helden tragen oder zu Konflikten führen).

Figurenkonstellation: Die Figuren im Beziehungsgeflecht

Sie beinhaltet die Anzahl der vorkommenden Figuren, beschreibt deren Position und Funktion im Beziehungsgeflecht und geht auf Beziehungsentwicklungen ein.

Position und Funktion
Zugangsfragen sind:
- Gibt es einen dominierenden Helden?
- Gibt es Kontrastfiguren?
- Welche Bedeutung kommt den Figuren im Beziehungsgeflecht zu?
- Ist die Figur in bestimmte soziale Gruppen integriert?
- Ist sie Außenseiter?
- Welche Aufgaben hat die Figur zu erfüllen?
- Wie entspricht sie den Erwartungen, die man an sie stellt?
- Welche Folgen hat ihr Verhalten für die anderen Figuren?

Dominierende Helden, die die Widrigkeiten des Lebens meistern, kennt der traditionelle Roman (vgl. Keller: *Der grüne Heinrich*). Kontrastfiguren erhöhen die Spannung und lösen Konflikte aus. Häufige Bearbeitung finden die Gegensätze von Mann und Frau (vgl. Fontane: *Effi Briest*), Kind und Eltern (vgl. Böll: *Ansichten eines Clowns*), Stadt- und Landbewohnern (vgl. Lena Christ: *Erinnerungen einer Überflüssigen*). In Kellers *Romeo und Julia auf dem Dorfe* stehen verfeindete Eltern dem Glück ihrer Kinder im Wege.

Beziehungsentwicklungen
Seit dem Realismus wird die Problematik menschlicher Beziehungen immer deutlicher. In der Moderne erscheint die Einsamkeit als wesensbestimmendes Merkmal menschlicher Existenz. Th. Mann hat diese Thematik wiederholt bei der Darstellung des Künstlertums angesprochen (vgl. *Tonio Kröger*). Die Auflösung sozialer Ordnungsformen, zunehmende Anonymisierung und Sprachkrise führen bei gleichzeitig gesteigerter Wahrnehmungssensibilität in die Iso-

lation (vgl. besonders Kafka: *Die Verwandlung*). Der in Frankreich (Flaubert: *Madame Bovary*), England (Dickens: *Oliver Twist*) und Russland (Dostojewski: *Schuld und Sühne*) entstandene Gesellschaftsroman findet sich auch in Deutschland (Fontane: *Effi Briest*). Er beschreibt individuelle Schicksale in ihrer sozialen Verwobenheit und deckt spezifische Probleme des Einzelnen innerhalb des gesellschaftlichen Kräftefelds auf. Th. Manns *Buddenbrooks* lässt sich hier als besonders markantes Beispiel nennen. Daneben kann man aber auch auf die Erziehungs- und Bildungsromane verweisen. Probleme eines jungen Menschen mit der Gruppe werden in Musils *Die Verwirrungen des Zöglings Törleß* beschrieben. Hesse stellt in *Unterm Rad* ein Schultrauma dar.

Figurendarstellung im geschichtlichen Verlauf

Das Menschenbild ist in der Dichtung einem fortgesetzten Wandel unterworfen. Vergröbert lassen sich folgende Schwerpunkte erkennen:

Epoche	Menschenbild	Literarisches Beispiel
Renaissance	der mündige Mensch	Johannes von Tepl: *Der Ackermann aus Böhmen*
Barock	der leidende, doch standhafte, sich am Jenseits orientierende Mensch	Gryphius: Dramen
Aufklärung	der zur vernünftigen Einsicht befähigte Mensch	Lessing: *Nathan der Weise*
Sturm und Drang	der in Subjektivität und Leidenschaft eingebundene Mensch	Goethe: *Götz von Berlichingen* Schiller: *Die Räuber*
Klassik	der idealisierte, harmonische Mensch	Goethe: *Iphigenie auf Tauris*
Romantik	der unbegrenzt fühlende und dem Irrationalen offene Mensch	Novalis: *Heinrich von Ofterdingen* Eichendorff: *Aus dem Leben eines Taugenichts*
Biedermeier	der Mensch auf der Suche nach dem stillen Glück	Stifter: *Bunte Steine*; *Der Nachsommer*
Realismus	der diesseitsbezogene Mensch	Keller: *Der grüne Heinrich*
Naturalismus	der von Anlage und Milieu geprägte Mensch	Hauptmann: *Vor Sonnenaufgang*; *Die Weber*
Moderne	der suchende Mensch, der „unbehauste Mensch"	Döblin: *Berlin Alexanderplatz* Benn, Borchert, Böll u. v. a.

Aufgaben- und Gliederungsbeispiel

So könnte die Aufgabe lauten: „Charakterisieren Sie die Hauptfigur."
Bei Gesamtcharakterisierungen von Figuren steigert man von der Beschreibung äußerer Merkmale zu der schwierigeren Darstellung innerer Einstellungen.

Gliederungsbeispiel:

- A Überblicksinformation und Hinführung
    (Autor, Titel, Name und Position der Figur)
- B Charakteristik
    - I.   Äußere Merkmale (Aussehen, Gestik, Mimik, Kleidung, äußeres Verhalten, Gewohnheiten)
    - II. Die Figur in ihrer Entwicklung (statisch oder dynamisch konzipierte Figur; prägende Einflussfaktoren)
    - III. Die Figur in ihrer Umwelt (Ort, Zeit, Tätigkeiten, soziale Beziehungen)
    - IV. Innere Einstellungen der Figur (Eigenschaften, intellektuelle und emotionale Kräfte: geistige Beweglichkeit, logisches Denken, Urteilsfähigkeit; Erlebnisfähigkeit, Empfindungen, Gefühle, Gefühlstiefe), Interessen, Ziele, mitmenschl. Gesinnung, Wert- u. Weltorientierung
- C Zusammenfassung bzw. Vergleich mit anderen Figuren

Bei Charakteren, die in ihrer Veränderung gezeigt werden, steht diese natürlich im Mittelpunkt der Untersuchung. Am einfachsten ist es, nach Ursachen, Erscheinungsformen und Folgen der Veränderung zu gliedern.

Übersicht: Figurendarstellung

Die Einzelfigur	• Erzähler und Held:
	  – Mittel der Darstellung: Beschreibung durch den Erzähler, Selbstdarstellung (z. B. durch inneren Monolog) und Charakterisierung durch andere Figuren
	  – Haltung des Erzählers: positiv, negativ, distanziert
	• Position der Figur: Hauptfigur oder Nebenfigur
	• Grad der Individualisierung: Typ oder Charakter
	• äußere Merkmale: Name, Lebensdaten, Aussehen, Sprache, Auftreten, Umgangsformen, Gewohnheiten
	• Eigenschaften, Wesen: Empfindungen, Gefühle, Verhaltenssteuerung, Wirklichkeitsbezug; Entwicklungsfähigkeit
	• Die Figur in ihrer Umwelt:
	  – Orte, Zeiten, Einflüsse: Elternhaus, Schule, Beruf
	  – Beziehungen, Freunde, Gegner
	  – Wert- und Weltorientierung

Figurenkonstellation	• Anzahl der Figuren • Beziehungen der Figuren

Raumgestaltung und Raummotive

Ereignisse sind nicht nur an Zeiten, sondern auch an Räume gebunden. Gleichgültig, ob die Schauplätze in enger Beziehung zur Realität stehen (vgl. Sagen und historische Romane) oder bloße Fantasieprodukte sind (vgl. Märchen: *Hinter den sieben Bergen*), sie besitzen immer eine bestimmte Wirklichkeit.

Der Ausdruck „Raum" ist ein komplexer Begriff. Bereits in der griechischen Antike, an der Schwelle des abendländischen Denkens, hat man sich mit ihm eingehend beschäftigt (vgl. die Vorstellung der Griechen von „Kosmos" und „Schönheit"). Eine Festlegung auf lokale Gegebenheiten erscheint jedenfalls als zu eng. Auch das gesellschaftliche Umfeld, der soziale Raum, das Milieu, in dem sich der Mensch bewegt, sind von Bedeutung, ebenso seine Sprache, die ihm geistige Freiheit gibt und ihn zugleich begrenzt. Ludwig Wittgenstein konnte deshalb formulieren: „Die Grenzen meiner Sprache sind die Grenzen meiner Welt."

Raumarten und Raumfunktionen

In epischen Texten hat der Raum verschiedene Funktionen: Als **Handlungsraum** liefert er einen Rahmen für das Tun der Figuren. Er ist gesellschaftlicher **Lebensraum**, in dem sich die Figuren bewegen, aufwachsen, ihre Ausbildung erhalten, ihrer Arbeit nachgehen, Freundschaften schließen, lieben und hassen. Schließlich stellt der **geistige Raum**, der Raum der Gedanken und der Fantasie, der Wünsche, Träume und Illusionen, einen Bereich dar, der unermessliche Weiten eröffnet.

Der Erzähler kann dabei, je nach der Wahl der Perspektive, als Außenstehender **distanziert** berichten oder aber aus der Sicht der jeweiligen Figur einen subjektiv **erlebten Raum** entstehen lassen. Er hat die Möglichkeit, mit dem konkreten Raum eine bestimmte Atmosphäre und **Stimmung** zu erzeugen (vgl. die Stimmung, die von der Nordsee in Storms Novelle *Der Schimmelreiter* ausgeht, und die Atmosphäre der Lagunenstadt in Th. Manns *Der Tod in Venedig*) und ihm **symbolische Bedeutung** zu verleihen (so weist bei Stifter der konkret-gegenständliche Raum immer auf Tiefergehenderes, Existenzielles. In *Der Tod in Venedig* wird die Stadt zum Symbol für die Verwobenheit von Schönheit und Verfall. In Th. Wilders *Die Brücke von San Luis Rey* ist die Brücke das Symbol der Liebe zwischen dem „Land der Lebenden" und dem „Land der Toten".).

Raumerfahrungen und Reaktionen

Zur Darstellung äußerer Räume eignen sich Beschreibung und Schilderung (vgl. besonders die Landschaftsschilderungen in der Romantik).

Noch wichtiger erscheinen die **Raummotive**, die Raumerfahrungen und Reaktionen der betroffenen Figuren vermitteln. Zu ihnen gehören:
- das **Haus** (Schloss, Ruine, Wohnung) als Symbol für Geborgenheit, aber auch Enge,
- das **Fenster** als Grenze zwischen Beengung und Freiheit; vgl. die Beliebtheit des Motivs in der Romantik; dazu im Gegensatz: Kafka: *Das Gassenfenster, Die Verwandlung, Eine kaiserliche Botschaft,*
- das **Tor** als Trennung zwischen Welten, das entlässt (Döblin: *Berlin Alexanderplatz,* Beginn des ersten Buches) oder verwehrt (Kafka: *Vor dem Gesetz*),
- der **Garten** als Bereich zwischen menschlicher Zivilisation und freier Natur (Eichendorff: *Aus dem Leben eines Taugenichts, Schloß Durande, Das Marmorbild*; Novalis: *Heinrich von Ofterdingen*),
- die **Stadt** als positives Sinnbild menschlicher Zivilisation und als negativer Ort der Naturferne, Rastlosigkeit, Isolation und des Verbrechens (Raabe: *Die Chronik der Sperlingsgasse, Der Schüdderump*, Keller: *Der grüne Heinrich*, Rilke: *Die Aufzeichnungen des Malte Laurids Brigge*, Döblin: *Berlin Alexanderplatz*, Doderer: *Die Strudlhofstiege*),
- **Feld** (Keller: *Romeo und Julia auf dem Dorfe*) und **Wald** (vgl. die „Waldeinsamkeit" bei den Romantikern) als Bereiche der Auseinandersetzung, der Verflachung und Vertiefung,
- das **Meer** als Stimmungsträger (Th. Storm: *Der Schimmelreiter*),
- die **Wanderung** (auch in den Formen der Reise, Bildungsreise, Lebensfahrt; vgl. die Weg- und Bewegungsmotivik; das Sehnsuchts- und Wandermotiv in der Romantik, Entwicklungs- und Bildungsromane),
- das **Labyrinth** als Kennzeichen des Orientierungsverlustes (vgl. Kafka: *Der Proceß, Das Schloß*),
- der **Staat**, der oft den Einzelnen bedrängt (Sophokles: *Antigone*; Seghers: *Das siebte Kreuz*; Exilliteratur),
- **technisches Gerät**, z. B. in der Form des Autos, Schiffes und Flugzeugs (vgl. die „Super-Constellation" in Frischs *Homo faber*),
- das **System** (die Konstellation), das die Ordnung der beteiligten Elemente vermittelt.

Die Übersicht zeigt, dass Raumerfahrungen positiver oder negativer Art sein können. Probleme ergeben sich aus Grenzerlebnissen, Vertreibungen, Fluchterfahrungen und dem modernen Gefühl des „Unbehaustseins".

Raumdarstellung im geschichtlichen Verlauf

Betrachtet man die einzelnen Kulturepochen, so kann man folgende Entwicklung in der Raumdarstellung erkennen:

Antike	• Welt als Kosmos (göttlicher Ursprung; sinnvolle Ordnung nach den Gesetzen der Mathematik; harmonischer Einklang der Elemente des Universums) • gegensätzliche Welten bei Platon (Körper als Gefängnis der Seele)
Mittelalter	• Eingebundensein in Staat und Religion • Bedeutung des gesellschaftlichen Raumes (vgl. *Parzival*)
Renaissance	• Aufbruch der Individualität • Ausweitung des (geistigen) Horizonts (Beginn der Naturdarstellungen in der Malerei; Perspektive)
Barock	Spannungen zwischen Diesseits und Jenseits
Absolutismus	• Absage an den irdischen Raum (Gegenreformation) • Normbekenntnis in chaotischer Zeit • Palast als Repräsentation • Geometrisierung der Gärten (Versailles)
Aufklärung, Empfindsamkeit, Sturm und Drang	• Ablehnung enger Gedankenräume (Lessing) • Mensch als Raumgestalter (Defoe: *Robinson Crusoe*) • Bildungsraum (Wieland: *Agathon*) • Bedeutung des Naturraumes (Rousseau: *Emile*) • Recht auf Individualität (Prometheus-Motiv)
Klassik	Bekenntnis zum begrenzten Raum (der gesittet-aristokratische Raum des Hofes; Goethe: *Torquato Tasso*)
Biedermeier	• Bekenntnis zum kleinen, familiären Raum • Idylle (Stifter: *Bergkristall*) • Haus als Symbol für geistige Haltungen (Stifter: *Der Nachsommer*)
Romantik	• Ausweitung; Grenzüberschreitungen • Aufbruchs- und Wandermotiv (Märchen) • Fenstermotiv • Absage an Philister (Eichendorff: *Aus dem Leben eines Taugenichts*) • irrationaler Raum (E.T.A. Hoffmann); Traum (Novalis) • Erschließen neuer Welten

19. Jahrhundert	• Reduzierung des Raumes auf das Diesseits; Verlust der Transzendenz • Untergang des raumausweitenden Helden (Th. Storm: *Der Schimmelreiter*) • Problematisierung enger Räume (G. Keller: *Romeo und Julia auf dem Dorfe*; vgl. 20. Jh.: Volksstücke von Ludwig Thoma) • Spiegel der sozialen Problematik in Hütte und Palast (Büchner) • bürgerliche Welt: das Haus als Besitz • spätbürgerliche Zeit: Verfall und Verlust der familiär-häuslichen Welt (vgl. Th. Mann: *Buddenbrooks*)
Moderne	• Fluchträume (ästhetischer Raum; vgl. George, Rilke, Hofmannsthal; Th. Mann: *Der Zauberberg*) • untergehende Räume/Welten (Roth: *Die Kapuzinergruft*) • Raumverlust (Borchert: *Draußen vor der Tür*; Böll: *Haus ohne Hüter*) • Labyrinth und Einbruch des Grotesken (vgl. Trakl; Kafka) • die Stadt als ambivalenter Lebensraum • zunehmende Verlagerung des Geschehens vom Außen- in den Innenraum (Bewusstseinsstrom) • fortschreitende Verengung, Häufung von Begrenzungen • Figuren in der Isolation; Gefühl des Eingesperrtseins • daneben: Raumauflösungen, Orientierungsverluste, Öffentlichmachen von Bereichen der Intimität, Infragestellen der Begriffe „Heimat" und „Tradition", Kosmopolitismus und Unbehaustsein

Übersicht: Raumgestaltung und Raummotive

Raumarten und Raumfunktionen	• Handlungsraum (konkreter Aufenthaltsort, in dem sich die Figuren bewegen und das Geschehen abläuft):
	  – Naturraum: Landschaft, Meer
	  – vom Menschen geschaffener Raum (Haus, Garten)
	• Lebensraum: Familie, Arbeitswelt, soziale Schicht
	• Gedankenraum: Wirklichkeitsebenen: reale Welt, fiktive Welt (Wünsche, Träume, Fantasien); Gegensatz von Diesseits und Jenseits
	• Stimmungsraum: Vermittlung von Atmosphäre
	• Symbolraum: Verweisfunktion des Raumes

Raumerfahrungen und Reaktionen	• Erfahrungen:
	  – positiv: Harmonie, Geborgenheit, Schutz, Weite
	  – negativ: Enge, Isolation, Orientierungsverlust, Bedrohung
	  – Problemerfahrungen: Konstrasträume, Grenzerlebnisse, Raumverluste, „Unbehaustsein"
	• Reaktionen: Suche nach Heimat, Fluchtversuche

Zeitgestaltung

Die Untersuchung der Zeit in epischen Texten stellt Fragen nach der Epoche, in der das Werk verfasst wurde, und der Zeit, in der die fiktive Geschichte spielt. Zusätzlich kann die Zeit, in der das Werk gelesen und interpretiert wird, von Bedeutung sein (z. B. für die Wirkungsgeschichte).

Erzählzeit und erzählte Zeit

Jeder Erzähler bietet Ereignisse, Handlungen und Geschehen in zeitlichem Ablauf an. Aber bereits die Tatsache, dass eine Geschichte, die von mehreren Generationen handelt, in einer wesentlich kürzeren Zeit erzählt und gelesen wird, macht deutlich: Der Autor/Erzähler will oder kann nicht in einem monotonen Nacheinander erzählen. Vielmehr **gestaltet** er den Stoff, indem er auswählt, Wesentlichem Aufmerksamkeit schenkt, Unwichtiges auslässt oder gerafft darstellt. Mitunter unterbricht er auch den chronologischen Ablauf, greift auf Früheres zurück oder blickt in die Zukunft. Er hat die Möglichkeit, ein schnell ablaufendes Geschehen ausführlich festzuhalten. Bei der Beschreibung der Gegenstände eines Raumes, die beispielsweise einem Theaterbesucher auf einen Blick gegenwärtig sind, ist er auf ein sprachlich-zeitliches Nacheinander angewiesen. Durch diese Strukturierung des Ganzen in Erzählphasen wird Spannung zwischen der erzählten Geschichte und dem Erzählvorgang erzeugt.

Deshalb muss man zwischen **zwei Zeitkategorien** differenzieren: der **Erzählzeit** als der Dauer des Erzählens bzw. Lesens und der **erzählten Zeit** als der Dauer des erzählten Vorgangs. Natürlich kann sich das Verhältnis zwischen beiden Zeitkategorien im Verlauf einer Erzählung ständig verändern. Folgende Relationen zwischen Erzählzeit und erzählter Zeit sind möglich:

Die Erzählzeit ist kleiner als die erzählte Zeit.

Dies ist häufig im traditionellen Roman anzutreffen. Der Inhalt kann viele Jahre umfassen, während der Lesevorgang nur wenige Stunden dauert. Der Erzähler konzentriert sich auf wesentliche Handlungs- und Geschehensphasen und spart unwichtige Zeitspannen aus. Angezeigt wird dies durch Überleitungsformeln, z. B. „Einige Tage später [...]", „Im folgenden Sommer [...]".

Eine **Zeitraffung** liegt vor, wenn Ereignisse knapp hintereinander aufgereiht werden: „Unterdessen hatte ein Krieg das Land überschwemmt, der alte König war gestorben ..." (sukzessive Raffung) oder sich wiederholende (iterative) Handlungen oder gleichbleibende (durative) Zustände erfasst werden: „Der Sommer kam und ging und wieder ein Sommer, die Bauern säten und ernteten, das Land aber blieb wie es war: braun, steinig und karg." (iterativ-durative Raffung)

Die Erzählzeit entspricht der erzählten Zeit.
Diese **Zeitdeckung** findet man vor allem bei der direkten Rede: Das Sprechen der fiktiven Figuren benötigt die gleiche Zeit, die der Leser zum Lesen braucht.

Die Erzählzeit ist größer als die erzählte Zeit.
Mit **Zeitdehnung** arbeitet der Erzähler, wenn er einen schnell ablaufenden Vorgang, z. B. einen Autounfall, in allen Einzelheiten beschreiben will (vgl. auch die Darstellung rasch ablaufender Gedanken und Assoziationen). Auch beim Erfassen gleichzeitiger Ereignisse, die notwendigerweise nacheinander erzählt werden müssen, dehnt sich die Erzählzeit über die erzählte Zeit aus.

Rückwendung und Vorausdeutung

Unterbrechung und Überlagerung von zeitlichen Vorgängen liegen bei der Rückblende (Rückwendung) und der Vorausdeutung vor.

Folgende Formen der **Rückblende (Rückwendung)** sind möglich:
- Bei der *Rahmenerzählung* trägt ein Erzähler eine von seinem Standpunkt aus in der Vergangenheit abgelaufene Geschichte (Binnenerzählung; vgl. Storm: *Der Schimmelreiter*) vor. Die Distanz zu den Ereignissen wird durch den zeitlichen Unterschied erhöht.
- Die *„aufbauende Rückwendung"* (Lämmert, S. 104) hat expositorischen Charakter. Der Erzähler bietet Informationen an, nimmt dem Handlungseinsatz seine Isoliertheit, stellt Zusammenhänge klar und lässt den Leser Ursachen späterer Handlungen verstehen (vgl. den zweiten Abschnitt in Th. Manns *Der Tod in Venedig*).
- Die *„auflösende Rückwendung"* (Lämmert, S. 108) bereitet den Schluss der Erzählung vor. Sie deckt bislang verborgene Zusammenhänge auf, macht so Handlungen und Geschehensabläufe dem Leser begreiflich (vgl. Kriminalromane).
- An unterschiedlichsten Stellen in der Erzählung können *„eingeschobene Rückwendungen"* (Lämmert, S. 112 ff.) eingesetzt werden. Sie ermöglichen der Figur einen „Rückblick" auf ihre Vergangenheit, die Figur holt in einem kurzen „Rückgriff" ein Erlebnis in die fiktive Gegenwart oder sie gibt in einem „Rückschritt" ihre „besondere Geschichte" wieder, die sich vor ihrem Eintritt in die Handlung vollzog.

Bei der **Vorausdeutung** muss es sich nicht um ein Geschehen handeln, das dann tatsächlich zutrifft. Im Hinblick auf die Zukunft können die Figuren von Ahnungen und Ängsten erfüllt sein, die sich keineswegs bestätigen. Hier spricht man von *zukunftsungewissen Vorausdeutungen*. Andererseits ist für den auktorialen Erzähler das kommende Geschehen bereits Vergangenheit. Er besitzt *Zukunftsgewissheit*. Folglich stellen seine Kommentare eine sich später realisierende Vorausdeutung dar. Weitere Formen der Vorausdeutung:

- Eine *„einführende Vorausdeutung"* (Lämmert, S. 143) lässt sich bereits in manchen Titeln finden (vgl. Broch: *Der Tod des Vergil*).
- Viele Märchen enden mit der *„abschließenden Vorausdeutung"* (Lämmert, S. 153): „Und so lebten sie glücklich ..."
- *„Eingeschobene Vorausdeutungen"* (Lämmert, S. 163), meist kurz gehalten, finden sich häufig an markanten Stellen (Texteinschnitten, Konfliktsituationen, Wendepunkten).

Vorausdeutungen stellen ein **spannungssteigerndes Mittel** dar, zumal, wenn das kommende Geschehen nur flüchtig angedeutet oder als Frage formuliert erscheint und seine Realisierung ungesichert bleibt.

Rückwendung und Vorausdeutung dienen dem Aufzeigen eines umfassenderen Weltbildes. Die Gegenwart wird dadurch dynamisiert, vertieft und abgerundet. Die Vergangenheit kann dabei gegenwärtiges Geschehen und Verhalten kontrastieren und Entwicklungen erklärbar machen. Die Vorausdeutung bietet die Möglichkeit einer Gegenwartsbestärkung oder verweist auf Möglichkeiten, die der Fantasie des Lesers Spielräume eröffnen.

Zeitbewusstsein im geschichtlichen Verlauf

Im Verlauf der Geschichte lassen sich deutliche Veränderungen im Zeitbewusstsein erkennen:

Antike	• Griechenland: zyklisches Denken: ewige Wiederkehr des Gleichen; Rhythmus als gegliederte Zeit und ihre Begrenzung (in Bewegung, Tanz und Sprache) • Rom: Zusammengehörigkeit von Vergangenheit und Gegenwart (Ahnenkult) • Christentum: Zeit als durch Anfang und Ende begrenzter Abschnitt; Vergänglichkeit des Irdischen; Zukunftsausrichtung
Mittelalter	• Orientierung an religiösen Vorstellungen • Gebet und Musik ohne zeitliche Gliederung
Renaissance	• Zeitbewusstsein parallel zur Ausbildung der Individualität: Gliederung der Zeit (Räderuhren, Taschenuhren)

	• belastendes Bewusstsein eigener Sterblichkeit in der Spätgotik • Korrespondenz zwischen Lebenshunger, Angst und Tod (Pestzeiten; Johannes von Tepl: *Der Ackermann und der Tod*)
Barock, 18. Jahrhundert	• Erleben der Vergänglichkeit; Gegensatz zwischen zeitlicher Begrenzung im Diesseits und der Ewigkeit des Jenseits • Kosmetik, Puder, Perücke und Sonnensymbolik am absolutistischen Fürstenhof als Verdrängungsmechanismen • Kunst der Fuge als Beispiel für eine geordnete göttliche Welt; vgl. Architektur und normative Poetik; Sonett • technischer Fortschritt: Beschleunigung der Lebensführung • Verknüpfung von Zeit und Handlung • Sehnsucht nach der Verewigung des Augenblicks (Faust) • Gegensatz: objektive und subjektiv erlebte Zeit (Sturm und Drang) • Hinausgreifen über die alltägliche Zeiterfahrung, Suche nach ewigen Gesetzen (Klassik) • Sehnsucht der Romantik als ein Ausweichen vor der Gegenwart in Vergangenes oder Zukünftiges, als zeitlich Fernes
19. Jahrhundert	• Abkehr von der Transzendenz, Diesseitsorientierung • Verbindung von Zeit, Arbeit und Leistung; Pünktlichkeit • Zeitthematik im Zeit- und Gesellschaftsroman (Fontane) • Gefühl der davoneilenden Zeit und der Abhängigkeit von der Zeit
Jahrhundert- wende	• Darstellen der Flüchtigkeit im Impressionismus • Verfallserfahrungen bei Hofmannsthal und Rilke (*Das Stundenbuch*; Herbstgedichte)
20. Jahrhundert	• zunehmende Belastung durch unverarbeitete Vergangenheit und Sorge um die Zukunft • Veränderung des Zeitbewusstseins durch Wissenschaft und Psychoanalyse • Simultantechniken und Montage beim modernen Roman (Proust, Joyce, Döblin) • Verdrängungsmechanismen in der modernen Gesellschaft

Übersicht: Zeitgestaltung

Erzählzeit und erzählte Zeit	• Erzählzeit kleiner als erzählte Zeit: Zeitraffung (Gestaltungsmittel in traditionellen Romanen) • Erzählzeit entspricht erzählter Zeit: Zeitdeckung (Dialog) • Erzählzeit größer als erzählte Zeit: Zeitdehnung (Gestaltungsmittel in modernen Texten)
Rückwendung und Voraus- deutung	• Position des Erzählers • Funktion der Unterbrechung

Epische Formen

Die zweckmäßigste Gliederung epischer Texte ergibt sich aus dem Textumfang. So spricht man von **kleineren, mittleren und großen Formen erzählender Prosa**.

Kleinere Formen

Zu den bekanntesten kleineren Formen zählen Anekdote, Fabel, Kalendergeschichte, Kurzgeschichte, Legende, Märchen, Parabel, Sage und Schwank.

Anekdote
Sie stellt einen Abschnitt aus dem Leben einer historischen Persönlichkeit dar oder erzählt von einer besonderen Begebenheit. Der kurze Prosatext enthält einen auf den Schluss konzipierten Spannungsaufbau. Eine Pointe bringt die Lösung. Die Intention zielt auf Unterhaltung und Belehrung. An einem kurzen Wirklichkeitsausschnitt soll Typisches deutlich werden.

Fabel
Die Fabel ist eine lehrhafte Erzählung in Versen oder Prosa, in der Tiere als Handlungsträger auftreten, die aber auf menschliches Verhalten verweisen. Die Struktur folgt dem Schema: Aufzeigen der Situation, spannungserzeugende Rede und Gegenrede, Ergebnis (Lösung, Pointe). Ironie und Satire finden sich als häufige Gestaltungsmittel. Die Fabel enthält Zeit- und Gesellschaftskritik: Machtträger sollen indirekt zur Erkenntnis und damit zur Verhaltensänderung geführt werden.

Kalendergeschichte
In der Kalendergeschichte werden im Gegensatz zur Anekdote Ereignisse aus dem Leben des „kleinen Mannes" dargestellt. In einem einfachen, verständlichen und volkstümlichen Stil gibt sie dem Leser Verhaltensanweisungen, will unterhalten und belehren.

Kurzgeschichte
Sie eignet sich mit ihrem geringen Umfang zur Aufnahme in Zeitungen, Zeitschriften und Magazinen. Inhaltlich bietet sie einen unscheinbaren Lebensausschnitt von Durchschnittsmenschen, der aber mit seiner symbolischen Bedeutung über das Alltägliche hinausweist.

Die **Kennzeichen** der Kurzgeschichte sind:
- Aus dem Leben eines oder mehrerer Menschen wird ein bestimmtes Ereignis herausgegriffen. Eine Figur wird in eine Entscheidungssituation gestellt, die sie Spannungen aussetzt, in einen Konflikt führt und dadurch ihrem Leben eine Wendung gibt. Das real-alltägliche Geschehen erhält Verweischarakter. Fantastisch-groteske Züge sind möglich.
- Der Aufbau zeigt einen unvermittelten Eingang, eine gedrängte Steigerung und einen meist offenen Schluss mit überraschender Wendung. Innere Handlung dominiert. Assoziative Verknüpfungen und Montagetechnik dienen der Verdichtung und der Leserprovokation.
- Der Erzähler wählt meist die Er-Form. Er verzichtet auf Kommentierungen und verwendet überwiegend die personale Erzählweise.
- Bei den Handlungsträgern handelt es sich in der Regel um Durchschnittsmenschen, die in einer Entscheidungssituation gezeigt werden. Sie haben mit den traditionellen „Helden" nichts gemein. Nicht selten erscheinen sie gegensätzlich gezeichnet. Sie wirken typisiert bzw. erhalten nur wenige individuelle Züge.
- Der äußere Raum ist begrenzt. Es dominiert der seelische Raum.
- Das Geschehen erfasst einen kurzen Zeitausschnitt. Rückblenden und Vorausschau sind möglich.
- Die Sprache ist auf das Wesentliche konzentriert; jedes Wort erscheint von Bedeutung. Sie besitzt symbolischen Gehalt. Wegen der Neigung zum Assoziativen kann der Sprachfluss durch Gedankenstriche und Punktierungen unterbrochen werden. Besonders in der wörtlichen Rede steht der Stil dem Umgangsidiom nahe. Details sind mitunter impressionistisch skizziert.

Der **Leserbezug** ist bei der Kurzgeschichte ausgeprägt:
- Die Publikation in Zeitungen und Zeitschriften richtet sich an eine breite Leserschaft.
- Die Stoffe entstammen der Lebens- und Erfahrungswelt des Lesers und bieten ihm die Möglichkeit zum Wiedererkennen und zur Identifikation.
- Der literarischen Entwicklung in der Moderne entsprechend, bleibt die Gattung offen; sie fordert den Leser zur Ergänzung und zur Stellungnahme auf, versucht ihn zu beteiligen, nicht ihm etwas vorzuschreiben.
- Aktuelle Themen erleichtern den Zugang.
- Lesernähe zeigt sich auch in der Verwendung der Umgangssprache (der sog. „demokratischen" Komponente der Kurzgeschichte).
- Die Konzentration auf ein Moment inmitten des alltäglichen Geschehens entspricht der Bindungslosigkeit der Zeit und verdeutlicht die existenziellen Sorgen des Einzelnen im Augenblick.

Abgesehen von großen Vorläufern des 19. Jahrhunderts (Europa: Maupassant, Tschechow; Amerika: E. A. Poe), entfaltet sich die eigentliche Kurzgeschichte in Deutschland erst nach 1945. Vorbildlich wirkt vor allem der lakonische Reduktionsstil Ernest Hemingways. In seiner Nachfolge stehen H. Böll, W. Borchert, W. Schnurre und W. Weyrauch. Die Flexibilität des Genres zeigt sich in seiner formalen und inhaltlichen Weite. Es ist offen für realistische (Borchert, Böll: Auseinandersetzung mit der Vergangenheit), fantastische (Aichinger, Hildesheimer), parabolische (Aichinger, Kunert), psychologische (Kaschnitz) und zeitkritische (Kunert, Kunze) Elemente.

Märchen, Sage, Legende

Während das **Kunstmärchen** das Werk eines bestimmten Dichters ist (Höhepunkt: romantisches Kunstmärchen), sind die **Volksmärchen** uralt und lassen sich nicht auf einen Autor festlegen. Der Aufbau des Volksmärchens ist einfach: Auf eine einleitende Formel folgt die Geschichte des Helden, der seine Heimat verlässt, (meist drei) Prüfungen besteht und zum Erfolg kommt. Der glückliche Ausgang wird mit einer Schlussformel beendet. Die auftretenden Kontrastfiguren sind typisiert (arm – reich; jung – alt; schön – hässlich). Der Mensch erscheint wandlungsfähig, er kann Reifungsvorgänge durchlaufen und über sich hinauswachsen. Wesentliches Motiv ist das Wandermotiv.

Das moderne **Antimärchen** (vgl. Kafka: *Die Verwandlung*) zeigt einen negativen Helden, der vor den ihn ergreifenden Kräften verzweifelt.

Folgende Kriterien können sich bei der Unterscheidung von Märchen, Sage und Legende als hilfreich erweisen:

	Märchen	Sage	Legende
Wirklichkeit	nicht real	realer Kern	reale Figur, meist nicht reale Situation
Ort, Zeit	keine genauen Angaben	reale Orte	räumlich und zeitlich meist festlegbar
Held	• von Gemeinschaft isoliert • universaler Bezug • Hilfe guter Mächte • Vertrauen • Bewährung • wandlungsfähig • guter Ausgang	• in Gemeinschaft eingebettet • einsam im Kampf • auf sich gestellt • Furcht spürbar • Bewährung • unerschütterlich • oft tragischer Ausgang	• z. T. in einer feindlichen Umwelt • Beziehung zu Gott • begnadet • Vertrauen • Bewährung • unerschütterlich • guter Ausgang

Parabel

Die Parabel ist ein zu einer Erzählung ausgeweiteter Vergleich. Ein dargestellter Vorgang (Bildebene) verweist auf einen anderen Vorstellungsbereich (Sachebene); umgekehrt wird dieser im Ereignis veranschaulicht. Etwas Konkretes, Besonderes, dient also zur Verdeutlichung von etwas Abstraktem, Allgemeinem. Der Leser wird zum Nachdenken angeregt. Bei modernen Parabeln verschmelzen oft Bild- und Sachebene und müssen vom Leser enträtselt werden. Die auftretenden Figuren sind typisiert. Die traditionelle Parabel hat einen didaktischen Aspekt und häufig einen religiösen Bezug. In der Moderne kommt ihr verstärkt die Funktion der Erkenntnissuche und Existenzdeutung zu.

Schwank

Beim Schwank handelt es sich um eine scherzhafte Erzählung in Prosa (seit dem 19. Jh. auch als derb-komisches Schauspiel), die Alltagsnormen karikierend hinterfragt. Sie ist zielstrebig auf eine Pointe hin aufgebaut. Oft wird die Ohnmacht des Mächtigen, die Fehlbarkeit des vermeintlich Schlauen verspottet. Streiche und listenreiches Verhalten lassen sich auf jede Zeit aktualisieren. Inhalt und Sprache arbeiten mit den Mitteln des Gegensatzes, der Typisierung und Überzeichnung. Beispiele: Eulenspiegel- und Schildbürgergeschichten.

Die Novelle als Form mittleren Umfangs

Die Novelle ist eine Prosaerzählung (seltener: Verserzählung) von mittlerem Umfang. Der auf Wesentliches verdichtete Inhalt zielt auf einen zentralen Konflikt, einen Zusammenstoß von Mensch und Schicksal, Realem und Außergewöhnlichem. Goethe spricht von einer „unerhörten Begebenheit".

Die Handlungsführung ist geradlinig konzentriert und weist eine der geschlossenen Form des Dramas verwandte Architektur auf: geraffte Exposition, Steigerung, pointierter (oft szenisch gestalteter) Höhe- und Wendepunkt, Abfall und Ausklang. Die Geschlossenheit der Form wird auch durch Leitmotive, Dingsymbole, Raffungen und Vermeiden breiter Schilderungen bewirkt. Besondere Formen sind die zyklisch angelegten Novellen und die Rahmennovelle.

Der Roman als Großform

Der Roman gehört zu den epischen Großformen. Wie keine andere Gattung spiegelt er die jeweilige Situation der Welt und den Standort des Menschen. Mit der Veränderung der Welt entwickelte sich eine Vielfalt von Romanformen, die nach unterschiedlichen Kriterien eingeteilt werden. Um eine Übersicht zu erhalten, ist es deshalb am günstigsten, den einzelnen Epochen zu folgen.

Gattungsgeschichtliche Entwicklung des Romans

Im späten Mittelalter und in der Renaissance kommt es zu Prosaauflösungen mittelalterlicher Epen. Der **Begriff „Roman"** stammt aus dem französischen Mittelalter. Man verwendete ihn für in der Landessprache, der „lingua romana", geschriebene Werke. Später stand er für alle in Prosa umgesetzten Versepen.

Im Barock entsteht der erste bedeutende deutsche Roman, *Der abenteuerliche Simplicissimus Teutsch* von Grimmelshausen, beeinflusst von spanischen Schelmenromanen. Gegenüber dem autobiografischen und realistischen *Simplicissimus* sind die idealisierenden höfischen Barockromane heute vergessen. In der Aufklärung liest man Robinsonaden (im Anschluss an Daniel Defoes *Robinson Crusoe*), psychologische Familienromane, humoristische Sittenromane und Donquichotiaden (Einfluss: Cervantes' *Don Quichote*). Wieland begründet mit *Die Geschichte des Agathon* den deutschen Bildungsroman. Im Sturm und Drang übt Goethes Briefroman *Die Leiden des jungen Werther* den nachhaltigsten Eindruck aus. Wichtigster Roman der Klassik ist Goethes *Wilhelm Meister*. Als Entwicklungs- und Bildungsroman steht er in der Tradition von Wielands *Agathon*. In den nachfolgenden Epochen greifen verschiedene Autoren die Entwicklungs-, Erziehungs- und Bildungsthematik erneut auf, so in der Romantik Novalis mit dem Dichterroman *Heinrich von Ofterdingen* (in der Romantik war der Künstlerroman als eine Form des Bildungsromans besonders beliebt; vgl. Tieck: *Franz Sternbalds Wanderungen*), im Biedermeier A. Stifter mit *Der Nachsommer*, im Realismus G. Keller mit *Der grüne Heinrich* und in der Moderne H. Hesse mit *Das Glasperlenspiel*.

Seit seinen Anfängen hat der Roman versucht, eine Antwort auf die Befindlichkeit des Menschen in der jeweiligen Zeit zu geben. Gegenüber dem mittelalterlichen Versepos, das ein Totalbild der Welt und einen in festen Ordnungen stehenden, typisierten Helden lieferte, zeigt der Roman eine zunehmend differenzierte Welt, in der alte Ordnungen verloren gehen und der individuelle Held es immer schwerer hat, sinnvoll zu reagieren. Im Verlauf der Romanentwicklung verlagert sich die Handlung vom äußeren Geschehen zunehmend nach innen, die Beschreibung psychischer Vorgänge wächst. Damit wird auch die Komposition vielschichtiger. Mit dem Aufbrechen sozialer Gefüge und dem Verfall kultureller Werte reduziert sich die aktive Kraft des positiven Helden.

Bereits die Romane des Realismus und Naturalismus (sozialer Roman, Gesellschaftsroman) zeigen unter dem Einfluss der französischen und russischen Epik einen schwachen, fremdbestimmten und orientierungslosen Helden, der in der Moderne häufig in weitgehende Einsamkeit und Passivität verfällt. Wo die Welt zunehmend verfremdet und eine sinnvolle Ordnung einer nicht mehr überschaubaren Komplexität gewichen ist, kann es keinen allwissenden Erzähler, keine einheitliche Wirklichkeit und keinen klaren Romanschluss geben. Der Erzähler zieht sich zurück, die Realität wird aus verschiedensten Erzählelementen zusammenmontiert (Montageroman), Wirklichkeitsfetzen, Fantasien, Erinnerungen, Zukunftsträume vermengen sich unauflösbar, Zeit und Raum werden relativiert und besitzen keine strukturierende Kraft mehr. Der Roman endet häufig als Fragment. Die Sprengung der tradierten Romanform führt zum experimentellen Roman und schließlich in eine krisenartige Situation.

Während der künstlerisch hoch stehende Roman nur selten ein breites Echo in der Öffentlichkeit findet oder gar, wie U. Ecos *Der Name der Rose*, zu einem Bestseller wird, erhält der sprachlich und inhaltlich anspruchslose **Trivialroman** größeren Zuspruch. Diese Literatur variiert gleiche Themen, so Liebe und Verbrechen, Heimat, Not und Tod. Sie sind grundsätzlicher Art, werden aber nicht existenziell, sondern klischeehaft angeboten. Ziel ist die Erzeugung vordergründiger emotionaler Reize, indem über Identifikationsfiguren beim Leser eine kurzfristige Genuss- und Wunschbefriedigung erfolgt. Die Darstellung ist nicht um Exaktheit und Authentizität bemüht, vielmehr sind Figuren, Schauplätze und Ereignisse austauschbar, Handlungsabläufe vorhersagbar. Oft werden Mittel der Akkumulation und Übertreibung eingesetzt. Ereignis reiht sich an Ereignis, unterschiedlichste Motive häufen sich, verschwommen fließen Bilder ineinander; es finden sich Vergleichs- und Bilderketten. Bewertungen richten sich nach dem Märchenmuster: Das Gute ist jung, schön, ehrlich, das Böse alt, hässlich, falsch. So wird die Darstellung unrealistisch.

Auf den zunehmenden Abstand zwischen intellektuellem Anspruch und Massengeschmack machte der amerikanische Literaturkritiker L. Fiedler bereits 1968 aufmerksam. Er forderte eine „postmoderne" Literatur, die diese „Kluft" schließt. Der **postmoderne Roman** soll die Lust am Lesen anspruchsvoller Literatur fördern. Dazu verwenden die Autoren einen klaren Romanaufbau, halten sich aber Themen, Motive, Perspektiven und Deutungsmöglichkeiten offen. Sie kombinieren Vergangenheit und Gegenwart, Elitäres und Triviales, Geistiges und Sinnliches, Akademisches und Massenkultur. Der Erzähler bietet eine Collage verschiedenster Bereiche. Er montiert Wirklichkeit und Fiktion, philosophische Strömungen, literarische Zitate und unterschiedliche Sprachen. Der Leser wird durch intertextuelle Bezüge angeregt, verfällt aber durch den Einbau von Ironie und Parodie nicht der Illusion. Die Figuren sind Außenseiter mit besonderen Eigenschaften. Dies ist freilich kein Zeichen von Individualität. Für sie ist in der Gegenwart kein Raum mehr. Die Sprache sprengt die Grenze von gewohntem Wortschatz und Stil. Fremdsprache, Fachsprache, Hochsprache und Dialekt stehen nebeneinander. So erweist sich die Postmoderne als ein Versuch, Kunst und Unterhaltung zu verbinden.

Romantypen

Die Literaturwissenschaft hat versucht, die breit gestreute Gattung Roman zu gliedern; hierbei gibt es freilich vielfache Überschneidungen. Als wichtigste Romantypen gelten:

Kennzeichen	Beispiele
Bildungsroman • Grundlage: Ideen der Aufklärung (Entwicklungsfähigkeit des Menschen) • Ziel: Verwirklichung eines bestimmten Bildungsideals • Bildungsgang des Helden als Prozess: Jugendjahre (Subjektivismus), Bewährung (Erlebnisse, Krisen, Auseinandersetzung mit der Welt), Erkenntnis (Einordnung in die Welt, Anerkennen notwendiger Normen)	Wieland: *Agathon* Goethe: *Wilhelm Meister* Novalis: *Heinrich von Ofterdingen* Hölderlin: *Hyperion* Mörike: *Maler Nolten* Stifter: *Der Nachsommer* Keller: *Der grüne Heinrich* Hesse: *Das Glasperlenspiel*
Entwicklungsroman • Darstellung der Entwicklung eines Helden • chronologischer Aufbau • häufig Ich-Form; oft autobiografische Züge • Überschneidung mit Bildungs- und Erziehungsroman	Wieland: *Agathon* Keller: *Der grüne Heinrich* Th. Mann: *Der Zauberberg*
Erziehungsroman • Erziehung eines jungen Menschen durch Einzelfiguren und kulturelle Einflüsse • Grundlage: pädagogischer Optimismus der Aufklärung • Überschneidung mit Bildungs- und Entwicklungsroman	Wieland: *Agathon* Rousseau: *Emile* Goethe: *Wilhelm Meister* Stifter: *Der Nachsommer*
Familienroman • Familie (oft über Generationen) im Mittelpunkt • häufig als Spiegelung gesellschaftlicher Entwicklungen	Sophie v. La Roche: *Geschichte des Fräuleins von Sternheim* Th. Mann: *Buddenbrooks*
Gesellschaftsroman • realistische Darstellung von Zeitereignissen in fiktiver Handlung • Höhepunkt: 2. Hälfte des 19. Jahrhunderts • differenzierte Milieustudien • psychologische Analyse der Figuren • personaler Erzähler dominierend • Desillusionierung der Wirklichkeit	Romane von Stendhal, Balzac Flaubert: *Madame Bovary* Dickens: *Oliver Twist* Dostojewski: *Schuld und Sühne* Tolstoi: *Anna Karenina* Fontane: *Effi Briest* auch: Th. Mann: *Buddenbrooks*; *Der Zauberberg*

Historischer Roman
- Grundlage: Interesse der Romantik für historische Stoffe
- geschichtliche oder fiktive Figuren in geschichtlicher realer Umgebung

Romane von Scott, Hugo,
Freytag: *Die Ahnen*
Stifter: *Witiko*
Tolstoi: *Krieg und Frieden*
Romane von J. Roth
Remarque:
   Im Westen nichts Neues
Pasternak: *Doktor Schiwago*
Eco: *Der Name der Rose*

Kriminalroman
- Verbrecher bzw. Verbrechen im Zentrum
- auf Spannung angelegt
- von unterschiedlichem Umfang und unterschiedlicher Qualität (Kurzkrimi; psychologisch vertiefter und komplexer Roman; Unterhaltungsliteratur; Thriller)

Dostojewski:
   Schuld und Sühne
Romane von E. A. Poe
Romane von A. Christie,
D. L. Sayers, P. Highsmith
M. Puzo: *Der Pate*
Eco: *Der Name der Rose*

Künstlerroman
- Voraussetzung: erlebter Gegensatz zwischen Künstler und Gesellschaft
- Beginn: 18. Jahrhundert (Geniezeit)
- Thema: das problematische Verhältnis eines Künstlers zu seiner Umwelt (Spannungen zwischen Kunst und Wirklichkeit, Ideal und Realität, Künstler und Bürgertum, Sensibilität und Lebenstüchtigkeit, subjektivem Anspruch und gesellschaftlicher Einordnung; Außenseitertum)
- häufig autobiografische Züge
- oft in der Form des Entwicklungs- und Bildungsromans

Heinse: *Ardinghello*
Goethe: *Wilhelm Meister*
Novalis: *Heinrich von*
   Ofterdingen
Mörike: *Maler Nolten*
Keller: *Der grüne Heinrich*
Rob. Schneider:
   Schlafes Bruder

Utopischer Roman
- Darstellung eines meist idealisierten Gegenentwurfs zu realen gesellschaftlichen und politischen Gegebenheiten

Morus: *Utopia*
Schnabel:
   Die Insel Felsenburg
Swift: *Gullivers Reisen*
Gegenentwürfe:
Huxley: *Brave New World*
Orwell: *1984*

Zeitroman
- Entstehung: 19. Jahrhundert
- Analyse realer Zeitgegebenheiten
- verwandt mit dem Gesellschaftsroman
- Einsatz einer neuen Erzähltechnik (Zurücktreten äußerer Handlung, Perspektivenwechsel, Simultan- und Montagetechnik, „Zeittypen" lösen das tradierte Bild des Helden ab)

Immermann: *Epigonen*
Freytag: *Soll und Haben*
Musil: *Der Mann ohne*
   Eigenschaften

Untersuchungsbereiche epischer Texte 71

Übersicht : Epische Formen

Kleinere Formen

Anekdote
- Ereignis aus dem Leben einer historischen Persönlichkeit; besondere Begebenheit
- steigernde Spannung, Pointe als Lösung
- Unterhaltung und Belehrung; Aufzeigen des Typischen am Einzelfall

Fabel
- Erzählung mit Verweischarakter
- Tiere a s Handlungsträger
- Aufbau: Situation, Rede und Gegenrede, Ergebnis (Pointe)
- häufige Gestaltungsmittel: Ironie, Satire
- Gesellschaftskritik

Kalendergeschichte
- Ereignis aus dem Leben des „kleinen Mannes"
- einfacher, verständlicher Stil
- Belehrung, Unterhaltung; Verhaltensanweisungen

Kurzgeschichte
- Wirklichkeitsausschnitt mit Symbolgehalt
- Aufbau: unmittelbarer Einstieg, gedrängte Steigerung, überraschende Wendung, offener Schluss
- typisierte Durchschnittsfiguren
- begrenzter äußerer Raum, kurzer Zeitabschnitt
- Umgangssprache
- ausgeprägter Leserbezug

Märchen
- Kunstmärchen: Werk eines bestimmten Dichters
- Volksmärchen: alte Tradition, keinem Autor zuzuordnen
- Aufbau: Eingangsformel, Hauptfigur in der Bewährung, glücklicher Ausgang, Schlussformel
- typisierte Kontrastfiguren
- Zeit und Raum enthoben
- modernes Antimärchen: negativer Held

Sage
- Erzählung über ein historisches Geschehen mit realem Kern
- oft tragischer Ausgang

Legende
- Erzählung aus dem Leben eines Heiligen
- reale Figur, nicht reale Situation
- guter Ausgang

	Parabel • Gleichnischarakter: Darstellung des Allgemeinen im Besonderen • Bild- und Sachebene • typisierte Figuren • Erkenntnissuche, Existenzdeutung **Schwank** • scherzhafte Karikatur von Alltagsnormen • einsträngige Handlung; Pointe • Mittel: Gegensatz, Übertreibung, Typisierung

Mittlere Form	**Novelle**
	• Darstellung eines zentralen Konflikts
	  (z. B. Zusammenstoß von Mensch und Schicksal)
	• einlinig konzentrierte Handlungsführung
	  (Exposition, Steigerung, pointierter Wendepunkt, Abfall, Ausklang)
	• Leitmotive, Dingsymbol, Raffung
	• Bemühen um Objektivität
	• Zusammenhang von Schicksal und Charakter

Großform	**Roman**
	• Spiegel der bürgerlichen Welt und des Standortes des Menschen
	• Entwicklung parallel zum Bürgertum
	• wechselndes Schicksal des Erzählers
	• Veränderungen in der Erzählstrategie, der Figurendarstellung, der Raum-, Zeit- und Sprachgestaltung
	• Trivialroman
	  – Ziel: Unterhaltung
	  – Komposition, Handlungsverlauf: klar; vorhersagbar
	  – Themen: modeadäquat, Sex and crime
	  – Figuren: typisiert
	  – Wirklichkeitsebene: unrealistisch, illusionistisch
	  – Orte, Schauplätze: austauschbar, Wunschvorstellungen gemäß
	  – Weltbild: undifferenziert, eindeutig
	  – Wertungen: extrem, undifferenziert
	  – Sprache: anspruchslos, emotional, übertrieben, ungenau
	• Postmoderner Roman
	  – Ziel: Verbindung von intellektuellem Anspruch und Massenkultur
	  – Komposition: klar, eindeutig
	  – Themen, Motive: vielfältig; nicht festgelegt; Kombination von Intellektuellem und Trivialem
	  – Erzähltechnik: Montage vieler Bereiche
	  – Figuren: Außenseiter mit besonderen Fähigkeiten; keine entwicklungsfähigen Individuen
	  – Wirklichkeit: Mischung aus Realismus und Illusion
	  – Sprache: verschiedene Sprachen und Sprachebenen

Untersuchungsbereiche dramatischer Texte

Das Drama (griech. Handlung) ist neben Epik und Lyrik eine Hauptgattung der Literatur. Eine fiktive Wirklichkeit wird durch Rollenträger, die auf einer Bühne agieren, den Zuschauern unmittelbar vergegenwärtigt. Epische (Botenbericht) oder lyrische (Chorlied) Einlagen sind möglich. Handlung und Geschehen basieren auf Spannung und werden durch Dialoge, Monologe und nicht-verbale Mittel vorangetrieben. Der Aufbau gliedert sich im Idealfall (geschlossenes Drama) in Exposition, Steigerung, Peripetie, fallende Handlung und Katastrophe bzw. Lösung.

Die Komposition

Die Komposition gehört zu den wichtigsten Untersuchungsbereichen dramatischer Texte. Im Mittelpunkt der Analyse steht dabei die Frage nach der Gliederung und dem Aufbau der Geschichte.

Die Darstellung der Geschichte

Der Autor, der ein dramatisches Werk für die Bühne schreiben möchte, weiß, dass er dabei anders verfahren muss als bei einem in die Breite und psychologische Tiefe gehenden epischen Text. Er hat die zeitlich beschränkte Aufnahmebereitschaft des Publikums zu beachten, die es ihm nicht gestattet, die ganze Geschichte auf die Bühne zu bringen. Daneben fehlt ihm weitgehend die Möglichkeit, mithilfe eines Erzählers über komplexe gesellschaftliche Vorgänge oder Gedankenabläufe der Figuren zu berichten. Schließlich muss er die Grenzen der Bühnentechnik berücksichtigen. So ist er auf eine verdichtete Darstellung seiner Geschichte angewiesen. Dazu bedarf es einer geschickten Komposition.

Gliederungseinheiten

Der Autor strukturiert den Handlungs- und Ereignisverlauf in verschiedene mehr oder weniger umfangreiche Abschnitte. Damit bietet sich ihm die Möglichkeit, Unwichtiges oder Nichtdarstellbares fortzulassen, also Zeit zu sparen und Schauplätze zu wechseln. Die Bühnendarstellung kennt als Gliederungseinheiten den Auftritt bzw. die Szene und den Akt bzw. Aufzug.

Die **Szene** lässt sich mit ihrer mehr oder minder geschlossenen Struktur als Gliederungselement erkennen, denn die neue Präsenz der Figuren ist dabei oft mit einer Handlungs-, Geschehens- und Schauplatzänderung verbunden. Im neueren Drama reihen sich mitunter Einzelszenen ohne Akte aneinander (vgl. die lockere Bilderfolge im Expressionismus).

Der **Akt** ist ein geschlossener, klar abgesetzter Hauptabschnitt des Dramas. Seine Funktion besteht in der Strukturierung des Handlungs- und Geschehensablaufs der Fabel. Das deutsche Drama kennt die Akteinteilung seit der Renaissance. Typisch für die deutsche Klassik ist der Fünfakter (Ausnahme: Goethes *Faust*). Im 19. Jahrhundert beschränkt man sich häufig auf den Drei- und Vierakter (vgl. Ibsen, Hauptmann). Auflösungstendenzen gibt es bereits bei J. M. R. Lenz, später bei A. v. Arnim, G. Büchner, D. Grabbe. Sie erreichen ihren Höhepunkt im Expressionismus und wirken von dort in die Moderne.

In der klassischen Antike waren Handlungs- und Geschehensablauf durch den Einbau von Chorliedern unterbrochen. An den Festtagen des Dionysos kamen dramatische Spiele zur Aufführung. Bei diesen Dionysien trat der **Chor** (griech. choros: Tanz, Tanzgruppe) auf, dem man später einen Einzelsprecher gegenüberstellte. Aischylos führte einen zweiten, Sophokles einen dritten Schauspieler ein. Damit wurde dramatische Handlung möglich. Die Bedeutung des Chores nahm ab, bei Euripides spielt er nur mehr eine periphere Rolle. Der Chor griff zunächst nicht direkt in die dramatische Handlung ein, sondern verfolgte distanziert den Ablauf des Geschehens, sprach aber seine Ansichten, Hoffnungen und Befürchtungen aus.

Im geistlichen Drama des Mittelalters wurden die Einzelbilder durch liturgische Gesänge verknüpft. Im Schuldrama des Humanismus dienten Lieder zur Akteinteilung. Das Barockdrama kennt den Reyen, der meist am Aktschluss mit unterschiedlicher Funktion (Handlungsberuhigung, Handlungsdeutung, Trauerklage) zur Geltung kommt. Während im Drama der Aufklärung für den Chor kein Raum ist, gewinnt er in der Klassik, besonders bei Schiller, entscheidende Bedeutung (vgl. Schiller: Vorwort zu *Die Braut von Messina*). Die Dramatiker des Realismus und Naturalismus vermeiden den Chor, erst die Moderne (Symbolismus: Hofmannsthal; Expressionismus: Werfel, Kaiser) schenkt ihm zunehmende Beachtung. Eine besondere Funktion haben Songs und Chöre bei Brecht: Sie stehen als vorausdeutende oder rückblickende Kommentare und dienen so der Distanzgewinnung und angestrebten Verfremdung.

Handlung und Geschehen

Im Hinblick auf die moderne Literatur empfiehlt es sich, zwischen Handlung und Geschehen zu differenzieren.

„**Handlung**" lässt sich als in die Tat umgesetzte Absicht erklären. Dabei wird ein Ausgangszustand (Ausgangssituation) in einen anderen Zustand (eine andere Situation) übergeführt.

Demgegenüber spricht man von „**Geschehen**", wenn die Situationen unverändert bleiben oder die Veränderung sich der menschlichen Absicht und Entscheidungsfreiheit entzieht. So ist Handlungsarmut besonders im modernen Drama signifikant: Ein Geschehen läuft ab, in das die Figuren nicht eingreifen können oder wollen (vgl. Beckett: *Warten auf Godot*).

Offene und verdeckte Handlung

Dramatische Handlung ist im Wesentlichen **gezeigte (offene) Handlung**.

Als Mittel der Konzentration und Raffung fungiert die **verdeckte Handlung**: Figuren auf der Bühne berichten aus ihrer Sicht über räumlich oder zeitlich versetzte Handlungen und Geschehnisse. So vermittelt die **Exposition** dem Publikum notwendige Kenntnisse der Vorgeschichte; im **Botenbericht** wird ein zurückliegendes Geschehen aktualisiert und bei der **Teichoskopie** (Mauerschau) berichtet eine Figur von einem bestimmten Standort auf der Bühne (Mauer, Fenster) über ein gleichzeitig ablaufendes (meist technisch schwer darzustellendes) Ereignis.

Geschlossene und offene Form des Dramas

Im Hinblick auf die Komposition unterscheidet Volker Klotz die *Geschlossene und offene Form im Drama* (München [10]1980).

Bei der **geschlossenen Form** kann nichts hinzugefügt und nichts weggelassen werden. Sie ist gekennzeichnet durch
- die Einheit von Ort, Zeit und Handlung:
  - eindeutige Haupthandlung,
  - Einsträngigkeit,
  - geringe Bedeutung von Nebenhandlungen,
  - Beschränkung auf eine knappe Zeitspanne, die krasse Ortswechsel überflüssig macht,
  - ideelle Bedeutung des Raumes, gleichsam als Rahmen eines entstofflichten Geschehens;

- die zielstrebig ausgerichtete Bewegung von Handlung und Geschehen:
  - Linearität,
  - kausale Verknüpfung,
  - Folgerichtigkeit;
- den klaren Anfang und die eindeutige Lösung;
- die Unselbstständigkeit der Teile;
- die Beschränkung auf wenige Figuren;
- die einheitliche Sprache: hoher Stil, Vers, Pathos; Abwechseln von Hypotaxe und Stichomythie und
- eine ausgewogene Komposition (im Hinblick auf Figurengruppierungen; Konzentration auf Protagonist und Antagonist; pyramidaler Aufbau).

Im Gegensatz dazu findet man bei der **offenen Form** des Dramas
- eine Vielfalt in Bezug auf Ort, Zeit und Handlung:
  - mehrere gleichberechtigte Handlungsstränge,
  - Handlung und Geschehen erstrecken sich oft über weite Zeiträume,
  - Vielzahl von Räumen, wobei enger und weiter Raum wechseln (Raum als charakterisierendes Merkmal der Figuren);
- ein Aufbrechen der linearen Handlungs- und Geschehensabläufe (Koordination durch Leitmotive, wiederkehrende Sprachbilder und ein „zentrales Ich");
- häufig keinen klaren Anfang und endgültigen Schluss:
  - unvermitteltes Einsetzen und Abbrechen der Handlung,
  - keine Exposition,
  - Fortsetzung der Handlung möglich;
- einen hohen Autonomie-Grad der einzelnen Teile;
- viele Figuren;
- unterschiedliche Sprachebenen:
  - spontane Artikulation,
  - Parataxe, Reihung, Satzbrüche, Ellipsen,
  - häufig gestörte Kommunikation, Sprachschwierigkeiten bis zur nonverbalen Artikulation und
- eine offene Komposition:
  - Der Hauptfigur steht kein gleichwertiger Gegner gegenüber;
  - die Komposition erfolgt nicht vom Ganzen aus, sondern vom Einzelteil, der Szene, sodass das Ganze fragmentarisch und unausgewogen erscheint.

Von Lenz über Büchner, Brechts epischem Theater zum absurden Theater gibt es immer wieder Beispiele für die Abweichung von der geschlossenen Form. Die offene und die geschlossene Form sind als **ideale Muster** zu verstehen. Oft vermischen sich beide Formen (vgl. Schillers *Maria Stuart*).

Die **Bauform des geschlossenen Dramas** versuchte Gustav Freytag in seiner *Technik des Dramas* (1863) allgemein gültig zu beschreiben:

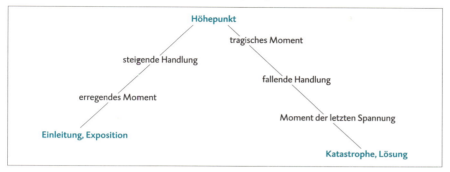

Die Einleitung führt als Exposition das Publikum in die Grundstimmung und Ausgangssituation ein und verweist auf wichtige Figuren. Sie liefert also die notwendigen Informationen, die für das Verständnis des Stückes von Bedeutung sind. Das erregende Moment stellt eine wesentliche Handlung der Hauptfigur oder ein bedeutsames Ereignis dar, wodurch die folgenden Verwicklungen in Gang kommen. Anschließend wird die Handlung gesteigert und zum Höhepunkt geführt. Dann folgt, durch ein tragisches Moment bedingt, die Umkehr der Handlungsrichtung (fallende Handlung). Jetzt ist eine Auflösung des Konfliktes nicht mehr möglich. Ein Moment der letzten Spannung verzögert die Handlung, die anschließend in der Katastrophe, dem Untergang des Helden, oder in einer positiven Lösung zum Abschluss kommt.

Der Streit der beiden Königinnen bildet den Höhepunkt von Friedrich Schillers Drama „Maria Stuart", hier in der Inszenierung von Amélie Niemeyer am Münchner Residenztheater von 2006 mit Juliane Köhler (Elisabeth, links) und Anna Schudt (Maria Stuart).

Beispiel:

Iphigenie auf Tauris. I,1: Information über Iphigenies Heimweh, Andeutung der problematischen Beziehung zwischen Mensch und Gottheit, Thoas' Werbung (Exposition); Ende von I,3: erregendes Moment: Thoas ordnet die Wiedereinführung der Menschenopfer an. I,4 bis III,2: steigende Handlung; Iphigenies Sehnsucht nach der Heimat wächst, sie erfährt von den Schicksalen ihres Vaters und ihres Bruders; seelische Erschöpfung Orests; III,3: Höhepunkt: Heilung Orests; IV,V: fallende Handlung, gekennzeichnet durch Iphigenies inneren Zwiespalt: IV (Spannungsverdichtung in: IV,5); V: Versuch Iphigenies, den König durch Enthüllung der Wahrheit umzustimmen; V,4: Moment der letzten Spannung, drohender Kampf wegen des Bildes der Diana; V,6: Lösung, Versöhnung.

Übersicht: Die Komposition

Darstellung der Geschichte	verdichtete Darstellung und geschickte Komposition erforderlich aufgrund zeitlicher Beschränkung, begrenzter Bühnentechnik und fehlendem Erzähler
Gliederungseinheiten	• Szene • Akt (• Chor)
Handlung und Geschehen	Handlung: beabsichtigte Zustandsveränderung Geschehen: unveränderte Situation oder Situationsveränderung ohne menschliche Intention
Offene und verdeckte Handlung	offene Handlung: gezeigte Bühnenhandlung verdeckte Handlung: räumlich oder zeitlich versetzte Handlung, dargestellt durch Exposition, Botenbericht, Teichoskopie
Geschlossene und offene Form	**Geschlossene Form:** • drei Einheiten (Ort, Zeit, Handlung) gewahrt • zielstrebige, lineare, kausale Komposition, Freytags-Pyramide, klarer Anfang, eindeutige Lösung, feste Ordnung (unselbstständige Teile) • geringe Figurenzahl • hoher Sprachstil **Offene Form:** • Vielzahl von Orten, Zeitebenen und Handlungssträngen • Aufbrechen der Abläufe; kein klarer Anfang, kein eindeutiger Schluss; Auflösung des festen Gefüges (Autonomie der Teile) • viele Figuren • verschiedene Sprachebenen

Figurendarstellung

Bei der Untersuchung von Dramenfiguren ergeben sich im Wesentlichen die gleichen Fragen wie bei Figuren in epischen Texten. Auch hier stehen die Bereiche **Figurenkonzeption** und **Figurenkonstellation** im Vordergrund.

Figurenkonzeption: Die Einzelfigur

Hier untersucht man den Grad der Individualisierung, äußeres Verhalten, Einstellung, Bewusstseinsgrad, charakterliche Merkmale und die Entwicklungsfähigkeit der Figur. Eine Rolle spielen auch das Verhältnis der Figur zu ihrer Umwelt und – bei der Tragödie – das tragische Vergehen des Helden.

Grad der Individualisierung

Es gibt **typisierte** Figuren, bei denen nur wenige Merkmale hervorgehoben werden, meist, um bestimmte Eigenschaften zur Geltung zu bringen (vgl. die Komödien von Molière). In vielen Dramen des Expressionismus tragen die Figuren keine Namen. Sie heißen „Er", „Sie", „Der Vater", „Der Sohn", „Der Dichter". Damit soll zum Ausdruck gebracht werden, dass die Figuren nicht Individuelles repräsentieren, sondern Ideelles, Mythisches. Der Naturalismus versucht dagegen, durch Herausarbeiten **individueller** Einzelheiten die Figuren dem wirklichen Leben anzunähern. Im modernen Drama wird die Identität der Figur zu einem Problem. Für Brecht ergeben sich die Figuren aus den Handlungen, nicht aus den Eigenschaften ihres Charakters. Bei Dürrenmatt gibt es in einer chaotischen, unüberschaubar gewordenen Welt keine Tragödie, die Überschaubarkeit, Verantwortung und Schuld voraussetzt. Damit existiert das Bild vom traditionellen dramatischen Helden ebenfalls nicht mehr. Im absurden Theater lässt sich keine Individualität erkennen, die Figuren erscheinen fremdbestimmt, verstümmelt und sinnlos.

Äußeres Verhalten, Einstellung, Bewusstseinsgrad, charakterliche Merkmale

Individualisierung und Komplexität der Figur bedingen sich gegenseitig. Es gibt Figuren, die durch wenige Merkmale charakterisiert werden, und solche, deren Haltung und Charakter sehr differenziert dargestellt werden. Im Sturm und Drang dominiert die subjektive Einstellung, im Ideendrama durchbrechen die Figuren ihre subjektive Perspektive. Wenn die Figur in ihren Eigenschaften weitgehend festgelegt und aus dem Bühnengeschehen erklärbar ist, spricht man von einer **geschlossenen** Konzeption, im anderen Fall von einer offenen Konzeption. Äußeres Verhalten, gedankliche Fähigkeiten (Folgerichtigkeit des Denkens, Urteils- und Abstraktionsfähigkeit, Selbstständigkeit, Flexibilität), Willenskraft und Entschlussfähigkeit, Gefühle und Lebensgrundstimmung lassen sich aus sprachlichen Selbstäußerungen, aus Äußerungen anderer Figuren, an nichtsprachlichen Signalen wie Gestik, Mimik, Kleidung und an den handlungstragenden Aktionen und Reaktionen erkennen.

Entwicklungsfähigkeit
Hier unterscheidet man zwischen statisch und dynamisch konzipierten Figuren. Eine **statisch** angelegte Figur ändert sich während des Stückes nicht (vgl. das barocke Märtyrerdrama), bei einer **dynamisch** konzipierten Figur lassen sich Entwicklungen erkennen.

Die Figur in ihrer Umwelt
Neben den Orten und Zeiten, in denen sich die Figuren aufhalten und bewegen, spielen bei der Charakteristik auch soziale Beziehungen, Werte, Normen und Weltanschauungen eine wesentliche Rolle. Das Drama, das auf Spannung angelegt ist, findet im Verhältnis des Einzelnen zur prägenden und fordernden Umwelt eine Menge Konfliktmaterial.

Der tragische Held
In der Tragödie sieht sich der Held mit einem Geschehen konfrontiert, das ihn in eine **Katastrophe** führt. Diese Entwicklung (meist vom Glück zum Unglück) kann begründet sein
– in der Zwangsläufigkeit eines Geschehens und
– in der tragischen Verfehlung des Helden.

Dabei ist ein Geschehen dann unabwendbar, wenn es auf einem **unlösbaren Konflikt** beruht. Die tragische Verfehlung des Helden äußert sich in Handlungen, die im Affekt geschehen, durch Irrtum oder Leichtsinn zur Fehleinschätzung einer besonderen Situation führen oder durch Überheblichkeit (eigene Fehleinschätzung) verursacht werden.

Die Griechen vertraten die Ansicht, dass es neben der eindeutigen persönlichen **Schuld**, z. B. hervorgerufen durch ein überhebliches Verhalten, auch eine andere Form der Schuld gibt. So kann durch Handlungen, die auf eingeschränkter Entscheidungsfreiheit des Helden beruhen, z. B. durch ein unabwendbares Schicksal und unvermeidbare Irrtümer, eine zwar subjektiv nicht anrechenbare, objektiv aber durchaus bestehende Schuld entstehen. Diese Art von Schuld führt zu unverdientem Leid.

In der griechischen Tragödie ist das **Leid** ein zentrales Thema. Der Held, für den es kein Entrinnen gibt, wird bis an seine letzten physischen und psychischen Grenzen geführt. Dem Menschen bleibt nur die Annahme seines Schicksals. Selbst die Frage danach wäre bereits Hybris. „Erflehe nichts: Aus vorbestimmtem Los / Vermag kein Sterblicher sich zu befrein." (V. 1337 f.) weist der Chor Kreon in Sophokles' *Antigone* zurecht. Ungefragt das Leid zu akzeptieren, ist letzte Bestimmung des Menschen. Leid beinhaltet das Erleben einer Situationsverschlechterung und den Glauben oder das Wissen von einem besseren Zustand. Beide fordern Veränderung oder Annahme des Gegebenen. Das Spektrum reicht von Befreiung über Flucht und Gleichmut bis zu Gleichgültigkeit und nihilistischer Weltsicht.

In Goethes „Iphigenie auf Tauris" muss die Titelheldin einen Ausweg aus dem Konflikt zwischen Pflicht und Neigung finden. Das Foto zeigt Angela Winkler als Iphigenie in einer Inszenierung von Michael Grüber an der Schaubühne Berlin (1998).

Figurenkonstellation: Die Figuren im Beziehungsgeflecht

Man beachtet die Anzahl der vorkommenden Figuren, beschreibt deren Position und Funktion im Beziehungsgeflecht und geht auf Beziehungsentwicklungen ein.

Anzahl der vorkommenden Figuren

Dabei definiert man „die Summe der auftretenden Figuren" als **„Personal"** (Pfister, S. 225). Es umfasst alle auftretenden Figuren, also neben den Protagonisten auch Nebenfiguren und Statisten. Die Zahl der Schauspieler hängt u. a. von der Intention des Autors ab. Sie kann vom Einpersonenstück bis zum vielfigurigen Stück variieren. So zeigt das Monodrama eine handelnde Figur (vgl. das griechische Drama vor Aischylos, in dem ein sprechender Schauspieler dem Chor gegenübergestellt ist; vgl. auch Goethes *Proserpina*), während in Hauptmanns *Die Weber* das gesamte Kollektiv der Weber in den Vordergrund des Geschehens tritt. Grundsätzlich gilt, dass im geschlossenen Drama wenige (vgl. Goethe *Iphigenie auf Tauris*), im offenen Drama in der Regel mehr Figuren auftreten.

Position und Funktion der Figuren im Beziehungsgeflecht

Dramen mit **dominierenden Figuren** zeigen dies häufig im Titel an (vgl. *Nathan der Weise*, *Iphigenie auf Tauris*, *Faust*). **Kontrastfiguren** erhöhen die Spannung. Dabei können die Gegensätze unterschiedlich konzipiert sein (vgl. das Motiv der feindlichen Brüder in Schillers *Die Räuber*; die Vatermord-Dramen des Expressionismus; verfeindete Familien, z. B. in Kleists *Die Familie Schroffenstein*; Altersunterschiede, vgl. Carlos und Philipp II. in Schillers *Don Carlos*; Standesgegensätze, vgl. Schillers *Kabale und Liebe* und unterschiedliche Weltanschauungen, vgl. Marquis Posa und Alba in Schillers *Don Carlos*).

Beziehungsentwicklungen

Die Beziehungen können während der ganzen Handlung unverändert bleiben, sich aber auch entwickeln oder auflösen.

Übersicht: Figurendarstellung

Figuren-konzeption	• Mittel der Darstellung: – Selbstdarstellung durch Sprache und Handlung – Darstellung durch andere Figuren • Position der Figur: Hauptfigur oder Nebenfigur • Grad der Individualisierung: Typ oder Charakter • äußere Merkmale: Name, Lebensdaten, Aussehen, Sprache, Auftreten, Gewohnheiten, körperliche Besonderheiten • Eigenschaften, Wesen: Empfindungen, Gefühle, Verhaltenssteuerung, Wirklichkeitsbezug; Entwicklungsfähigkeit • Die Figur in ihrer Umwelt: – Orte, Zeiten, Einflüsse: Elternhaus, Schule, Beruf, Bekanntenkreis – Beziehungen, Freunde, Gegner – Wert- und Weltorientierung • Der tragische Held: – Zwangsläufigkeit des Geschehens – Verfehlung des Helden: Affekt, Irrtum, Leichtsinn, Hybris – Schuld und Leid
Figuren-konstellation	• Anzahl der Figuren • Position und Funktion der Figuren • Beziehungen der Figuren

Raum- und Zeitgestaltung

Der Zuschauer im Theater empfindet Raum und Zeit anders als der Leser eines epischen Werkes. Während im Roman von Figuren in bestimmten Räumen und Zeiten erzählt wird, dienen Schauspieler, Bühne und Spielzeit der Realisierung dichterischer Absichten. Das besondere Verhältnis zwischen Wirklichkeit und Fiktion beim Drama hat die Theoretiker seit der *Poetik* des Aristoteles intensiv beschäftigt.

Kontrovers diskutiert wurde dabei immer wieder die Lehre von den sog. **„drei Einheiten"**. Die Forderung nach der Einheit des Ortes, der Zeit und der Handlung geht auf den Aristoteles-Kommentar von L. Castelvetro zurück. Dabei bedeuten:

Einheit des Ortes	gleichbleibender Schauplatz
Einheit der Zeit	• Übereinstimmung von Spielzeit und gespielter Zeit • maximaler Zeitraum: 24 Stunden
Einheit der Handlung	• alle Handlungsteile im Dienst des Ganzen • strenge Verbindung der Nebenhandlungen mit der Haupthandlung • Vermeiden von Nebenfiguren • Ziel: Geschlossenheit des Werkes

Castelvetro hatte Aristoteles missverstanden. Dieser verlangte nur die Einheit der Handlung. Doch im Anschluss an Castelvetro bekennen sich die Poetiken der Renaissance und des französischen Klassizismus zu den drei Einheiten.

In Deutschland tritt Gottsched in seiner *Critischen Dichtkunst* (1730) für die Einhaltung der drei Einheiten ein. Lessing steht ihnen kritisch gegenüber, die Vertreter des Sturm und Drang lehnen sie als unnatürlich ab. Wenn sie Autoren später wieder aufgreifen, so geschieht dies aus dramaturgischen Gründen: Konzentration und Geschlossenheit sollen erreicht werden (vgl. geschlossenes Drama; Goethe: *Iphigenie*, *Torquato Tasso*, Hebbel: *Maria Magdalene*).

Konzeptionen und Funktionen des Raumes

Die **Raumkonzeption** ergibt sich aus der Absicht des Autors und Regisseurs. Je nach Intention kann sich der fiktive Raum dem realen Raum annähern oder von ihm stark entfernt sein. Entscheidend ist die Gestaltung des Bühnenbildes, das mithilfe von Malerei, Architektur, Technik und Requisiten eine fiktive Wirklichkeit schafft. So besitzt das naturalistische Drama realistisch-konkrete Schauplätze (vgl. die detaillierten Regieanweisungen bei G. Hauptmann), während der Expressionismus durch Abstraktion versucht, die Bühne in einen Raum von symbolischer Bedeutung zu verwandeln. E. Piscator strebt nach einem Theater, das den Zuschauer ins Spielgeschehen einbezieht und die Grenze zwischen Publikum und Bühne aufhebt. Das epische Theater setzt verfremdende Mittel ein, um die illusionierende Kraft der Bühne zu brechen.

Aus solchen Konzeptionen lassen sich die **Funktionen** des Raumes ableiten: Zunächst ist er der Bereich, in dem sich Handlung realisiert. Er besitzt kompositorische Funktion, wo der Ortswechsel den Handlungsablauf gliedert. Darüber hinaus kann er als Stimmungsträger die Ereignisse intensivieren (vgl. den Eingang von Schillers *Wilhelm Tell*). Die Gegenstandsfülle im naturalistischen Drama erstrebt nicht nur Realitätsnähe, sondern charakterisiert auch die Figuren als milieuabhängig. Dagegen symbolisieren Stilisierung und Abstraktion im expressionistischen Verkündigungsdrama Visionäres, die Raumleere im absurden Theater (vgl. Beckett: *Warten auf Godot*) den Bewusstseinszustand und den Orientierungsverlust des modernen Menschen.

In Heinrich von Kleists Lustspiel „Der zerbrochne Krug" bestimmt eine Gerichtsverhandlung die Handlung, Ort ist der Gerichtssaal (Foto: Aufführung am Badischen Staatstheater Karlsruhe von 2003).

Gestaltung der Zeit

Die Untersuchung beginnt mit Fragen nach der Zeit, in der das Werk geschrieben worden ist, in der die fiktive Geschichte spielt und in der das Werk aufgeführt wird. Darüber hinaus sind **Spielzeit** (Dauer der Aufführung ohne Pausen) und **fiktiv gespielte Zeit** zu unterscheiden.

M. Pfister (S. 369 f.) differenziert die fiktiv gespielte Zeit weiter in
- „die fiktive Zeitdauer, die unmittelbar szenisch repräsentiert wird" (primär gespielte Zeit),
- die Zeit vom „Einsatzpunkt der szenisch repräsentierten Handlung bis zum Zeitpunkt des Textendes" (sekundär gespielte Zeit) und
- „die fiktive Zeitdauer der Geschichte vom Beginn der nur verbal vermittelten Vorgeschichte bis zum Zeitpunkt des Textendes, bzw. bis zum spätesten Zeitpunkt, der in zukunftsgewissem Ausblick am Textende noch verbal thematisiert wird".

Die Ereignisse auf der Bühne laufen in zeitlicher Abfolge ab. Zugleich können aber verschiedene Ereignisse nebeneinander gezeigt werden **(Simultaneität)**.

Der Einsatz künstlerischer Mittel strukturiert den Ablauf der Handlung: Sie lässt sich in einem strengen chronologischen Nacheinander darstellen, es können aber auch unterschiedlich große Zeitsprünge vorkommen. Weiterhin besteht die Möglichkeit, den Ablauf durch epische Rückblenden, Einbau eines Erzählers oder Verwendung von Songs zu durchbrechen.

Von **Zeitraffung** spricht man, wenn einzelne Handlungselemente ausgelassen oder verkürzt dargestellt werden. Das dramatische Tempo ist von den Situationsveränderungen abhängig. Im Allgemeinen wechselt das Tempo im Handlungsverlauf. Es korrespondiert mit der Spannung und der zeitlichen Konzentration. Pausen und Reflexionen wirken tempoverzögernd (mitunter auch spannungssteigernd), die rasche Wechselrede der Stichomythie zeigt gesteigertes Tempo.

Das Fortschreiten der Zeit kann an Situationsveränderungen sichtbar werden. Im modernen Drama finden sich zuweilen handlungsarme, nahezu gleichbleibende Situationen (vgl. besonders Beckett: *Warten auf Godot*), in denen Zeit nicht mehr erfahrbar wird.

Übersicht: Raum- und Zeitgestaltung

Raumgestaltung	- Verhältnis von Realität und Bühnenfiktion - Raumdarstellung: Bühnenbild auf Illusion bedacht oder bewusst desillusionierend - Raumfunktionen: Handlungsraum, kompositorische Funktion, Stimmungsträger, Figurencharakteristik, Symbolfunktion
Zeitgestaltung	- Verhältnis Spielzeit – gespielte Zeit - Ablauf: Chronologie, Simultaneität, Unterbrechungen - Tempo: Pausen, Reflexionen - Stichomythie; Situationsveränderungen

Formen und Funktionen der dramatischen Sprache

Formen der dramatischen Sprache

Der Monolog
Im Allgemeinen versteht man unter dem dramatischen Monolog eine geschlossene Einzelrede von längerem Umfang, die nicht an einen Adressaten auf der Bühne gerichtet ist.

Der Monolog ist oft als realitätsfern kritisiert worden. Aus diesem Grund hat das naturalistische Drama weitgehend auf seinen Einsatz verzichtet. Dennoch hat dieses „laute Denken" im dramatischen Raum seine **Funktion**: Der Monolog eröffnet der Figur die Möglichkeit, ihre Gefühle (Affektmonolog), Gedanken (Reflexionsmonolog), seelischen Konflikte (Konfliktmonolog) und Entschlüsse (Entschlussmonolog) zum Ausdruck zu bringen und sich so selbst zu charakterisieren.

Der Monolog kann den Zuschauer über das Geschehene informieren (Expositionsmonolog), Auftritte miteinander verbinden (Brückenmonolog), Handlungen vorbereiten (Auftrittsmonolog), verzögern (retardierender Monolog) oder zusammenfassen (Abgesangmonolog) und die Aufgabe eines Erzählers übernehmen (epischer Monolog). Er hat eine dramaturgische Funktion, wenn er der Zeitüberbrückung beim Umkleiden dient.

In den einzelnen Epochen wird der Monolog unterschiedlich gewürdigt:

Barock	• Mittel der Entscheidungsfindung: Konflikt-, Entschlussmonolog • rhetorische Ausschmückung
Aufklärung	Reflexionsmonolog (Lessing)
Sturm und Drang	Offenlegen der Gefühle: Affektmonolog
Klassik	Reflexionsmonolog an dramatischen Höhepunkten
Realismus, Naturalismus	Bedeutungsverlust und Zurückdrängen des Monologs, da nicht realen Gegebenheiten entsprechend (mitunter: Gebärdenmonolog)
Expressionismus	Monolog als Stimmungs- und Affektträger
Moderne	• Darstellung der Kommunikationsproblematik • Möglichkeit des Aneinandervorbeiredens • Hinweis auf menschliche Isoliertheit

Das „Beiseitesprechen"

Das sog. „Beiseitesprechen" ist mit dem Monolog verwandt, denn es richtet sich nicht an einen Adressaten auf der Bühne. Allerdings ist sich der Sprecher der Anwesenheit anderer Figuren bewusst.

Beim Beiseitesprechen „ad spectatores" wendet sich der Redner an die Zuschauer und unterbricht so die Bühnenhandlung.

Ismene (Barbara Schedivy, rechts) im erhitzten Dialog mit Kreon (Stefan Gad) in Christian von Treskows Inszenierung der „Antigone" am Theater Regensburg von 2007 (links Silke Heise als Antigone).

Der Dialog

Das dramatische Sprechen wird am stärksten vom Dialog beherrscht. Darunter versteht man die abwechselnde Rede zwischen zwei (Zwiegespräch) oder mehreren (Mehrgespräch) Figuren auf der Bühne.

Dabei können die einzelnen Äußerungen (Repliken), die, für sich genommen, Sinneinheiten bilden, von unterschiedlichem Umfang sein. Ein schneller Wechsel kurzer Repliken (Rede und Antwort folgen Zeile auf Zeile: Stichomythie; vgl. Goethes *Torquato Tasso* II,3) erhöht Tempo und Spannung und drückt eine starke Figuren- und Situationsbindung aus. Lange Repliken verzögern dagegen das Tempo, lassen Abstand zu Situation und Partner erkennen und nähern sich dem monologischen Sprechen.

Wenn die Dialogpartner sich im Gespräch zu den Handlungsvoraussetzungen äußern, spricht man von einem Expositionsdialog, stimmen sie in ihren Bemerkungen überein, handelt es sich um einen Konsensdialog. Wenn andererseits die Figuren in Konfrontation stehen, dient der Dialog zur sprachlichen Entladung von Konflikten. Will eine Figur in einem Gespräch etwas klären oder aufdecken, die andere dieses jedoch verheimlichen, entsteht ein Enthüllungsdialog. Schließlich gibt es die Möglichkeit, dass die Figuren aneinander vorbeireden. Ihre Kommunikation ist gestört, sodass es zu keiner Beziehung zwischen den Inhalten der aufeinander folgenden Repliken kommt.

Im Epochenverlauf hatte der Dialog verschiedene **Funktionen:**

Antike	• Mittel der Erkenntnisgewinnung (Platon; *Sokratische Dialoge*) • Aufeinandertreffen unterschiedlicher Denkpositionen (Cicero)
Mittelalter, Renaissance	• Streitgespräch: Darstellung unterschiedlicher Positionen (Johannes von Tepl: *Der Ackermann und der Tod*) • Infragestellen bisher gültiger Vorstellungen
Aufklärung	Mittel der rationalen Auseinandersetzung (Lessing)
Sturm und Drang	Mittel, Gefühle emphatisch auszutauschen
Klassik	• Erhellen von Beweggründen, Zielen und Reaktionen der Figuren • Ausgewogenheit zwischen längeren Repliken und Stichomythie
Realismus, Naturalismus	Verdeutlichen der psychischen Verfassung der Figuren
Moderne	Mittel zur Darstellung wachsender Kommunikationsprobleme (Hofmannsthal), Aneinandervorbeireden (Kroetz), Gesprächsverlust (absurdes Theater; Gemeinplätze)

Mischformen

Neben Monolog und Dialog kennt die Literaturwissenschaft auch sog. Mischformen:

Dialoghafter Monolog: Der Monolog nimmt dialoghafte Züge an, wenn der Sprecher sich in zwei in Opposition stehende Subjekte spaltet (Anrede in zweiter Person) oder sich in einer Anrede an eine Gottheit (Apostrophe) oder an das Publikum wendet.

Monologhafter Dialog: Dieser Fall liegt vor, wenn die Dialogpartner einander nicht beachten und die Kommunikation misslingt oder wenn zwischen den Dialogpartnern völlige Übereinstimmung herrscht und es den Anschein hat, als würde ein Monolog „mit verteilten Rollen" (Pfister, S. 183) gesprochen werden.

Funktionen der dramatischen Sprache

Die dramatische Sprache hat mehrere Aufgaben:
- Der **Bericht** wird eingesetzt, wenn die Darstellung eines Geschehens auf der Bühne nicht sinnvoll erscheint (z. B. bei der Exposition, der Teichoskopie, dem Botenbericht oder der Selbst- und Fremdbeschreibung).
- Die **expressive Funktion** findet sich besonders bei emotionaler Ergriffenheit im Dialog, Affektmonolog oder beim Entscheidungsringen im Reflexionsmonolog (Mittel: Parataxen, Ellipsen, Satzbrüche, Ausrufe, Wiederholungen; Unterstützung durch Gesten).
- Die **appellative Funktion** erscheint bevorzugt im Dialog. Sie zielt auf Beeinflussung und Überredung des Gesprächspartners (Mittel: Anreden, Bitten, Befehle, Wiederholungen, rhetorische Fragen, wertende Formulierungen, Argumentationsketten, Zurückweisen von Gegenargumenten).
- Die **kommunikative (phatische) Funktion** dient der Verstärkung und Verdichtung des Partnerbezugs. Die Sprache hilft, aus einer Isolation herauszutreten, Kontakt herzustellen und fortzusetzen (Mittel: Anrede, Eingehen auf Äußerungen des Partners, positive Bewertung seiner Meinung; mitunter können auch Provokationen zu Kontakten führen).
- Die **poetische Funktion** verweist in erster Linie auf den Autor und dessen Absichten (Mittel: Wechsel in der syntaktischen Struktur, Bildhaftigkeit, metrische Gebundenheit der Sprache, Klang, Rhythmus).

Übersicht: Formen und Funktionen der dramatischen Sprache

Formen	• Monolog: Affekt-, Reflexions-, Konflikt-, Entschlussmonolog u. a. • Beiseitesprechen • Dialog: – Expositions-, Konsens-, Konflikt-, Enthüllungsdialog, Aneinandervorbeireden – Bedeutung der Replikenlänge und des Replikenwechsels (Stichomythie!) • Mischformen: – dialoghafter Monolog – monologhafter Dialog
Funktionen	• Bericht • Expression • Appell • Kommunikation • poetische Funktion

Geschichtliche Entwicklung und Formen des Dramas

Hinweise zur Gattungsgeschichte

Das **antike Drama** hat seinen Ursprung im griechischen Dionysoskult. Dem Chor werden mehrere Schauspieler hinzugefügt. So können sich Spannung und Handlung als Grundlagen des Dramas entwickeln. Bald bilden sich die beiden Grundformen Tragödie und Komödie heraus: Bei der Tragödie gerät der Held durch eigenes Handeln und die Konfrontation mit einer mächtigen Instanz in Konflikt. Er wird einem leidvollen Geschehen ausgesetzt, das ihn unausweichlich in den Untergang (die Katastrophe) führt. Nach der *Poetik* des Aristoteles (384–322 v. Chr.) soll die Tragödie beim Zuschauer eine psychische Erregung auslösen, der als physische Reaktion „Jammer, Ergriffenheit" (griech. *èleos*) und „Schauder, Schrecken" (griech. *phóbos*) folgen. Die Entladung dieser Affekte bewirkt eine innere Befreiung, eine „Reinigung" (griech. *katharsis*), die sich in einem positiven Gefühl äußert. Die Komödie zeigt den Menschen in seiner Beschränktheit und Unzulänglichkeit und löst die Konflikte in heiterer Form. Sie verspottet und kritisiert soziale Gruppen, Typen und menschliche Eigenschaften, endet aber in der Regel in einem versöhnlichen Ton. Hauptvertreter der griechischen Tragödie sind Aischylos, Sophokles (*Antigone*) und Euripides. In der römischen Antike wirkt das griechische Vorbild weiter (Tragödie: Seneca; Komödie: Plautus, Terenz); rhetorische Mittel gewinnen an Bedeutung.

Das geistliche Drama des **Mittelalters** entsteht aus dem Tropus (ausschmückende Texterweiterung zum gregorianischen Kirchengesang) durch Hinzufügen von Handlungselementen (wichtige Formen: Weihnachts-, Passions- und Osterspiel). Mit der Zeit kommt es zur Profanisierung: Laien verdrängen die klerikalen Schauspieler, die Aufführungen werden aus der Kirche auf den Marktplatz verlagert.

Die **Renaissance-Dramatik** (Italien: Commedia dell'Arte: Stegreifkomödie mit typisierten Figuren; England: Shakespeare) bestimmen humanistisches Schuldrama und Fastnachtsspiel. Das Schuldrama löst das geistliche Drama ab und dient an den Humanistenschulen pädagogischen Zielen (Ausbildung der Rhetorik und der lateinischen Sprache). Das Fastnachtsspiel entwickelt sich aus germanischen Frühlingsriten (Winteraustreibung) zu einem volkstümlich-derben Kleindrama mit satirisch-kritischer Akzentuierung (Hauptvertreter: Hans Sachs in Nürnberg).

Im **Barockzeitalter** dominieren Jesuitendrama und Trauerspiel. Das technisch aufwändige und figurenreiche Jesuitendrama steht im Dienste der

Gegenreformation. Seine Themen kreisen um die Unbeständigkeit des Glücks und die Vergänglichkeit (Hauptvertreter: Bidermann). Bevorzugtes Thema des barocken Trauerspiels (Märtyrertragödie) ist der Mensch in der Bewährung zwischen Moral und Unmoral (Hauptvertreter: Gryphius). Im Barock entsteht nach italienischem Vorbild die erste deutsche Oper (M. Opitz, H. Schütz). Ende des 16. Jahrhunderts kommen englische Komödiantentruppen nach Deutschland (komische Figur!). In seiner Poetik fordert Opitz die Einhaltung der drei Einheiten und die Beachtung der Ständeklausel (Tragödie: Personen höheren Standes; Komödie: Personen niederen Standes).

Die herausragende Figur der **Aufklärung** ist Lessing. Er fordert realistische Charaktere. Dem Formalismus der französischen Klassizisten hält er Shakespeare entgegen. Lessing interpretiert Aristoteles neu. Er spricht von „Mitleid" mit dem Helden und „Furcht" vor einem ähnlichen Schicksal. Diese Erfahrungen sollen den Zuschauer im sittlich-moralischen Sinn verändern. Er verfasst mit *Minna von Barnhelm* die erste deutsche Charakterkomödie. Die von Lessing begründete Gattung des bürgerlichen Trauerspiels stellt den Bürger in den Mittelpunkt des tragischen Geschehens. Bei Lessing (*Miß Sara Sampson, Emilia Galotti*) und Schiller (*Kabale und Liebe*) entzündet sich der Konflikt am Standesgegensatz zwischen Adel und Bürgertum, bei Hebbel (*Maria Magdalene*) ist er im Bürgertum selbst begründet.

Mit der Auflösung der gesellschaftlichen Ständeordnung verliert auch die Ständeklausel ihre Bedeutung für die dramatischen Gattungen. Aus anfänglichem Nebeneinander hoher und niederer Personen, ernster und burlesker Teile (Komisches meist nur als Kontrastmittel), entsteht die moderne Tragikomödie, in der sich wechselseitig tragische und komische Elemente im gleichen Stoff durchdringen.

Kennzeichen des **Sturm-und-Drang-Dramas** sind: Vermischung tragischer und komischer Elemente, häufiger Schauplatzwechsel, Einbeziehung des einfachen Volkes und eine emotional aufgeladene, z. T. derbe Sprache. Der französische Klassizismus wird abgelehnt, Shakespeare als Vorbild gesehen. Hauptvertreter: Goethe (*Götz von Berlichingen*), Schiller (*Die Räuber, Kabale und Liebe*), Lenz (*Der Hofmeister, Die Soldaten*) und Klinger (*Sturm und Drang*).

Die Vertreter der **Weimarer Klassik** gestalten antike und historische Stoffe und geben ihnen eine allgemein gültige Bedeutung (Ideendrama): Während Goethe in *Iphigenie auf Tauris* die Idee der Humanität in den Mittelpunkt stellt, geht es Schiller um die Freiheit (*Don Carlos*) und die ästhetische Erziehung des Menschen, die das Schöne mit dem Moralischen harmonisch vereint.

Die Dramatik des **19. Jahrhunderts** sprengt z. T. die Epochengrenzen. So weist Goethe mit *Faust* über die Klassik hinaus, und Büchners Dramen tragen bereits die Züge der Moderne. Bedeutendster Dramatiker des Realismus ist Hebbel, dessen Werke den Einfluss von Hegel (Dialektik), Schopenhauer (Pessimismus) und Feuerbach (Materialismus) zeigen. In der Isoliertheit und Gottferne seiner Figuren lassen sich ebenfalls moderne Elemente erkennen.

Merkmale des **naturalistischen Dramas** sind: ausführliche Regieanweisungen, wenige Figuren, analytischer Handlungsaufbau. Aus Realitätsgründen bleiben die Einheiten von Ort und Zeit meist gewahrt. Thematisiert werden menschliche Determiniertheit und soziale Probleme (Hauptmann: *Vor Sonnenaufgang*, *Die Weber*).

Das Drama der **Jahrhundertwende** drückt die Fin-de-Siècle-Stimmung aus und bevorzugt Einakter und Einakterzyklen (Schnitzler: *Anatol*). Hofmannsthal greift Elemente des mittelalterlichen Mysterienspiels (*Jedermann*) und des spanischen Barockdramas (*Der Turm*) auf und arbeitet als Librettist mit Richard Strauss zusammen.

Realitätsdarstellung und psychologische Studien sind für den **Expressionismus** bedeutungslos. Seine Vertreter glauben an die Wandlungsfähigkeit des Menschen und bringen dies in ihren Erlösungsdramen zum Ausdruck. Der im Naturalismus verpönte Chor gewinnt wieder an Bedeutung, man spart mit Requisiten und verwendet eine intensivierte Sprache.

Die **folgende Zeit** prägt das epische Theater Brechts. Seine Absicht ist es, gesellschaftsverändernd zu wirken. Dazu müssen die Zuschauer desillusioniert und zur rationalen Kritik geführt werden. Frisch greift zwar die Parabelform Brechts auf, strebt aber keine gesellschaftliche Veränderung an (vgl. *Biedermann und die Brandstifter*: ein *Lehrstück ohne Lehre*). Skeptisch steht auch Dürrenmatt Brechts Absichten gegenüber. Er sieht die Welt als widersinnig an und glaubt, ihr nur mit grotesken Komödien begegnen zu können (*Die Physiker*, *Der Besuch der alten Dame*). Die jüngere Moderne ist weiter gekennzeichnet durch das dokumentarische Theater, das keine fiktive Wirklichkeit, sondern nur formal bearbeitetes, authentisches Material auf die Bühne bringt (Weiss: *Die Ermittlung*), das experimentelle Theater Handkes (*Publikumsbeschimpfung*) und das kritische Volksstück mit seiner Darstellung des kleinbürgerlichen Lebens (Kroetz: *Wildwechsel*; Sperr: *Jagdszenen aus Niederbayern*).

Brechts *Der gute Mensch von Sezuan*: Cornelia Froboess als Shui Ta. Junges Theater Hamburg, 1970.

Aspekte zur Poetik und Aristoteles-Rezeption

Die bedeutendste Poetik der Antike verfasste Aristoteles (384–322 v. Chr.). Er bestimmte die Tragödie als **Nachahmung (mimesis)** einer ernsten und in sich abgeschlossenen Handlung in kunstvoller Sprache. Dabei werden Jammer/Rührung und Schauder/Entsetzen beim Zuschauer hervorgerufen. Gleichzeitig kommt es aber auch zu einer Befreiung (katharsis) von solchen inneren Erregungen, sodass sich die Zuschauer angenehm erleichtert fühlen. Aristoteles kennt nur die Einheit der Handlung. Strukturelemente sind Exposition (Einführung in Grundstimmung, Situation und Figuren), Peripetie (Wende, Umschwung im Schicksal des Helden) und Katastrophe (negativer Ausgang des Konflikts; meist Abschluss der Handlung).

Die Begriffe „Jammer" und „Schauder" sind bei Aristoteles wohl als körperliche Reaktionen seelischer Erregungszustände zu verstehen. **„Katharsis"** meint dann einen Zustand der inneren Befreiung und des damit verbundenen Lustgefühls nach einer erfolgten Affektentladung. Der Tragödie kommt somit psychotherapeutische Wirkung zu. Der Zuschauer empfindet Freude und Lust, weil er sich von Affekten entlastet; ein Hinweis auf moralische Besserung schwingt nicht mit.

Seit der erneuten Beschäftigung mit der Poetik des Aristoteles in der Renaissance ist der Katharsis-Begriff immer wieder unterschiedlich interpretiert worden. Zunächst verstand man Katharsis unter dem Einfluss der stoischen Philosophie als eine Möglichkeit, sich gegen jegliche Affekte gelassen behaupten zu können. Diese Auslegung kommt der barocken Märtyrertragödie besonders entgegen. In der Renaissance bildet sich aber auch die Vorstellung von der moralischen Aufgabe der Tragödie: Mitleid mit dem Helden und Furcht vor einem ähnlichen Schicksal sollen eine **Haltungsänderung** beim Zuschauer bewirken, ihn sittlich läutern. Während die französischen Klassizisten, besonders Corneille, dieser Vorstellung folgen und den Zuschauer bewegen wollen, sich mit Abscheu und Schrecken vom Lasterhaften abzuwenden, stellt Lessing den **Mitleids-Begriff** in den Vordergrund. Durch das Mit-Leiden mit dem Helden, also einer Art illusionärer Identifikation, werden die in der Tragödie ausgelösten Affekte beim Zuschauer in „tugendhafte Fertigkeiten" verwandelt (Lessing, *Hamburgische Dramaturgie*, 73.–78. Stück). Die Franzosen hätten Aristoteles nur äußerlich entsprochen, Shakespeare sei dagegen Aristoteles im Wesentlichen näher gekommen. Für Goethe bietet die Katharsis die Chance, Leidenschaften auszugleichen und zu versöhnen. Brecht fordert eine Abkehr von der emotionale Bereiche berührenden Katharsis. Seine Absicht zielt auf das kritische Bewusstsein der Zuschauer, das zu einer Gesellschaftsänderung notwendig sei.

Wichtige Formen des Dramas

Die breit gestreute Gattung Drama lässt sich in verschiedene Unterarten teilen:

Kennzeichen	Beispiele
Absurdes Theater • Form des modernen Dramas; Abkehr vom bürgerl. Theater • Grundlage: Vorstellung einer sinnentleerten Welt und damit auch absurden menschlichen Existenz • keine überschaubare Handlung • marionettenhafte Figuren • banale Sprache, die keine tiefere Kommunikation zulässt	Beckett: *Warten auf Godot* Hildesheimer: *Die Uhren* Ionesco: *Die Nashörner*

Bürgerliches Trauerspiel
• Grundlagen:
  – gesteigertes Selbstgefühl des Bürgertums (Aufklärung)
  – kritisches Hinterfragen der Ständegesellschaft
  – Ablehnung der Ständeklausel, nach der Tragisches höheren Standespersonen vorbehalten ist
• Konflikt aufgrund von Standesgegensätzen Adel – Bürgertum, später begründet in der Enge der bürgerlichen Welt
• Orientierung an den ethischen Werten des Bürgertums (Humanität, Tugend, Sittlichkeit)
• im Naturalismus vom sozialen Drama abgelöst
	Lessing: *Miß Sara Sampson, Emilia Galotti*
	Schiller:
	   Kabale und Liebe
	Hebbel:
	   Maria Magdalene

Dokumentartheater • Grundlage: historisches Geschehen • Rolle des Autors: zurückgedrängt, distanziert • verwendetes Material: Akten, Protokolle, Statistiken • häufige Formen: Bericht (Vermischung von Fakt und Fiktion), Prozess (scharfe Gegenüberstellung von Aussagen) • Intention: histor. Geschehen als Modell aktueller Vorgänge • Problem: Anteil des Poetischen, Künstlerischen	Hochhuth: *Der Stellvertreter* Kipphardt: *In der Sache J. Robert Oppenheimer* Weiss: *Die Ermittlung*

Episches Theater
• Form des modernen Dramas; von Bertolt Brecht eingeführt
• Ziel: Änderung der Gesellschaft in marxistischem Sinn
• Voraussetzungen:
  – Brechen der illusionierenden Kraft der Bühne
  – Zuschauer als distanzierter, kritischer, urteilsfähiger Beobachter (Gegensatz zum neuzeitl. Theater, das durch „Furcht und Mitleid" moralische Besserung erstrebt)
• Mittel: Verfremdung der Handlung (V-Effekt) und Montage einzelner Szenen durch:
  – Einführung eines kommentierenden Erzählers
  – Prolog, Vorspiel, Epilog
	Brecht:
	   Mutter Courage und ihre Kinder,
	   Leben des Galilei,
	   Der gute Mensch von Sezuan

- lockere Szenenfolge, Parabelstruktur, Einbau von Spiel im Spiel
- Selbsteinführung der Schauspieler
- Wechsel zwischen Prosa und Vers; Einbau von Liedern, Songs und des geschriebenen Wortes (Szenentitel)
- Verwendung von projizierten Bildern, Schriften und Filmstreifen
- unterschiedliche Sprachebenen
- Veränderung bekannter Zitate
- sprachliche Mittel, die auf Spannung, Komik, Karikatur zielen

Geschichtsdrama
- Intention: künstlerische Darstellung von historischen Stoffen, Themen, Ereignissen und Figuren auf der Bühne
- Grundlage: Entwicklung eines individuellen, historischen Bewusstseins seit der Renaissance
- Themen:
  - Spannung zwischen Einzel- und Gesamtwillen
  - der Einzelne im Konflikt mit geschichtlichen Kausalitäten in Vergangenheit und Gegenwart

Goethe: *Götz von Berlichingen*
Schiller: *Wallenstein, Maria Stuart*
Hebbel: *Agnes Bernauer*

Groteske Komödie (Dürrenmatt)
- Grundlage: Verlust einer überschaubaren Welt; Welt als Rätsel, vor dem man nicht aufgeben darf
- Komödie als einzig mögliche Antwort auf eine widersprüchliche Welt
- Einbau des Unglaubhaften, Paradoxen: Verfremdung, Erschwerung einer Identifikation, Distanz zur kritischen Urteilsbildung
- Einbau des Grotesken: Erkennen des Wirklichen durch Überzeichnung, Stilisierung
- Erfassen des Chaotischen als Chance, die Welt zu bestehen, zu formen

Dürrenmatt:
Der Besuch der alten Dame,
Die Physiker

Ideendrama
- Voraussetzungen:
  - geschlossenes Weltbild
  - Reaktion auf Subjektivität des Sturm und Drang und Auswirkungen der Französischen Revolution
  - Philosophie des deutschen Idealismus: Glauben an die positiven Möglichkeiten des Menschen, Vorstellung von einem großen Sinnzusammenhang im Kosmos
- Stoffquellen: Mythologie, Geschichte
- Thema: zentrale Bedeutung einer Grundidee, der Stoff, Handlung und Figuren untergeordnet werden

Goethe:
Iphigenie auf Tauris

- Aufbau: geschlossen, Einzelteile untergeordnet
- Handlung: klar konzipiert, entstofflicht
- Sprache: hochstilisierte, gedämpfte Kunstsprache; klare Semantik und Syntax
- Blütezeit: Französischer Klassizismus, Weimarer Klassik

Komödie
- Ursprung im antiken Griechenland; neben der Tragödie Hauptgattung des traditionellen Dramas
- Voraussetzung: an klaren Normen orientierte (meist urbane) Gesellschaft; Fähigkeit zur intellektuellen Distanzierung
- Formenvielfalt, z. B. Typen-, Charakter-, Intrigen- und Situationskomödie
- Kennzeichen:
  - Kontrast zwischen Schein und Sein, Einsatz und Ertrag, Erhofftem und Erreichtem
  - Funktionen: Unterhaltung, Verspottung menschlicher Schwächen und fragwürdiger Ideale, Aufbrechen festgefahrener Denk- und Verhaltensweisen, Aufdecken sozialer Missstände
  - Lösung durch Heiterkeit bewirkendes Lachen (mit befreiendem bis aggressivem Charakter)
  - Mittel: Übertreibung, Untertreibung, Ironie, Witz, Wortspiel, Satire (Spektrum: fein- bis derb-komisch)
  - Wirkung: Erkennen der Unzulänglichkeiten ermöglicht Distanzierung, Befreiung und Veränderung
- In der Moderne zunehmend in Verbindung mit grotesken, absurden und ernsten Zügen

Lessing:
  Minna von Barnhelm
Kleist:
  Der zerbrochne Krug
Hauptmann:
  Der Biberpelz

Tragikomödie
- Grundlage:
  - Aufweichen des starren Regelsystems der aristotelischen Poetik; Abkehr von der klaren Trennung in edle (sozial hohe) und gemeine (sozial niedere) Personen
  - Bedeutungsverlust der Ständeklausel parallel zur Auflösung der gesellschaftlichen Ständeordnung
  - zunehmendes Erfahren einer komplexen Welt, in der ambivalente Charaktere agieren
- Kennzeichen: Tragische und komische Elemente durchdringen sich wechselseitig im gleichen Stoff.
- Wirkung: Tragisches wird durch humoristische Brechung erträglicher, Komisches gewinnt durch das Gewicht des Tragischen an Tiefe.

J. R. M. Lenz:
  Der Hofmeister oder Vorteile der Privaterziehung
Hauptmann:
  Die Ratten

Tragödie
- Ursprung im antiken Griechenland; neben der Komödie Hauptgattung des traditionellen Dramas
- Voraussetzung: an festen Normen orientiertes, dualistisches Weltbild; Fähigkeit zur emotionalen Anteilnahme
- Kennzeichen:
  - Konflikt gegensätzlicher Werthaltungen und Kräfte, z. B. zwischen Held und sittlicher Weltordnung, zwischen Held und unentrinnbarem Schicksal, zwischen Held und Gesellschaft.
  - Schuld als moralische Schuld aufgrund eines willkürlichen, bewussten Verfehlens durch die Maßlosigkeit (Hybris) des Helden; oder: Schuld als unverdientes Leid aufgrund eines unbewussten Verfehlens
  - Katastrophe: entscheidender Wendepunkt der Tragödie, an dem der Konflikt gelöst und die Schuld gesühnt wird; entwickelt sich aus den unvermeidbaren Handlungen der Figuren, dem zwingenden Ablauf äußerer Ereignisse oder dem Eingriff höherer Mächte (deus ex machina); beim analytischen Drama ist die Katastrophe Ergebnis bereits vor der Bühnenhandlung liegender Ereignisse.
- In der widersprüchlichen modernen Welt erscheint die Tragödie nicht mehr möglich. An ihre Stellen treten episches Theater, Tragikomödie und Groteske.

Schiller:
Die Braut von Messina
Kleist:
Penthesilea
Hebbel:
Agnes Bernauer

Volksstück
- Triviales Volksstück:
  - klischeehafte Gestaltung von Figuren und Problemen; Bestätigung gängiger Werthaltungen
  - verwickelte Handlung mit komischen Effekten und glücklichem Ausgang
  - auf Unterhaltung zielend
  - „bereinigter" Dialekt
- Kritisches Volksstück:
  - Figuren aus dem „Volk"; Aufzeigen alltäglicher Probleme, Missstände und deren Ursachen
  - einfacher Aufbau, realistische Darstellung
  - oft keine oder ungünstige Konfliktlösung
  - Zerstörung der Illusion von der „heilen Welt"
  - distanzierte Sicht, erschwerte Identifikationsmöglichkeit
  - Dialekt als eingeschränkte Sprachmöglichkeit

Stücke von
Ferdinand Raimund,
Johann Nestroy,
Ludwig Anzengruber,
Ludwig Thoma,
Carl Zuckmayer,
Marieluise Fleißer,
Ödön von Horváth,
Bertolt Brecht,
Martin Sperr,
Franz Xaver Kroetz

Aufgaben- und Gliederungsbeispiel

So könnte die Aufgabe lauten: „Beschreiben Sie den Gesprächsverlauf."

Solche Arbeitsanweisungen beziehen sich häufig auf Dialoge, in denen eine Figur ein bestimmtes Ziel verfolgt. Um die erwünschte Verhaltensänderung des Gegenübers zu erreichen, wird eine Gesprächsstrategie eingesetzt. Am einfachsten gestaltet sich die Untersuchung, wenn man im Hauptteil dem Gesprächsverlauf folgt und dabei jeweils die Elemente der Strategieführung beachtet.

Gliederungsbeispiel:

    A Überblicksinformation zum Werk (Autor, Titel, Gattung, Thema) und zum Auszug (Position des Gesprächs im Gesamttext, beteiligte Figuren, Thema; ggf. Art des Dialogs)

    B Beschreibung des Gesprächsverlaufs
       I. Inhalt und Ziel des Gesprächs; örtliche und zeitliche Situation
      II. Gesprächsaufbau und Strategiestruktur
         1. Gesprächsaufbau
            (Ausgangssituation; Verlauf in Sinnabschnitten; Ergebnis)
         2. Strategiestruktur
            (Ziel, Argumente, Beispiele, Folgerungen, Appelle)
      III. Strategieführung
         1. Taktisches Vorgehen
            (sachliche Information, Belehrung, Überredung, Manipulation)
         2. Aktion und Reaktion
            (Wirkung der eingesetzten Mittel; Partnerreaktionen; Flexibilität der Antworten; Verwendung der Partneraussagen; Gesprächstempo: Beschleunigen, Verlangsamen, Unterbrechen, Replikenlänge)
         3. Eingesetzte strategische Mittel
            (Argumentationstechniken: Aufwerten, Bestätigen, Abwerten, Beschwichtigen, Verschweigen, Verzerren, Provozieren, Beleidigen; sprachl. Mittel: kommunikative, appellative, expressive Funktion, Mittel der Verdeutlichung und Verschleierung, der Spannungssteigerung und -entlastung; nonverbales Verhalten: Signalisieren von Empfindungen, Unterstützen des Gesagten; vgl. dramaturgische Mittel, Regieanweisungen)

    C Ergebnis (im Hinblick auf das angestrebte Ziel)

Untersuchungsbereiche lyrischer Texte

Die Lyrik ist neben Epik und Dramatik eine Hauptgattung der Dichtung. Der Begriff stammt aus dem Griechischen und leitet sich von „Lyra", dem ältesten Saiteninstrument, ab. Damit wird bereits die Verbindung der Lyrik mit der Musik deutlich. Klang, Rhythmus, Metrik, Komposition, aber auch Unmittelbarkeit und verdichtete, subjektive Gefühlsintensität zeigen bis heute die grundsätzliche Verwandtschaft beider Kunstformen an, auch wenn sich im Verlauf der Gattungsgeschichte lyrische Formen entwickelt haben, die die Hinwendung zum Epischen, Gedanklichen und Abstrakten erkennen lassen.

Einteilungsmöglichkeiten

Man kann lyrische Texte nach verschiedenen Aspekten zusammenfassen:
- **Formale Ordnungsprinzipien** führen zu Gedichten fester Bauart. Zu ihnen gehören als antike Formen u. a. die Elegie, die Hymne und die Ode, als bekannteste romanische Formen die Ballade und das Sonett sowie als germanisch-deutsche Formen das Lied und die germanisch-deutsche Entwicklung der Ballade.
- Die Konzentration auf **thematische und inhaltliche Merkmale** lässt eine Formenvielfalt erkennen: Liebeslyrik, Naturlyrik, politische Lyrik, religiöse Lyrik.
- Bei der Einteilung nach der **Darstellungsweise** berücksichtigt man die **Haltung des lyrischen Ich**. Versucht dieses seine Erlebnisse, Gefühle und Beziehungen zur Natur in einfacher Sprache und schlichter, aber regelmäßiger Form darzustellen, spricht man von einer liedhaften Gestaltung. Eine hymnische Gestaltung wird erkennbar, wenn das lyrische Ich seinen gesteigerten Gefühlen, seiner Sehnsucht, seinem Glück, seiner Begeisterung Ausdruck verleihen möchte. Dabei kann es die Natur, die Schöpfung oder Gott preisen oder Ideelles verkünden, sowohl in strophisch gebundener Form als auch in freier Rhythmik. Sollen Wissen und Kenntnisse (z. B. philosophische Weisheiten) vermittelt werden, geschieht dies in lehrhafter Gestaltung. Kommen Handlungen und Geschehensabläufe zur Sprache, vermischen sich lyrische, epische und dramatische Elemente, so haben wir es mit einer erzählerischen Gestaltung zu tun. Es gibt Gedichte, in denen sich diese verschiedenen Gestaltungsmöglichkeiten vermengen.

Das lyrische Ich

Unter dem „lyrischen Ich" versteht man zunächst den **Sprecher** in einem Gedicht. Dieser teilt dem Leser subjektiv empfundene Erlebnisse mit, die mit Gefühlen verbunden sein können und die momentane Befindlichkeit des Sprechers erkennen lassen (z. B. den Zustand der Freude, der Trauer, der Angst, der Einsamkeit).

Das lyrische Ich steht in einem bestimmten **Verhältnis zum Verfasser** und seiner Wirklichkeit. So kann dem lyrischen Ich ein Erlebnis, eine Empfindung des Autors zugrunde liegen. Während der künstlerischen Umsetzung vollzieht sich jedoch ein Prozess, der den Beziehungsgrad zwischen Autor-Ich und lyrischem Ich unterschiedlich gestaltet. Manchmal wird es deshalb kaum gelingen, zwischen lyrischem Ich und Autor-Ich zu unterscheiden; andererseits ist es möglich, im lyrischen Ich einem Aussagesubjekt zu begegnen, das in seiner Wirklichkeitserfahrung und -darstellung weitgehende Eigenständigkeit besitzt und dessen Erlebnisse über die des Autors hinausgehen.

Eine interessante Meinung vertritt K. Pestalozzi mit seiner Arbeit *Die Entstehung des lyrischen Ich*. Zunächst unterscheidet er zwischen dem individuellen, **empirischen Ich** und dem Wesenskern des Menschen, dem **Selbst**. Nach christlich-mittelalterlichem Weltverständnis ist dieses Selbst im Religiösen, in Gott gebunden. Wo sich das individuelle Ich in intensivem Gefühl diesem Göttlichen zuwendet, wird die Lyrik zum religiösen Ausdruck (z. B. bei Goethe). Schiller sieht nun das Selbst nicht in Einheit mit Gott, vielmehr ist das Selbst die im Menschen angelegte Freiheit, die in der ästhetischen Reflexion spürbar wird. Damit wird eine Vorstellung deutlich, die sich seit der Renaissance verbreitet: die Vorstellung von der Existenz eines autonomen menschlichen Selbst, das den Tod Gottes, wie ihn Nietzsche proklamiert, voraussetzt. Das lyrische Ich vertritt dieses profanisierte Selbst, das zum empirischen Ich keinen Bezug hat. Kunst und Realität klaffen auseinander. Die alte religiöse Komponente wird noch durch die Nähe der Lyrik zur Musik deutlich: Takt und Rhythmus lassen im Element der permanenten Wiederholung etwas von der verlorenen Beziehung zur Zeitlosigkeit erahnen. Problematisch wird die Situation für das empirische Ich des Autors (und Lesers) dort, wo das Selbst infrage gestellt ist, wo es also keinen Weg und keine Hoffnung mehr für das lyrische Ich gibt, die Brücke zu letzten Wahrheiten zu sein. So bleibt in der modernen Lyrik nur die Frage, das offene Ende, das Fragment.

Bauelemente lyrischer Texte

Der Vers

Allgemeine Bestimmungsfaktoren

Der Vers (lat. versus: Wendung) stellt ein zentrales Bauelement einer Strophe bzw. eines Gedichts dar. Er ist eine **durch Metrik und Rhythmus bestimmte Ordnungseinheit**. Er besitzt eine mehr oder minder ausgeprägte Binnenstruktur und in der Regel folgt eine Pause am Versende. Das Versinnere kann von stärkeren Einschnitten gekennzeichnet sein (Kola; Zäsur). Endreim, Assonanz und Kadenz verleihen dem Versschluss durch ihre Klangzeichen ein besonderes Gewicht, relativieren aber gleichzeitig seine Eigenständigkeit, indem sie Klangbrücken zu anderen Versen schaffen. Parallelität zwischen den einzelnen Versen kommt auch durch metrische und syntaktische Entsprechungen zustande.

Fallen Satz- und Versende zusammen, spricht man von **Zeilenstil**. Überschreitet die syntaktische Struktur das Versende, handelt es sich um ein **Enjambement**. Den Versschluss in akzentuierenden Versen nennt man **Kadenz**. Die beiden wichtigsten Formen sind die männliche Kadenz (auch stumpfe Kadenz: Der Vers endet mit einer einsilbigen Hebung; Beispiel: „Haus – Maus") und die weibliche Kadenz (auch klingende Kadenz: Der Vers endet auf eine Folge von Hebung und Senkung; Beispiel: „gehen – sehen").

Takt

Kennzeichnend für die Binnenstruktur des Verses ist neben lautlich-sprachlichen Faktoren die Silbenbetonung. Die Zeitspanne von Hebung zu Hebung nennt man Takt. Er besteht aus Hebung (Zeichen: x́) und Senkung(en) (Zeichen: x).

Taktart	Betonung	Figur	Beispiel
Jambus	Eine betonte Silbe folgt auf eine unbetonte.	xx́	Geduld
Trochäus	Eine unbetonte Silbe folgt auf eine betonte.	x́x	gehen
Anapäst	Eine betonte Silbe folgt auf zwei unbetonte.	xxx́	Anapäst
Daktylus	Zwei unbetonte Silben folgen auf eine betonte.	x́xx	Daktylus

Taktreihen

Man unterscheidet jambische und trochäische Taktreihen sowie antike Formen.

Jambische Verse

Taktreihe	Figur	Beispiel
steigender Zweitakter (zweifüßiger Jambus)	xx́/xx́	Der Mai beginnt. (Hölty)
steigender Dreitakter (dreifüßiger Jambus)	xx́/xx́/xx́	Dort unten in der Mühle Saß ich in süßer Ruh' (Kerner)
steigender Viertakter (vierfüßiger Jambus)	xx́/xx́/xx́/xx́	O lieb, solang du lieben kannst. (Freiligrath)
steigender Fünftakter* (fünffüßiger Jambus)	xx́/xx́/xx́/xx́/xx́	Es eifre jeder seiner unbestochnen, Von Vorurteilen freien Liebe nach! (Lessing: *Nathan der Weise*)
steigender Sechstakter** (sechsfüßiger Jambus)	xx́/xx́/xx́/xx́/xx́/xx́	Unangeklopft ein Herr tritt abends bei mir ein (Mörike: *Abschied*)

* Dieser sog. **Blankvers** wurde von der englischen Dichtung in die deutsche übernommen (J. E. Schlegel). Lessing verwendet ihn im *Nathan*. Später wird der Blankvers zum Idealvers des deutschen klassischen Dramas.

** Eine Sonderform ist der barocke **Alexandriner** mit Zäsur in der Mitte: xx́/xx́/xx́//xx́/xx́/xx́:
Der schnelle Tag ist hin, die Nacht schwingt ihre Fahn (Gryphius: *Abend*)

Trochäische Verse
Auch hier gibt es zwei- und mehrfüßige Reihen.
Beispiel für einen zweifüßigen Trochäus (Schema: x́x/x́x):
Schwebet wieder / Auf und nieder. (Goethe: *Faust I*)

Antike Formen
Am bekanntesten sind **Hexameter** (Schema: x́xx/x́xx/x́xx/x́xx/x́xx/x́x):
Pfingsten, das liebliche Fest war gekommen; es grünten und blühten (Goethe: *Reineke Fuchs*)

und der **Pentameter** (Schema: x́xx/x́xx/x́//x́xx/x́xx/x́):
Aber der große Moment findet ein kleines Geschlecht (Goethe: *Xenien*)

Es gibt
- vollständige Taktreihen (unverkürzte, akatalektische Verse): dem letzten Takt fehlt keine Silbe;
- unvollständige Taktreihen (verkürzte, katalektische Verse): dem letzten Takt fehlt eine Silbe;
- übervollständige Taktreihen (überhängende, hyperkatalektische Verse): dem letzten Takt ist eine allein stehende Silbe angehängt.

Rhythmus
Der Rhythmus ist ein viel diskutierter Begriff der Verstheorie. So hat man ihn mit natürlichen Zeiterfahrungen in Verbindung gebracht (Pulsschlag, Ebbe und Flut, Tag und Nacht, Geburt und Tod) und auf den Zusammenhang zwischen Sprache und Tätigkeit verwiesen (Arbeitslied, Wiegenlied, Marschlied). Keinesfalls darf man den Versrhythmus mithilfe des Taktes erklären.

Zur Gliederung einer gesprochenen Lautmasse (Rhythmus) dienen verschiedene rhythmische **Mittel:**
- der Akzent (umfasst als Mittel der Betonung Tonhöhe, -stärke und -länge),
- die Pause (ein durch Sinneinheiten bedingter Verseinschnitt),
- das Tempo (von der Gesamtgestimmtheit des Textes abhängig) und
- die Klangfarbe einzelner Laute im Lautzusammenhang (z. B. Häufung dunkler oder heller Laute).

Beim Redefluss erkennt man die kleinste rhythmische Grundeinheit, das **Kolon**. Kola bestehen aus Wortgruppen, die syntaktisch und inhaltlich zusammengehören und durch Pausen (Atempause, Satzzeichen) voneinander getrennt werden. Das Kolon kann mit dem Versende zusammenfallen oder in den nächsten Vers hineinreichen.

W. Kayser hat den Rhythmus nach bestimmten **Typen** zu gliedern versucht. Er unterschied:
- fließenden Rhythmus (Lied): Weiterdrängen der Bewegung, relativ schwache Hebungen, leichte gleichmäßige Pausen, Bedeutung der einzelnen Zeilen,
- strömenden Rhythmus (Texte mit feierlichem Inhalt): große, weiterdrängende Bewegung, größere Spannung, Spannungsgipfel, differenzierte Pausen,
- bauenden Rhythmus (Stanze): fortwährend neu einsetzende Bewegung, stärkere Eigenständigkeit der einzelnen Einheiten, nachdrücklich beherrschte Sprache,

- spröden Rhythmus (häufig in moderner Lyrik): unterschiedlich lange rhythmische Einheiten, häufige und lange Pausen, kräftige Hebungen, und
- tänzerischen Rhythmus: größere Straffheit des Sprechens als beim fließenden Rhythmus, Bedeutung der Pausen, stärkere Akzentuierung der Hebungen.

Kaysers Einteilung wird heute skeptisch beurteilt. Bei der Darstellung des Rhythmus spricht man auch von verschiedenen **Versprinzipien** (vgl. Metzler-Literatur-Lexikon, S. 391 f.):

- dem quantitierenden Versprinzip (griechische und lateinische Dichtung): geregelte Abfolge langer und kurzer Silben,
- dem akzentuierenden Versprinzip (neuzeitlich germanische Sprachen): geregelte Abfolge druckstarker und druckschwacher Silben,
- dem akzentzählenden Versprinzip (Stabreimvers, Knittelvers): feste Anzahl stark akzentuierter Silben,
- dem akzentuierend-alternierenden Versprinzip (häufig bei engl. und dt. Versen): druckstarke und druckschwache Silben wechseln regelmäßig, und
- dem silbenzählenden Versprinzip (romanische Sprachen): feste Anzahl von Silben pro Vers, Druckakzente bei Versschluss und Zäsur.

Bei metrisch freien, reimlosen Versen von beliebiger Zeilenlänge und meist fehlender Strophengliederung (Strukturierung in unterschiedlich lange Versgruppen) spricht man von **freien Rhythmen** (Unterschied zur Prosa: Wiederkehr der Hebungen in gleichen Abständen). Wir finden sie bereits bei Klopstock (*Frühlingsfeier*), Goethe (*Prometheus*, *Ganymed*), Novalis (*Hymnen an die Nacht*), Hölderlin (*Patmos*), in der Moderne bei Nietzsche, Rilke u. a.

Strophe, Strophenformen

Eine Strophe ist die **metrische und inhaltliche Einheit mehrerer Verse.**

Es gibt verschiedene Strophenformen. Die wichtigsten sind:
- die **Liedstrophe:** vier bis neun Zeilen; z. B. Claudius: *Der Mond ist aufgegangen*: sechszeilige Volksliedstrophe; dreifüßiger Jambus,
- die im Italienischen entstandene **Terzine:** dreizeilige Strophe; fünffüßiger Jambus; Reimschema: aba/bcb/cdc/...,
- die aus dem Romanischen stammende **Kanzonenstrophe:** dreiteiliger Aufbau: zwei gleiche Versgruppen (Aufgesang) und ein oft längerer dritter Teil (Abgesang); Bedeutung für den deutschen Minnesang; vgl. Walther von der Vogelweide: *Under der linden,* und
- die **Stanze:** achtzeilige Strophe; fünffüßiger Jambus; Reimschema: abababcc; vgl. Goethe: *Zueignung.*
- Antike Strophenformen sind das **Distichon** (Verbindung von Hexameter und Pentameter; Verwendung bei Epigrammen und Elegien) und die vierzeiligen Formen der **Odenstrophe**.

Übersicht: Bauelemente lyrischer Texte

Vers	metrisch gegliederte, vom Rhythmus bestimmte Zeile der gebundenen Rede **Takt, Taktarten:** • Jambus (xx́) • Trochäus (x́x) • Anapäst (xxx́) • Daktylus (x́xx) • antike Formen: Hexameter, Pentameter **Rhythmus:** • Kolon: rhythmische Grundeinheit • rhythmische Mittel: Betonung, Pause, Tempo • Rhythmustypen: spröde, bauend, fließend, strömend, tänzerisch • Versprinzipien: akzentuierend, akzentuierend-alternierend
Strophe	metrische und inhaltliche Einheit mehrerer Verse **Strophenformen:** • Liedstrophe: vier bis neun Verse; Volkslied: Regelmäßigkeit in Strophenbau, Metrik (Reim) und Rhythmus (Sprachmelodie) • Terzine: dreiversige Strophe; fünffüßiger Jambus; Reimstellung: aba/bcb/cdc ... • Kanzonenstrophe: zwei gleiche Versgruppen (Aufgesang) und ein dritter Teil (Abgesang) • Stanze: achtzeilige Strophe; fünffüßiger Jambus; Reimstellung: abababcc

Gedichte fester Bauart

Ballade

Die Ballade war ursprünglich ein Tanzlied im italienisch-provenzalischen Raum. Im 14./15. Jahrhundert entwickelte sich in Frankreich eine strenge lyrische Form. Die in England verbreitete volkstümlich-epische Liedform („ballad") wurde im letzten Viertel des 18. Jahrhunderts in Deutschland übernommen.

Inhalt der Ballade ist meist ein ungewöhnliches, geheimnisvolles, oft tragisches Geschehen aus Geschichte, Sage und Mythos, das, häufig durch Rede und Gegenrede verschärft, neben dem episch erzählenden Anteil und der lyrischen Gestimmtheit auch dramatische Elemente enthält. Strophenform und Versmaß wechseln. Berühmte Balladen schrieben Schiller (*Der Handschuh*) und Goethe (*Erlkönig, Der Zauberlehrling, Der König in Thule*). Bekannt geworden ist das sog. Balladenjahr 1797, in dem Goethe und Schiller die klassische Ideenballade entwickelten. Als bedeutender Balladenautor der Moderne gilt Brecht.

Elegie

Die Elegie war in der Antike ein in Distichen verfasstes Gedicht. Später wurde der Inhalt bestimmendes Merkmal. Wehmütige Erinnerung, Liebesklage, Vergänglichkeit des Schönen, Sehnsucht nach dem Ideal sind wesentliche Themenbereiche. Als deutsche Vertreter gelten Fleming, Schiller, Goethe (*Römische Elegien, Marienbader Elegie*), Hölderlin (*Menons Klage um Diotima*), Lenau, Platen, in der Moderne Rilke (*Duineser Elegien*), Trakl.

Epigramm

Als Epigramm bezeichnete man in der Antike zunächst eine Inschrift auf Gebäuden, Denkmälern und Grabsteinen. Dann (Ende 6. Jh. v. Chr.) wurde es zu einer selbstständigen Gattung erweitert: zu einem Sinnspruch, der häufig satirisch gefasst war und eine Pointe enthielt. Damit gehört das Epigramm zur Gedankenlyrik. Ein bedeutendes Beispiel sind Goethes *Venezianische Epigramme*.

Hymne

Die Hymne hat ihren Ursprung ebenfalls in der Antike und stellte hier einen Preisgesang zu Ehren eines Gottes oder eines Helden dar. In der Renaissance, im Barock und der Aufklärung hat die Hymne bevorzugt religiösen Inhalt, zuweilen auch mit lehrhaftem Charakter, wobei sie die strophische Form der

Ode annimmt. Seit Klopstock bekommt die Hymne eine neue Bedeutung. In freien Rhythmen wird sie zum Ausdruck leidenschaftlicher Begeisterung und religiösen Gefühls. Klopstock, Hölderlin, Goethe (*Wandrers Sturmlied, Ganymed, Das Göttliche*), Novalis (*Hymnen an die Nacht*) sind bekannte Vertreter.

Lied

Das Lied steht für schlichten, aber unmittelbarsten lyrischen Ausdruck. Es hat seine Wurzeln im christlichen-mittelalterlichen Hymnus und der Marienlyrik und erfasst religiöse (Kirchenlied) und profane Bereiche (Alltagswelt; Volkslied; Kinderlieder, Liebeslieder, Wanderlieder; Marschlieder). Reim und Parallelismus binden die Versgruppen zusammen. In der Moderne findet es sich auch in den Formen von Chanson und Schlager. Liedermacher wie Degenhardt, Biermann u. a. greifen aktuelle, meist gesellschaftskritische Themen auf.

Ode

Die Ode hat Feierliches und Erhabenes zum Thema. Oft richtet sie sich an ein Gegenüber („Du") und fasst Ergriffenheit in strenge, strophisch gegliederte Form (antike Versmaße). Berühmt sind die Oden Klopstocks und Hölderlins. In der Moderne hat sich Weinheber als Odendichter ausgewiesen.

Sonett

Das Sonett (lat. sonare: klingen, tönen) ist vermutlich um 1230 in der sizilianischen Umgebung Friedrichs II. entstanden.

Äußere Form
Die äußere Form zeigt ein streng gebautes Reimgedicht aus 14 Versen, die strophisch in zwei Quartette (je vier Verse) und zwei Terzette (je drei Verse) gegliedert sind. Mitunter spricht man auch von einer Einteilung in Oktave und Sextett und verweist auf die formale Nähe zum goldenen Schnitt in der Kunst. Das englische oder Shakespearesonett ist dagegen in drei Quartette und ein abschließendes Reimpaar (Couplet) strukturiert. Das deutsche Sonett (17. Jh.) folgt dem französischen. Am häufigsten findet sich die Reimordnung abab abab ccd eed. Im deutschen Sonett dominiert der Alexandriner nach französischem und niederländischem Vorbild. Seit der Mitte des 20. Jahrhunderts lässt sich eine deutliche Auflösung der Vers- und Reimbindung nachweisen. Damit verändern sich auch Maß, Rhythmus und Bau.

Innere Struktur
Im Hinblick auf die innere Struktur verweist die Wissenschaft auf zwei Modelle: die dualistische Konzeption mit der Zweiteiligkeit der Oktave und dem Sextett (Spannung–Entspannung; Voraussetzung–Folgerung) und die dialektische Konzeption mit einer Dreiteilung (These – Antithese – Synthese). Die besondere Bevorzugung des Sonetts in verworrenen Zeiten (vgl. Barock) verdeutlicht das Bemühen, Chaotisches durch klare künstlerische Form zu bannen.

Geschichtliche Entwicklung
Die frühesten deutschen Sonette sind seit dem 16. Jahrhundert bezeugt. Zunächst versuchen sich die deutschen Autoren als Übersetzer niederländischer und französischer Vorlagen.

Das Barock gilt als die fruchtbarste Zeit für die Sonettdichtung. Im *Buch von der deutschen Poeterey* gibt Opitz vier Beispiele und weist auf den Alexandriner und den vers commun hin. Bei den Quartetten tritt er für den umarmenden Reim ein und schlägt für die Terzette die Reimordnung ccd eed vor. Unter den zahlreichen Barockautoren, die Sonette schreiben, nimmt Gryphius die bedeutendste Position ein. Die Inhalte seiner Sonette kreisen häufig um das Vanitas-Motiv.

Nach der Barockzeit verliert das Sonett an Bedeutung. Eine Erneuerung erfolgt erst wieder in der Romantik (A.W. Schlegel, Tieck, Brentano, Novalis, Eichendorff). Von den Romantikern wird Goethe zu Sonetten angeregt.

Im 19. Jahrhundert sind vor allem Rückert als Sonettdichter der Freiheitskriege, Platen mit seinem Zyklus *Sonette aus Venedig* (1825), die wehmutsvollen Sonette Lenaus und die wenigen, aber gehaltvollen Sonette Mörikes zu nennen.

Der Naturalismus empfindet kein großes Interesse für diese Gedichtsform. Dafür kommt es in der ersten Hälfte des 20. Jahrhunderts zu einer erneuten Blüte. Hofmannsthal, der schon als Jugendlicher Sonette verfasst hat, leitet eine neue Phase ein, denn hier beginnt sich „die Unruhe in der Formbehandlung" (Schlüter, S. 120) bereits abzuzeichnen, die für die Moderne charakteristisch wird. Sie zeigt sich bei Rilke, dessen Sonette einen Höhepunkt darstellen: Traditionelles und Spontanes vermischen sich. So finden sich Sonette aus einem Satz und wieder andere, die von Kurzsätzen bestimmt werden. Bedeutung kommt dem Enjambement zu. Das Thema der 55 *Sonette an Orpheus* (1922) ist das Rühmen des Seins. Das Metrum ändert sich im Verlauf der Gedichte: Der fünffüßige Jambus wird vom vierfüßigen Daktylus abgelöst.

Die Vertreter des Expressionismus ziehen für ihre Aussagen das Sonett verstärkt heran. Zu nennen sind besonders Heym und Zech.

Während des Dritten Reiches erlangen die von Mahnung und christlichem Trost erfüllten Sonette R. Schneiders Bedeutung. Die *Moabiter Sonette* von Haushofer, im Gefängnis verfasst, sind Zeugnisse des inneren Widerstands. Becher und Brecht haben im Exil Sonette verfasst.

Das Sonett hat sich nicht überlebt. Auch in jüngerer Vergangenheit bemühten sich Autoren um diese Gedichtsform (Benn, Bachmann). Seine klassische Form, die sich trotz aller Experimente bewahrt hat, dient den Autoren als ein Zeichen der Stabilität, vor allem in Zeiten der Unruhe, der inneren Gefährdung.

Übersicht: Gedichte fester Bauart

Ballade	• Verbindung von lyrischer Form und Gestimmtheit, epischer Erzählweise und dramatischen Elementen (Dialog) • Inhalt: ungewöhnliche Ereignisse aus Mythos und Geschichte • Wechsel von Strophenform und Versmaß • Vertreter: Schiller, Goethe, Brecht
Elegie	• häufig in Distichen verfasstes Gedicht • Inhalt: Klage über Verlust/Trennung; wehmütige Erinnerung • Vertreter: Schiller, Goethe, Hölderlin, Rilke
Epigramm	• Form der Gedankenlyrik; Sinnspruch; Pointe
Hymne	• Preisgesang feierlich-religiösen Inhalts • Vertreter: Klopstock, Hölderlin, Goethe, Novalis
Lied	• Ausdruck unmittelbarer lyrischer Empfindung; der Musik nahe stehend; in der Moderne: aktuelle, gesellschaftskritische Töne, aber auch seichte, triviale Unterhaltung • Spektrum: religiöses Lied, Volkslied, Marschlied, Chanson, Song, Schlager • Höhepunkt: Romantik
Ode	• Stilisierung eines Themas ins Erhabene • strenge strophische Gliederung; antike Versmaße • Vertreter: Klopstock, Hölderlin
Sonett	• Form: zwei Quartette, zwei Terzette; verschiedene Reimordnungen; deutsches Barocksonett nach französischem Vorbild: Alexandriner • innere Struktur: oft dualistische oder dialektische Konzeption • Vertreter: Gryphius, Rilke, Haushofer

Lyrische Sprache

Klang

Der Klang spielt bei der Lyrik als einer der Musik nahe stehenden Kunst eine bedeutende Rolle. Mit ihm können Stimmungen beschworen und die Aussagekraft erhöht werden. Die Klangfarbe lässt mitunter sogar auf die seelische Gestimmtheit des lyrischen Ich schließen. Immer wieder hat man versucht, den Klängen symbolische Bedeutung zuzuweisen (vgl. in der Antike: Platon, in der Moderne: A. Rimbaud).

Klangfiguren, Klanggestalt

Unter den rhetorischen Figuren gibt es die Gruppe der Klangfiguren. Zu ihnen gehören:

Formen der Wortwiederholung
Dazu zählen einfache Wiederholung, Anapher (zu den hier nicht näher bezeichneten Figuren siehe S. 18 ff.), Epipher, Epanalepse, Kyklos (Wiederholung des Anfangswortes am Ende; Shakespeare: *Richard III.*: „Ein Pferd, ein Pferd, mein Königreich für'n Pferd!"), Polyptoton (Wiederholung desselben Wortes in unterschiedlicher Beugung: „Besser als gerührt sein, ist sich rühren.", Brecht), Tautologie (Wiederholung mit einem sinnverwandten Wort: „voll und ganz"), Synonym (sinnverwandtes Wort: „sagen" – „reden" – „äußern") und Pleonasmus (Ergänzen eines Wortes, dessen Bedeutung bereits im Substantiv enthalten ist: „weißer Schimmel").

Formen des Wortspiels (Paronomasie)
Die bekanntesten Formen sind Homonym (gleichlautende Wörter unterschiedlicher Bedeutung: „Waise" – „Weise", „Lied" – „Lid") und Figura etymologica („Spiele spielen").

Lautmalerei
Sie versucht mit akustischen Reizen Wirkung zu erzielen. So werden Klänge zur Realitätsabbildung eingesetzt („Kuckuck"). Von Klangsymbolik spricht man bei der Verbindung von Laut und Bedeutung, besonders wenn durch eine Folge von Vokalen und Konsonanten Stimmung geschaffen wird. Beispielsweise verbindet man helle Vokale mit Freude, Höhe, positiver Gestimmtheit, dunkle Vokale mit Trauer, Tiefe, Deprimiertheit (vgl. die vierte Strophe von Eichendorffs Gedicht *Die zwei Gesellen*).

Zur Klanggestalt zählt auch der Reim.

Der Reim
Reim bedeutet **Gleichklang bei Wörtern vom letzten betonten Vokal an.** Es gibt verschiedene Einteilungsmöglichkeiten:

Reimqualität
- reine Reime: Gleichklang in Vokal und Schlusskonsonant vom letzten betonten Vokal an (Haus–Maus; gehen–drehen)
- unreine Reime: ungenauer Gleichklang (Gemüt–Lied)
- dialektale Reime: nur in der Mundart möglich (schön [sprich: schee]–See)
- rührende Reime: phonetischer Gleichklang bei Bedeutungsverschiedenheit (Waise–Weise) und Reim gleicher Wörter (identischer Reim: geht–geht)
- Assonanz: nur Vokalgleichklang (geben–drehen)
- Alliteration: Gleichklang im Anlaut betonter Stammsilben (Kind und Kegel, Stock und Stein)

Reimquantität
- einsilbige Reime („männlich'; ‚stumpf'): Haus–Maus
- zweisilbige Reime („weiblich'; ‚klingend'): sehen–gehen
- dreisilbige Reime („gleitend'): Greifender–Durchschweifender
- Schüttelreim: Mehrere Wörter reimen bei vertauschten Anfangskonsonanten: „Das ganze Käsegebäck isst der Bäsecke weg."

Reimstellung
- Anfangsreim: erste Wörter aufeinander folgender Zeilen reimen („Krieg ist das Losungswort. Sieg! und so klingt es fort.", Goethe)
- Binnenreim: Reim innerhalb des Verses („Er geht und steht doch auch!")
- Schlagreim: Sonderform des Binnenreims; Gleichklang unmittelbar aufeinander folgender Wörter („Gehendes, drehendes Licht")
- Endreim: Reimklang am Versende
- Kehrreim (Refrain): Wiederholung des letzten Verses einer Strophe (vgl. Goethes *Heidenröslein*)

Als auffälligster Versschmuck gilt der **Endreim**. Die wichtigsten Reimfolgen nach der Stellung am Ende des Verses sind:

Paarreim
Zwei aufeinander folgende Verse reimen miteinander. Diese einfachste und älteste Form kommt häufig in der Volksliedstrophe vor. Stellung: aabbcc

Beispiel:

> Fliegt der erste Morgenstrahl
> Durch das stille Nebeltal,
> Rauscht erwachend Wald und Hügel:
> Wer da fliegen kann, nimmt Flügel!
> (J. v. Eichendorff)

Kreuzreim
Der Wechselreim ist eine der häufigsten Reimfolgen. Stellung: abab

Beispiel:

> Astern –, schwelende Tage,
> alte Beschwörung, Bann,
> die Götter halten die Waage
> eine zögernde Stunde an.
> (G. Benn)

Umarmender Reim
Er bildet eine Gruppe von vier Versen, bei denen ein Reimpaar von einem anderen umschlossen wird. Stellung: abba

Beispiel:

> Du siehst wohin du siehst, nur Eitelkeit auf Erden.
> Was dieser heute baut, reißt jener morgen ein,
> wo itzund Städte stehn, wird eine Wiesen sein,
> Auf der ein Schäfers Kind wird spielen mit den Herden.
> (A. Gryphius)

Schweifreim
Eine Gruppe von sechs Versen ist zweigliedrig strukturiert, wobei sich zwischen zwei Reimpaare ein dritter Reim schiebt. Diese Form findet sich häufig in Volksliedern. Stellung: aabccb

Beispiel:

> Der Mond ist aufgegangen,
> Die goldnen Sternlein prangen
> Am Himmel hell und klar;
> Der Wald steht schwarz und schweiget,
> Und aus den Wiesen steiget
> Der weiße Nebel wunderbar.
> (M. Claudius)

Klangfunktionen und -wirkungen

Klänge können in Gedichten verschiedene Funktionen erfüllen; sie
- heben wesentliche Wörter hervor,
- kennzeichnen Versenden,
- bilden Klangbrücken bei Enjambements,
- verbinden als Leitklänge Wörter, Verse und Strophen (Leitklangfunktion) und haben andererseits
- eine gliedernde Funktion.
- Sie versuchen Realitäten abzubilden (Nachahmung von Geräuschen; vgl. Britting: *Fröhlicher Regen*),
- erzeugen suggestive Stimmung (durch emotionale Assoziation; vgl. Reihung heller und dunkler Vokale in Eichendorffs *Die zwei Gesellen*) und
- haben durch Wiederholung eine zeitaufhebende Wirkung.

Bildlichkeit

„Die Poesie spricht in Bildern." Walther Killys einleitender Satz zu seinem Werk *Wandlungen des lyrischen Bildes* soll verdeutlichen, dass die Bildhaftigkeit als wesentliches Element der Dichtung zu verstehen ist. Ihre Bedeutung bewegt die Literaturwissenschaft deshalb seit geraumer Zeit und hat zu unterschiedlichen Forschungsergebnissen geführt. Am einfachsten ist es, die Bildlichkeit vom rhetorischen System der Tropen her zu erfassen.

Unter **Tropen** versteht man Wörter oder sprachliche Wendungen, die im übertragenen, bildlichen Sinne gebraucht werden. Bereits in der Antike (z. B. Quintilian) hat man zwischen dem begrifflichen Sprechen (dem eigentlichen Sprechen) und dem bildhaften Sprechen (dem uneigentlichen Sprechen) unterschieden. Im Tropus wird also ein Unterschied zwischen dem Gesagten und Gemeinten deutlich. Dabei kann es sich um einen bloßen Austausch eines Begriffes (vgl. Antonomasie, Metonymie, Periphrase, Synekdoche) oder eine Übertragung von einem Vorstellungsbereich in einen anderen (vgl. Allegorie, Ironie, Metapher) handeln.

Wichtigste rhetorische Figur ist in diesem Zusammenhang die **Metapher**. Sie ersetzt den eigentlich gemeinten Begriff (z. B. „Ausgangspunkt", „Ursache") durch einen anderen sprachlichen Ausdruck (z. B. „Quelle"), bietet eine bildhafte Wendung für einen Gegenstand, eine Eigenschaft oder ein Geschehen. Sie springt gleichsam von einem Vorstellungsbereich in einen anderen und gehört deshalb zu den sog. „Sprungtropen". Der Leser, der mit dem Begriff eine bestimmte Bedeutung verbindet („Quelle": natürlicher Austritt von Grundwasser an die Erdoberfläche), wird überrascht, in seiner Erwartung durch den

Kontext enttäuscht („als Quelle für sein Werk benutzte der Autor ...") und unter Spannung gesetzt, denn er erkennt einen Widerspruch zwischen der ursprünglichen Bedeutung und dem eigentlich Gemeinten, dem er erst in einem Verstehensvorgang eine neue spezifische Wirklichkeit zuweisen muss.

Diese Widersprüche zwischen den Metapherngliedern können unterschiedlich empfunden werden. Bei den verblassten Metaphern der Alltagssprache ist die Grundbedeutung oft nicht mehr gegenwärtig, die Bildhaftigkeit reduziert und der Übergang zu einem festen Begriff spürbar: „Redefluss", „Flussbett", „Motorhaube", „Satzglied", „Quellenforschung". Andererseits gibt es „kühne" Metaphern, bei denen der Überraschungseffekt besonders groß ist (vgl. den Beginn von Celans *Todesfuge*: „Schwarze Milch der Frühe").

Quintilian hat die Metapher als verkürzten Vergleich bezeichnet (Wegfall der Vergleichspartikel: Ihr Haar ist wie Gold – das Gold ihrer Haare). Diese Definition scheint, besonders für die moderne Lyrik, wo die Beziehungen ihre Eindeutigkeit oft verloren haben, nicht mehr auszureichen. Außerdem steht der metaphorische Ausdruck als eine eigene Wirklichkeit, die als solche auf Gefühl und Fantasie wirkt und damit das bewusste Vergleichen ausklammert. Entscheidend ist, dass es mit der metaphorischen Sprache gelingt, in einem dynamischen und schöpferischen Sprachprozess immer wieder aus den alltäglichen Realitäten auszubrechen und neue Wirklichkeiten zu erschließen.

Als Sonderform der Metapher gilt die **Synästhesie**. Sie verbindet unterschiedliche Sinne miteinander, z. B. Töne und Farben: „Golden wehn die Töne nieder" (Brentano: *Abendständchen*).

In der **Allegorie** wird etwas Abstraktes bildlich ausgedrückt („Justitia" mit Waage und verbundenen Augen als Bild für Gerechtigkeit).

Die **Personifikation** belebt ein Ding oder etwas Gedachtes (Brentano: *Abendständchen*: „Hör, es klagt die Flöte wieder"; Trakl: *Musik im Mirabell*: „Ein Brunnen singt ... Der Ahnen Marmor ist ergraut"; Rilke: *Der Abend*:

„Der Abend wechselt langsam die Gewänder"). Sie verringert die Distanz zum Leser und hat so eine intensivierende Funktion.

Die **Metonymie** ersetzt ein Wort durch ein anderes, in der semantischen Nähe stehendes („Ich trinke ein Glas."), während
die **Synekdoche** einen engeren Begriff für einen umfassenderen gebraucht („Traube" für „Wein").

Vergleiche setzen zwei Bereiche miteinander in Beziehung und erhöhen durch Analogie die Anschaulichkeit. Das kann durch Vergleichspartikel („wie"; Rilke: *Das Karussell*: „Sogar ein Hirsch ist da, ganz wie im Wald") oder verkürzt (Lasker-Schüler: *Der Letzte*: „Weißgelbenjung hing sein Schein/ Schaumleicht an der Nacht") geschehen.

Kommt bei verkürzten Vergleichen die Vergleichsvorstellung nicht mehr zustande, handelt es sich um eine Metapher. Eine breitere Ausgestaltung des Vergleichs nennt man **Gleichnis**. Besitzt dieses eine eigene Handlung, liegt eine **Parabel** vor.

Das **Symbol** ist ein bildhaftes Zeichen, ein Sinn-Bild, das über sich hinaus auf einen ideellen Bereich verweist, mit dem es in einer bestimmten Beziehung steht. Dieser Zusammenhang liegt in den sprachlichen und kulturellen Traditionen menschlicher Geschichte begründet und kann deshalb tiefste Bewusstseinsschichten berühren, deren Inhalte Gefühl und Fantasie stimulieren.

In der Literatur verdeutlicht sich Existenzielles im Symbol; mit ihm vermittelt der Dichter dem Leser verborgene Sinnzusammenhänge der Welt. So versuchten die Vertreter des Symbolismus, mit ihrer Kunst auf tiefste seelische Gesetze und auf das rätselhafte, hinter den sichtbaren Dingen liegende Sein aufmerksam zu machen (vgl. Baudelaire, Mallarmé, George, Trakl, Benn).

Statt des Symbols verwendet der moderne Lyriker häufig die **Chiffre**. In einem knappen Wort, einer konzentrierten Wendung, versucht er dem Wirklichkeitsverlust zu begegnen, denn die Wörter haben ihren überkommenen, selbstverständlichen Sinn verloren; Sprache und Wirklichkeit korrespondieren nicht mehr miteinander. So setzt der Autor Geheimzeichen (frz. chiffre: Geheimschrift), um mit ihnen eine neue Wirklichkeit zu konstituieren, gleichzeitig aber auch, um zu zeigen, dass diese Welt nicht leichtfertig zu verstehen ist. Der Leser ist deshalb gefordert, er muss durch einen kreativen Nachvollzug die Chiffren enträtseln. Wie schwierig dieser Prozess sein kann, zeigen die Gedichte von Trakl, Benn (vgl. *Ein Wort*) und Celan.

Der Autor, der seine Aussagen als Chiffren anbietet, wendet sich auch gegen eine billige Schreibweise, die, wie die Trivialliteratur, unbedacht verbrauchte Bilder verwendet. Solche platten Nachahmungen bezeichnet man als **Klischees**.

Feste Klischees sind **Topoi** (Sg. Topos), literarische Formeln und Gemeinplätze. Ihr Einsatz hängt von der Absicht des Autors ab, die Gefahr einer Schablonisierung und Entleerung ist aber stets gegeben.

Syntaktische Besonderheiten

Bei der gebundenen Rede im Gedicht greifen metrische und rhythmische Gestaltungsmittel in den Sprachfluss ein und wirken sich auch auf die syntaktische Struktur aus. Relativ häufig findet man folgende Figuren:

Der **Parallelismus** zeigt eine symmetrische Anordnung der Wörter in aufeinander folgenden Satzteilen und Sätzen bzw. Versen. Er ist oft mit einer **Anapher** verbunden und steigert die Ausdruckswirkung (Goethe: *Mailied*: „Wie glänzt die Sonne! / Wie lacht die Flur!"). Häufig wird er in Volksliedern verwendet.

Beim **Asyndeton** erhöht das Fehlen der verknüpfenden Konjunktionen die Eindringlichkeit der Aussage; der Sprachfluss wirkt schnell und abgehackt (Gryphius: *An einen unschuldig Leidenden*: „Ein Brandpfahl und ein Rad, Pech, Folter, Blei und Zangen / Strick, Messer, Hacken, Beil, ein Holzstoß und ein Schwert").

Das **Polysyndeton** intensiviert durch die Häufung der Bindewörter die Bewegung: „Und es wallet und siedet und brauset und zischt" (Schiller: *Der Taucher*).

Die **Inversion** verändert die natürliche Satzstellung und hebt damit betonende Teile hervor: „Am Fenster stand die Mutter / Im Bette lag der Sohn" (Heine: *Die Wallfahrt nach Kevlaar*).

Zur Betonung und Spannungserzeugung dienen **Parenthesen**, die den Redefluss durch eingeschobene Satzglieder sprengen: „Bedecke deinen Himmel, Zeus, / Mit Wolkendunst / Und übe, dem Knaben gleich, / Der Disteln köpft, / An Eichen dich und Bergeshöhn" (Goethe: *Prometheus*).

Besonders in modernen Gedichten findet man syntaktische Reduktionen in Form von Ellipsen und Aposiopesen.

Auf eine gesteigerte Expression zielt die **Ellipse**, bei der Satzglieder ausgespart werden: „Genazzano am Abend / Winterlich / Gläsernes Klappern / der Eselshufe / Steilauf die Bergstadt" (Kaschnitz: *Genazzano*).

Die **Aposiopese** bricht den Redefluss unvermittelt ab: „Den Teufel nicht an die Wand / Weil ich nicht an ihn glaube / Gott nicht gelobt / Aber wer bin ich daß" (Kaschnitz: *Nicht gesagt*). Hier muss der Leser das Verschwiegene erschließen und wird dadurch zum Mitschöpfer der Aussage.

Übersicht: Lyrische Sprache

Klang	Aussageintensivierung, Ausdruck von Stimmungen **Klangfiguren, Klanggestalt:** Formen • der Wiederholung • des Wortspiels • der Lautmalerei • des Reims **Reim:** Einteilung nach • Qualität: reine, unreine, dialektische, rührende Reime, Assonanz, Alliteration • Quantität: ein-, zwei-, dreisilbige Reime • Stellung: Anfangs-, Binnen-, End-, Kehrreim **Reimfolgen** nach der Stellung am Ende des Verses: • Paarreim (aabb) • Kreuzreim (abab) • umarmender Reim (abba) • Schweifreim (aabccb) **Klangfunktionen:** • Betonung • Verbindung • Gliederung • Stimmungserzeugung
Bildlichkeit	Formen der Umschreibung, des Vergleichs und der Übertragung sowie der symbolischen Vergegenwärtigung • Metapher • Synästhesie • Allegorie • Personifikation • Metonymie • Synekdoche • Vergleich • Symbol • Chiffre • Klischee
Syntaktische Besonderheiten	Metrische und rhythmische Gestaltungsmittel in ihrer Wirkung • Parallelismus • Anapher • Asyndeton • Polysyndeton • Inversion • Parenthese • Ellipse • Aposiopese

Aufgaben- und Gliederungsbeispiel

So könnte die Aufgabe lauten: „Interpretieren Sie das folgende Gedicht."

Gliederungsbeispiel:
- A Überblicksinformation
  (Angaben zu: Autor, Titel, Bauform, Thema, Epoche)
- B Interpretation
    - I. Beschreibung von Inhalt und Aufbau
    - II. Untersuchung der formalen und sprachlich-stilistischen Gestaltung
        1. Formale Gestaltung
           (Gedicht-, Strophenform; Vers: Metrik, Rhythmus, Versende)
        2. Sprache und Stil
           (Reim: Reimart, -stellung, -folgen;
           Klangfiguren und -funktionen;
           Bildlichkeit, Wortwahl und syntaktische Besonderheiten)
    - III. Deutung
        1. Position des lyrischen Ich
        2. Motivik
           (Untersuchung der im Text realisierten Motivaspekte;
           Gliederung nach deren Bedeutung)
        3. Epochenzuordnung
           (Bezug von Thema, Motivik, Weltbild zum kulturellen Umfeld)
- C Zusammenfassung; Thema / Motiv in vergleichendem Zusammenhang

Untersuchungsbereiche von Sachtexten und Essays

Als Beispiele für nichtpoetische Textsorten werden hier die kommentierenden Formen und die Rede genauer untersucht. Aufgrund seines ästhetisch-literarischen Anteils kommt dem Essay eine Sonderstellung zu.

Kommentierende Formen

Kommentierende Texte, zu denen Kommentar, Leitartikel, Glosse und Rezension gehören, nehmen zu aktuellen Themen subjektiv und meinungsbildend Stellung.

Kommentar, Leitartikel

Diese journalistischen Formen helfen dem Leser bei der **Meinungsbildung**, indem sie ihn zum Nachdenken anregen, Diskussionsargumente anbieten und den Standpunkt des Verfassers aufzeigen. Sie enthalten neben gesicherten Fakten auch Erläuterungen und Auslegungen. Ein meist aktuelles Geschehen wird vorgestellt, erklärt, problematisiert und beurteilt. Entsprechend fragt die Untersuchung nach
- der Zuverlässigkeit, Vollständigkeit und Bedeutung der angebotenen Fakten,
- ihrer Bewertung,
- Schlussfolgerungen und
- Appellen.

Kriterien sind die Übersichtlichkeit des Aufbaus und die Logik, Sachlichkeit und Treffsicherheit der Argumentation.

In der Regel besteht ein Kommentar aus vier Teilen:
- Er beginnt meist mit einem **einleitenden Satz**, dessen ungewöhnlicher, zugespitzter oder provokativer Inhalt zum Weiterlesen auffordert und bereits den Leitgedanken enthält, der sich wie ein roter Faden durch den gesamten Text zieht. Es folgt
- der **erste Abschnitt des Hauptteils** mit der Beschreibung des Themas.
- Der **zweite Abschnitt** bietet die Argumentationsreihe:
Das Thema ist in Einzelbereiche segmentiert, die steigernd der Argumentationsstruktur (These, Beleg, Beispiel) folgen. Dabei werden einzelne Aspekte erläutert, unterschiedliche Standpunkte auf Stärken und Schwächen untersucht, das Pro und Kontra wird abgewogen und die eigene Meinung stichhaltig und prägnant angeboten. (Vgl. zur Argumentation S. 22 f., 135–139.)
- Der **Schlussteil** bringt die eigene Meinung noch einmal dezidiert zum Ausdruck. Folgerungen werden aufgelistet und Handlungsmöglichkeiten angeboten. Gestattet eine komplexe Sachlage noch kein abschließendes Urteil, verweist der Kommentar auf kommende Entwicklungen und facht die Neugier des Rezipienten an. Der Schlusssatz kann pointiert auf den Einleitungsgedanken zurückgreifen.

Der Leitartikel, in dem sich die Redaktion an exponierter Stelle einer Zeitung oder Zeitschrift präsentiert, folgt den gleichen Aufbaukriterien.

Glosse

Sie liefert eine **pointierte Kommentierung**. Folgende Merkmale bestimmen diese Textsorte und sollten bei der Untersuchung beachtet werden:
- geringer Umfang,
- Konzentration auf einen Aspekt des Tagesgeschehens,
- wirkungsbedachte, zugespitzte, bewusst einseitige Argumentation (emotionale Wertung und angreifende Subjektivität statt Sachlichkeit, Logik und kritischer Distanz),
- Schlusspointe und
- geistreich gewitzter, zwischen Spott, Ironie und Polemik angesiedelter Stil.

Die Glosse *Das Streiflicht* – seit 1946 täglich oben links auf der ersten Seite der *Süddeutschen Zeitung*.

Rezension

Buch-, Film- und Theaterrezensionen bieten im Massenangebot des literarischen Marktes die **Möglichkeit rascher Orientierung**. Die Untersuchungs- und Beurteilungskriterien ergeben sich aus den Erwartungen der Öffentlichkeit.

Aufgaben einer literarischen Kritik
Rezensionen erfüllen verschiedene Aufgaben; zu den wichtigsten gehören:

Beschreibung des Gegenstandes: Wichtig erscheinen Informationen
- bei einer Buchrezension: Autor, Titel, Verlag, Erscheinungsort und -jahr, Preis und Inhalt;
- bei einer Filmkritik: Titel, Regisseur, Schauspieler, ggf. literarische Vorlage, Produzent, Produktionskosten, Inhalt;
- bei einer Theaterrezension: Autor, Titel, Regisseur, Schauspieler, Ort und Zeit der Aufführung, Requisiten, ggf. Resonanz des Publikums.

Herstellung von Zusammenhängen; Vergleiche: Der Rezensent soll bzw. kann
- autobiografische Bezüge aufzeigen,
- Hinweise geben über die Stellung des Werks innerhalb des Gesamtwerks von Autor oder Regisseur und der zeitgenössischen Produktion und
- unterrichten über andere Bearbeitungen des gleichen Stoffs bzw. Themas.

Meinungsäußerung: Der Rezensent hat eine vermittelnde Funktion. Er muss über Sachwissen verfügen und die Interessen der Rezipienten kennen. Damit ist er in der Lage, die gegebenen Fakten
- im Hinblick auf künstlerische Qualität und gesellschaftliche Relevanz zu überprüfen, zu bewerten und zu beurteilen, und zwar
- in einer sachgemäßen, klaren, anschaulichen und nachvollziehbaren Argumentation, die
- positive wie negative Gesichtspunkte herausstellt und ggf. mit Verbesserungsvorschlägen verbindet.

Orientierungshilfe: Das Urteil des Rezensenten soll,
- ggf. verstärkt durch eine ausgesprochene Empfehlung, die Entscheidungsfindung der Rezipienten erleichtern.
- Keineswegs darf der Kritiker das in ihn gesetzte Vertrauen dadurch missbrauchen, dass er in manipulatorischer Absicht der Öffentlichkeit die eigene Meinung aufzuzwingen versucht.

Förderung: Der Rezensent beeinflusst den Kulturbetrieb der Gegenwart.
- Das positive Urteil renommierter Kritiker kann junge Talente in der Öffentlichkeit bekannt machen und sie zu weiterer Produktion ermutigen.
- Die Stimmen bedeutender Kritiker haben Gewicht. Besonders in der urteilsunsicheren Zeit der Gegenwart kommt ihnen bei der Entwicklung des kulturellen Lebens entscheidende Verantwortung zu.

Schwierigkeiten
Die Kritik der Gegenwart setzt sich mit folgenden Problemen auseinander:

Der „Zeitgeist" spiegelt sich wider
- im Fehlen verbindlicher Normen, im Wertepluralismus und Werteverfall,
- in einer schnelllebigen Zeit, in der der Einzelne nur schwer zur notwendigen Stille und Muße findet,
- in einer Reizüberflutung, die geistige Abstumpfung bewirkt und die notwendige Sensibilität und Fantasie einschränkt,
- in einer nutzen- und technikorientierten geistigen Einstellung, die der Kunst nur ein Schattendasein gestattet,
- in der Diktatur kurzlebiger Moden und
- einer ökonomisch bedingten Massenproduktion (Buch als Ware).

Die Aussagen und Urteile des **Kritikers** können beeinflusst sein von
- der verfügbaren Arbeitszeit,
- dem bereitgestellten Raum in Zeitungen, der zugewiesenen Sendezeit,
- der Meinung des Arbeitgebers,
- finanziellen Erwägungen (flüchtiges Arbeiten durch Zwang zur Quantität),
- subjektiven Wertungskriterien (vgl. „Lieblingsautoren"), die sich bis zur Verabsolutierung der eigenen Meinung steigern können,
- falschem Ehrgeiz (Verkennen der Aufgabe, Vertrauensmissbrauch der Rezipienten, Konkurrenzverhalten gegenüber Kollegen, Profilierungssucht).

Zeitgenössische Kunst kann verunsichern durch
- die schwierige Einordnung des Neuen in einen histor. Zusammenhang,
- ihre Vieldeutigkeit und Komplexität und
- ihren fragmentarischen Charakter.

Der **Rezipient** kann
- durch Massenangebot und Wertekrise verunsichert sein,
- dadurch anfällig für Sensationen, Moden und Manipulation werden und
- aufgrund der Abhängigkeit vom „Zeitgeist" die Bedeutung der Kunst verkennen.

Rede

Die Rede ist ein zum mündlichen Gebrauch bestimmter Text. Während beim wissenschaftlichen Vortrag Information und Sachargumente im Vordergrund stehen, will die Rede **Zuhörerverhalten beeinflussen, Einstellungen bestätigen oder verändern**. Bereits von der Antike überlieferte Redeformen sind die Gerichtsrede, die politische Rede, die Preisrede und die religiöse Rede.

Aufbau einer Rede

In der Regel ist eine Rede gegliedert in
- Einleitung (Hinführung zum Thema, Motivieren der Zuhörer),
- Hauptteil (argumentative Darstellung vergangener oder gegenwärtiger Ereignisse bzw. Situationen; Sicherung der eigenen Behauptungen, Verwerfen von Gegenmeinungen) und
- Schluss (Zusammenfassung, Appell).

Analyse einer Rede

Die Redeanalyse nennt **einleitend** den Redner, den Redeanlass, das Thema, den Ort und die Zuhörer.

Der **Hauptteil** beantwortet die Frage, wie der Redner seine Absicht zu überzeugen bzw. zu überreden durchsetzt. Dazu können bereits im Vorfeld die Position des Redners (gesellschaftliche Stellung, Gruppenzugehörigkeit) und die Situation der Zuhörer (Aufnahmebereitschaft, Redner- und Themabezug, situative Gegebenheiten) überprüft werden.

Untersuchungskriterien bei Aufbau, Inhalt und Argumentationsgang sind gedankliche Schlüssigkeit, Übersichtlichkeit und Anschaulichkeit.

Die Argumentationsweise verrät die Art und die Schwerpunkte des taktischen Vorgehens: die Anteile an Information, Belehrung, Überzeugung, Überredung, Manipulation. Diese Strategie, die mit Mitteln wie Aufwertung der eigenen Seite, Abwertung des Gegners, Beschwichtigen, Trivialisieren, Emotionalisieren, Verschweigen, Verzerren, Provozieren und Diffamieren arbeitet, lässt sich besonders aus den eingesetzten rhetorischen Mitteln erschließen. Der Sprachuntersuchung muss deshalb eingehende Aufmerksamkeit gewidmet werden.

Der **Schluss** kann auf die mögliche Wirkung der Rede eingehen.

Beispiel für den Beginn einer Redeanalyse (Überblicksinformation, Aufbau):

Aus Anlass des [**Redeanlass**, Ereignis] hielt [**Name** des Redners] am [**Datum**] in [**Ort**] eine Rede vor [**Zuhörer**], die [**Thema**] zum Thema hatte. Die gesellschaftliche Position des [Berufsbezeichnung des Redners], der historische Ort und eine aufmerksame Zuhörerschaft, die vorwiegend aus [Angabe der Zugehörigkeit] bestand, gaben der Feier einen würdigen Rahmen.

[Name des Redners] **baut** seine Rede im Wesentlichen übersichtlich und folgerichtig **auf**. **Einleitend** nimmt er Ort und Datum zum Anlass, seinen Vortrag zu begründen. Er motiviert seine Zuhörer mit dem Hinweis auf ihre besondere Situation und ihre Verantwortung als [Berufsbezeichnung] sowie einem Dank für ihr bisheriges Engagement.

Im **Hauptteil** beschreibt er **zunächst** die aktuelle Lage unter beständigem Vergleich mit der historischen Situation (Z....). **Im zweiten Abschnitt** untersucht er die Leistungen der gegenwärtigen Machtträger (Z. ...). **Es folgt** der Entwurf einer Zukunftsperspektive (Z....). Dieser Entwicklung hält er **anschließend** die Möglichkeiten eines Führungswechsels entgegen (Z....). [Name] **beendet** seine Ausführungen mit einem Aufruf zur Solidarität und einem Schlussappell.

Der **Argumentationsgang** wird bestimmt durch [...]

Essay

Der Essay nimmt als ein kurzer, aus persönlicher Sicht verfasster Prosatext eine Sonderstellung zwischen journalistischen und literarischen Darstellungsformen ein. In ihm wendet sich der Autor gleichsam an einen fiktiven Partner und betrachtet dabei ein bestimmtes Thema von verschiedenen Seiten in assoziativer, oft unsystematischer Gedankenführung.

Häufige Gestaltungsmittel sind: Perspektivenwechsel, Abschweifungen, variationsreiches Umkreisen, Widersprüchliches und Provokatives. Neben der **Subjektivität** ist das **geistig und stilistisch anspruchsvolle Niveau** für die Gattung kennzeichnend. Die Schlussfolgerung aus den angebotenen unterschiedlichen Denkvarianten wird dem Leser überlassen. Er soll zum Weiterdenken angeregt werden.

Analyse eines Essays

Bei der Untersuchung ist der Blick vor allem auf drei Bereiche zu richten. Sie hängen mit der besonderen Form dieser Textart zusammen:

- Zunächst wird man nach dem **Thema**, dem subjektiven **Blickwinkel des Autors** und der angestrebten **Absicht** fragen. Da es sich oft um einen anspruchsvollen, komplexen Gegenstand handelt, interessiert es, von welchen Seiten dieser dem Leser nahe gebracht wird.
- Der Essay gehört zu den meinungsbetonten Formen. Deshalb wird man zweitens die Aufmerksamkeit auf die **Argumentationsstruktur** (Thesen, Argumente, Beispiele, Folgerungen) lenken und festhalten, wo die Assoziationen des Verfassers zu Gedankensprüngen, Widersprüchen und persönlichen Wertungen geführt haben.
- Schließlich verlangt der ästhetisch-literarische Anteil dieser Stilform eine präzise **Sprachanalyse**: Wo finden sich sachlich-argumentative, rhetorisch-appellative, ironisch-pointierte, poetische oder gar abgehoben unverständliche Stellen?

Übersicht: Kommentierende Formen, Rede und Essay

Kommentar, Leitartikel	• Orientierungshilfe; subjektive und meinungsbildende Stellungnahme
	• Analyse:
	  – Einleitung: Leserbezogenheit; Leitgedanke
	  – Hauptteil: Darstellung des Themas (Vollständigkeit der Information); Argumentationsreihe (Schlüssigkeit, Art der Bewertung)
	  – Schluss: Folgerungen, Appell

Glosse	• Pointierte Kommentierung eines aktuellen Themas • Analyse: entsprechend einer Argumentation unter besonderer Berücksichtigung der Sprache

Rezension	• Orientierungshilfe im Massenangebot des literarischen Marktes
	• Bei der Analyse der Argumentation helfen folgende Fragen:
	  – Welche Informationen werden zum Gegenstand geliefert?
	  – Wird der Gegenstand in übergeordnete Zusammenhänge gebracht (Biografie, Gesamtwerk, Stofftradition und -bearbeitung)?
	  – Werden klare und nachvollziehbare Standpunkte vertreten, positive und negative Aspekte gegenübergestellt und so Orientierungshilfen angeboten?
	  – Will der Autor überzeugen oder manipulieren, der Sache gerecht werden oder sich selbst profilieren?
	• Probleme haben ihre Ursachen
	  – im Zeitgeist (Wertepluralismus, Normverfall, Schnelllebigkeit),
	  – beim Kritiker (Abhängigkeiten, Ehrgeiz),
	  – der zeitgenössischen Kunst (Vieldeutigkeit) und
	  – beim Rezipienten (Sensationsanfälligkeit).

Rede	• Gebrauchstext zur Beeinflussung von Zuhörern
	• Analyse:
	  – Einleitung: Überblicksinformation (Redner, Anlass, Ort, Zeit, Zuhörer)
	  – Hauptteil: Aufbau, Inhalt und Argumentationsgang mit Folgerungen und Appellen, Argumentationsweise, Funktion der rhetorischen Mittel (Aufwertung, Abwertung, Vereinfachen, Emotionalisieren, Verschweigen, Verzerren, Provozieren, Diffamieren)
	  – Schluss: Zusammenfassung, Wirkung der Rede

Essay	• kurzer, subjektiv gestalteter Prosatext, in dem in geschliffener sprachlicher Form ein Thema von verschiedenen Seiten kritisch betrachtet wird
	• Analyse:
	  – Thema, Perspektive, Intention, Betrachtungsansätze
	  – Argumentationsstruktur, Assoziationen, Gedankensprünge, Widersprüche
	  – Niveau der sprachlich-stilistischen Gestaltung

Die Erörterung

Formen

Erörtern heißt sich schriftlich mit einem Sachthema **(Sacherörterung)** oder Problem **(Problemerörterung)** in klarer gedanklicher Struktur sowie in überzeugender und einsichtiger Weise auseinanderzusetzen und eine sachgerechte Lösung zu suchen.

Eine wichtige Form argumentativen Schreibens ist die **literarische Erörterung**. Hier haben die Schüler Gegenstände und Probleme aus der Literatur, im erweiterten Sinne aus Literaturtheorie und Sprachbetrachtung, zu bearbeiten. Grundlage kann ein vorgegebener Text oder Textauszug sein (Erörterung anhand eines Textes). Daneben gibt es aber auch Aufgabenstellungen, die auf Textvorlagen verzichten und es dem Schüler freistellen, selbstständig Textbeispiele aufzugreifen oder den Problemgehalt textunabhängig zu erörtern.

Unsere komplexe, pluralistische Welt fordert von jedem Einzelnen Urteilsvermögen, Verantwortungsbewusstsein, Engagement und die angemessene Vertretung eigener Standpunkte. Nur so kann es gelingen, der Gegenwart verständnisvoll sowie kreativ gestaltend zu begegnen und Zukunft sinnvoll zu entwerfen. Diese Fähigkeiten versucht die allgemeine Sach- und Problemerörterung zu schulen.

Eine andere Akzentuierung setzt die literarische Erörterung. Hier gilt es, sich mit der spezifischen Wirklichkeit der literarischen Kunst zu beschäftigen. Die Leistung des Schülers besteht darin, ihre Eigengesetzlichkeit zu erkennen, diese in umfassendere Zusammenhänge zu stellen (z. B. zur Biografie des Autors, zu epochalen Bestimmungsfaktoren, wie sozialen, wirtschaftlichen und politischen Gegebenheiten, weltanschaulich-philosophischen Strömungen und ästhetisch-poetologischen Vorstellungen) und sich kritisch mit den dargestellten Werten und Lebensmodellen auseinander zu setzen.

Die Stoffgrundlage zeigt die Verwandtschaft der literarischen Erörterung mit der Interpretation. Während die literarische Erörterung stärker auf die Auseinandersetzung mit einem thematischen Teilbereich zielt, tendiert die Interpretation mehr zu einer stimmigen Gesamtdeutung des Textes.

Die Erörterung beschränkt sich deshalb nicht auf Literatur und Sprache, vielmehr hat sie Themen und Probleme aufzugreifen, die den Menschen existenziell berühren. Dazu gehören die Bereiche: Mensch und Natur, Technik, Kultur, Gesellschaft.

Arbeitsschritte

Erfassen der Aufgabenstellung

Es gibt verschiedene Formen der Aufgabenstellung: den Auftrag, die Sachfrage, die Entscheidungsfrage und die Wertfrage.

Bei **Erörterungen mit Textvorlage** verlangt der **Auftrag** eine vorausgehende Auseinandersetzung mit dem Textinhalt.

Beispiele:
- „Untersuchen Sie den Text im Hinblick auf [...]"
- „Erläutern Sie die im Text vorkommenden Begriffe aus der Sicht des Verfassers [...] und erörtern Sie anschließend [...]"
- „Erörtern Sie die Aussagen [...] und nehmen Sie Stellung zu den aufgezeigten Problemen."

Bei **Erörterungen ohne Textvorlage** kann der **Auftrag** einer These folgen oder sich an ein Zitat anschließen:

Beispiele:
- „In vielen Werken sind seit jeher Liebe und Tod eng miteinander verknüpft. Erarbeiten Sie Unterschiede in der inhaltlichen und formalen Gestaltung dieser Thematik anhand mindestens zweier geeigneter Beispiele, und gehen Sie dabei auch auf zeit- und literaturgeschichtliche Aspekte ein."
- „‚Sprache ist Macht.' Erörtern Sie anhand geeigneter Beispiele, auch aus der Literatur, in welchen Bereichen und auf welche Weise sich durch Sprache Macht und Einfluss entfalten können."
- „‚Die Sprache ist die Quelle aller Missverständnisse', heißt es in Saint-Exupérys Erzählung *Der kleine Prinz*. Setzen Sie sich unter Einbeziehung sprachtheoretischer Überlegungen mit dieser These auseinander."

Die **Sachfrage** kann ohne tiefer gehendes Wissen zum Thema nicht bearbeitet werden.

Beispiel:
- „[...] und untersuchen Sie dabei ausführlich die Ursachen, die zu einer Dialekt-Renaissance geführt haben."

Manche Arbeitsaufträge implizieren **Entscheidungsfragen**.

Beispiele:
- „Ist die moderne Genforschung zu befürworten?"
- „Sollen die musischen Fächer stärker gefördert werden?"

Arbeitsaufträge können **Wertfragen** enthalten. Hier ist eine Stellungnahme mit persönlicher Meinung gefordert, die freilich, wie grundsätzlich bei Erörterungen, durch stichhaltige Argumente abgesichert werden muss.

Beispiele:
- „Welche Bedeutung kommt Ihrer Meinung nach [...] zu?"
- „Geben Sie eine Einschätzung der gegenwärtigen Situation aus Ihrer Sicht."

Erschließen des Themas

Das Erfassen des Themas lässt oft bereits die Richtung erkennen, in die die Gliederung zielen wird. So kann der Arbeitsauftrag Ansatzpunkte zu einer Strukturierung enthalten (z. B. inhaltliche und formale Gesichtspunkte; Bereiche, die zur Erhellung des Themas notwendig sind; Pro und Kontra). Zentrale Begriffe, sog. **Schlüsselbegriffe**, verlangen häufig eine Definition, Erläuterung, Funktionsdarstellung oder Gliederung nach Erscheinungsformen oder (Lebens-)Bereichen.

Themen, die eine Auseinandersetzung fordern, sind dialektischer Natur und zielen nach der Darstellung von Pro und Kontra auf eine Entscheidung und Wertung. Mitunter helfen hier Fragen nach Gegensätzen weiter: Vorteile – Nachteile; Nutzen – Schaden. Angesprochene Probleme lassen sich erörternd bewältigen, wenn man sie beschreibt, ihre Ursachen analysiert, ihre Wirkungen abschätzt und Lösungsmöglichkeiten anbietet.

Bei literarischen Themen ist genaue Textkenntnis Voraussetzung. Hier bieten verdichtete Kernstellen im Handlungs- und Geschehensablauf Ansätze für eine Strukturierung.

Schließt sich die Erörterung an einen nichtpoetischen Text an, so zielt die Aufgabenstellung oft auf eine Auseinandersetzung mit den im Text vertretenen Thesen und Meinungen. Damit ist das methodische Vorgehen vorgegeben:
a) Feststellen von Thesen und Argumenten,
b) Überprüfen ihrer thematischen Relevanz, Folgerichtigkeit, Stichhaltigkeit und kommunikativen Wirkung,
c) eigene Stellungnahme mit argumentativer Absicherung.

Die einfachste Methode, ein Thema zu erschließen, sind die durch alle Jahrgangsstufen bekannten sog. W-Fragen: **Was, Wer, Wo, Wann, Warum, Wie?** In modifizierter und differenzierter Form haben sie auch für das Abitur, ja für jede wissenschaftliche Forschung Bedeutung, denn sie zielen in ihrer Gesamtheit auf Geschlossenheit und besitzen letztlich eine existenzielle Dimension. Etwas überspitzt lässt sich behaupten, dass sie geradezu die Kernfragen des menschlichen Denkens darstellen. Freilich wird man nicht immer treffende Antworten finden. Aber der Mut, zu fragen und Antworten zu suchen, liegt im Wesen des Menschen begründet.

Stoffsammlung

Am Ende der Erschließung steht die Formulierung der These(n) fest. Auch eine Grobgliederung ist häufig bereits erkennbar. Die folgende Stoffsammlung und -ordnung erfolgt in drei Schritten:

1. Schritt:
Sachliche Fakten, Argumente, mögliche Gegenargumente, Zitate und Beispiele werden mithilfe relevanter Fragen **gesammelt**. Es ist zweckmäßig, diese in fortlaufender Nummerierung untereinander zu schreiben.

2. Schritt:
Es erfolgt eine **Zusammenfassung nach sachlichen Entsprechungen**. Dabei ist es sinnvoll, auf ein in etwa ausgewogenes Verhältnis der einzelnen Sachgruppen zu achten.

3. Schritt:
Die zusammengestellten Stichpunkte erhalten **Oberpunkte**. Diese werden anschließend **steigernd gegliedert**. Dabei helfen folgende Fragen:
- Welches Ziel soll angestrebt werden?
- Wie kann der Leser unter Spannung gehalten werden?
- Entwickelt sich der Gedankengang in logischer Folge?
- Sind bei der Segmentierung des Weges bereits bekannte Steigerungsmöglichkeiten anwendbar (vom Allgemeinen zum Besonderen, vom Einfachen zum Schwierigen, vom Bekannten zum Unbekannten, vom Äußeren zum Inneren)?

Lassen sich Stichpunkte nicht einordnen, so kann dies an ihrer Themenfremdheit oder der Enge der Oberpunkte liegen.

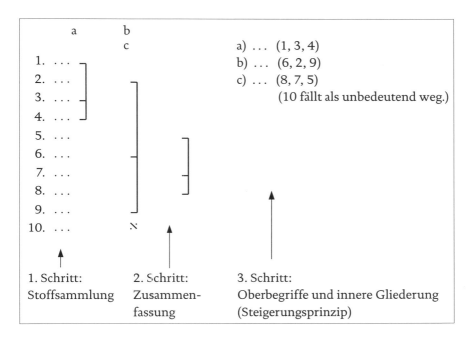

Gliederung

Aus den geordneten Stoffteilen ergibt sich die Gliederung. Sie bietet einen ersten, übersichtlichen Einblick in die Bewältigung des Themas und erleichtert später dem Leser die Orientierung. Zwei Gliederungssysteme sind möglich:

Buchstaben-Ziffern-Gliederung		Dezimalgliederung	
A	[Einleitung]	1	[Einleitung]
B	[Hauptteil]	2	[Hauptteil]
I.		2.1	
1.		2.1.1	
a)		2.1.1.1	
b)		2.1.1.2	
2.		2.1.2	
a)		2.1.2.1	
b)		2.1.2.2	
II.		2.2	
⋮		⋮	
C	[Schluss]	3	[Schluss]

Die Buchstaben-Ziffern-Gliederung ist in den meisten Fällen übersichtlicher.

Beispiel:

Thema: „In vielen Werken der Literatur sind seit jeher Liebe und Tod eng miteinander verknüpft. Erarbeiten Sie Unterschiede in der inhaltlichen und formalen Gestaltung dieser Thematik anhand mindestens zweier geeigneter Beispiele, und gehen Sie dabei auch auf zeit- und literaturgeschichtliche Aspekte ein."

Gliederung:

A Hinweis auf geeignete Beispiele und Auswahl

B Unterschiede in der inhaltlichen und formalen Thematik unter Berücksichtigung zeit- und literaturgeschichtlicher Aspekte

    I. Goethe: *Die Leiden des jungen Werther*
       1. Inhaltliche Gestaltung der Thematik
          a) Das Erlebnis der Natur als befreiendes und auf die Liebe vorbereitendes Element
          b) Begegnung mit Lotte; Lotte als idealisierte Figur; Liebe als bereicherndes Element
          c) Werthers steigender Konflikt; Liebe als Problem
          d) Werthers Flucht; die Vergeblichkeit, sich der Liebe zu entziehen
          e) Liebe als Qual; Werthers Scheitern
       2. Formale Gestaltung des Themas
          a) Unterschiede der beiden Fassungen; die Wirkung des Briefromans und der Ich-Form
          b) Raumgestaltung: Natur als Strukturelement und Stimmungsraum
          c) Die sprachliche Form als Spiegelung von W.s Empfindungen
       3. Zeit- und literaturgeschichtliche Aspekte
          a) Autobiografische Bezüge
          b) Zeitbezüge: Elemente des Sturm und Drang
    II. Th. Mann: *Der Tod in Venedig*
       1. Inhaltliche Gestaltung des Themas
          a) Aschenbachs Bekenntnis zu Wille und Form; Reiselust als vorbereitendes Element
          b) Die Reise nach Venedig; Begegnung mit Tadzio; Eros: die apollinische Phase der Liebe
          c) Die Negation des Gefährlichen; Verlust von Tugend und Würde: die dionysische Phase der Liebe

2. Formale Gestaltung des Themas
      a) Die Komposition der Novelle als Mittel der Verdichtung und zwingenden Konsequenz
      b) Leitmotive als formale Verknüpfungs- und Symbolfunktion
      c) Raumgestaltung: die Ambivalenz Venedigs; die Stadt als Handlungsrahmen und Stimmungsraum
      d) Die sprachliche Form als Spiegelung der Veränderung Aschenbachs und als Distanzierungsmöglichkeit für den Autor
   3. Zeit- und literaturgeschichtliche Aspekte
      a) Autobiografische Bezüge
      b) Zeitbezüge: Elemente des Symbolismus
  III. Zusammenfassung: Unterschiede im Vergleich
   1. Zeitbezug: unterschiedliche epochale Schwerpunkte
   2. Biografisches: unterschiedliche Motivationen
   3. Inhalt: Unterschiede in Inhalt und Problematik
   4. Form: unterschiedliche Autorintentionen
C Zur Bedeutung der Thematik

Auch bei der **dialektischen Erörterung** sind zwei Formen möglich:

Aufbau nach Pro und Contra	*Aufbau nach Sachgesichtspunkten*
A [Einleitung]	A [Einleitung]
B [Hauptteil]	B [Hauptteil]
I. [These]	I. [Sachgesichtspunkt 1]
1. [Argument]	1. [Pro]
2. [Argument]	2. [Contra]
II. [Antithese]	II. [Sachgesichtspunkt 2]
1. [Argument]	1. [Pro]
2. [Argument]	2. [Contra]
III. [Wertung, Urteil bzw. Lösung]	III. [Wertung, Urteil bzw. Lösung]
C [Schluss]	C [Schluss]

Der Aufbau nach Sachgesichtspunkten ist eleganter, aber schwieriger. Beim oben dargestellten Gliederungsbeispiel wurde prinzipiell dem dialektischen Aufbau nach der ersten Möglichkeit gefolgt: I. untersucht den ersten Text, II. den zweiten Text, III. bietet den Vergleich nach Sachgesichtspunkten.

Eine **textgebundene Erörterung** gliedert sich meist in zwei Hauptteile, die sich aus der Themenstellung ergeben.

Beispiele:
- „Analysieren Sie den folgenden Text und erörtern Sie anschließend unter Berücksichtigung Ihrer Ergebnisse die These des Verfassers […]"
- „Analysieren Sie den folgenden Text unter besonderer Berücksichtigung der argumentativen Gestaltung. Erörtern Sie anschließend, inwieweit die These […] heute noch Geltung besitzt."

Gliederung:

A Überblicksinformation; Vorgehensweise

B Analyse und Erörterung

   I. Analyse des Textes
      1. Inhalt und Aufbau (Gedankengang, Argumentationsgang)
      2. Argumentationsweise [sachliche Darstellung; keine Wertungen!]
      3. Sprache und Stil
      4. Intention des Verfassers

   II. Erörterung der These […]
      1. Formulieren der These
      2. Überprüfen der Argumentation auf Vollständigkeit, Sachangemessenheit, Übersichtlichkeit, Logik, Anschaulichkeit, Nachvollziehbarkeit
      3. Beurteilung (entweder Bestätigung der These des Verfassers und Absicherung der Argumentation durch eigene Beweggründe oder Ablehnung mit Formulieren einer Gegenthese, Gegenargumenten und Folgerungen)

C Zusammenfassung

Bei eindeutiger Ablehnung kann II. auch dialektisch strukturiert werden in:
- Die Meinung des Verfassers,
- Gegenmeinung,
- Beurteilung (Synthese),
- Folgerung.

Manche Arbeitsaufträge binden die Erörterung an die in der Analyse gefundenen Ergebnisse, d. h. die Textuntersuchung wird besonders die Bereiche in den Mittelpunkt stellen, die als Grundlage der Erörterung dienen.

Ausarbeitung

Die Einleitung

Die Einleitung verfolgt zwei Ziele: zum einen die **Hinführung zum Thema**, dessen Bearbeitung dem Hauptteil vorbehalten bleibt, und zum anderen die **Motivation des Lesers**. Dies lässt sich mit verschiedenen Möglichkeiten erreichen. Geeignet erscheinen:
- der Hinweis auf persönliche Erfahrungen,
- Herstellen aktueller Bezüge,
- das Ausgehen vom Gegenteil,
- die Darstellung und Rechtfertigung des methodischen Vorgehens (falls nicht in der Aufgabenstellung bereits vorgegeben) und
- bei literarischen Themen die Begründung des ausgewählten Materials oder
- die Einordnung von Texten, Stoffen, Themen, Motiven in größere Zusammenhänge.

Der Hauptteil; Hinweise zur Argumentation

Bei einer Argumentation gilt es folgende Aspekte zu beachten:

Eine **These** ist eine strittige Behauptung. Sie bedarf einer Begründung, d. h. sie kann erst akzeptiert werden, wenn sie von einer Reihe folgerichtiger Aussagen gestützt wird. Solche Aussagen nennt man Argumente.

Argumente sind wichtigster Bestandteil der Logik als der Lehre vom folgerichtigen und überprüfbaren Argumentieren. Ein Argument besteht aus einer Reihe miteinander verbundener Aussagen. Diese gliedern sich in **Prämissen**, die Tatbestände nennen und Gründe für die Schlussfolgerung **(Konklusion)** angeben (eine Schlussform der klassischen Logik ist der Syllogismus, bei dem die Schlussfolgerung auf zwei Prämissen folgt). Ziel ist die Bestätigung der These. Um den theoretisch-abstrakten Ausführungen eine größere Wirkung zu verleihen, müssen konkretisierende Beispiele angeboten werden.

Beispiel:
> Hauptthese: Die Sprache ist eine „Quelle von Missverständnissen".
> Unterthese: Die sprachliche Entwicklung ist eine Ursache von Missverständnissen.
> 1. Prämisse: Die Sprache spiegelt die Gegebenheiten der jeweiligen Zeit.
> 2. Prämisse: Die Gegebenheiten verändern sich im historischen Prozess.
> 1. Schlussfolgerung (Konklusion): Die Sprache verändert sich im historischen Prozess.

2. Schlussfolgerung: Da sich Sprache im historischen Prozess verändert, führt eine Nichtbeachtung des Sprachwandels bei älteren Texten zu Missverständnissen.
Konkretisierendes Beispiel: Mhd. „arebeit" bedeutete in der Zeit des höfischen Mittelalters „Mühsal", „Not", und unter „hohgezît" verstand man „Fest", „Festlichkeit".

Ausführung (1. Möglichkeit):

Die Sprache spiegelt die Gegebenheiten der jeweiligen Zeit. So wie sich diese im historischen Prozess verändern, wandelt sich auch die Sprache. Deshalb löst eine Nichtbeachtung der jeweiligen Epoche Missverständnisse aus. Übersetzt man beispielsweise das mhd. ‚arebeit' mit ‚Arbeit' und ‚hochgezîten' mit ‚Hochzeiten', ergibt dies einen völlig falschen Sinn.

Bei der Bearbeitung des Themas wurde folgender Text angeboten (2. Möglichkeit):

Der fortwährende Sprachwandel, ein Echo auf die soziokulturellen Veränderungen der Zeit, schlägt sich nicht nur im Wortschatz, der Aussprache, der Schreibweise und der Grammatik nieder, sondern auch in der Bedeutung. Wenn im Nibelungenlied von ‚arebeit' und ‚hohgezîten' die Rede ist, dürfen wir dies nicht mit ‚Arbeit' und ‚Hochzeiten' übertragen, [wir müssen dies] vielmehr mit ‚Mühsal' und ‚Festen' übersetzen, andernfalls würde der Text einen völlig falschen Sinn ergeben.

Diesem Argumentationsmuster liegt folgende, einfache Struktur zugrunde:
These: „So ist etwas" (strittig).
Argumentation: „Etwas ist *so*" (Prämissen; Tatsachen); *weil* das so ist, *folgt* … (Konklusion); *wie* sich … zeigt (Beispiel).

Ein bekanntes Argumentationsmuster, das vor allem in der Rede verwendet wird, ist der sog. **„Fünfsatz"**. Seine Leistung besteht in der klaren Gliederung und der Konzentration auf wenige Sätze.

Beispiel:

Die allgemeine Erfahrung lehrt […] (1) Dagegen kann man erstens einwenden […] (2) Zweitens spricht dagegen […] (3) Damit wird klar […] (4) Folglich […] (5)

Bei der Argumentation gibt es zwei grundlegende Darstellungstypen: das induktive und das deduktive Argumentieren.

Beim **deduktiven Argumentieren** kommt man vom Allgemeinen zum Besonderen, von einer generellen Aussage zum Einzelfall.

Beispiel:
> Grundsätzlich wird die Meinung vertreten [...] Dies lässt sich in der Praxis bestätigen. So zeigt der Fall des [...: 1. Beispiel] und auch das besondere Schicksal des [...] bestätigt [...: 2. Beispiel]

Die **induktive Argumentation** führt umgekehrt von der Beobachtung der Einzelfälle zum Allgemeinen, aus vielen besonderen Beobachtungen wird auf Gesetzmäßigkeiten geschlossen.

Beispiel:
> In mhd. Texten begegnen wir Wörtern wie ‚arebeit' [konkretes Beispiel]. Im Nibelungenlied hat es die Bedeutung ‚schwere körperliche und mühselige Tätigkeit'. Bereits in der spätmittelalterlichen Mystik, dann durch die Vorstellungen Luthers und vor allem durch die pragmatischen Vorstellungen Calvins, verlor der Begriff seine negative Konnotation. Die heutige Bedeutung ‚zweckmäßige Tätigkeit', ‚berufliches Beschäftigtsein' korrespondiert nicht mehr mit den mittelalterlichen Vorstellungen. Diesen Bedeutungswandel kann man mit vielen Beispielen belegen. Sie zeigen, dass Sprache von den jeweiligen soziokulturellen Gegebenheiten der Zeit abhängig ist. Deshalb kann das Nichtbeachten solcher sprachlicher Entwicklungen Ursache von Missverständnissen werden [Konklusion].

Diese beiden Formen haben eine lange historische Tradition. Geradezu personifiziert erscheinen sie in Platon und Aristoteles. Platon ging von der Idee (also dem Allgemeinen, Abstrakten: deduktive Methode) aus; Aristoteles begründete seine Vorstellungen in umgekehrter Weise: Er beobachtete die Einzelphänomene, bemerkte Entsprechungen und leitete daraus Gesetze ab (Methode: Schlussfolgerung von übereinstimmenden Einzelphänomenen zum allgemeinen Gesetz. Dies ist eigentlich das normale wissenschaftliche Vorgehen. Man untersucht eine Menge natürlicher Vorgänge, stellt Gemeinsamkeiten fest und leitet daraus Gesetzmäßigkeiten ab. Deshalb bezeichnet man Aristoteles auch als den ersten Wissenschaftler.).

Die **Beweiskraft der Argumente** wird häufig **verstärkt** mit
- Fakten, Statistiken und Zahlen,
- dem Hinweis auf Traditionen,
- festen Normen (z. B. Grundrechten),
- Berufung auf Autoritäten (Fachleute; Sekundärliteratur) und
- Analogieschlüssen.

Bei Erörterungen, die sich an Textvorlagen anschließen (nichtpoetische Texte, poetische Texte), liefern Beleghinweise auf **Kernstellen und Zitate** die notwendigen Stützen für die Argumentation. Dennoch ist es manchmal bedenklich, diesen Beweismitteln unreflektiert zu folgen. Beim **Autoritätsbeweis** ist man leicht geneigt, die Person oder Sekundärliteratur zu zitieren, die man für die Konklusion benötigt (mitunter werden Aussagen gebeugt, falsch übernommen oder der notwendige Kontext wird unterschlagen). Aus Gründen der Ehrlichkeit müssten aber auch, falls vorhanden, Gegenmeinungen zu Wort kommen. Auf jeden Fall sollten die übernommenen Aussagen vorher überdacht sein. Nur wenn man selbst überzeugt ist, kann man andere überzeugen. Ebenso sollte man gegenüber **überkommenen Denkmustern** (Topoi) skeptisch sein. Ihnen kommt zwar aufgrund allgemeiner Erfahrung Beweiskraft zu, sie finden aber nicht selten als billige Ausflüchte und Leerformeln Verwendung (markantes Beispiel: „Kunst ist bekanntlich Geschmackssache"). Bei einem **Analogieschluss** vergleicht man Teile von zwei unterschiedlichen Bereichen. Da die Teile sich in bestimmter Hinsicht gleichen, schließt man, dass dies auch in anderer Hinsicht gilt.

Beispiel:
> In der mittelalterlich-höfischen Zeit gibt es die Begriffe „arebeit" und „hohgezît". Beide Begriffe haben im historischen Prozess einen Bedeutungswandel erfahren. Im Mittelhochdeutschen gibt es den Begriff „milte". Man kommt zu dem Schluss, dass aufgrund der Analogie sich auch dieser Begriff in seiner Bedeutung verändert haben muss (mhd. milte: Freigebigkeit).

Zu Recht kann man hier einwenden, dass solche Analogieschlüsse nicht immer zutreffend sind. So gibt es viele Wörter, die sich über die Zeiten hinweg nicht verändert haben. Dies ist aber im Hinblick auf die These nicht von Bedeutung. Es soll ja nicht nachgewiesen werden, dass sich alle Wörter verändert haben, sondern dass der Sprachwandel zu Missverständnissen führen kann.

Erörterungen sollen nicht nur durch gedankliche Logik, sondern auch durch die **sprachliche Darbietung** überzeugen. Deshalb ist auf eine klare, überschaubare syntaktische Struktur zu achten, bei der dem Hauptsatz Priorität gebührt. Neben dem Bemühen um exakte Begrifflichkeit fördert ein anschaulicher Stil die Verständlichkeit. Verschiedene sprachliche Wendungen können die Argumentation präzisieren (vor einem stereotypen Einsatz ist jedoch zu warnen):

- **Begründungen:** „Die Erfahrung beweist, dass …"; „Es ist allgemein bekannt, dass …"; „Die Begründung liefert N.N. …"; „Dies wird durch Untersuchungen bestätigt …";
- **Einschränkungen; Entgegensetzung:** „Zwar (sicherlich, gewiss) besitzt diese Behauptung Gültigkeit, aber (gleichwohl, dennoch, trotzdem) …"; „Diesen Vorstellungen kann man … entgegenhalten"; „Allerdings gilt es zu bedenken, dass …"; „Eine Einschränkung erscheint allerdings angebracht: …"; „Freilich muss man einräumen, dass …"; „Man darf aber nicht vergessen …"; „Dagegen spricht …"
- **Folgerungen:** „Daraus ergibt sich, dass …"; „Damit wird offenkundig, dass …"; „Folglich (demnach, daher, deshalb, infolgedessen) ergibt sich …".
- **Weiterführung:** „Außerdem (ferner, des Weiteren, zusätzlich, schließlich) ist zu erwähnen, dass …"

Der Schluss

Meist ist es sinnvoll, einen Schlussteil anzufügen. Er kann
- eine Zusammenfassung bieten,
- auf den Einleitungsgedanken zurückgreifen und so das Thema abrunden,
- einen Ausblick auf weitere Perspektiven eröffnen (z. B. bei Problemen) und
- der Ort für eine persönliche Aussage sein.

Häufige Fehler

Einleitung

- Sie führt nicht zum Thema hin.
- Sie ist zu abstrakt gefasst und kann deshalb den Leser nicht motivieren.

Hauptteil

- Es fehlen wesentliche, thematisch relevante Teile.
- Die Gedankenführung ist unlogisch (Gedankensprünge, Widersprüche, Abschweifungen).

- Der Aufbau folgt nicht steigernd dem Gewicht der Argumente.
- Den Begründungen mangelt es an Relevanz, d. h. die Beziehung zwischen Behauptung und Argument ist nicht transparent genug.
- Die Begründungen überzeugen nicht, weil sie nicht stichhaltig sind und so möglichen Einwänden nicht standhalten.
- Die Argumentation beschränkt sich auf Gemeinplätze.
- Konkretisierende Beispiele fehlen.
- Die sprachliche Darstellung lässt sachliche Distanziertheit vermissen.

Übersicht: Erörterung

Formen	<ul><li>textgebundene Erörterung; freie Erörterung</li><li>Sach-, Problemerörterung, Literarische Erörterung</li></ul>
Arbeits-schritte	<ul><li>Erfassen der Aufgabenstellung: – Auftrag – Sachfrage – Entscheidungsfrage – Wertfrage</li><li>Erschließen des Themas anhand von W-Fragen (Was, Wer, Wo, Wann, Warum, Wie?)</li><li>Sammlung und Ordnung des notwendigen Materials</li><li>Gliedern des geordneten Materials nach Sachgesichtspunkten, linear steigernd oder dialektisch; Grundstrukturierung in Einleitung, Hauptteil und Schluss; bei textgebundener Erörterung: Differenzierung des Hauptteils in I. Textuntersuchung, II. Erörterung</li><li>Ausführung: – Einleitung: Hinführen zum Thema und Lesermotivation – Hauptteil: Klare Strukturierung der Argumentation (These, Argumente, Beispiele, Folgen; Urteil; Berücksichtigen von Einwänden und Gegenargumenten; Eindeutigkeit bei Definitionen, Begriffserklärungen und Erläuterungen; angemessener Aufbau: steigernd, dialektisch) – Schluss: Zusammenfassung, Abrundung, Ausblick, persönliche Stellungnahme</li><li>Gestaltung: – vollständig – sachgemäß (Themabezogenheit, Objektivität, Fachwortschatz) – übersichtlich (sinnvolle Gliederung, Absätze, Überleitungen) – logisch (folgerichtige, stichhaltige Argumentation, Eindeutigkeit) – anschaulich (Beispiele, Vergleiche) – nachvollziehbar (Aufbau und Inhalt dem Leser einsichtig)</li><li>Reinschrift der Gliederung; Beachten der formalen Einheitlichkeit</li><li>Überprüfung: abschließendes Lesen; Durchsicht auf sprachl. Korrektheit</li></ul>

Gestaltendes Erschließen

Neben dem Untersuchen (Textanalyse; Textinterpretation) und dem Erörtern (literarische Erörterung; Erörterung auf der Grundlage eines Sachtextes) gibt es als dritte Erschließungsform von Texten das **Gestalten**. Handelt es sich um eine literarische Textart, spricht man vom gestaltenden Interpretieren, bei einem Sachtext von einem adressatenbezogenen Schreiben.

Die gestaltende Interpretation

Diese Aufgabenart bildet eine Alternative zur herkömmlichen Interpretation. Bei ihr erfolgt die Deutung (hermeneutische Komponente) eines poetischen Textes als eigenständige Textproduktion (kreative Komponente). Sie ist gleichsam die gestaltende Antwort des Rezipienten auf die im Ausgangstext angelegten und zuvor untersuchten Gestaltungselemente. Diese und die Kriterien der zu verfassenden Textsorte stellen einen Bearbeitungsrahmen dar, der dem individuellen Gestalten sowohl Spielraum schafft als auch Grenzen aufzeigt. Schöpferische Fantasie ist hier also immer kontrollierte Fantasie.

Arbeitsanweisungen

Die Aufgabe umfasst **zwei bzw. drei Arbeitsanweisungen**. Die erste beschäftigt sich mit dem **Ausgangstext** und fragt nach der vorgestellten Situation, dem Protagonisten oder der Figurenkonstellation. So könnten Arbeitsanweisungen lauten:
- „Beschreiben und bewerten Sie kurz die Beziehung der beiden Hauptfiguren im vorliegenden Szenenauszug."
- „Erläutern Sie die im Text dargestellte Situation und skizzieren Sie dabei die Rolle des Protagonisten."

Die gewonnenen Ergebnisse bilden die Voraussetzung für die **gestaltende Interpretation**. Diese wird in der zweiten Arbeitsanweisung gefordert, sie bildet den Hauptteil der Arbeit und wird dementsprechend gewichtet. Typische Arbeitsanweisungen könnten lauten:
- „Gestalten Sie eine Dramenszene. Gehen Sie dabei von folgender Annahme aus: [...]"

- „Gehen Sie von folgender Annahme aus: Das Gespräch zwischen [...] und [...] veranlasst [...] seine Situation zu überdenken. Verfassen Sie einen inneren Monolog."
- „Gehen Sie von folgender Annahme aus: Die quälenden Gedanken und die unglückliche Situation, in der sich [...] befindet, veranlassen [...] einen Brief an [...] zu schreiben. Kurz darauf erhält er eine Antwort. Verfassen Sie beide Briefe."

In einem abschließenden Teil kann das **eigene gestalterische Vorgehen überdacht**, begründet und gerechtfertigt werden. Auf diese reflektierende und kommentierende Arbeit zielen beispielsweise folgende Arbeitsanweisungen:
- „Erläutern Sie Ihre Überlegungen zur inhaltlichen, strukturellen und sprachlichen Gestaltung."
- „Erläutern und begründen Sie Inhalt, Aufbau und Sprache des Monologs."

Hilfreiche Grundlagen

Ein erfolgreiches Arbeiten beruht auf zwei wesentlichen Voraussetzungen: dem Verstehen des Ausgangstextes mit seinen sprachlichen Besonderheiten und der Kenntnis der zu erstellenden Textsorte.

Auch wenn die erste Teilaufgabe nur nach thematischen Schwerpunkten fragen mag, ist die eingehende Auseinandersetzung mit der **Textvorlage** im Hinblick auf Struktur, Sprache, inhaltliche Akzentuierungen (Handlungsverlauf, Thematik, Motivik, Figurenkonzeption und -konstellation) und literarhistorischen Standort für den anzufertigenden Text von großem Vorteil.

Ein nicht unerhebliches Problem kann die Annäherung der **eigenen sprachlichen Gestaltung** an die Figurensprache der literarischen Vorlage darstellen. Es ist deshalb ratsam, sich bereits in der Vorbereitung auf die Abiturprüfung Sprachauffälligkeiten einzelner Epochen immer wieder bewusst zu machen und die Sensibilität für figuren- und situationsabhängige Stilebenen zu schärfen. Besondere Beachtung verdienen Auffälligkeiten in der Sprachform (Hochsprache, Dialekt, Jargon), dem Sprachfluss (flüssig, stockend, zusammenhanglos, verstummend; Gestik), der Syntax (Parataxe, Hypotaxe, Satzbrüche, Ellipsen), bei rhetorischen Figuren (Bildhaftigkeit, Eindringlichkeit, Spannung), der Phraseologie (Wiederholung bestimmter Redewendungen, Phrasen, Floskeln) sowie beim Grad innerer Betroffenheit (sachlich – affektiv).

Ebenso wichtig ist es die Merkmale der **angestrebten Textsorte** zu kennen, in der sich die gestaltende Interpretation realisieren soll. Bevorzugte und angemessene Textsorten sind: Tagebucheintrag, Brief, innerer Monolog und Bühnenmonolog. Daneben bieten sich auch das Gespräch, besonders als Streitgespräch, und eine Szenengestaltung an.

Der **Tagebucheintrag** besitzt eine weitgehend offene Struktur. Er hält subjektive Erfahrungen fest, die der Schreiber mit sich und seiner Umwelt gemacht hat. Im Fall der gestaltenden Interpretation wird auf den Inhalt des Ausgangstextes zurückgegriffen. Die Gefahr besteht in einer bloßen Aneinanderreihung von Gedanken, Stimmungen und Notizen. Es ist deshalb wichtig auf einen sinnvollen Aufbau zu achten, um dem Ganzen unter Beibehaltung des Tagebuchcharakters Spannung zu geben.

Auch ein **Brief** gewährt der Kreativität Freiraum. Er wird vor allem dann gefordert werden, wenn eine Figur eigene oder fremde Situationen, Beziehungen oder Handlungen analysieren und beurteilen soll. Oft geht es dabei um psychische Verstrickungen, die vom Bearbeiter Einfühlungsvermögen verlangen. Die Darstellung kann Erinnerungen einbauen und Hoffnungen Ausdruck geben. Pointierung und die Berücksichtigung dramatischer Elemente bei der Briefkomposition steigern die Qualität der Arbeit. Besondere Bedeutung kommt der Kommunikationssituation zu. Der Briefpartner ist anzusprechen und in das dargestellte Geschehen zu integrieren (Hinweise auf Gemeinsamkeiten, Fragen, Bitten). Anrede- und Schlussformel sowie korrekte Anrede sind zu beachten.

Der **innere Monolog** benutzt die Ich-Form und als Zeitstufe das Präsens. Er besteht aus einer Abfolge von Gedanken, Assoziationen und Empfindungen (siehe S. 41 f.). Das darf aber nicht dazu verleiten, willkürlich Gedanken aneinander zu reihen und das Ganze in ein unbedachtes Chaos von Gedankenfragmenten abgleiten zu lassen. Vielmehr entwickeln sich die Elemente des inneren Monologs kausal; sie liefern Impulse, die neue Elemente generieren. Hinter aller Spontaneität muss also eine Richtung erkennbar sein, ein Gedankenstrom, der zwar ausufern kann, aber nachvollziehbar bleiben muss. Kennzeichnend für den inneren Monolog ist die mitunter extreme syntaktische Struktur. Sie kann als Ellipse, Fragment, rhetorische Frage, Ausruf und konzentriert im einzelnen Wort dem seelischen Zustand Intensität verleihen.

Die Art des **Monologs** hängt von der gegebenen Situation und der inneren Befindlichkeit der Figur ab. Sein Spektrum reicht vom Mittel der reflektierenden Entscheidungsfindung zum Stimmungs- und Affektträger (siehe S. 86).

Gespräche, besonders in der spannungsvollen Form von Dialogen oder Streitgesprächen, haben thematische Schwerpunkte. Bei der gestaltenden Interpretation kommt es nicht so sehr auf eine treffsichere Argumentation an, vielmehr müssen sich die Äußerungen aus den im Primärtext vorgegebenen Verhaltensweisen und Charaktereigenschaften schlüssig ableiten lassen. Wenn möglich, sollte eine dramatische Konzeption des Aufbaus mit einem Höhepunkt ins Auge gefasst werden.

Auf eine **Szenengestaltung** drängen vor allem Aufgaben, die auf Spannung zwischen Figur und Gegenfigur setzen oder auf eine Figurenkonstellation, bei der wesentliche Eigenschaften und Charakterzüge einer Figur erhellt werden sollen. Im ersten Fall treffen steigernd Argumente auf Gegenargumente. Hier könnte eine zunehmende Emotionalisierung der Sprache und eine fortschreitende Verkürzung der syntaktischen Strukturen die Gesprächstemperatur erhöhen. Im zweiten Fall sollten die im Ausgangstext vorgegebenen Persönlichkeitsmerkmale aufgenommen, variiert und vertieft werden.

Methodisches Vorgehen

Bei der gestaltenden Interpretation literar. Texte beweist der Prüfling, dass er
- die Möglichkeiten der Vorlage für seine Ziele erkennen,
- das gefundene Material aufgabengemäß ergänzen,
- mit den Anforderungen der zu erstellenden Textsorte verbinden,
- in eine klare Struktur bringen und
- den Sprachgestus der Figuren treffen kann.

Es erweist sich als sinnvoll bereits bei der Bearbeitung der ersten Teilaufgabe die für die eigene Gestaltung relevanten Informationen zu erfassen. Eine gute Orientierungshilfe leistet die Frage: **Was darf nicht verändert werden?** In der Regel stehen **Figuren** im Vordergrund des Interesses. Deren Charakter und Wertvorstellungen haben sich meist in einer langen Prägungsphase gebildet und stabilisiert. Die vorgefundenen Merkmale werden in die eigene Textproduktion übernommen, sie können aber der Situation gemäß verschärft und pointiert zum Ausdruck gelangen. Dies gilt ebenso für die **Figurensprache**.

Es erleichtert die Arbeit, wenn man sich die spezifischen Kennzeichen der zu gestaltenden Textsorte vorab notiert.

In den nächsten Arbeitsschritten werden die gefundenen Fakten interpretierend ergänzt, steigernd strukturiert und zu einer schlüssigen Gliederung geführt.

Bei der Ausarbeitung sollte man Monotonie vermeiden, überraschende Einfälle entwickeln, Situationen zuspitzen und auf eine plastische und mit der Textvorlage korrespondierende Figurenzeichnung achten. Ebenso ist der literarhistorische Kontext zu berücksichtigen.

Den Abschluss bildet eine Überprüfung der Interpretation auf inhaltliche Stimmigkeit, zutreffende Realisierung der Textsorte und die Annäherung der Sprache an den Sprachgestus der Figuren in der Vorlage.

Das adressatenbezogene Schreiben

Grundlage dieser Aufgabenart ist ein Sachtext. Er wird mit einer festgelegten nicht-literarischen (nicht-fiktionalen; pragmatischen) Textsorte für eine bestimmte Adressatengruppe erschlossen. Dem Sachtext können weitere Materialien beigefügt sein (z. B. literarische Texte, Definitionen aus Lexika, Grafiken, Tabellen).

Arbeitsanweisungen

Die vollständige Aufgabe besteht aus **zwei bzw. drei Arbeitsanweisungen**. Die erste zielt auf den **Ausgangstext**, bei dem es sich meist um eine journalistische Form (Kommentar, Glosse), einen (populär-)wissenschaftlichen oder philosophischen Text handelt. Seine Untersuchung geht dem adressatenbezogenen Schreiben voraus.

Der ersten Aufgabe kommt je nach Arbeitsanweisung und dem Stellenwert der folgenden Textproduktion unterschiedliches Gewicht zu: Sie kann Einleitung oder Hauptteil des Aufsatzes sein. Als Einleitung beschränkt sie sich auf wesentliche inhaltliche Aspekte der Vorlage und die Verdeutlichung der Verfasserposition. Die Darstellung erfolgt sachlich distanziert (Verwendung des Konjunktivs!). Der Schwerpunkt liegt in diesem Fall bei der zweiten Teilaufgabe.

Bildet hingegen die erste Aufgabe den Hauptteil des Aufsatzes, so wird sie entsprechend umfangreicher gestaltet sein und eine eingehende Analyse von Inhalt, Struktur, Argumentation, Intention und Sprache verlangen (zur Analyse von Sachtexten siehe S. 119 ff.). So können Arbeitsanweisungen je nach Gewichtung des Aufgabenteils lauten:
- „Arbeiten Sie heraus, was der Autor unter dem Begriff [...] versteht."
- „Analysieren Sie den Text im Hinblick auf seinen Inhalt, seine Struktur und seine Sprache."
- „Fassen Sie die Kernaussagen des Textes zusammen und beschreiben Sie Gedankengang und Argumentationsweise des Verfassers."

Der zweite Arbeitsauftrag gilt dem **adressatenbezogenen Schreiben**. Er stellt den Hauptteil der Arbeit dar oder er ergänzt eine vorausgegangene ausführliche Textanalyse. Übliche Arbeitsanweisungen lauten:
- „Nehmen Sie zu dem Zeitungskommentar in einem Leserbrief Stellung und klären Sie dabei den Begriff [...]."
- „Verfassen Sie zu dem Bericht einen Kommentar und entwickeln Sie darin eigene Lösungsvorschläge."

- „Gehen Sie von folgender Annahme aus: Sie sind Redakteur bei einer Lokalzeitung und möchten, dass in der Wochenendausgabe der Literaturkritik ein fester Platz eingeräumt wird. Versuchen Sie in einer Redaktionskonferenz die Kolleginnen und Kollegen von Ihrer Idee zu überzeugen."

Wird ein **Schlussteil** gefordert, bietet sich die Möglichkeit, den Arbeitsvorgang und sein Ergebnis kritisch zu überprüfen. Eine typische Aufgabenstellung lautet:
- „Erläutern Sie die in Ihrer Rede angewendete Strategie und die eingesetzten rhetorischen Mittel."

Methodisches Vorgehen

Beim adressatenbezogenen Schreiben soll der Prüfling nachweisen, dass er
- aus dem Inhalt der Vorlage die für seine Arbeit wichtigen Aussagen treffsicher auswählen,
- die Argumentation auf ihre Stichhaltigkeit und Verwendbarkeit überprüfen und ergänzen,
- die geforderte Textart kriterienbezogen gestalten und
- dem kommunikativen Kontext bzw. dem Verwendungszweck strategisch und sprachlich gerecht werden kann.

Vor der eigenen Textproduktion wird das in der Textvorlage enthaltene Material themengerecht erfasst und gesichtet. Dies erfolgt am ausführlichsten durch eine Inhaltsanalyse sowie eine Überprüfung der Argumentationsstrategie und Sprache.

In einem weiteren Schritt sammelt man zusätzlich stützende, ergänzende und widersprechende Argumente wie auch anschauliche und aussagekräftige Beispiele. Anschließend wird das gefundene Material sinnvoll strukturiert. Dabei sind die geforderte Gestaltungsform und die Adressatengruppe bzw. der Verwendungszweck stets zu berücksichtigen. Die Qualität der Ausführung beruht wesentlich auf dem engen Bezug zwischen These und Argument, der Stichhaltigkeit und Nachvollziehbarkeit der Begründungen und der sicheren Entkräftung möglicher Einwände (zur Argumentation siehe S. 135 ff.). Dies beinhaltet auch, dass die argumentative Auseinandersetzung mit der vorgegebenen Thematik sprachlich überzeugend erfolgen sollte.

Zu den **geforderten Textsorten** gehören: Kommentar, Glosse, Rede, (Leser-)Brief, Interview und Essay.

Verfassen eines Kommentars / einer Rede / eines Leserbriefes / eines Essays auf der Grundlage von Texten

Verfassen eines Kommentars auf der Grundlage eines Sachtextes

So könnte die Arbeitsanweisung lauten:
a) „Verfassen Sie eine strukturierte Inhaltsangabe zu der Abhandlung von [...]."
b) „Schreiben Sie unter Berücksichtigung der in den Materialien gefundenen Informationen einen Kommentar zum Thema [...]. Formulieren Sie dazu eine passende Überschrift. Ihr Text sollte etwa [...] Wörter umfassen."

Die Aufgabe hat damit zwei Schwerpunkte:
- Ein erster Teil bezieht sich auf den Sachtext. Zu ihm ist eine **strukturierte Inhaltsangabe** (vgl. S. 13) zu erstellen.
- Der zweite Arbeitsauftrag fordert als eigenständigen Textblock einen **Kommentar** zu einem vorgegebenen Thema unter Einbeziehung der zur Verfügung gestellten Materialien.

Obwohl es sich um voneinander getrennte Arbeitsaufträge handelt, sollen diese in der Darstellung als **geschlossene Einheit** erscheinen.

Beim **Verfassen einer strukturierten Inhaltsangabe** gilt es zunächst, den inneren Aufbau der Textvorlage zu erkennen. Dazu wird der Sachtext in seine einzelnen **Sinneinheiten zerlegt**. Diese sind formal meist durch Absätze begrenzt und bestehen inhaltlich aus Gedanken, Thesen, Argumenten und Meinungen. Fragen können den Zugang erleichtern:
- Welche Thesen werden aufgestellt?
- Wie werden diese begründet?
- Sind die Argumente von Beispielen untermauert?
- Auf welche Autoritäten beruft sich der Verfasser?
- Zu welchem Ergebnis kommt er, und welche Folgerungen zieht er?

Es erleichtert die Arbeit, wenn man bereits beim ersten Lesen die Kernaussagen stichwortartig am Rand der Textvorlage festhält. So ergibt sich rasch ein Überblick über die inhaltliche Struktur.

In einem weiteren Schritt werden die einzelnen **Sinneinheiten zusammengefasst** und nach ihrer logischen Abfolge **in eigenen Worten** wiedergegeben. Sie sind durch Absätze äußerlich sichtbar voneinander zu trennen. Ihr Aufbau lässt sich oft auch an spezifischen Formulierungen erkennen: „Der Verfasser behauptet, argumentiert, veranschaulicht, beruft sich auf, beurteilt, gibt zu bedenken, kritisiert, polemisiert, rät, folgert, fasst zusammen, appelliert ..."

Die strukturierte Inhaltsangabe wird mit einer **Überblicksinformation** eingeleitet. Sie gibt knapp Auskunft über Verfasser, Titel, Quelle, Publikationsdatum und Thema, gegebenenfalls verbunden mit der Absicht des Autors.

Faktenvermittlung, Auseinandersetzung und Meinungsbildung bestimmten das Wesen des Kommentars (vgl. S. 119 f.). Die Darstellung unterschiedlicher Positionen bildet deshalb einen wichtigen Schwerpunkt. Beim **Verfassen eines Kommentars** empfiehlt sich folgendes methodische Vorgehen:

Am Anfang steht die **Materialsammlung**, bei der man zunächst das zur Verfügung gestellte Material auf themenrelevante Informationen untersucht. Dann lenkt man den Blick auf größere Stoffzusammenhänge, betrachtet das Thema aus verschiedenen Perspektiven, fragt nach Ursachen, zieht historische Entwicklungen heran und geht auf gegensätzliche Auffassungen ein.

Wer andere überzeugen will, bietet nicht nur Argumente, die die eigene Meinung stützen, sondern wird sich auch mit fremden Standpunkten auseinandersetzen und diese durch das Aufzeigen von „Schwachstellen" (Thesenhäufung, Gemeinplätze, Gedankensprünge, Widersprüche) zu entkräften versuchen. Dabei sollte man gängige Argumente nicht übergehen, der Leser könnte sie vermissen. Indem man so dem Vorwurf der Einseitigkeit begegnet, erhöht man gleichzeitig den Anspruch auf Glaubwürdigkeit. Hilfreich erweist sich dabei die Mind-Map-Technik, bei der das Thema in den Mittelpunkt eines semantischen Netzes gestellt wird.

Zur Materialsammlung gehören auch die Auswirkungen von Sachverhalten und Verhaltensweisen sowie die daraus zu ziehenden Konsequenzen.

Es folgt die **Sichtung und Überprüfung** des gefundenen Materials auf Logik, Stichhaltigkeit, Relevanz, Vollständigkeit und kommunikative Wirkung. Die Fakten müssen gesichert sein, denn sie bilden die feste Grundlage für alle Folgerungen. Eine falsche Ausgangsbasis vernichtet jeden noch so glänzend formulierten Kommentar.

In einem weiteren Schritt legt man beim Abwägen und Bewerten der Fakten und Argumente den **Leitgedanken** des Kommentars fest. Er verleiht dem Text eine eindeutige Richtung und lenkt den Rezipienten auf das vom Autor vorgesehene und angestrebte Ziel. Dieses ist stets im Auge zu behalten, denn allzu leicht kann eine gut gemeinte Fülle nebensächlicher Details den Leser verwirren. Aus der Leitthese ergibt sich auch die **Überschrift**. Sie soll durch eine auffällige Formulierung den Leser überraschen, fesseln und ihm gleichsam Appetit auf das Lesen des Textes machen. Provozierende Fragen und Wortspiele bieten sich besonders an.

Die **Gliederung** richtet sich nach der Intention des Autors. Um sein Ziel zu erreichen, wird dieser auf eine dem Thema angemessene, logische und dem Steigerungsprinzip folgende Strukturierung achten.
- Ein **einleitender Satz**, der die Aussage der Überschrift noch verschärft, führt zum Hauptteil. Oft entscheidet sich bereits hier, ob der Leser weiterliest. Provozierende Thesen wecken seine Neugier.
- Damit der Leser der Argumentation folgen kann, muss vorher das **Thema geklärt und abgegrenzt** werden. Dazu liefert der erste Abschnitt des Hauptteils die notwendigen Informationen, beispielsweise Begriffsbestimmungen, Situationsdarstellungen oder Ereignisbeschreibungen.
- Der anschließende Abschnitt bietet die **Argumentation**. Hier werden die unterschiedlichen Positionen erläutert, das Für und Wider dargelegt. Dabei kann man der Erörterungsstruktur folgen: These, Beleg, Beispiel. Sinnvoll ist das Steigerungsprinzip: Die stärksten Argumente befinden sich am Schluss. Die Leitidee sollte sich wie ein roter Faden durch den Text ziehen.
- Aus der Argumentation ergeben sich **Urteil** und **Schlussfolgerung**, die dezidiert die **persönliche Meinung** des Verfassers noch einmal aufzeigen und **Handlungsmöglichkeiten** vorstellen. Schließlich erwartet der Leser Orientierungshilfe bei der Bewertung eines Themas. Ist dieses allerdings besonders vielschichtig und eine endgültige Lösung zum gegebenen Zeitpunkt nicht möglich, wird der Kommentator dies ebenso klar ausdrücken.

Beim Verfassen eines Kommentars ist auf den **Umfang** zu achten. Dem Journalisten steht in der Regel nur ein begrenzter Platz zur Verfügung. Auf ihn hin muss er seinen Text planen. Dies gilt auch im schulischen Bereich, wenn in der Aufgabenstellung die Textlänge als Richtwert vorgegeben ist (beispielsweise 750 Wörter). Damit soll der Sinn für eine klare Textstrukturierung und sprachliche Dichte geschärft werden. Es ist deshalb ratsam, bereits bei ersten Überlegungen zur Gliederung den jeweiligen Textumfang der einzelnen Teile ins Auge zu fassen. Dies gelingt, wenn man die eigene Handschrift kennt und abschätzen kann, wie viele Wörter auf eine Seite passen. Nach einigem Üben im Vorfeld lässt sich diesbezüglich rasch Sicherheit gewinnen.

Jeder Kommentator will beeinflussen. Er erreicht sein Ziel nicht nur durch klare, in sich schlüssige und überzeugende Argumentation, sondern auch durch einen abwechslungsreichen und spannenden Stil, also durch **sprachliche Mittel**. Deshalb achtet der Verfasser auf eine überschaubare Syntax mit prägnanten Formulierungen. Am verständlichsten und wirkungsvollsten sind Hauptsätze. Komplizierte Satzgefüge mit Attribut- und Gliedsätzen oder langen Parenthesen erschweren die Verständlichkeit und sollten vermieden werden.

Unter den Stilmitteln eignen sich besonders die auf Spannung zielende rhetorische Frage, die Antithese, die Inversion und das Wortspiel. Eindringlich wirken Formen der Wiederholung wie Anapher, Asyndeton (Reihung ohne Konjunktionen), Ellipse und Klimax. Feine Ironie, wie sie sich beispielsweise bei der Verbindung von Gegensätzlichem (Oxymoron), der Untertreibung (Litotes) und Übertreibung (Hyperbel) findet, erfrischt durch ihren provokativen Unterton den Leser und hält ihn beim Text. Dieser sollte vor allem anschaulich sein. Metaphern, Beispiele und Vergleiche können auch trockenen Sachverhalten Leben schenken.

Verfassen einer Rede

Wird eine Rede verlangt, ist zunächst die **Rolle** wichtig, die man übernehmen muss, etwa als Schülersprecher oder als Mitglied einer Redaktionskonferenz bei einer Zeitung. Ebenso ist die Frage zu klären, welche **Interessen** man zu vertreten hat, zum Beispiel die der SMV oder einer bestimmten Lesergruppe.

Grundsätzlich gestaltet sich eine Rede nach dem auf Seite 123 angegebenen Aufbau. Wichtig ist es, bereits in der Einleitung das **Zuhörerinteresse** zu wecken, zum Beispiel durch einen überraschenden und pointierten Einstieg.

Im Hauptteil wird der Redner informieren und kommentieren. Seine Argumentation darf sogar provozieren, nicht aber polemisieren. Besondere Bedeutung kommt dem Einsatz rhetorischer Mittel zu. Sie dienen der Aussagebekräftigung, der Abwertung anderer Meinungen und der Adressatenzuwendung.

- Will der Redner seiner Aussage Nachdruck verleihen, wird er eindringliche und anschauliche Mittel einsetzen. Eindringlichkeit bewirken besonders Formen der Wiederholung, Akkumulation, Asyndeton, Ausruf, Ellipse und Klimax. Die Anschaulichkeit lässt sich mit Beispielen, Metaphorik und Vergleichen erhöhen.
- Zum Entkräften von Meinungen und Argumenten dienen: Hyperbel, Ironie, rhetorische Frage und emotionale Abwertung.
- Eingestreute kommunikative Mittel, zum Beispiel Anrede, Allusion und rhetorische Frage, sowie spannungsauslösende Mittel wie Antithese, Contradictio in adjecto und Inversion binden die Aufmerksamkeit des Zuhörers.

Die Rede schließt mit einer Zusammenfassung, es können Schlussfolgerungen gezogen und Appelle ausgesprochen werden.

Verfassen eines Leserbriefs

Der Aufbau des Leserbriefes entspricht dem der Rede. Die Einleitung weckt das Leserinteresse, indem sie das aktuelle Thema der Textvorlage aufgreift. Im Hauptteil begründet der Verfasser seine Meinung. Er informiert und kommentiert, er kann auf Ursachen und Folgen eingehen sowie auf Hintergründe und Zusammenhänge verweisen. Die Argumentation sollte sachlich erfolgen, pointierte Formulierungen schärfen die Aussage. Auf- und Abwertungen sind erlaubt. Der Schlussteil enthält Folgerungen und Appelle.

Verfassen eines Essays auf der Grundlage eines Dossiers

Die übliche Arbeitsanweisung umfasst **zwei Teile**:
- Ein erster bezieht sich auf Textdokumente eines vorgegebenen Dossiers, von denen **Kurzzusammenfassungen** anzufertigen sind.
- Der zweite Arbeitsauftrag verlangt das **Schreiben eines Essays** zu einem vorgegebenen Thema unter Einbeziehung der aus den Textdokumenten gewonnenen Informationen.

In einem **Dossier** sind Texte mit unterschiedlichen Informationen zu einem bestimmten Thema zusammengestellt. Dabei kann es sich neben literarischen und nichtliterarischen Texten (z. B. Erzählungen, Berichte, Kommentare) auch um sogenannte nicht-kontinuierliche Texte (z. B. Grafiken, Tabellen, Karikaturen) handeln. Von ihnen sollen „**Abstracts**", also kurze Zusammenfassungen erstellt werden. Diese Arbeit erleichtern Fragen nach dem thematischen Schwerpunkt, der Autorintention, der eingenommenen Perspektive (umfassend – einseitig), dem Gedankengang (folgerichtig – sprunghaft), dem Ergebnis (eindeutig – offen) und der Darstellung (verständlich – diffus).

Das methodische Vorgehen beim **Verfassen eines Essays** beginnt mit der Sammlung und Sichtung des dem Dossier entnommenen Materials. Dieses bildet eine wichtige Grundlage für den zu erstellenden Essay und liefert dem Verfasser Impulse für eigene Überlegungen. Er kann die Aussagen akzeptieren, hinterfragen, ablehnen, argumentativ entkräften oder bestätigen und, von ihnen ausgehend, neue Gedanken entwickeln. Dabei wird er hilfreiche Aussagen der Textvorlagen zitieren, paraphrasieren, auf sie anspielen oder kritisch zu ihnen Stellung nehmen. Da jedoch das Thema oft vielschichtiger Natur ist und endgültige Ergebnisse problematisch erscheinen, wird man es von verschiedenen Perspektiven einzukreisen und zu vertiefen versuchen (siehe S. 125). Der Einsatz einer Mind-Map kann gute Dienste leisten.

Grundsätzlich finden sich beim Essay ähnliche Elemente wie beim Kommentar, doch wirkt hier der Aufbau deutlich freier. Der Autor verwendet die vorgegebenen Fakten, lässt sich aber oft von seinen Einfällen und Assoziationen leiten. Er unterhält sich gleichsam mit einem fiktiven Leser und möchte dessen Gedankenwelt erkunden und berücksichtigen. Doch bei aller Fantasie darf der Essay nicht so ins unsystematisch Sprunghafte abgleiten, dass man das Thema aus dem Auge verliert. Seine Aussagen müssen stets verständlich, überzeugend und nachvollziehbar bleiben. Um solche Fehler zu vermeiden, sollte man bereits bei der Stoffsammlung an eine Strukturierung denken. Während der Ausführung können dann die Übergänge zwischen den einzelnen Inhaltssegmenten stilistisch so fließend gestaltet werden, dass der Essay den Eindruck einer lockeren, geistreichen und anregenden Gedankenführung vermittelt, aber doch als ein geschlossenes Ganzes zu erkennen ist.

Übersicht: Gestaltendes Erschließen

Gestaltende Interpretation	**Textvorlage:** epische bzw. dramatische Texte **zu gestaltende Textart:** Tagebucheintrag, Brief, innerer Monolog, Gespräch, Szene **Aufgabenbereiche:** • Analyse der Textvorlage(n) • gestaltende Interpretation • Begründen und Reflektieren des eigenen Textes **Vorgehen:** • Untersuchen der Textvorlage • Materialsammlung und -ergänzung • Strukturierung im Hinblick auf den Zieltext • Textgestaltung unter Beachtung des angemessenen Sprachstils
Adressatenbezogenes Schreiben	**Textvorlage:** journalistische Formen, (populär-)wissenschaftliche und philosophische Texte, nicht-kontinuierliche Texte **zu gestaltende Textart:** (Leser-)Brief, Kommentar, Glosse, Interview, Essay **Aufgabenbereiche:** • (Teil-)Analyse bzw. strukturierte Inhaltswiedergabe, Abstracts der Textvorlage(n) • adressatenbezogenes Schreiben • Begründen und Reflektieren des eigenen Textes **Vorgehen:** • Untersuchen der Textvorlage • Materialsammlung und -ergänzung • Strukturierung im Hinblick auf den Zieltext • Textgestaltung unter Beachtung des angemessenen Sprachstils

Literaturgeschichte

Barock (1600–1720)

Hintergrund

Die kennzeichnenden Merkmale der Epoche sind:
- Dreißigjähriger Krieg (1618–1648),
- Gegenreformation (Einsatz der katholischen Kirche gegen den Protestantismus; ca. 1555–1648; von Bayern ausgehend unter besonderer Beteiligung des Jesuitenordens),
- Türkenabwehr vor Wien (1683),
- Absolutismus (Staatsform, in der der Fürst unbeschränkte Herrschaftsgewalt besitzt; daher keine Gewaltenteilung; völlige Abhängigkeit der Beamten vom Fürsten; Untertanen ohne politische Rechte; Höhepunkt in Frankreich unter Ludwig XIV.),
- Kleinstaaterei, die in Deutschland zu zahlreichen kulturellen Zentren führt.
- An den Fürstenhöfen und in den Residenzstädten arbeiten die Künstler im Dienst fürstlicher Repräsentation.
- Der Krieg schafft ein antithetisches Weltbild: Lebensverneinung und Lebensgier stehen sich gegenüber („Memento mori" – „Carpe diem").
- Krieg und Gegenreformation rücken existenzielle und religiöse Themen ins Blickfeld.
- Schließlich stellt das Bekenntnis zu Form, Ordnung und Vernunft, wie es bei Philosophen und Wissenschaftlern deutlich wird, eine Möglichkeit gegen Angst und Chaos dar.

Literarisches Leben

Zahlreiche Autoren stammen aus dem Bürgertum. Sie sind gebildet und haben auf Reisen im europäischen Ausland Erfahrungen gesammelt, ihre Sprachkenntnisse vertieft und sich mit maßgeblichen Werken der englischen, französischen, spanischen und italienischen Literatur vertraut gemacht. Viele von ihnen sind Beamte, Ärzte oder im Kirchendienst tätig.

Ihre Werke zielen auf ein gebildetes, humanistisch geschultes Publikum, das aus einem beschränkten Kreis von Adligen und höheren Beamten bürgerlicher Herkunft besteht. Breite Bevölkerungsschichten besitzen keine Schulbildung oder können den literarischen Anforderungen nicht genügen.

Zentren des literarischen Lebens sind die Fürstenhöfe, aber bereits auch große Handelsstädte wie Hamburg, Nürnberg, Breslau und Leipzig. Schlesien ist die ertragreichste literarische Landschaft. Sprachgesellschaften bemühen sich, die durch Kriegseinflüsse verwilderte deutsche Sprache von Vulgärausdrücken und Fremdwörtern zu reinigen. Englische Komödianten, die als Wandertruppen nach Deutschland kommen, bereichern das Barocktheater durch Aufführungen von Shakespeare- und Marlowe-Stücken sowie durch die Betonung des Komischen.

Autoren und Werke

Jakob Bidermann (1578–1639) gilt als bedeutendster Vertreter des Jesuitendramas. Sein *Cenodoxus* (1602) zeigt, wie menschliche Überheblichkeit bestraft wird.

Die Schriften von **Jakob Böhme** (1575–1624) und **Angelus Silesius** (Johannes Scheffler; 1624–1677) stehen in der Tradition der mittelalterlichen Mystik und beeinflussen mit ihrer bildhaften und zugleich dunklen Sprache die Romantik (Mystik: Form religiösen Verhaltens; ihre Vertreter suchen durch Askese und Meditation eine persönliche Vereinigung mit der Gottheit, die „unio mystica". Hauptvertreter im Mittelalter: Meister Eckhart, Johannes Tauler, Hildegard von Bingen. Wirkung der Mystik auf: Pietismus, Empfindsamkeit, Romantik; in der Moderne besonders auf Rilke, Lasker-Schüler, Langgässer).

Paul Gerhardts (1607–1676) schlichte und innige Lieder bilden den Höhepunkt des protestantischen Kirchenlieds.

Der autodidaktisch gebildete **Hans Jakob Christoffel von Grimmelshausen** (1622–1676) erfuhr persönlich die Schrecken des Dreißigjährigen Krieges. Mit *Der abenteuerliche Simplicissimus Teutsch* (1669) schrieb er den bedeutendsten Barockroman. In lebendiger Sprache (zahlreiche Sprachschichten: Rhön- und Spessartdialekt, Soldatenjargon, Fach- und Berufsausdrücke, Predigerton und Gaunerrotwelsch) zeigt er den Weg seines Helden von kindlicher Naivität durch die Welt des Krieges bis er sich als Einsiedler Gott zuwendet. Unbeständigkeit des irdischen Glücks und Weltabkehr sind die entscheidenden Motive.

Andreas Gryphius (1616–1664) verbrachte eine vom Krieg beeinträchtigte Jugend in Schlesien. Später führten ihn Bildungsreisen nach Den Haag, Paris und Rom. Schließlich ließ er sich als Rechtsberater in seiner Heimatstadt Glogau nieder. Der Hauptvertreter des barocken Trauerspiels schöpfte aus holländischen (Vondel), französischen (Corneille) und italienischen Quellen (Jesuitendrama).

In seinen Werken (z. B. *Leo Armenius; Catharina von Georgien*) thematisiert er Märtyrertum und standhafte Haltung. Gryphius ist auch der überragende Lyriker der Epoche. Seine Sonette kreisen um die Vergänglichkeit und greifen immer wieder das Kriegselend auf (*Lissaer Sonette; Sonn- und Feiertagssonette*). In seinen Oden ringt er um die Gewissheit der Erlösung.

Martin Opitz (1597–1639) stammte aus Schlesien, studierte in Heidelberg und bereiste Holland und Dänemark. Später stand er im diplomatischen Dienst der schlesischen Herzöge. Mit seinem *Buch von der deutschen Poeterey* (1624) leitet er die normativen deutschen Poetiken ein (normative Poetik: Regelpoetik; Festlegung der Dichtkunst auf feste, lehr- und lernbare Regeln). Daneben gilt er als Mitbegründer der deutschen Oper (*Daphne*, 1626; Text nach Rinuccini, vertont von Heinrich Schütz). Seine Übersetzung von Barclays *Argenis* (1626) leistet einen Beitrag zum Staatsroman, mit seiner *Schäferei von der Nimphen Hercinie* (1630) beginnt die deutsche Schäferdichtung (vgl. auch seine Übersetzung von Sidneys *Arcadia*, 1636). Die Übersetzungen von Senecas *Troerinnen* (1625) und Sophokles' *Antigone* (1636) förderten den Einfluss antiker Tragödien auf die deutsche Literatur.

Themen und Motive

Der **Dreißigjährige Krieg** bildet den thematischen Schwerpunkt. Vor seinen Schrecken erscheint alles Leben vergänglich, nichtig und eitel (Vanitas-Motiv). Dem Gefühl, bloßer Spielball eines launischen Schicksals zu sein (Fortuna-Motiv), begegnet man dabei auf unterschiedliche Weise: In der fürstlichen Welt versucht man das schmerzliche Erlebnis verrinnender Zeit hinter einer Scheinwelt aus Puder, Maske, Kostüm, ritualisierter Handlung und schäferlich-arkadischer Idylle zu verbergen (Arkadien: griech. Bergland der Peloponnes; in der Literatur Hirtenland der Glückseligkeit). Dagegen beschwören die Vertreter der Gegenreformation eindringlich die Hinfälligkeit des Irdischen, indem sie das sinnlich Schöne in harten Kontrast zum Grausigen setzen. Bilder des Todes, der Verwesung, des jüngsten Gerichts und der Hölle intensivieren das Zeitbewusstsein (Zeit-Motiv), fördern die Askese, letztlich aber auch den Hunger nach Leben. Wo nichts Bestand hat, bietet der christliche Stoizismus eine Möglichkeit, das Leid als tugendfördernd zu erkennen und so der spannungsvollen Antithetik zwischen Weltbejahung und -verneinung zu entkommen (Stoizismus: Unerschütterlichkeit; geistige Haltung im Sinne der Stoa, einer griech. Philosophenschule, um 300 v. Chr. begründet; Lehre: Der Kosmos ist vernunftbeseelt und von einer sinnvollen göttlichen Ordnung. Das Leben soll mit der Natur übereinstimmen, frei von Affekten, auf Tugend ausgerichtet und von Unerschütterlichkeit geprägt sein. Bedeutende Stoiker:

Seneca, Kaiser Marc Aurel). Dies gelingt durch charakterliche Beständigkeit und Zügelung der Leidenschaften. Weltabkehr äußert sich nicht nur im zurückgezogenen Einsiedlerdasein (Einsiedler-Motiv), sondern auch in der religiösen Haltung des Mystikers.

Der Dichter beschreibt in der Regel kein Einzelschicksal. Das auftretende, vom Schicksal gepeinigte Ich hat lediglich exemplarischen Charakter. Sein Leid steht für das Leid aller. Barocke Dichtung ist somit eine Absage an Individualismus und Subjektivismus. Ebenso kommt dem gesamten irdischen Dasein kein Eigenwert zu. Es wird als flüchtiger Traum erkannt, als Zeichen, das auf eine höhere Ordnung, auf ein zeitloses Sein verweist. Illusion und Realität verbinden sich im Bühnen- und Maskenmotiv. Auch hier erkennt man die Wirklichkeitsproblematik der Zeit.

Persönliche Töne finden sich bei Paul Fleming (1609–1640) und dem sehr viel späteren Christian Günther (1695–1723).

Theorie, Formen und Sprache

Theorie

Das Bemühen um Form äußert sich in zahlreichen Barockpoetiken, die mit **Martin Opitz'** *Buch von der deutschen Poeterey* (1624) eingeleitet werden (Poetik: griech. „Dichtkunst"; seit Aristoteles die Lehre von der Dichtkunst). In diesem Werk, das in der Tradition der Antike (Aristoteles, Horaz) und der Renaissance (Scaliger, Ronsard, Heinsius) steht, werden Thesen und Forderungen aufgestellt, die für das Literaturverständnis der Epoche von Bedeutung sind. Die wichtigsten lauten:
- Dichtung ist lehrbar; sie vermittelt Weisheit.
- Drama: Die Tragödie handelt von Personen höheren, die Komödie von Personen niederen Standes (Ständeklausel).
- Lyrik: Sonette werden empfohlen. Als bevorzugte Metren gelten Jamben und Trochäen. Auf die Reinheit des Reims ist zu achten. Der natürliche Sprechakzent muss mit dem Versakzent übereinstimmen.

Formen
Die weltliche deutsche Lyrik nimmt sich italienische, französische und niederländische Dichtungen zum Vorbild. Die Gedichte sind nicht Ausdruck persönlichen Erlebens. Viele thematisieren eine Lehre, ein Lob oder eine Behauptung und beinhalten eine überraschende Wendung (Pointe). Oft verfasst man auch Gedichte zu besonderen Ereignissen des Lebens (Taufe, Hochzeit, Begräbnis). Die Liebesdichtung wird vom Petrarkismus bestimmt, einem formelhaften und metaphernreichen Frauenpreis. In der Schäferdichtung stellt man der friedlosen Zeit eine naturnahe Idylle gegenüber. Die religiöse Lyrik ist stark von der Mystik geprägt, die neue Wege der Gotteserfahrung sucht und zu einer Wurzel des Pietismus wird. Zu den besonders beliebten Formen gehören das Epigramm (nach Opitz eine kurze Satire, die sich durch „Spitzfindigkeit" auszeichnet und eine Pointe enthält), die Pindarische Ode (dreigliedriger Bau) und das Alexandriner-Sonett.

Im 17. Jahrhundert erleben **Drama und Theater** einen Höhepunkt. So entsteht neben dem überkommenen Laienspiel ein professionelles Theater. Die verbreitetsten Dramentypen sind: Ordensdrama, Trauerspiel, Komödie und Oper. Die englischen Komödianten bieten vor allem Aktionstheater.

- Das jesuitische Ordensdrama, das sich aus dem lateinischen Schuldrama entwickelt hat, steht ganz im Dienste der Gegenreformation. Mit großem bühnentechnischen Aufwand gestaltet man die Flüchtigkeit des irdischen Glücks und feiert die triumphierende Kirche. Die Bekehrungsabsicht wird besonders in den Märtyrerhelden deutlich. Tugend und Laster treten als allegorische Figuren auf.
- Das barocke Trauerspiel steht unter dem Einfluss Senecas, des klassizistischen französischen Dramas und des Ordensdramas. Seine Themen kreisen um das unberechenbare Schicksal des Menschen und die Vergänglichkeit des irdischen Glücks. Mittelpunkt bildet ein Held, der sich in der Auseinandersetzung zwischen Moral und Unmoral heroisch bewährt. Dabei vollziehen sich die von außen herangetragenen Konflikte nicht im seelischen Bereich. Während Andreas Gryphius immer wieder die stoische Haltung des Märtyrerhelden zeigt, wirken die Werke des spätbarocken Daniel Caspar von Lohenstein (1635–1683) dagegen übersteigert und manieriert. Hier wird mit Vorliebe Entartetes und extrem Böses dargestellt.
- Andreas Gryphius gilt auch als bedeutendster barocker Komödiendichter. In *Absurda Comica oder Herr Peter Squentz* (1658) verspottet er Handwerker, die ohne tieferes Verständnis die Geschichte von Pyramus und Thisbe aufführen wollen, wobei sie Sein und Schein verwechseln und Missverständnisse auslösen.

- Die nach italienischem Vorbild von Opitz begründete Oper eignet sich besonders durch das Zusammenspiel von Dichtung, Musik, Tanz und Pantomime zur prachtvollen Repräsentation.
- Aktionismus, einfache, mitunter derbe Sprache und wiederholte Handlungsunterbrechung durch die Possen einer lustigen Figur bestimmen das Theater der englischen Komödianten.

Die drei Hauptgattungen des Barockromans sind zunächst: der heroisch-galante Roman, der Schäferroman und der Schelmenroman. Gegen Ende des 17. Jahrhunderts entwickelt sich der politische Staatsroman.
- Im heroisch-galanten (höfischen) Roman wird ein hochadeliges Liebespaar einer Vielzahl von Prüfungen ausgesetzt, die es standhaft besteht.
- Der Schäferroman ist stärker im Bürgertum angesiedelt. Seine Helden sind Angehörige des niederen Adels, Bürgermädchen und Studenten. In idyllischer Landschaft treten sie in der Maske von Schäfern und Schäferinnen auf. Sie verlieben sich, trennen sich in der Regel aber wieder. Tugend bezwingt die Neigung. Bekannte Beispiele sind Martin Opitz' *Schäferei von der Nimphen Hercinie* und Philipp Zesens *Adriatische Rosemund*.
- Im Schelmenroman finden sich die Mitglieder der niederen Stände: Soldaten, Bettler, Räuber, Dirnen. Der Held, der ebenfalls aus der niederen Schicht stammt, erzählt aus seinem unsteten Wanderleben, in dem er die Unbeständigkeit der Fortuna erlebt hat. Am Ende kommt er zur Einsicht und zieht sich aus der Welt zurück. Hans Jakob Christoffel von Grimmelshausen übertrifft mit seinem *Der abenteuerliche Simplicissimus Teutsch* (1669) den aus Spanien stammenden Schelmenroman.

Sprache

In der Dichtersprache spiegeln sich die Erfahrungen der Zeit. Zur Darstellung spannungsgeladener Antithetik benutzt man Antithese, Oxymoron und Pointe. Der Hang zur Übersteigerung und zum Manierismus drückt sich zusätzlich in Akkumulationen, Apostrophen, Hyperbeln, Metaphern, Vergleichen und Formen der Wiederholung aus. Die Verwendung von Allegorien und Emblemen (Emblem: Motto mit Bild und Erläuterung) setzt Wissen und die Fähigkeit zur Abstraktion, Reflexion und Kombination voraus, denn Begriffe und abstrakte Begriffkomplexe werden durch rational fassbare Bilder ausgedrückt. Die Bildlichkeit der Barockdichtung wird von der Emblematik besonders angeregt. Die mystische Sprache ist oft affekthaft bewegt, sie verwendet Antithesen, Ellipsen, Hyperbeln, Oxymora, Parallelismen, Steigerungen, Wiederholungen.

Übersicht: Barock

Hintergrund	**Politik:** Dreißigjähriger Krieg, Absolutismus, Kleinstaaterei **Gesellschaft:** soziales Gefälle zwischen Hof und Provinz Leiden der Bevölkerung unter den Kriegseinwirkungen **Kultur:** Fürstenhöfe als kulturelle Mittelpunkte Künstler im Dienst fürstlicher Repräsentation Bedeutung der Kirche: Gegenreformation **Weltbild:** antithetisch, religiös, Bekenntnis zu Form und Ordnung
Literarisches Leben	**Autoren und Publikum:** zunehmend aus dem gebildeten Bürgertum **Zentren:** Schlesien; Fürstenhöfe, Handelsstädte **Sprachgesellschaften:** Eintreten für die Reinheit der deutschen Sprache **Englische Komödianten:** Vermittlung von Shakespeare, Marlowe; Betonen des Komischen
Autoren und Werke	Bidermann: *Cenodoxus* Böhme, Angelus Silesius: Mystiker Gerhardt: Kirchenlieder Grimmelshausen: *Der abenteuerliche Simplicissimus Teutsch* Gryphius: Trauerspiele, Sonette, Oden Opitz: Poetik, Lyrik, Übersetzungen, Schäferdichtung, Oper
Themen und Motive	Krieg, Vanitas, Fortuna, Zeit; Stoizismus, Weltabkehr, unio mystica, Absage an Individualismus und Subjektivismus, Maske, Scheinwelt, Wirklichkeitsproblematik
Theorie, Formen und Sprache	**Theorie:** Opitz (*Buch von der deutschen Poeterey*): Lehrbarkeit der Dichtung, Ständeklausel im Drama, Übereinstimmung von Sprech- und Versakzent in der Lyrik **Formen:** Lyrik: weltliche (z. B. Petrarkismus) und religiöse (Mystik, Kirchenlied); Epigramme, Sonette und Oden Drama: Ordensdrama, Trauerspiel, Komödie, Oper; englische Komödianten Epik: heroisch-galanter Roman, Schäferroman, Schelmenroman **Sprache:** Antithetik, Übersteigerung, Manierismus

Aufklärung und Empfindsamkeit (1720–1785)

Hintergrund

Im territorial zersplitterten Deutschland treiben absolutistische Fürsten nach eigenen Interessen Politik, führen Kriege oder gehen Bündnisse ein. Nur einzelne Herrschaftsträger kommen den Bedürfnissen der Bürger entgegen und verbessern das Rechts-, Finanz- und Bildungswesen (aufgeklärter Absolutismus).

Das Bürgertum bleibt vielfach unterwürfig, spießig, intrigant und vom Wohlwollen des Fürsten abhängig. Eine freiere Gesinnung findet man dagegen in den großen Handelsstädten Frankfurt a. M., Straßburg, Leipzig, Berlin, Zürich und Hamburg. Hier entwickelt sich ein Bildungsbürgertum, das die politischen und sozialen Verhältnisse zu hinterfragen beginnt, nach Aufklärung verlangt und an die Erziehbarkeit des Menschen glaubt.

Grundlegenden Einfluss übt die **Philosophie** aus:
- Der Rationalismus sieht in der kritischen Vernunft die eigentliche Erkenntnisquelle (vgl. R. Descartes: „Cogito, ergo sum": „Ich denke, also bin ich.").
- Auch Baruch de Spinoza (1632–1677), ein holländisch-jüdischer Philosoph, ist Rationalist. Er glaubt, dass nur die mathematisch-vernünftige Denkweise zur Wahrheit führe, und dass Gott und die Natur eins seien (Pantheismus: Gott verwirkliche sich in den Dingen; Einfluss auf den deutschen Idealismus, Goethe).
- Der Empirismus (Francis Bacon, David Hume) leitet alle Erkenntnis (auch wissenschaftlicher Art) aus der Sinneserfahrung ab.
- Gottfried Wilhelm Leibniz (1646–1716) sieht die Welt als von Gott harmonisch geordnet und als beste aller Welten an; jedes Lebewesen sei mit dem Willen zur Vervollkommnung ausgestattet (Monaden-Lehre; vgl. Optimismus der Epoche).
- Immanuel Kant definiert 1784 Aufklärung als „Ausgang des Menschen aus seiner selbstverschuldeten Unmündigkeit". Gleichzeitig ruft er auf, sich mutig seines eigenen Verstandes zu bedienen („sapere aude"): Kritisches Fragen, Überprüfen, Urteilen und Handeln gehören zum menschlichen Wesen. Der Verstand befreit vom blinden Autoritätsglauben. Der selbstbewusste Einsatz der Vernunft führt zur Entwicklung der Naturrechtslehre, der Idee von der Volkssouveränität und der Vorstellung von der Erziehungs- und Bildungsfähigkeit des Menschen. Andererseits macht die Vernunft die eigenen Grenzen erkennbar, sowohl im Erkenntnisprozess als auch im sozialen Gefüge. Vernünftige Einsicht ist deshalb an Toleranz und humanes Verhalten gegenüber Andersdenkenden geknüpft.

- Große Wirkung übt Jean-Jacques Rousseau (1712–1778) mit seiner Zivilisationskritik und seinem Eintreten für Gefühl und Natürlichkeit auf Empfindsamkeit und Sturm und Drang aus.

Literarisches Leben

Das **Bildungsbürgertum** dominiert allmählich den Kulturbetrieb. Viele Autoren stammen aus protestantischen Pfarrhäusern. Ihre finanzielle Situation ist schwierig. Mancher hat als Hauslehrer nur karge Einkünfte. Allein von der Schriftstellerei zu leben ist nahezu unmöglich, zumal ein Urheberrecht noch nicht existiert. Als Publikum wird bevorzugt das Bürgertum der Handels- und Universitätsstädte gesucht, das sich jedoch nur langsam der Literatur und dem Theater aufschließt.

Steigender Beliebtheit erfreuen sich die aufkommenden Leihbibliotheken. Eine breite Leserschaft finden die moralischen Wochenschriften, die nach englischem Vorbild Ratschläge zur praktischen Lebensgestaltung geben.

Die Epoche wird durch zahlreiche unterschiedliche literarische Strömungen bestimmt. Sie reichen von der heiteren Rokoko-Dichtung über Formen der kritischen, belehrenden, unterhaltenden und erbauenden Literatur bis zu Werken, die religiösen und empfindsamen Gemütern Ausdruck verleihen.

Toleranz und Weltoffenheit fördern Übersetzungen, von denen die Shakespeare-Übersetzung Wielands am bedeutendsten ist.

Autoren und Werke

Der Leipziger Professor für Philosophie und Dichtkunst **Johann Christoph Gottsched** (1700–1766) machte sich vor allem durch seine Poetik *Versuch einer critischen Dichtkunst vor die Deutschen* (1730) einen Namen. Er verstand Poesie als eine Kunst des Verstandes, Scharfsinns und Witzes und trat für Reformen in Sprache, Literatur und Theater ein.

Widerstand erfuhr Gottsched durch zwei Schweizer: **Johann Jakob Bodmer** (1698–1783) und **Johann Jakob Breitinger** (1701–1776). Beide betonten die Bedeutung von Fantasie und Gefühl für die Dichtung.

Gotthold Ephraim Lessing (1729–1781) stammte aus dem sächsischen Kamenz. Nach medizinischen und theologischen Studien in Leipzig entschloss er sich als freier Schriftsteller zu arbeiten. Er war mit der Theatergruppe der Caroline Neuber bekannt und mit den Berliner Aufklärern Moses Mendelssohn und Friedrich Nicolai befreundet. 1760 bis 1765 arbeitete er als Sekretär des Generals von Tauentzien in Breslau, 1767 bis 1770 als Dramaturg am Hamburger Nationaltheater, ab 1770 als Bibliothekar in Wolfenbüttel. Mit

Miss Sara Sampson (1755) begründete er das bürgerliche Trauerspiel in Deutschland, das er dann mit *Emilia Galotti* (1772) fortsetzte. Hier zeigt er, wie bürgerliche Tugend und Liebe an höfischer Intrige und Eigensucht scheitern. In seinem dramatischen Gedicht *Nathan der Weise* (1779) gestaltet Lessing das Ideal der Humanität. Den Kern des Werkes bildet die Ringparabel, die er Boccaccios *Decamerone* entnommen hat. Gleichzeitig werden eigene Schicksalsschläge und Anfechtungen verarbeitet (Tod von Frau und Kind; Streit mit dem orthodoxen Hamburger Hauptpastor Goeze). Mit der Ringparabel antwortet Nathan auf die Frage Saladins nach der Wahrheit der geschichtlichen Religionen. So entsprechen die drei Ringe den drei monotheistischen Religionen: Judentum, Christentum und Islam. Alle drei gehen auf einen Gott zurück. Ihre Kraft offenbart sich aber nur in dem Menschen, der in seinem Streben das Werk Gottes verwirklicht. Damit beschwört Lessing den Traum von einer edleren und gütigeren Menschheit. Das Stück ist in reimlosen fünffüßigen Jamben geschrieben. Dieser so genannte Blankvers wurde zum Vers der deutschen Klassik. In seiner Komödie *Minna von Barnhelm* (1767) ironisiert Lessing übertriebenes Ehrgefühl.

Friedrich Gottlieb Klopstock (1724–1803) sah den Dichter als prophetischen Sänger in elitärer, priesterlicher Funktion. Seine Vorliebe für das Große und Erhabene zeigt sich in seiner Lyrik (*Der Zürchersee, Frühlingsfeier, Mein Vaterland*) und in dem Versepos *Der Messias* (1748–1773). Hier entspricht der feierlich-erhabene Ausdruck dem optimistischen Zug des Inhalts: Christi Tod bedeutet die Befreiung des Menschen. Klopstocks Oden und freie Rhythmen beeinflussen Goethe, Hölderlin, Rilke und die Lyrik des Expressionismus.

Die Arbeit von **Christoph Martin Wieland** (1733–1813), dem bekanntesten und meistgelesenen Autor der Zeit, bildet den Höhepunkt der Empfindsamkeit. Mit der *Geschichte des Agathon* (1766) verfasste er den ersten deutschen Bildungsroman. Wegen seines Staatsromans *Der goldene Spiegel* berief ihn die Herzogin Anna Amalia als Prinzenerzieher 1772 nach Weimar. Er übersetzte Shakespeare und der von ihm herausgegebene *Teutsche Merkur* wurde die führende Zeitschrift der Klassik.

Richtungen, Themen und Motive

Das leichte, verspielte literarische **Rokoko** antwortet auf die prunkvolle Schwere des Barock mit Lebensfreude, verfeinerter Sinnlichkeit und der harmonischen Verbindung von Geist und Anmut. Liebe, Wein, Natur und Geselligkeit werden in espritvoller Weise thematisiert (Friedrich von Hagedorn, Christian Fürchtegott Gellert, Ewald von Kleist, Christoph Martin Wieland, Johann Wolfgang Goethe).

Die kritische Vernunft der **Aufklärung** kann keine Standesunterschiede akzeptieren. So werden das Verhältnis zwischen Adel und Bürgertum (Lessing: *Emilia Galotti*), religiöse Toleranz und Humanität (Lessing: *Nathan der Weise*) angesprochen. Themen wie Erziehung und Bildung (Wieland: *Die Geschichte des Agathon*), irdisches Glück, sittliches Verhalten, Optimismus ergeben sich aus dem Glauben an die Einsichtsfähigkeit des Menschen (vgl. Gellert: *Fabeln und Erzählungen*).

Schon seit Ende des 17. Jahrhunderts verbreitet sich der **Pietismus**, eine von Philipp Jakob Spener (1635–1705) begründete religiöse Richtung innerhalb des Protestantismus, die sich in einer verinnerlichten Frömmigkeit äußert und der Literatur Gefühlsbereiche neu erschließt. In Tagebüchern, Briefen, emotionalen Liedern und Gedichten sowie Autobiografien kommt in einer gefühlsbetonten Sprache seelische Ergriffenheit zum Ausdruck. Das individuell erfahrene religiöse Erlebnis steht im Mittelpunkt der pietistischen Literatur. Das Gespür für seelische Empfindungen und ein Hang zur psychologischen Selbstbeobachtung wirken säkularisiert im Sturm und Drang (Goethe: *Werther*), in der Klassik (Goethe: *Wilhelm Meisters Lehrjahre, 6. Buch: Die schöne Seele*), bei Hölderlin, in der Romantik, im Symbolismus und Expressionismus weiter.

Die literarische Richtung der **Empfindsamkeit** beginnt um 1730 und nimmt wesentliche Impulse des Pietismus auf, sodass man sie früher als verweltlichten Pietismus bezeichnet hat. Verfeinerte Gefühlskultur, Offenheit für idyllische und düstere Naturstimmungen, Neigung zur Selbstanalyse und Streben nach moralischer Zufriedenheit sind ihre Kennzeichen. Auch sie stehen für ein selbstbewusst werdendes und sich emanzipierendes Bürgertum. Die Vertreter der Empfindsamkeit wollen Tugend und Glück aus dem Gefühl heraus begründen. Oft schwanken sie zwischen den Extremen Melancholie und Wonne (vgl. Sophie von La Roche: *Geschichte des Fräuleins von Sternheim*).

Theorie, Formen und Sprache

Theorie

Führender Theoretiker ist zunächst **Gottsched**, der in seinem *Versuch einer critischen Dichtkunst vor die Deutschen* (1730) Dichtung als Belehrung und Erziehung zu gutem Geschmack begreift. Für das Drama fordert er:
- Einhaltung der drei Einheiten,
- Beachtung der Ständeklausel,
- Ablehnung von Harlekin und Oper (zugelassen: Situationskomik). Als Vorbilder preist er die frz. Klassizisten. In seiner *Grundlegung einer deutschen Sprachkunst* (1748) plädiert er für einen einfachen, klaren Stil (Gegner des barocken Schwulstes) und die sächsische Sprache als Hochsprache.

Als Verfechter einer das Wunderbare erfassenden Fantasie widersprachen Bodmer und Breitinger der einseitigen Betonung des Verstandes durch Gottsched.

In mehreren Schriften beschäftigt sich **Lessing** mit poetologischen Fragen:
- In seinem 17. Literaturbrief verweist er auf Shakespeare. Dieser habe den Vorstellungen des Aristoteles mehr entsprochen als die französischen Klassizisten. Damit stellt sich Lessing gegen die Forderungen Gottscheds.
- Angeregt von den Schriften Winckelmanns tritt er in *Laokoon, Über die Grenzen der Malerei und Poesie* (1766) für eine klare Trennung der bildenden Kunst von der Dichtung ein (die Malerei bietet ein räumliches Nebeneinander, die Poesie ein zeitliches Nacheinander).
- Ausführlich bestimmt er das Wesen des Dramas in der *Hamburgischen Dramaturgie* (1767–1769): Die Tragödie erregt Furcht und Mitleid und bewirkt eine Katharsis, eine innere Reinigung (Verwandlung der Affekte in Tugenden). Der Tragödie kommt daher eine moralische Funktion zu.

Friedrich von Blanckenburg bietet in seinem *Versuch über den Roman* (1774) die erste bedeutende Gattungstheorie: Der Roman hat bildende Funktion und soll die Empfindungen des Menschen zum Ausdruck bringen.

Formen

In der **Lyrik** äußern sich unterschiedliche Einstellungen: Rokoko-Geist, Didaktisches und Empfindsames.
- In der Rokoko-Lyrik, auch anakreontische Lyrik (nach Anakreon, griech. Dichter, 6. Jh. v. Chr.), wird der Einfluss der antiken Mythologie, der lateinischen Dichtung (Horaz) und der Schäferdichtung spürbar. Hier drückt sich verfeinerter Lebensgenuss aus.
- Die Gedankenlyrik (didaktische Oden, Lehrgedichte, Epigramme) entspricht dem philosophisch-pädagogischen Zeitgeist. Barthold Hinrich Brockes (1680–1747), Albrecht von Haller (1708–1777) und Ewald von Kleist (1715–1759) kreisen in ihrer Reflexionspoesie um die Schönheit und Zweckmäßigkeit der Natur. Der rationale Geist der Epoche zeigt sich auch in Verssatiren gegen spätbarocke Hofkultur und überzogenen Stil. Mit Witz und Ironie werden menschliche Schwächen verspottet.
- Innige Frömmigkeit drücken die gefühlsbetonten pietistischen Kirchenlieder aus. Ergriffenheit spricht aus den frühen Oden und Elegien Klopstocks, in denen er sich mit erhabenen Gegenständen wie Freiheit, Vaterland und Gott beschäftigt. Ausdruck der Empfindsamkeit sind auch die Idyllen des Zürchers Salomon Geßner (1730–1788) und die volkstümlichen Gedichte von Matthias Claudius (1740–1815).

Die **Epik** der Aufklärung hat meist belehrenden und unterhaltenden Charakter.
- Dies zeigt sich in Kleinformen wie der Fabel, deren Hauptvertreter Christian Fürchtegott Gellert (1715–1769), Friedrich v. Hagedorn (1708–1754), Gottlieb Konrad Pfeffel (1736–1809) und Gotthold Ephraim Lessing sind.
- Georg Christoph Lichtenberg (1742–1799) nimmt in seinen Aphorismen politische, moralische und pädagogische Unzulänglichkeiten in humorvoller Weise aufs Korn.
- Der Roman gewinnt zunehmend an Beliebtheit und Bedeutung. In ihm kann man philosophische, didaktische und moralische Vorstellungen ansprechen und persönlichen Empfindungen Ausdruck verleihen. Daniel Defoes Roman *Robinson Crusoe* findet zahlreiche Nachahmer, zeigt er doch den siegreichen menschlichen Überlebenswillen. Aus England, wo die bürgerliche Kultur am weitesten entwickelt ist, wirkt auch der empfindsame Brief- und Familienroman Samuel Richardsons und der humoristische Sittenroman Henry Fieldings. Jean-Jacques Rousseaus *Émile* beeinflusst den deutschen Erziehungsroman. Sein Briefroman *Julie ou la Nouvelle Héloïse* bildet eine Vorlage für Sophie von La Roches *Geschichte des Fräuleins von Sternheim* und Goethes *Werther*. Mit *Die Geschichte des Agathon* schreibt Christoph Martin Wieland den ersten deutschen Bildungsroman. Begeisterte Aufnahme findet Klopstocks großes biblisches Versepos *Der Messias*, das durch seine freien Rhythmen und die gesteigerte Bildlichkeit die deutsche Sprache erweitert.

Im **Drama** kommen die gegensätzlichen Auffassungen von Gottsched und Lessing besonders zum Ausdruck.
- Gottsched orientiert das Drama an den französischen Klassizisten. Er kritisiert das Überzogene und Possenhafte auf der Bühne. Seine Absicht ist es, das Theater zu einem Forum der aufgeklärt-vernünftigen bürgerlichen Welt zu machen.
- Dagegen verweist Lessing auf Shakespeare. Mit *Miss Sara Sampson* leitet er das bürgerliche Trauerspiel in Deutschland ein. Sein *Nathan der Weise* führt durch Thema und Form (Humanität; Blankvers) an die Klassik heran.

Sprache
Pathos und Figurenreichtum des Barock werden abgelehnt, klare Syntax und sachlicher Stil bevorzugt. Gottsched tritt für eine deutsche Hochsprache ein. Das Gelehrtenlatein und das Hoffranzösisch werden kritisiert, ebenso die Vielzahl der Mundarten, weil sie regionale Schranken errichten. Pietismus und Empfindsamkeit verwenden eine nuancenreiche Gefühlssprache („Seelensprache"), bei Klopstock findet sich ein erhabener Stil.

Übersicht: Aufklärung und Empfindsamkeit

Hintergrund	**Politik:** Kleinstaaterei, (aufgeklärter) Absolutismus **Gesellschaft:** Untertanengeist; Bildungsbürgertum in den größeren Städten **Philosophie:** Descartes: Rationalismus („Cogito, ergo sum") Spinoza: Rationalismus, Pantheismus Bacon, Hume: Empirismus Leibniz: Rationalismus, Monaden-Lehre, Optimismus Kant: „sapere aude" (→ Naturrechtslehre, Volkssouveränität) Rousseau: Zivilisationskritik; Natürlichkeit, Gefühl **Leitbegriffe des Weltbilds:** Vernunft, Bildung, Toleranz, Humanität, Moral, Glück
Literarisches Leben	**Autoren und Publikum:** Autoren oft aus protestantischen Pfarrhäusern; Publikum: gebildetes Bürgertum der Handels- und Universitätsstädte **Entstehen eines literarischen Marktes:** Aufkommen von Leihbibliotheken und Lesesalons, steigende Beliebtheit moralischer Wochenschriften, Vielfalt der literarischen Richtungen; Übersetzungen
Autoren und Werke	Lessing: *Minna von Barnhelm, Emilia Galotti, Nathan der Weise* Klopstock: *Der Messias*, Oden Wieland: *Die Geschichte des Agathon*
Richtungen, Themen und Motive	Rokoko: Liebe, Wein, Natur, Geselligkeit Aufklärung: Ständekritik, religiöse Toleranz, Humanität, pädagogische und moralische Themen Pietismus: religiöse Thematik Empfindsamkeit: Natur, Gefühl, Seelisches
Theorie, Formen und Sprache	**Theorie:** Gottsched: Lehrbarkeit der Dichtung; Forderung für das Drama: Ständeklausel, drei Einheiten; Ablehnung: Harlekin, Oper, Sprachverwilderung; Vorbild: französischer Klassizismus Lessing: Gegner Gottscheds; Unterschied zwischen Malerei und Poesie; Katharsislehre (Drama); Vorbild: Shakespeare **Formen:** Lyrik: Anakreontik, Gedankenlyrik, Kirchenlieder, Volkslyrik Drama: bürgerliches Trauerspiel Epik: Fabel, Aphorismus, Roman (steigende Bedeutung), Versepos **Sprache:** Aufklärung: klare Syntax, sachlicher Stil Pietismus, Empfindsamkeit: emotionalisierter Stil (‚Seelensprache')

Sturm und Drang (1765–1785)

Hintergrund

Die Kritik der Aufklärung an Fürstenwillkür, Standesschranken, Untertanenmentalität, religiösem Dogmatismus und weltanschaulicher Engstirnigkeit wird von der jungen Generation der um 1750 Geborenen erneut aufgegriffen und mit den Anregungen von Rousseau, Spinoza, Young, Wood und Macpherson verbunden.

- Für Jean-Jacques Rousseau ist der Mensch von Natur aus gut, aber durch die Zivilisation verdorben. So wendet er sich im Contrat social gegen die gesellschaftlichen Zustände, fordert in seinem Erziehungsroman Émile ou de l'Éducation eine natürliche Pädagogik und bekennt sich mit Julie ou la Nouvelle Héloïse zu einer natürlichen Liebesbeziehung. Während die vernunftbestimmte Zivilisation menschliche Gemeinschaft zerstöre, führten Natur und Gefühl zum Glück: Le sentiment est plus que la raison.
- Vertieft wird die Naturvorstellung durch den Pantheismus Baruch de Spinozas, nach dem sich Gott in allen Gegenständen der Natur manifestiert.
- Die Engländer Edward Young und Robert Wood warnen vor einer zu geistiger Erstarrung führenden Bindung an tradierte Kunstgesetze und verweisen auf die intuitiven und spontanen Kräfte des Genies.
- Der schottische Theologe James Macpherson veröffentlicht die Fragments of Ancient Poetry, collected in the Highlands, die Stücke aus dem irisch-schottischen Sagenkreis um die Helden Fingal und Ossian enthalten. Die hier dargestellten düsteren Naturstimmungen, Liebesklagen und Kämpfe zeigen eine bisher in der Literatur unbekannte Empfindungswelt.

Die Stürmer und Dränger lassen sich von der Aufklärung zwar anregen, aber sie lehnen auch vieles ab, so Rationalismus, Fortschrittsoptimismus und enge Moralvorstellungen. Die Aufbruchstimmung der jungen Generation spiegeln die Leitbegriffe **Natur**, **Gefühl**, **Freiheit** und **Genie**. So ist der Sturm und Drang zunächst jugendlicher Protest gegen alle Formen der Autorität. Von ihr versucht sich die Jugend mit dem Hinweis auf die **Einzigartigkeit der Individualität** zu befreien. Statt zur Vernunft bekennt man sich jetzt verstärkt zum Gefühl und sieht in der ursprünglichen, beseelten Natur den Quell menschlicher Schöpferkraft. Natur bedeutet nicht nur Landschaft, sondern auch Körperlichkeit, Sinnlichkeit. Die Verbindung des Individuellen mit dem Naturhaften führt in verdichteter Steigerung zum Genie, das seine Kunst ganz aus der Fülle seines eigenen Inneren erschafft. Die emanzipierten Nachkommen pietistischer Empfindsamkeit schreiben aus fühlendem Herzen, dessen

Stimmungen zu einer psychologisierenden Selbstanalyse führen (Tagebücher, Briefe). Freiheit meint leidenschaftliche und radikale Subjektivität, die allerdings auch Konfliktpotenzial (Formauflösung) birgt.

Literarisches Leben

Der Sturm und Drang ist eine **Jugendbewegung**. Die Autoren stammen fast alle aus ärmeren bürgerlichen Verhältnissen (Ausnahme: Goethe). Sie protestieren nicht nur durch ihre Werke, sondern auch durch eine unkonventionelle Lebensweise.

Das bürgerliche Publikum empfindet die Anschauungen der Stürmer und Dränger zunächst als übertrieben und steht ihnen reserviert gegenüber. Bedeutende Werke wie Goethes *Die Leiden des jungen Werther* und Schillers *Die Räuber* können sich leichter durchsetzen.

Manche der jungen Autoren schließen sich zu lockeren Gruppen zusammen. So bildet sich ein Freundschaftskreis in Straßburg und Frankfurt um den jungen Goethe. Zu einer jüngeren schwäbischen Gruppe zählt auch Friedrich Schiller. Die studentischen Mitglieder des Göttinger Hainbunds verehren Klopstock. Ihr bekanntester Vertreter ist der Lyriker Ludwig Christoph Heinrich Hölty (1748–1776).

Autoren und Werke

Johann Wolfgang Goethe wurde am 28. August 1749 in Frankfurt am Main geboren. Der Privatunterricht seines Vaters sowie der Besuch von Theateraufführungen und Puppenspielen regten sein Sprach- und Kunstverständnis an. Seine Studien- und Ausbildungszeit (1765–1772) führte ihn vom Rokoko zum Sturm und Drang. Der Jura-Student stand in Leipzig unter dem Einfluss der Rokoko-Literatur. Schwer erkrankt nach Frankfurt zurückgekehrt, beschäftigte er sich mit Pietismus und Naturphilosophie. In Straßburg (1770–1771), wo er sein Studium abschloss, kam es zur entscheidenden Begegnung mit Herder, der ihm Rousseau, Ossian, Volkspoesie und vor allem Shakespeare vermittelte. Eine kurze, leidenschaftliche Liebe zur Sesenheimer Pfarrerstochter Friederike Brion fand dichterischen Ausdruck in der Sesenheimer Lyrik (Erlebnislyrik: *Mailied*, *Willkommen und Abschied*). Zurück in Frankfurt verarbeitet Goethe die Straßburger Eindrücke. Es entstehen die Aufsätze *Von deutscher Baukunst* und *Zum Shäkespears Tag*, das Drama *Götz von Berlichingen* und Sturm-und-Drang-Lyrik (*Wandrers Sturmlied*). Auf Wunsch des Vaters arbeitete er kurze Zeit am Reichskammergericht in Wetzlar. Die Liebe zu der bereits verlobten Charlotte Buff blieb unerfüllt. Die folgenden Jahre in Frankfurt

(1772–1775) zeigen ihn auf dem Weg zur Klassik. Goethe entfaltete eine reiche schriftstellerische Tätigkeit: *Die Leiden des jungen Werther* (1774, Briefroman; Verarbeitung der Wetzlarer Erlebnisse; Einfluss von Rousseau; eminente Wirkung: erste deutsche Dichtung von Weltrang); *Clavigo* (1774, Tragödie in Prosa); Sturm-und-Drang-Lyrik (*Mahomets Gesang, Prometheus, Ganymed, An Schwager Kronos, Der König in Thule*); Arbeiten am *Urfaust* und *Egmont*.

Der Königsberger **Johann Georg Hamann** (1730–1788) lehnte den Rationalismus der Aufklärung ab. In den *Sokratischen Denkwürdigkeiten* (1759) preist er das Genie Sokrates. Natur und Kosmos, Mensch und Gott bilden für ihn eine große Einheit. Sprache ist göttlichen Ursprungs und Poesie Religion.

Der Ostpreuße **Johann Gottfried Herder** (1744–1803) studierte in Königsberg Theologie und wurde dort Schüler Kants und Freund Hamanns. Nach einer Lehrer- und Predigertätigkeit in Riga unternahm er eine Frankreichreise und traf 1770 in Straßburg mit Goethe zusammen, den er zur vertieften Reflexion über Sprache und Poesie sowie zur Beschäftigung mit dem Volkslied, der Ballade und dem Werk Shakespeares anregte. 1776 kam er als Generalsuperintendent und Hofprediger nach Weimar. Als Geschichtsphilosoph und Ästhetiker wurde Herder zu einem der führenden Denker der Geniebewegung.

Nach **Maximilian Klingers** (1752–1831) Drama *Sturm und Drang* (1776) erhielt die Epoche ihren Namen. In *Die Zwillinge* (1776) gestaltete er das Motiv der rivalisierenden Brüder.

Der Livländer Pfarrersohn **Jakob Michael Reinhold Lenz** (1751–1792) begegnete Goethe in Straßburg. Aus Weimar wurde er später ausgewiesen. Zeitweise litt er unter geistigen Störungen. Verarmt starb er in Moskau. Lenz' Lyrik steht Goethes Sesenheimer Liedern nahe. Mit seinen Dramen (*Der Hofmeister, Die Soldaten*) begründete er die offene Dramenform, der Büchner im *Woyzeck* folgt.

Friedrich Schiller wurde am 10. November 1759 in Marbach am Neckar geboren. Die Erfahrung absolutistischer Willkür prägte seine Kindheit und Jugend. So musste er gegen seinen Willen auf Befehl des Herzogs Karl Eugen die Militärschule in Stuttgart besuchen, wo er zunächst Jura, dann Medizin studierte, bis er 1780 zum Regimentsmedikus bestellt wurde. Das Leiden unter dem Kasernendrill und die innere Opposition gegen den gesellschaftlichen Zwang führten zu dem Proteststück *Die Räuber* (1782). Das Schreibverbot des Herzogs zwang ihn zur Flucht auf das Gut Bauerbach bei Meiningen (Thüringen). Entsagungsvolle Jahre (1782–1791), in denen literarische und historische Arbeiten entstanden, folgten. Wegen Krankheit und Intrigen musste er eine Anstellung als Theaterdirektor am Mannheimer Nationaltheater aufgeben. 1783 erschien *Die Verschwörung des Fiesko zu Genua*, im folgenden Jahr

Kabale und Liebe (*Luise Millerin*). In großer finanzieller Not begab er sich nach Leipzig und Dresden, wo ihn Freunde unterstützten (Christian G. Körner). Hier vollendete er das dramatische Gedicht *Don Carlos*, das bereits seinen Übergang zur Klassik zeigt. In Weimar lernte er Herder und Wieland kennen. Mit Eifer trieb er historische Forschungen. Seine *Geschichte des Abfalls der vereinigten Niederlande* brachte ihm mit Goethes Hilfe eine unbezahlte Geschichtsprofessur in Jena ein (Antrittsvorlesung: *Was ist und zu welchem Ende studiert man Universalgeschichte?*). 1790 heiratete er Charlotte von Lengefeld.

Themen und Motive

Das in verschiedenen Variationen zum Ausdruck kommende Grundthema ist der **Konflikt** zwischen den subjektiven Ansprüchen eines **Ich** und den behindernden Kräften der **Zeit** (exemplarisch bei Goethe: *Prometheus*, *Götz*). Es äußert sich im politischen Kampf (Schiller: *Die Verschwörung des Fiesko zu Genua*), in Gesellschaftskritik (Lenz: *Die Soldaten*; Schiller: *Kabale und Liebe*), im Aufbegehren gegen gesellschaftliche Moralvorstellungen und im Bekenntnis zur Leidenschaft, gespiegelt in der Natur (Goethe: *Die Leiden des jungen Werther*), im Kindsmörderin-Motiv (Wagner: *Die Kindsmörderin*), im Motiv der feindlichen Brüder (Schiller: *Die Räuber*) und im sog. Faustischen Gefühl (Goethe: *Urfaust*).

Henry Hübchen als Karl Moor. „Die Räuber" in Magdeburg, 1972. Regie: K. Zschiedrich

Theorie, Formen und Sprache

Theorie
Heinrich Wilhelm v. Gerstenberg, Johann Gottfried Herder, der junge Goethe und Jakob Michael Reinhold Lenz repräsentieren die Sturm-und-Drang-Poetik.
- Gerstenberg betont in seinen *Briefen über Merkwürdigkeiten der Literatur* (1766/67) das schöpferische Original-Genie, Vorbild ist Shakespeare. Die Gattungen werden als willkürliche Erfindungen der Kunstrichter gesehen.
- Für Herder ist die Sprache Ergebnis einer historischen Entwicklung, also nicht göttlichen Ursprungs. Da sich jegliches Denken in der Sprache vollzieht, ist sie Grundlage für Volk, Wissenschaft und Literatur. Menschliche

Entwicklung läuft zur Sprachentwicklung parallel. Da die ursprünglichste Sprache Gesang war, kommt dem Volkslied besondere Bedeutung zu. Kunst ist naturgebunden, daher muss die Dichtung einen Bezug zur Natur haben.
- Goethe erkennt in seiner Rede *Zum Shäkespears Tag* (1771), was den englischen Dramatiker für den Sturm und Drang so bedeutend macht: „Seine Stücke drehen sich alle um den geheimen Punkt, in dem das eigentümliche unsres Ichs, die prätendierte Freiheit unsres Wollens mit dem notwendigen Gang des Ganzen zusammenstößt."
- In den *Anmerkungen über das Theater* (1774) formuliert Lenz seine poetologischen Grundgedanken. Die Kernidee lautet: Das dichterische Genie darf an keinen von außen herangetragenen Regelzwang gebunden werden. Die Vorstellungen des französischen Klassizismus sind abzulehnen.

Formen
Die wichtigste Gattung, das **Drama**, verleiht dem forcierten Lebensgefühl und dem Willen zur Änderung der Verhältnisse deutlichen Ausdruck. Radikal brechen die Autoren mit den überkommenen Regeln. Ihr Vorbild wird Shakespeare mit seiner offenen Dramenform. Figuren aus unterschiedlichen Schichten bevölkern die Bühne, große Kerls und Außenseiter, die aufbegehren. Volksnähe, häufige Orts- und damit Szenenwechsel zeigen die Abkehr vom normativen Drama.

Nach ersten Ansätzen im Spätbarock und in der Empfindsamkeit setzt sich in der **Lyrik** die Gefühls- und Erlebnisdichtung durch, wobei die Liedform besonders beliebt ist (vgl. Goethes Sesenheimer Lieder). Einfluss übt auch das historische Volkslied aus. Die Ballade wird neu entdeckt, Oden und Hymnen verlieren ihren rationalen und moralisierenden Gehalt und öffnen sich dem Gefühl (Goethe: *Wandrers Sturmlied, Ganymed, Prometheus*).

Den Höhepunkt des **epischen Schrifttums** bildet Goethes Briefroman *Die Leiden des jungen Werther* (1774). Ein zur Leidenschaft gesteigertes Gefühl, Natursehnsucht und Sozialkritik treffen den Nerv der Zeit und lösen ein Werther-Fieber aus, das ganz Europa ergreift.

Sprache
Dem Weltbild entsprechend ist die Sprache **ekstatisch, emotional**. Die Syntax wird aufgelöst, es finden sich grammatisch nicht folgerichtige Konstruktionen (Anakoluth). Häufige verwendete Mittel sind: Ausruf, Anrede, Elision (Auslassung eines auslautenden, unbetonten Vokals vor vokalischem Anlaut), Hyperbel, Lautmalerei, Metapher, Stammeln, Verkleinerungsformen und derbe, aber auch schlichte, volkstümliche Ausdrücke (Volkslied).

Übersicht: Sturm und Drang

Hintergrund	**Politik:** Absolutismus, Fürstenwillkür **Gesellschaft:** Aufbegehren der jungen Generation gegen Fürstenwillkür, Standesschranken, Untertanenmentalität und religiösen Dogmatismus **Anregungen:** Rousseau: Kulturpessimismus; Natur, Gefühl Spinoza: Pantheismus Young, Wood: Intuition, Spontaneität, Genie Macpherson: Ossian; Natur und Empfindung **Ablehnung:** Rationalismus, Fortschrittsoptimismus, enge Moralvorstellungen, Formen überkommener Autorität **Leitbegriffe des Weltbilds:** Natur, Gefühl, Freiheit, Genie
Literarisches Leben	**Autoren und Publikum:** junge Autoren, meist aus unteren bürgerlichen Schichten, zunächst reservierte Haltung des bürgerlichen Publikums **Lockere Gruppenbildungen:** in Straßburg und Frankfurt um Goethe; schwäbische Gruppe um Schiller; Göttinger Hain: Verehrung Klopstocks
Autoren und Werke	Goethe: Sesenheimer Lyrik, *Zum Shäkespears Tag*, *Die Leiden des jungen Werther*, Sturm-und-Drang-Lyrik Herder: Organismusgedanke, Volkslied, Humanitätsideal Klinger: *Sturm und Drang, Die Zwillinge* Lenz: *Der Hofmeister, Die Soldaten* Schiller: *Die Räuber, Kabale und Liebe, Don Carlos*
Themen und Motive	Das subjektive Ich in Konfrontation mit den Kräften der Zeit: Protest gegen Autoritäten, Gesellschaftskritik, Bekenntnis zu Leidenschaft; Motive: Kindsmörderin, feindliche Brüder, Faust
Theorie, Formen und Sprache	**Theorie:** Ablehnung tradierter Literatur- und Kunstregeln Betonung des schöpferischen Original-Genies Herstellen eines Bezuges zwischen Kunst und Natur Vorbild: Shakespeare **Formen:** Drama: wichtigste Gattung, offene Form Lyrik: Erlebnislyrik, Ballade Epik: Briefroman **Sprache:** affektgeladen, Syntaxauflösung, Ausrufe, Hyperbeln

Klassik (1786–1805)

Hintergrund

Die **Französische Revolution** ist das zentrale politisch-gesellschaftliche Ereignis der Zeit. Ihr Ruf nach Freiheit, Gleichheit und Brüderlichkeit löst anfängliche Begeisterung aus, doch führen wachsendes Chaos und fortschreitender Terror (Jakobinerherrschaft) bald zu kritischer Sicht und Ablehnung. In Intellektuellenkreisen wird man sich zugleich der Krisensituation bewusst, in der sich alte Ordnungen aufzulösen beginnen.

Während in manchem deutschen Kleinstaat die Bürger noch unter einem absolutistischen Fürsten leiden, entfaltet sich in der aufgeklärten, feinsinnigen, aristokratischen Atmosphäre der **Residenzstadt Weimar die Klassik**.

Die **kulturell aufgeschlossene Klassik** empfängt wesentliche Anregungen in **Auseinandersetzung mit anderen Epochen** und philosophischen Anschauungen:
- Der Archäologe Johann Joachim **Winckelmann** (1717–1768) sah in der griechischen Antike das Schönheitsideal „**edle Einfalt und stille Größe**" verwirklicht: Hinter allen Werken, auch wenn sie einen leidenschaftlich bewegten Ausdruck darstellen, sei eine ruhige und große Seele zu spüren.
- Die Leitbegriffe der **Aufklärung (Toleranz, Humanität, Weltbürgertum, Glaube an die Entwicklungsfähigkeit des Menschen)** werden übernommen.
- Die Empfindsamkeit wirkt auf **Gefühlskultur und Innerlichkeit**.
- Der **Sturm und Drang** regt zur Auseinandersetzung mit den kreativen Möglichkeiten und Grenzen der Individualität an.
- Eine erhebliche Wirkung geht von der Philosophie des deutschen **Idealismus** aus, besonders von den Vorstellungen Immanuel **Kants** (1724–1804):
  - *Kritik der reinen Vernunft* (1781): Kant stellt fest, dass eine absolute Erkenntnis nicht möglich sei. Keineswegs entspreche das, was wir als wirklich wahrzunehmen glauben, der tatsächlichen Wirklichkeit. Denn der Erkenntnisprozess sei stets belastet von subjektiven Zutaten.
  - *Kritik der praktischen Vernunft* (1788): Die Vernunft könne zwar nicht Absolutes erkennen, aber sie besitze die Fähigkeit, Recht von Unrecht zu unterscheiden. Wenn der Mensch in seinem freien Willen sich den Einflüssen der Außenwelt beuge, sei er unfrei. Frei sei er nur dort, wo er dem Sittengesetz folge. Dieses formuliert Kant als kategorischen Imperativ, einen für alle Situationen geltenden unbedingten Befehl. Er besagt, dass der Grundsatz des eigenen Handelns für alle Menschen gelten muss.
  - *Kritik der Urteilskraft* (1790): Kant befreit die Kunst von allen moralischen, gesellschaftlichen und weltanschaulichen Absichten. Das Schöne

besitze Eigenwert, symbolisiere eine überbegriffliche Idee und gehorche nur seiner eigenen Zweckmäßigkeit (interesseloses Wohlgefallen am Schönen).

Literarisches Leben

Entscheidend für das literarische Leben wird **Weimar**, das beim Eintreffen Goethes, 1775, etwa 6 000 Einwohner zählt, von denen ein Großteil für den Hof arbeitet. Über den sog. Weimarer Musenhof, begründet von der Herzogsmutter Anna Amalia, findet Goethe eine Reihe von Personen, die ihn nachhaltig beeinflussen sollten, so Wieland und Charlotte von Stein, seit 1776 Herder, seit 1799 Schiller. Doch trotz der Entfaltungsmöglichkeiten, die Weimar Goethe bietet, spürt er auch die provinzielle Enge des kleinen Herzogtums.

Die Wirkung der beiden großen Klassiker Goethe und Schiller, die sich zwischen 1794 und 1805 durch ihre Freundschaft gegenseitig anregen, bleibt auf ein elitäres Publikum beschränkt. Die breitere Gesellschaft findet eher Interesse an einfacherer Literatur (z. B. bürgerliche Rührstücke von Iffland und Kotzebue). Auch der Erfolg der Zeitschriften, die Goethe und Schiller herausgeben, ist eher bescheiden (Schiller: *Thalia, Die Horen*; Goethe: *Die Propyläen, Über Kunst und Altertum*).

Autoren und Werke

Goethe und Schiller sind die Leitfiguren der Epoche. Beide finden über den Sturm und Drang zur Klassik.

1775 folgte **Goethe** einer Einladung des Herzogs Karl August nach Weimar, wo er Hof- und Staatsaufgaben übernahm. Zum Schicksal wurde ihm die Freundschaft mit der unglücklich verheirateten Charlotte von Stein. Sie führte sein ungestümes Temperament zur Mäßigung, aber auch zur leidvollen Entsagung. Neben botanischen und geologischen Studien arbeitete Goethe an *Iphigenie auf Tauris* und *Torquato Tasso* (Lyrik: *Grenzen der Menschheit, Der Erlkönig, Das Göttliche*).

Mit Goethes Italienreise (1786) begann die eigentliche klassische Zeit. Sie endete mit Schillers Tod (1805). Die Heiterkeit und Sinnenfreude Italiens und die Begegnung mit den klaren und harmonischen Formen der antiken Kunst wirkten als innere Befreiung. Goethe gestaltet die *Iphigenie* in Jambenverse um, er vollendet den *Egmont* und arbeitet an *Faust, Tasso* und *Wilhelm Meister* (Nachwirkungen in Weimar: *Römische Elegien*). *Iphigenie*, das Schlüsselwerk der Klassik, enthält alle wesentlichen Kennzeichen der Epoche: Der Inhalt spielt in der Antike und konzentriert sich auf allgemein gültige Aussagen, jenseits des vergänglichen Zeitgeschehens. In der Figur der Iphigenie wird deutlich, dass reine Menschlichkeit keineswegs selbstverständlich ist, sondern errungen werden muss. Dazu ist, wie Thoas erfährt, Entsagung notwendig. Auch der Glaube an das letztlich Gute des Seins stellt ein Kernthema dar. Nicht die mythische Abhängigkeit von teilnahmslosen Göttern leitet den Glauben Iphigenies, sondern das Bewusstsein, dass dort, wo sich der Mensch radikal und aus freier Entscheidung zu Wahrheit und Menschlichkeit durchringt, die Götter ihn retten müssen. Orest findet seine psychische Ruhe wieder, das Harmonie-Ideal zwischen Menschen und zwischen Menschen und Göttern wird im Drama verdeutlicht. In *Torquato Tasso* stehen sich Künstler (Tasso) und höfische Politiker (Antonio) gegenüber.

Zurückgekehrt nach Weimar, gab Goethe seine Amtsgeschäfte auf. Er heiratete die 23-jährige Christiane Vulpius (1789: Geburt des Sohnes August). Goethe entfaltet eine rege literarische und wissenschaftliche Tätigkeit. In verschiedenen Werken verarbeitet er die Französische Revolution (*Der Bürgergeneral, Hermann und Dorothea*. 1792 nahm er als Begleiter des Herzogs am 1. Koalitionskrieg teil: *Die Campagne in Frankreich, Die Belagerung von Mainz*). Er beschäftigt sich mit morphologischen (Morphologie: vergleichende Gestaltlehre) und optischen Studien (*Über die Metamorphose der Pflanzen*, 1790) sowie mit der Farbenlehre.

1794 kommt es zur entscheidenden Begegnung mit Schiller in Jena. Es beginnt eine Zeit reicher, gegenseitiger Anregung. Goethe beendet seinen Bildungsroman *Wilhelm Meisters Lehrjahre* (1796), er setzt die Arbeit am Faust-Thema fort, arbeitet für Schillers *Horen* und den *Musenalmanach*. 1796 gibt er mit Schiller *Die Xenien* heraus (satirische Angriffe auf die zeitgenössische Literatur). 1797 gilt als das „Balladenjahr" der deutschen Literatur (Goethe: *Der Zauberlehrling*; Schiller: *Die Kraniche des Ibykus, Der Ring des Polykrates*).

Nach Schillers Tod steht Goethe im Mittelpunkt des geistigen Deutschlands. In dieser sog. „Altersepoche" vollendet er wichtige Werke (1805–1832). Er schließt *Faust I* ab. Der Einfluss des persischen Dichters Hafis und die Liebe zu Marianne von Willemer führen zu der Gedichtsammlung *Westöstlicher Divan* (1819). Der Untertitel von *Wilhelm Meisters Wanderjahre* (1821, 1829) lautet *Die Entsagenden*. Damit wird noch einmal deutlich gemacht, dass der Mensch, um in eine Gemeinschaft integriert werden zu können, Selbstlosigkeit lernen müsse. Den zweiten Teil des *Faust* beendet er ebenso wie sein autobiografisches Werk *Dichtung und Wahrheit* kurz vor seinem Tod (1831). 60 Jahre hat Goethe am *Faust* geschrieben. Durch Bearbeitungen des Faustbuchs von 1587 und durch Puppenbühnen lernte er den Stoff kennen. Vier Phasen lassen sich unterscheiden: die Sturm-und-Drang-Zeit (*Urfaust*, 1775),

Italien (*Faust, ein Fragment*, 1790), die Anregung durch Schiller (*Faust. Der Tragödie erster Teil*, 1808) und das Ergebnis seiner Altersphase (*Faust. Der Tragödie zweiter Teil*, 1832). Im ersten Teil scheitert der nach Totalität strebende, stets unzufriedene Faust als Gelehrter und als Liebender: Der Wissenschaftler verschreibt sich der Magie und der Liebende vernichtet die Geliebte. Er ist der Einsame, Irrende und Schuldige zwischen Macht und Ohnmacht, Schein und Sein, Wissen und Schönheit, nordischer und südlicher Welt. Letztlich nur die Liebe und sein stetes Bemühen schaffen die Chance der Erlösung. Goethes letzte Jahre waren von Einsamkeit überschattet: Bereits 1816 starb seine Frau Christiane, 1827 Charlotte von Stein, 1828 Herzog Karl August, 1830 sein Sohn August in Rom. Goethe starb am 22. März 1832 in Weimar.

Eine finanzielle Unterstützung durch Prinz Friedrich Christian von Augustenburg und den dänischen Grafen Schimmelmann ermöglicht **Schiller**, sich philosophischen und ästhetischen Studien zu widmen. Damit beginnt seine klassische Zeit: Er beschäftigt sich mit Kant und verfasst theoretische Schriften: *Über Anmut und Würde* (1793); *Über die ästhetische Erziehung des Menschen* (1795); *Über naive und sentimentalische Dichtung* (1795/96).

Die Freundschaft mit Goethe (1794–1805) ist von nachhaltiger Bedeutung. 1795 beginnen die *Horen* zu erscheinen (bis 1797); 1796 erfolgt die Herausgabe des *Musenalmanach* (*Xenien*; 1797: *Musenalmanach* mit Balladen). 1798 wird zur Eröffnung des umgebauten Weimarer Theaters *Wallensteins Lager* uraufgeführt. 1799 folgten *Die Piccolomini* und *Wallensteins Tod* als weitere Teile der großen geschichtlichen Trilogie, in deren Mittelpunkt Freundschaft und Verrat, Intrige und Ideal, vor allem aber Macht und Schicksal stehen. Im Dezember 1799 zieht Schiller nach Weimar. Wiederholt wird er von Krankheiten geplagt, doch sein Arbeitswille ist ungebrochen: In dem Läuterungsdrama *Maria Stuart* (1800) greift er auf die englische Geschichte, in *Die Jungfrau von Orleans* (1801) auf die französische zurück. *Die Braut von Messina* (1803) lehnt sich durch die Bedeutung des Schicksals und des Chores an das antike Vorbild an. *Wilhelm Tell* (1804), sein letztes vollendetes Drama, thematisiert eine historische Sage der Schweiz. Schiller zeigt, wie sich eine naturgemäße Ordnung gegen den Übergriff absolutistischer Gewalt zu wehren versteht. Am 9. Mai 1805 starb Schiller in Weimar.

Autoren zwischen Klassik und Romantik
Friedrich Hölderlin (1770–1843) studierte zusammen mit Schelling und Hegel am Tübinger Stift. Während einer Hauslehrerstelle beim Frankfurter Bankier Gontard verliebte er sich in dessen Frau Susette, der er in seinem Roman *Hyperion* ein literarisches Denkmal setzt. Nach der Aufgabe der Stelle

führte er ein unstetes Leben. 1802 traten Anzeichen von Schwermut auf. Von 1807 bis zu seinem Tod lebte er zurückgezogen in Tübingen bei einem Tischler. Hölderlin ist von der Antike, von Rousseau, Klopstock und Schiller, aber auch von der schwäbisch-pietistischen Frömmigkeit des Elternhauses beeinflusst. Schon früh spürte er die Spannung zwischen einem irrational-visionären Gottesbild und der rationalen Eingeschränktheit des Menschen. So galt seine Suche der Harmonie zwischen Gott und Mensch, Antike und Gegenwart, Mythos und Christentum. In seiner künstlerischen Entwicklung befreite er sich von den Vorbildern und den klassischen Zeitgenossen. Die Aussagen in der Lyrik (Hymnen, Oden, Elegien) verdichten sich zu schwierig zu deutenden Chiffren (*Brot und Wein*, *Patmos*). Immer wieder thematisiert er das Wesen und die Aufgabe der Dichtung. Im Briefroman *Hyperion oder der Eremit in Griechenland* (1797–1799) zeigt er das Scheitern eines Idealisten. In den *Empedokles*-Fragmenten (1798–1800) geht es um die Fragen von Schuld und Sühne eines Dichter-Sehers und seines Verhältnisses zum Volk und zur Natur.

Der aus Wunsiedel stammende arme Predigersohn **Jean Paul** (eigentlich Johann Paul Friedrich Richter; 1763–1825) verbindet in seinen Werken Aufklärung und Empfindsamkeit, Klassik und Romantik, Alltagstrivialität und Idealität, die enge Welt seiner ländlichen Heimat und die Weite der Fantasie, Idylle und skurrile Komik. Zu seinen Romanen *Die unsichtbare Loge* (1790), *Hesperus* (1795) und *Titan* (1800/04) entlarvt er mit Witz und Satire überzogenes Machtstreben und tritt für Menschlichkeit ein.

Heinrich von Kleist (1777–1811) erfuhr eine entscheidende seelische Erschütterung durch das Studium der Philosophie Kants. Kern dieser „Kantkrise" waren die Erkenntnis von der Relativität der sinnlichen Wahrnehmung und das daraus resultierende Kommunikationsproblem. Pessimismus und menschliche Verwirrung („Versehen") werden im Erstlingsdrama *Die Familie Schroffenstein* (1803) und, zugespitzt, in *Penthesilea* (1808) deutlich. Die Erkenntnisproblematik und Fragen der Schuld greift er auch in seinen Novellen auf (*Das Erdbeben in Chili*, 1807; *Die Marquise von O.*, 1808; *Michael Kohlhaas*, 1810; *Das Bettelweib von Locarno*, 1811). Dagegen steht die Kraft der intuitiven Erkenntnis, wie sie im historischen Schauspiel *Das Käthchen von Heilbronn* (1808) und in *Prinz Friedrich von Homburg* (1821) zum Ausdruck kommt. In seinem Aufsatz *Über das Marionettentheater* (1810) beschäftigt er sich mit kunsttheoretischen Themen. Ein vehementes Engagement gegen Napoleon kommt in seinem Drama *Die Hermannsschlacht* (1821) zum Ausdruck. Menschliche Unzulänglichkeiten werden in der Komödie *Der zerbrochne Krug* (1808) angesprochen. 1811 nahm sich Kleist am Wannsee das Leben.

Kennzeichen, Themen und Motive

Klassische Epochen (vgl. Zeit des Perikles in Griechenland, Zeit des Augustus in Rom, Staufische Klassik, Elisabethanische Zeit in England, Siglo de Oro in Spanien, Weimarer Klassik) setzen eine hohe Kulturstufe voraus. Die Gesellschaft zeichnet sich durch Bildung, Wissen um die eigene Geschichtlichkeit, ein geschlossenes Weltbild mit klarem Wertekanon und differenzierter Sprache aus.

Unter klassischer Dichtung versteht man eine Literatur, die sich an antiken Themen und Formen orientiert und diese schöpferisch in zeitlosen, mustergültigen und einzigartigen Werken verarbeitet (Ausgewogenheit von Form und Inhalt, formale Geschlossenheit).

Kennzeichnende Merkmale und Themen der Weimarer Klassik sind:
- Glaube an die Bildungsfähigkeit des Menschen (damit an seine Freiheit und Verantwortlichkeit; Bildung zur Gemeinschaft: *Wilhelm Meister*; Bildungsfähigkeit auch im künstlerischen Sinne; vgl. Schillers ästhetische Schriften),
- Suche nach Ausgleich (Verstand und Gefühl, Individuum und Gesellschaft, Besonderes und Allgemeines; Bezähmung der Leidenschaften und Absage an überzogene Subjektivität: Goethe, *Torquato Tasso*; Notwendigkeit von Entsagung, Begrenzung, Maß: Goethe, *Die Wahlverwandtschaften*; Scheitern von Machtstreben und maßlosem Ehrgeiz: Schiller, *Wallenstein*; Wandlungsfähigkeit und Überwindung der Schuld: Schiller, *Maria Stuart*; Sieg des Ideellen und der Gemeinschaft über die Willkür: Schiller, *Wilhelm Tell*),
- Orientierung am Schönheitsideal der Antike,
- Streben nach Humanität und Toleranz (vgl. *Iphigenie*),
- Bekenntnis zum Weltbürgertum (Desinteresse an der Tagespolitik).

Theorie, Formen und Sprache

Theorie

Schiller hat wiederholt zu Kunst und Ästhetik Stellung genommen und sich dabei vor allem mit den Vorstellungen Kants auseinandergesetzt. Dieser hatte in der *Kritik der praktischen Vernunft* erklärt, dass das sittlich Gute ohne Rücksicht auf Nutzen, Erfolg oder Daseinsglück geschehen müsse. Ziel sei die Übereinstimmung des Menschen mit der im Gewissen erfahrbaren übersinnlich-göttlichen Vernunft. Dies entsprach auch Schillers Vorstellungen. Doch lehnte er Kants rigorose Trennung von Natur und sittlicher Vernunft ab.
- *Über Anmut und Würde* (1793): Hier beschreibt Schiller das Ideal einer „schönen Seele". Darunter versteht er einen Menschen, der das Gute und Pflichtgemäße aus Neigung tut und dadurch zur inneren Harmonie findet. Äußerlich drückt sich dies in der Anmut aus. Ist diese Einheit jedoch

gestört, hat im Sinne Kants das Sittliche den Vorrang. Wenn der Mensch dieser Pflicht gehorcht und sich selbst überwindet, zeigt er sich erhaben und besitzt Würde. Der Tragödienheld kann durch sein Ja zur Pflicht seinen äußeren Untergang zwar nicht vermeiden, aber Freiheit erreichen.

- *Über naive und sentimentalische Dichtung* (1795): Während der naive Mensch in instinktiver, harmonischer Naturverbundenheit seine Werke schafft (Beispiele: Antike, Goethe), treten beim sentimentalischen Dichter Geist und Sinnliches in Widerspruch. Die verlorene Harmonie muss erst errungen werden. Das Ausschalten des sinnlichen Begehrens geschieht durch interesselose ästhetische Kontemplation und ist Aufgabe der Bildung.
- *Briefe über die ästhetische Erziehung des Menschen* (1791–1794): Kunst dient dazu, den Menschen zur inneren Freiheit und Harmonie und damit zu seiner eigentlichen Bestimmung zu führen (Ausgleich Vernunft–Sinnlichkeit).

Goethes fortwährendes Interesse an der Natur prägt auch seine Vorstellungen von der Kunst. Die Natur wird im Sinne des Neuplatonismus, Spinozas und Shaftesburys Pantheismus als fruchtbares, ewiges Lebensprinzip betrachtet.

Formen

Das **Drama** behandelt als Ideendrama Stoffe und Themen, die einem übergeordneten Leitgedanken folgen und Allgemeingültigkeit beanspruchen: Humanität, Verhältnis von Genie und Gesellschaft, Freiheit, Charakter- und Willensfreiheit, Schuld und Läuterung. Bei Schiller überschneidet sich das Ideendrama mit dem Geschichtsdrama. Das klassische Drama folgt der geschlossenen Form (pyramidaler Aufbau, verinnerlichte Handlung: „Seelendrama", geringe Figurenzahl, kunstvoll stilisierte Sprache: Blankvers, Sentenzcharakter).

Im **Roman** werden Erziehung und Bildung thematisiert. Mit *Wilhelm Meister* bietet Goethe den Prototyp des Entwicklungs- und Bildungsromans.

Auch die **Lyrik** zeigt Grundsätzliches. Die Ballade enthält allgemein gültige Lehren. Philosophisches und Lehrreiches wird in Epigrammen, Hymnen und Oden angeboten. Aber auch, was in schlichter liedhafter Form und Sprache erscheint, drückt neben Persönlichem Allgemein-Symbolisches aus.

Sprache

Die Sprache der Weimarer Klassik ist eine **stilisierte Kunstsprache**, d.h. sie entwickelt sich nicht aus der Gesellschaft, sondern wird vom Autor geschaffen. Mundart und Umgangsidiom sind ihr fremd. Am deutlichsten zeigt sich das im Drama, wo individuelle Gefühle nur gedämpft erscheinen, Extremes ausgeklammert bleibt und die Diktion sentenzhaft und rhythmisiert wirkt.

Übersicht: Klassik

Hintergrund	**Politik:** Französische Revolution, Napoleon, Kleinstaaterei **Anregungen:** Antike: Schönheitsideal Aufklärung: Toleranz, Vernunft, Humanität, Weltbürgertum Empfindsamkeit: Gefühlskultur, Innerlichkeit Sturm und Drang: Möglichkeiten und Grenzen des Individuums Idealismus: Erkenntnisthematik
Literarisches Leben	**Autoren:** Weimar als kulturell-literarischer Mittelpunkt (Musenhof!) motivierendes Element: Freundschaft zw. Goethe und Schiller **Publikum:** gebildet, elitär; geringes Interesse der breiteren Öffentlichkeit
Autoren und Werke	**Klassik:** Goethe: *Iphigenie auf Tauris, Torquato Tasso, Egmont, Grenzen der Menschheit*, Balladen, *Faust I, West-östlicher Divan, Wilhelm Meister, Dichtung und Wahrheit, Faust II* Schiller: ästhetische und philosophische Schriften, *Musenalmanach, Wallenstein*-Trilogie, *Maria Stuart, Die Jungfrau von Orleans, Die Braut von Messina, Wilhelm Tell* **Autoren zwischen Klassik und Romantik:** Hölderlin: Gedichte, *Hyperion, Empedokles*-Fragmente Jean Paul: *Die unsichtbare Loge, Hesperus, Titan* Kleist: *Penthesilea, Das Käthchen von Heilbronn, Prinz Friedrich von Homburg, Das Erdbeben in Chili, Michael Kohlhaas*
Kennzeichen, Themen und Motive	Glaube an die Bildungsfähigkeit des Menschen (Autonomie) Suche nach Ausgleich zw. Extremen (Entsagung, Begrenzung) Orientierung am Schönheitsideal der Antike (Maß, Harmonie) Streben nach Humanität (Toleranz, Wahrhaftigkeit) Bekenntnis zum Weltbürgertum (Absage an Tagespolitik)
Theorie, Formen und Sprache	**Theorie: Schiller** *Über Anmut und Würde*: Harmonie zw. Pflicht und Neigung *Über naive und sentimentalische Dichtung*: Gegensatz zw. instinktiver Naturverbundenheit und der Suche nach verlorener Harmonie *Briefe über die ästhetische Erziehung des Menschen*: Kunst als Befreiungsmöglichkeit **Formen:** Drama: Ideendrama Epik: Bildungsroman Lyrik: Ballade, Gedankenlyrik **Sprache:** stilisierte Kunstsprache; sentenzhaft, rhythmisiert

Romantik (1795–1830)

Hintergrund

Napoleons Hegemoniestreben, das Ende des Deutschen Reiches (1806), Befreiungskriege, Wiener Kongress und Restaurationszeit prägen die Politik der Zeit.

Die Gesellschaft zeigt ein differenziertes Bild: In liberalen Kreisen herrscht nach dem Wiener Kongress bittere Enttäuschung. Zukunftsorientierte Schichten des Bürgertums setzen bereits auf die beginnende Industrialisierung und erkennen im Kapital ein entscheidendes Machtmittel. In breiten Bevölkerungsteilen existiert die vorrevolutionäre Untertanenmentalität weiter.

Die Kultur zeigt den Einfluss verschiedener Richtungen (Pietismus, Empfindsamkeit: individuelle Gefühlskultur; Sturm und Drang: Freiheits- und Geniebegriff, Naturmotivik, Literatur der Volkstümlichkeit, Herders Organismusgedanke; Klassik: Harmoniestreben, *Wilhelm Meister*). Im Mittelpunkt der Philosophie stehen Fichtes radikaler Subjektivismus (menschliches Bewusstsein als Schöpfer der Welt), Schellings Vorstellung vom beseelten Universum (Identität zw. Natur u. Geist) und Schleiermachers religiöser Individualismus (nicht ein Dogma entscheidet, sondern das „Gefühl" vom Unendlichen).

Literarisches Leben

Um 1800 bilden sich in Universitätsstädten nach französischem Vorbild kleine intellektuelle Gruppen. Im Mittelpunkt dieser Salonkultur stehen geistreiche Frauen, wie Caroline Schlegel in Jena, Rahel Varnhagen und Henriette Herz in Berlin. Viele dieser Frauen sind dichterisch tätig (besonders: Dorothea Schlegel, Karoline von Günderode, Bettina von Arnim). In solchen Kreisen entfaltet sich in zwanglosen Gesprächen eine verfeinerte gesellschaftliche Kultur.

Im Epochenverlauf bilden sich vier Phasen der Romantik:
- Die ältere oder **Frühromantik** zeigt eine philosophisch-spekulative Ausrichtung. Zu ihr gehören die Brüder Schlegel mit ihren Frauen Caroline und Dorothea, Novalis, Wackenroder, Tieck, Schelling und Schleiermacher. Zentren sind Berlin, Halle und Jena (Jenaer Romantik). Die programmatischen Ideen erscheinen in den Zeitschriften *Athenäum* und *Europa*.
- Die Mitglieder der **Hochromantik** treffen sich vorwiegend in Heidelberg (Heidelberger Romantik). Zu ihnen gehören: Arnim, Brentano, Görres, Eichendorff. Sie verfolgen historische und politische Interessen. Ihre Bindung an Volk, Tradition und Kirche führt zum Sammeln von Liedern, Märchen und Sagen und zur wissenschaftlichen Beschäftigung mit der Sprache. In Arnims *Zeitung für Einsiedler* arbeiten auch die Brüder Grimm mit.

- Ein wichtiges Zentrum der **Spätromantik** ist wieder Berlin (Berliner Romantik), wo Arnim, Brentano, Kleist, Fouqué, Chamisso und Adam Müller zusammenkommen, sich politisch-patriotisch orientieren und wissenschaftlich arbeiten. Die *Berliner Abendblätter* sind ihre Zeitschrift.
- Die **Schwäbische Romantik** hat ihren Mittelpunkt in Stuttgart. Ihre Vertreter Uhland, Schwab, Justinus Kerner, später Hauff und Mörike, zeigen Interesse am Historischen.

Die ausländische Literatur wird in zahlreichen Übersetzungen zugänglich gemacht. Berühmtheit erlangt die Shakespeare-Übersetzung durch August Wilhelm Schlegel. Daneben gibt es Übersetzungen aus dem Italienischen (Dante, Ariost), Spanischen (Calderon), Persischen (Hafis) und anderen Sprachen.

Die Beschäftigung mit der Vergangenheit lässt sich auch an der Sammler-, Forscher- und Herausgebertätigkeit der Romantiker erkennen. 1778 hatte Herder eine Sammlung von Volksliedern herausgegeben. Sie wird 1807 unter dem Titel *Stimmen der Völker in Liedern* neu ediert und übt eine große Wirkung auf die Romantiker aus. 1805/1808 erscheint in zwei Bänden *Des Knaben Wunderhorn*, eine von Arnim und Brentano herausgegebene Sammlung alter Volkslieder. Die bedeutendste Märchensammlung stammt von den Brüdern Grimm. 1812 erscheint der erste Band der *Kinder- und Hausmärchen*.

Mit den Brüdern Jacob und Wilhelm Grimm kommt es zur Begründung der Germanistik, der wissenschaftlichen Erforschung der deutschen Sprache und Literatur (1810: erster Lehrstuhl für Germanistik in Berlin). Bedeutende Arbeiten zur Sprache entstehen. Den Germanisten am Beginn des 19. Jahrhunderts geht es vor allem um das Aufzeigen einer kulturellen deutschen Volkstradition als Ausgang für eine kommende nationale Einigung.

Autoren und Werke

Achim von Arnim (1781–1831) gab zusammen mit Brentano eine Sammlung lyrischer Volksdichtung heraus: *Des Knaben Wunderhorn* (1805/1808). Als sein Hauptwerk gilt der historische Roman *Die Kronenwächter* (1817).

Clemens Brentano (1778–1842) trat in Halle und Jena mit den Frühromantikern in Verbindung. 1804 wirkte er bei den Heidelberger Romantikern mit. Seit 1817 wandte er sich dem Katholizismus zu. Später führte er ein unstetes Wanderleben. Sein Bildungsroman *Godwi oder Das steinerne Bild der Mutter* (1801) steht in der Nachfolge von Goethes *Wilhelm Meister*. Bekannt geworden sind die Novelle *Geschichte vom braven Kasperl und dem schönen Annerl* (1817) und das Lustspiel *Ponce de Leon* (1804). Mit Achim von Arnim edierte er die lyrische Sammlung *Des Knaben Wunderhorn* (1805/1808).

Adelbert von Chamisso (1781–1838) verfasste die Novelle *Peter Schlemihls wundersame Geschichte* (1814). Sie zeigt einen Helden, der dem Bösen seinen Schatten verkauft. Trotz des Reichtums vereinsamt er, weil er als Schattenloser von den Menschen gemieden wird. Erst in der Natur findet er Ruhe.

Der in Oberschlesien geborene **Joseph Freiherr von Eichendorff** (1788–1857) ist der bekannteste Romantiker. In seinem Roman *Ahnung und Gegenwart* (1815) zeigt er einen Helden, der in die Abgeschiedenheit eines Klosters flieht. Eichendorff verwendet die offene Romanform und streut zahlreiche Gedichte ein. Die Erzählung *Dichter und ihre Gesellen* (1834) verdeutlicht den Gegensatz zwischen Philister- und Dichterwelt. In seiner Novelle *Aus dem Leben eines Taugenichts* verlässt ein Müllersohn im kindlichen Vertrauen auf Gottes Führung die Heimat, um in der weiten Welt sein Glück zu finden.

Ernst Theodor Amadeus Hoffmann (1776–1822) war Dichter, Musiker und Maler. Er arbeitete als Beamter, Theaterdirektor und Kapellmeister. Im Roman *Die Elixiere des Teufels* (1815/1816) thematisiert Hoffmann mit der Figur des gefallenen Mönchs Medardus das psychisch Kranke und Anormale, die Nachtseite der Romantik. Mit *Das Fräulein von Scuderi* (1819/21) schreibt Hoffmann die erste deutsche Kriminalnovelle, in der der Goldschmied Cardillac alle Käufer seiner Schmuckstücke ermordet. Als sein Hauptwerk gelten die *Lebensansichten des Katers Murr nebst fragmentarischer Biographie des Kapellmeisters Johannes Kreisler in zufälligen Makulaturblättern* (1820/22) – ein unvollendeter Roman, der den Bildungsroman parodiert. Dem heuchlerischen Philister Murr steht der Kapellmeister Kreisler gegenüber, der die Unvereinbarkeit von Ideal und Realität ständig neu erfahren und erleiden muss.

Friedrich von Hardenberg, der sich **Novalis** (1772–1801) nannte, interessierte sich für die Philosophie Plotins, Spinozas, Fichtes und Schellings. Die *Hymnen an die Nacht* (1800) drücken die tiefe Erschütterung des Dichters nach dem Tod seiner jungen Verlobten aus. In seinem fragmentarischen Entwicklungsroman *Heinrich von Ofterdingen* (1802) zeigt der Autor eine Lebensphase des sagenhaften mittelalterlichen Dichters, der im Traum das Symbol romantischer Sehnsucht, die blaue Blume, gesehen hat und sich auf die Suche nach ihr macht. Sie steht für romantisches Lebensgefühl, das nur der Dichter ganz erspüren kann, denn er vermag die großen kosmischen Zusammenhänge auf mystisch-magische Art zu durchschauen. Der Aufsatz *Die Christenheit oder Europa* (1799) beschwört die religiöse Einheit des christlichen Mittelalters, das nach einer Phase des Unglaubens erneuert entstehen soll.

Friedrich Schlegel (1772–1829) gilt als d e r Theoretiker der Romantik. Er veröffentlichte im *Athenäum* (1798–1800), der Programmzeitschrift der Frühromantik.

August Wilhelm Schlegel (1767–1845), der ältere Bruder Friedrich Schlegels, hatte sich durch seine *Vorlesungen über dramatische Kunst und Literatur* (1809–1811) und als Übersetzer einen Namen gemacht. Die Werke Dantes, Petrarcas, Ariosts und Calderons wurden so einem breiteren Publikum zugänglich. Als Meisterleistung gilt seine Übersetzung von 17 Shakespeare-Dramen.

Ludwig Tieck (1773–1853) war befreundet mit **Wilhelm Heinrich Wackenroder** (1773–1798; *Herzensergießungen eines kunstliebenden Klosterbruders*, 1797 herausgegeben von Tieck). Tieck schrieb Märchen (*Der blonde Eckbert*), Erzählungen, Novellen, Schauspiele (*Der gestiefelte Kater*) und Romane. In dem Briefroman *Geschichte des Herrn William Lovell* (1795/96) zeigt er, wie ein talentierter, aber gelangweilter junger Mann zum Verbrecher herabsinkt. Der unvollendete Künstlerroman *Franz Sternbalds Wanderungen* (1798) steht in der Nachfolge von Goethes *Wilhelm Meister*. Besondere Bedeutung erlangte Tieck auch als Übersetzer von Cervantes und Shakespeare.

Themen und Motive

Die Lebenseinstellung der Romantiker zielt auf **Schlichtheit und Harmonie**, schon deshalb, weil die politische Stagnation und das beginnende „Maschinenzeitalter" mit seinen gesellschaftlichen Spannungen und Werteverlusten tief verunsichern. So lenken eine sich zunehmend verfremdende Außenwelt, die Neigung zur psychologischen Selbstanalyse und zum Subjektiven den Blick auf die Innenwelt, deren fantastische Bilder bald als die eigentliche Wirklichkeit empfunden werden.

Die **Welt des Seelischen und Unbewussten** kann sich aber auch als ein Bereich des Bedrohlichen, Triebhaften und Dämonischen offenbaren. Der Ruinen- und Friedhofskult, das Interesse am Gespenstischen und Krankhaften beschwören eine Welt des Irren, der Verbrechen und der Ängste, abseits der behüteten bürgerlichen Welt („**Nachtseite der Romantik**").

Viele Romantiker verfolgen zunächst mit Interesse die politischen Ereignisse der Zeit. Sie setzen sich mit der Französischen Revolution auseinander und beleben mit zahlreichen Schriften den nationalen Widerstand in Deutschland gegen die napoleonische Hegemonie. Nach dem Wiener Kongress empören sie sich mit der studentischen Jugend über die Unterdrückung der liberaldemokratischen Hoffnungen durch die Restauration, der sie sich aber andererseits mit ihrem Interesse für Geschichte, konservative Werte und Religion als dienlich erweisen.

Zum Weltbild der Romantik gehört die **Rückbesinnung auf die Vergangenheit** (vgl. Herder; Mittelalter als utopische Gegenwelt in einer Zeit politischer Ohnmacht; historische Quellen als Grundlage staatlicher Identität und nationaler Besinnung; Flucht in eine überschaubare Welt vor beginnendem Maschinenzeitalter; historische Perspektive als Regulans für gegenwärtiges und zukünftiges Handeln).

Ein breites Spektrum bietet die **Märchenmotivik**. Beispielhaft dafür kann Eichendorffs *Aus dem Leben eines Taugenichts* stehen. Wie ein Märchenheld muss der Müllerbursch Elternhaus und Heimat verlassen (**Aufbruchsmotiv**; Entsprechungen sind das **Frühlings-, das Fenster- und das Jugendmotiv**). Verbunden damit ist das **Sehnsuchtsmotiv**, das Eichendorff immer wieder beschreibt. Das Schlagen der Nachtigallen, ferner Hörnerklang, vorüberziehende Wandergesellen, Wolken am weiten Himmel sind auslösende Faktoren für ein Gefühl, das den Einzelnen nötigt, ohne weitere Vorbereitungen die Heimat zu verlassen und sich unbekümmert einem Schicksal auszuliefern. Dieser Ruf trifft nicht alle, besonders nicht die engstirnigen, spießigen, dem Gelderwerb verschriebenen „Philister". Deren leistungs-, erfolgs- und zukunftsorientiertes Verhalten steht im Gegensatz zur Naivität des Taugenichts, dessen reines Gemüt dem Märchenhelden entspricht, der sich ohne rationale Überlegung eingebunden weiß in ein größeres Ganzes, das ihn behütet und dessen Gnade ihm zufließt. Wer den Ruf hört, bricht zur Wanderung auf, die ihn meist durch eine idyllische Natur führt. Bei christlich orientierten Dichtern wie Eichendorff ist das Ziel des Wanderns (**Wandermotiv**, verbunden mit Abschied, Aufbruch, Heimatlosigkeit, Ungesichertheit) nicht im Irdischen zu suchen. Der Wandernde in der Dichtung, aber auch der Dichter selbst, sind für Eichendorff Personen, die hier keine Bleibe haben. Ihr Dasein ist Unterwegssein (**Wegmotivik**), Pilgerschaft in eine bleibende Heimat.

Theorie, Formen und Sprache

Theorie

Die wichtigste Aussage zur romantischen Theorie liefert Friedrich Schlegel im 116. Athenäumsfragment, in dem er die romantische Poesie als eine **„progressive Universalpoesie"** beschreibt. „Romantisch" meint bei Schlegel „romanhaft", also auf den Roman bezogen, den er als die wichtigste Gattung sieht. Dem Roman kommt ein umfassender Anspruch zu: „Universal" integriert er alle Dichtarten und öffnet sich auch der Philosophie und Rhetorik. „Progressiv" bedeutet, dass ein beständiges Werden diese Dichtung bestimmt. Sie ist niemals abgeschlossen und lässt sich daher in einer endgültigen Theorie nicht fassen. Dichtung vereinigt Geist und Natur, Endliches und Unendliches, Vergangenes und Gegenwärtiges. Das Ziel der romantischen Poesie liegt in der Poetisierung der Gesellschaft.

Nach Friedrich Schlegel soll der Roman „Erzählung, Gesang und andere Formen" enthalten. So brechen Tieck, Novalis, Arnim und Eichendorff die Gattung auf, vermischen die literarischen Formen und montieren Erzählungen, Märchen, Gedichte und Lieder in die Handlung, ohne dabei den Romanverlauf zu stören, vielmehr um der Perspektivenfülle und Vielschichtigkeit des romantischen Geistes zu entsprechen. Diese Offenheit des Stils korrespondiert mit der Vorstellung der Grenzüberschreitung, um in Bewusstseins- und Wirklichkeitsbereiche vorzudringen, die im Unendlichen einen Zusammenfall aller Gegensätze ergeben.

Doch dieses Unendliche kann aus der menschlichen Begrenztheit heraus nie völlig erkannt werden. Jede Annäherung muss unerfüllt bleiben. Menschliches Tun, wie es in den Romanen zum Ausdruck kommt, bleibt Fragment und verdeutlicht so den Unterschied von Gegebenem und Erwünschtem.

Nach Friedrich Schlegel birgt die Begeisterung des Künstlers die Gefahr der Verblendung. Eine kritische Reflexion, die Distanz und Freiheit schafft, ist daher notwendig. Dies leistet die romantische Ironie.

Formen

Unter den **epischen Formen** werden besonders der Roman, die Novelle und das Kunstmärchen gepflegt. Der Roman ist die dominierende Gattung. Beliebt ist die Form des Fragments. Die Aufweichung der Gattung geschieht durch den Einbau von Märchen, Liedern, Briefen und Episoden.

Das **Drama** tritt an Bedeutung hinter den Roman zurück. Oft wird Tragisches mit Komischem vermischt, wie bei den Dramen von Tieck.

Die **Lyrik** zeichnet sich durch sprachliche Musikalität, Liedhaftigkeit, Volkstümlichkeit und Schlichtheit aus. Häufig werden religiöse und historische Themen angesprochen. Wesentliches Gewicht kommt den persönlichen Stimmungen zu. Besonders die Gedichte Eichendorffs (vertont von Robert Schumann) haben bis heute nichts von ihrer Popularität verloren. Herder glaubte im Volkslied die zeitüberdauernden Eigenarten eines Volkes zu erkennen. Die Romantiker nehmen diese Vorstellung auf und sehen im Volkslied den Nationalcharakter eines Volkes zum Ausdruck gebracht.

Sprache

Die Sprache der Romantiker ist Magie, Wortmusik, die mit Klängen und Farben arbeitet (Synästhesie). So entstehen nuancenreiche Stimmungen, feinste Assoziationen, schwebende Ahnungen. Immer wieder sind es die gleichen einfachen, volkstümlichen Bilder, die den Leser verzaubern: das Rauschen der Wälder, die Waldeinsamkeit, die Mühle im kühlen Grund, wandernde Gesellen.

Übersicht: Romantik

Hintergrund	**Politik:** Napoleons Hegemoniestreben, Ende des Deutschen Reiches, Befreiungskriege, Restaurationszeit **Gesellschaft, Wirtschaft:** Enttäuschung liberal gesinnter Kreise nach dem Wiener Kongress, beginnende Industrialisierung, wachsendes Kapitalbewusstsein, bleibende Untertanenmentalität **Kultur:** Weiterwirken früherer Epochen; in der Philosophie: Fichte: radikaler Subjektivismus Schelling: beseeltes Universum Schleiermacher: religiöser Individualismus
Literarisches Leben	Salonkultur Phasen der Romantik: Frühromantik, Hochromantik, Spätromantik, Schwäbische Romantik Übersetzungen, Sammlertätigkeit, Begründung der Germanistik
Autoren und Werke	Arnim: *Des Knaben Wunderhorn* Brentano: *Godwi, Geschichte vom braven Kasperl und dem schönen Annerl, Des Knaben Wunderhorn* Chamisso: *Peter Schlemihls wundersame Geschichte* Eichendorff: *Ahnung und Gegenwart, Dichter und ihre Gesellen, Aus dem Leben eines Taugenichts*; Gedichte Hoffmann: *Die Elixiere des Teufels, Das Fräulein von Scuderi, Lebensansichten des Katers Murr* Novalis: *Hymnen an die Nacht, Heinrich von Ofterdingen* Tieck: *Der blonde Eckbert, Der gestiefelte Kater, Geschichte des Herrn William Lovell*
Themen und Motive	Seelisches, Unbewusstes, Irrationales, Dämonisches, Triebhaftes; Widerstand gegen Napoleon; Mittelalter, Märchen, Natur, Kind, Heimat, Aufbruch, Wanderer, Sehnsucht, Nacht
Theorie, Formen und Sprache	**Theorie:** Dichtung als progressive Universalpoesie; Vermischung literarischer Formen; Vorliebe für das Fragmentarische; romantische Ironie **Formen:** Epik: Roman, Kunstmärchen, Novelle Drama: von geringerer Bedeutung Lyrik: Stimmungslyrik; religiöse, seelische, historische Themen; Volkslied **Sprache:** Sprachmagie, Wortmusik, Synästhesie, einfache Bilder

Biedermeier, Junges Deutschland, Vormärz (1820–1850)

Hintergrund

Der Sieg über Napoleon bringt nicht das von einer breiten Bevölkerungsschicht erhoffte Recht auf politische Mitsprache. Nach dem Wiener Kongress (1814/1815) erneuern konservative Kreise die absolutistischen Verhältnisse der vorrevolutionären Zeit. Im Zuge einer Restauration geht der Staat mit Pressezensur, Einschränkung der Lehrfreiheit an den Universitäten, Hausdurchsuchungen, Verbot von Studentenverbindungen und Haftstrafen gegen liberal und demokratisch Gesinnte vor.

Infolge der einsetzenden industriellen Revolution bildet sich ein neues Besitzbürgertum, das nach gesellschaftlichem Einfluss strebt und sich von den verarmenden Handwerkern und Arbeitern distanziert. Industriestädte wachsen durch arbeitssuchende Landflüchtige zu Großstädten heran.

Politische Hoffnungslosigkeit, gesellschaftliche Spaltung, wirtschaftliche Verarmung und weltanschauliche Unsicherheit lösen gegensätzliche Reaktionen aus:
- Einmal führt die nationale Enttäuschung zu Resignation. Handlungsbereitschaft erlahmt. Dafür zeigen sich Tendenzen zur Unterordnung und Entsagung. Mit Wehmut wird eine idealisierte Vergangenheit beschworen, das Überkommene gepflegt und der Rückzug ins Private, Häusliche, Kleine gesucht. Freilich bleibt dieses Glück immer gefährdet: durch Irritationen in der eigenen Innenwelt, etwa durch plötzlich aufflammende Leidenschaften, aber auch durch Einbrüche einer chaotischen Außenwelt. Die so zum Ausdruck kommenden Einstellungen bezeichnet man als Biedermeier.
- Auf die politischen Schikanen antworten einige junge Schriftsteller und Journalisten aggressiv. Zu ihnen, die sich als Junges Deutschland bezeichnen, gehören Karl Gutzkow, Ludolf Wienbarg, Heinrich Laube und Theodor Mundt. 1835 verbietet der Frankfurter Bundestag ihre Werke. Nach 1840 verschärft sich die Opposition unter Ferdinand Freiligrath, Georg Herwegh und Georg Weerth. Karl Marx und Friedrich Engels beginnen ihre Anklage.

Literarisches Leben

Mit dem Bildungsstand des Bürgertums wächst sein Verlangen nach Unterhaltung und Information. Die Auflagen der Zeitungen und Zeitschriften nehmen zu. Der journalistische Stil des Jungen Deutschland zeichnet sich durch Witz, Satire und Pointenreichtum aus. Allerdings zwingt die Zensur zur Vorsicht. Neben unbedeutender Trivialliteratur erscheinen im Kulturteil der Zeitschriften (Feuilleton) verhüllte kritische Äußerungen des Jungen Deutschland.

Autoren und Werke

Der Arztsohn **Georg Büchner** (1813–1837) studierte in Straßburg und Gießen Medizin. In Gießen trat er mit Oppositionellen in Kontakt, er gründete eine Geheimgesellschaft und verfasste die Flugschrift *Der Hessische Landbote* (1834). Um einer drohenden Verhaftung zu entgehen, floh er nach Straßburg. Er starb als Dozent der Universität Zürich.

Die Ereignisse von 1830 und der folgenden Zeit leiteten Büchner zur politischen Stellungnahme bei gleichzeitiger Distanz zu den Vertretern des Jungen Deutschland. Die Enttäuschung durch die politischen Realitäten und die Unfähigkeit, an Gott zu glauben, prägen den Pessimismus seines Werkes. Büchner sah die Menschen als Marionetten, die von einem blinden Schicksal bewegt werden. Auch wenn er sich durch seine realistisch-sezierende Darstellung der schwächsten Kreaturen (passive Helden) eine Veränderung der als brutal empfundenen Wirklichkeit erhoffen mochte, blieb er allen Vorstellungen des deutschen Idealismus fern. Sein Werk beeinflusste Naturalismus (Hauptmann) und Expressionismus (Wedekind).

Sein Drama *Dantons Tod* spielt in der Endphase der Französischen Revolution. In Dantons Untergang werden Einsamkeit und Ausgeliefertheit eines Menschen deutlich, der im Dasein keinen Sinn mehr erkennen kann. Handlung, Figurendarstellung und Sprache zeigen einen Bruch mit der klassischen dramatischen Tradition.

1835 verfasste Büchner auch seine Erzählung *Lenz*. Im knappen Text von 20 Seiten beschreibt er die fortschreitende Geisteskrankheit des Sturm-und-Drang-Dichters Jakob Michael Reinhold Lenz. Der Text lässt Merkmale des modernen Erzählens erkennen: Die innere Handlung tritt gegenüber der äußeren in den Vordergrund. Büchner hält sich an realistische Vorlagen. Die Hauptfigur ist eine historische Person, die nicht idealisiert wird. Raum und Zeit verdeutlichen sich als subjektive Kriterien. Der Abstand des Erzählers zum Geschehen verringert sich (personales Erzählen). Einsamkeit, Identitätskrise und psychische Störungen sind Themen, die in der Literatur vermehrt erst seit der Wende zum 20. Jahrhundert aufgegriffen werden.

Die Vorlage für das Fragment *Woyzeck* (1836) bildete ein Eifersuchtsmord im Jahr 1821. Erneut wird das Thema menschlicher Determiniertheit, Undurchschaubarkeit und Verzweiflung angesprochen: „Jeder Mensch is ein Abgrund; es schwindelt einem, wenn man hinabsieht."

Annette von Droste-Hülshoff (1797–1848) stammte aus altwestfälischem Adelsgeschlecht. Seit 1841 lebte sie bei ihrem Schwager auf Schloss Meersburg am Bodensee. Ihre Lyrik beschreibt die schöne und dämonische Natur. Sensibel-impressionistisch werden Naturdetails erfasst und oft mit melancholischer Stimmung unterlegt. In ihrem Hauptwerk, der Kriminalnovelle *Die Judenbuche* (1842), zeigt sie, wie Anlage und Umwelt Friedrich Mergel zum Mörder an einem Juden werden lassen. Nach Jahren zum Tatort zurückgekehrt, erhängt sich Mergel an einer Buche. An diesem Dingsymbol wird die besondere Verflechtung der Natur mit dem menschlichen Schicksal deutlich.

Die Dramen von **Christian Dietrich Grabbe** (1801–1836) sind ein Spiegel des eigenen unausgewogenen und selbstzerstörerischen Lebens. Sie zeigen scheiternde Kraftfiguren, die ihre Verwandtschaft zu den Helden Shakespeares und des Sturm und Drang nicht verleugnen können (*Napoleon oder die hundert Tage*, 1831; *Don Juan und Faust*, 1828).

Der Österreicher **Franz Grillparzer** (1791–1872) nahm vielfältige Einflüsse auf: antikes Drama, spanisches Barockdrama, Werke der Weimarer Klassik und österreichisches Volkstheater. Seine Tätigkeit wurde durch die staatliche Zensur behindert. Nach dem Misserfolg von *Weh dem, der lügt* zog er sich aus der Öffentlichkeit zurück. Grillparzer war vor allem Dramatiker. *Die Ahnfrau* (1817) steht noch in der Tradition der romantischen Schicksalstragödie. In *Sappho* (1818) thematisiert er die unerwiderte Liebe der griechischen Dichterin Sappho zu Phaon: Kunst und Liebe lassen sich nicht vereinbaren. Grillparzers Grundthema: Menschliches Handeln darf sich nicht nach persönlichen Wünschen richten, sondern hat uneigennützig höheren Ordnungen zu entsprechen. Die Trilogie *Das goldene Vlies* (1821) behandelt die Geschichte der Argonauten. Verschiedene Dramen greifen historische Themen auf, haben aber durchaus Zeitbezug: *König Ottokars Glück und Ende* (1825), *Ein treuer Diener seines Herrn* (1828), *Die Jüdin von Toledo* (1872). Das Märchenspiel *Der Traum, ein Leben* (1834) greift die schon im spanischen Barocktheater von Calderon beliebte Wirklichkeitsproblematik auf. In der Novelle *Der arme Spielmann* (1848) finden sich autobiografische Züge.

Heinrich Heine (1797–1856) stammte aus einer weltoffenen jüdischen Kaufmannsfamilie in Düsseldorf. Sein Interesse galt der Philosophie und Literatur. 1831 siedelte er nach Paris über, wo er als freier Schriftsteller arbeitete und unter dem Einfluss der sozialistischen Gedanken Saint-Simons stand. Er pflegte den Kontakt mit deutschen Emigranten, so besonders mit Karl Marx. Seit 1848 fesselte ihn ein Rückenmarksleiden an die „Matratzengruft".

Heines Werk lebt vom Gegensatz. Gefühl steht hart neben Intellekt, stimmungsvolle Bilder werden durch eine überraschende Schlusspointe gebrochen, Illusionen durch den Einsatz satirischer Mittel zerstört. Heine steht in der Tradition der Romantik, weiß aber um die Gefährdung, die von einem Verlieren im Gefühl ausgeht. Er möchte sich durch den Einsatz des Intellekts seine Freiheit bewahren, wobei freilich der Verlust der Illusion leidvoll erfahren werden muss. Immer wieder lässt sein Werk ein Schwanken zwischen romantischer Sehnsucht und distanzierender Ratio, Bekenntnis und Verleugnung, Tradition und Revolte erkennen.

Heine begründet die Gattung des Reisebildes. Seine spannend, leicht und geistreich verfassten Reportagen und Kritiken bereiten das moderne Feuilleton vor. Die Balladen greifen soziale Themen auf. Heines Lyrik zeichnet sich durch sprachliche Virtuosität und Musikalität aus. Voller Stimmung und Wehmut reicht sie vom Volkslied zu mythisch empfundenen Themen. Heines Werk beeinflusst Baudelaire, Rimbaud, Apollinaire, Arno Holz, Georg Heym, Friedrich Nietzsche, Gottfried Benn, Kurt Tucholsky und Erich Kästner.

In *Die Harzreise* (1826; Reiseschilderung; Bd. 1 der 1826 bis 1831 in vier Bänden erschienenen *Reisebilder*) liefert Heine Impressionen einer Fußwanderung durch den Harz. Eingestreut sind satirisch-kritische Äußerungen über die akademischen Missstände der Zeit. 1827 erschien die Gedichtsammlung *Das Buch der Lieder*. Wehmütige Liebeslieder, Traumbilder, Stimmung und Stimmungsbrechung sowie das Gefühl für Musikalität und Rhythmus haben dieses Werk zur erfolgreichsten deutschen Gedichtsammlung gemacht. Mit dem Bären *Atta Troll* (1843, Epos) parodiert er die zeitgenössische Literatur. *Deutschland. Ein Wintermärchen* ist ein satirisches Versepos.

Äußerlich verlief **Eduard Mörikes** (1804–1875) Leben ereignislos: Theologiestudium im Tübinger Stift, Vikariatsdienst, Pfarrertätigkeit, Lehrer am Katharinenstift in Stuttgart. Doch eingebunden in die Welt des württembergischen Protestantismus, kennt dieses Leben dunkle Seiten (Leidenschaft zur Landfahrerin Maria Meyer: „Peregrina") und Selbstbescheidung, Spannung zwischen Kunst und Leben. In der Nachfolge von Goethes *Wilhelm Meister* steht der Künstlerroman *Maler Nolten* (1832). Der Einbau von Mythen, Märchen, Liedern und Gedichten zeigt aber auch ein romantisches Erbe. Seine Novelle *Mozart auf der Reise nach Prag* (1855) hält einen Tag im Leben des Meisters fest. In seiner Lyrik begründet er das deutsche Dinggedicht (*Auf eine Lampe*).

Die Zauberpossen des Österreichers **Ferdinand Raimund** (1790–1836) stehen in der Tradition des Barocktheaters und der italienischen Commedia dell'Arte (Typenkomödie; im 16. Jh. aus volkstüml. Stegreifspielen entstanden).

Adalbert Stifter (1805–1868) studierte in Wien Jura, Mathematik und Naturwissenschaften, gab bald jedoch seiner Neigung zur Malerei und Literatur nach. Zeitweise war er Lehrer im Hause Metternichs. 1850 wurde er zum Schulrat in Linz ernannt. Die Auswirkungen von Klassik und Romantik zeigen sich in Stifters Bekenntnis zu Maß, Ordnung und Humanität und in seiner Hinwendung zur Natur. Im Sinne der Epoche stellt er immer wieder die Bedeutung des Kleinen, Leisen, der Entsagung und der Innerlichkeit heraus.

Die genauen Detailschilderungen weisen bereits auf den Realismus hin. Viele Erzählungen (*Studien*, 1844/50; *Bunte Steine*, 1853, darin: *Bergkristall*) kreisen um das in die Natur eingebettete Leben. Leidenschaft gefährdet als extremes Verhalten, es muss gebändigt werden. *Der Nachsommer* (1857) ist ein Bildungsroman in der Nachfolge von Goethes *Wilhelm Meister*. Treue, Sittlichkeit, Humanität und die Freude am Einfachen sind die Werte, die Stifter verkündet. Die Verbindung von Natur und geistig-künstlerischen Interessen ist die Grundlage einer Bildung, die das wahre Glück des Menschen bedeutet.

Themen und Motive

Das Augenmerk der Biedermeier-Autoren gilt dem kleinen, beschränkten Glück, von dem man sich inneren Frieden verspricht. So greifen die Dichter Familien- und Heimatmotive auf, thematisierten das genügsame und einfache Leben und sagen dem Lauten, Großen und Heldenhaften ab. Selbstgenügsamkeit, Innerlichkeit, Zähmung der Leidenschaften, Maß, Glaube an die Harmonie in der Natur deuten auf eine heile Welt. Der seelische Frieden aber muss errungen werden. Bei vielen Dichtern spürt man einen Hang zur Vereinsamung, zu Schwermut, Verzweiflung und Hypochondrie.

Dagegen ziehen sich die Vertreter des Jungen Deutschland und des Vormärz nicht ins Private zurück, sondern fordern engagiert eine Änderung der Missstände. Die kritische Auseinandersetzung mit der Aktualität wird bevorzugter Gegenstand ihrer literarischen Tätigkeit. Sie lehnen jeglichen Dogmatismus (politisch, religiös, moralisch) ab und treten für verfassungsmäßig gesicherte politische Mitsprache, Presse- und Meinungsfreiheit, Frauenemanzipation und Sozialismus ein.

Theorie, Formen und Sprache

Theorie

Die Zeit kennt keine verbindlichen Aussagen zur poetischen Theorie. Immer deutlicher wird die Abkehr von der reglementierenden Doktrin der normativen Poetik. **Individuell-subjektive Vorstellungen** setzen sich durch.
- Für Franz Grillparzer darf Kunst nicht geregelt werden. Das Schöne besteht in der Harmonie zwischen Sinnlichem und Geistigem. Tragisches erwächst beim Drama aus dem Missverhältnis von Leidenschaft und Ordnung.
- In der Vorrede zu *Bunte Steine* vertritt Adalbert Stifter das „sanfte Gesetz", nach dem auch im Kleinen und Unbedeutenden die gleiche Ordnung waltet, die auch große Ereignisse bestimmt. Größe äußert sich im Bekenntnis zu Gerechtigkeit, Einfachheit, Selbstbezwingung.

- Für Georg Büchner ist die wirklichkeitsgetreue Darstellung der Geschichte das Ziel des Dichters. Mit seinen Möglichkeiten schafft er die Geschichte ein zweites Mal. Keineswegs darf er aber „ein Lehrer der Moral sein".
- Heinrich Heine betont, dass jeder Autor seinen eigenen Weg zur Kunst hat, die sich nicht festlegen lässt. Nur eine autonome Kunst könne sich frei entfalten.

Formen

In der Epik dominieren kleinere Formen: Erzählung, Stimmungsbild, Märchen, Skizze und Novelle (Stifter: *Bergkristall*; Heine: *Deutschland. Ein Wintermärchen*; Droste-Hülshoff: *Die Judenbuche*; Mörike: *Mozart auf der Reise nach Prag*). Mit den Reisebildern wird eine neue Gattung in die Literatur eingeführt. Als Romantypen begegnen der Bildungsroman (Stifter: *Der Nachsommer*; Mörike: *Maler Nolten*), der historische Roman (Stifter: *Witiko*) und der Zeit- und Frauenroman (Gutzkow: *Wally, die Zweiflerin*).

Das Drama thematisiert historisches Geschehen (Grillparzer: *König Ottokars Glück und Ende*; Büchner: *Dantons Tod*). Die Tendenz zum Kleinen zeigt sich ebenso beim Drama. Lokalpossen und Volksstücke treffen den Publikumsgeschmack in Wien. Aber auch hier entfaltet sich heitere Illusion auf dem Boden von Schwermut (Raimund: *Der Diamant des Geisterkönigs*; Nestroy: *Die Launen des Glücks*).

In der Lyrik versucht man, idyllische Stimmung wiederzugeben, Naturbilder einzufangen oder eine allgemeine Lebensweisheit auszudrücken (Droste, Mörike). Heines Gedichte schaffen romantische Stimmung und zerstören diese wieder. Politische Aktualität kommt besonders in den Gedichten von Anastasius Grün (1806–1876) und Ferdinand Freiligrath (1810–1876) zum Ausdruck.

Sprache

Die Sprache des Biedermeier zielt auf Bildlichkeit (Metaphern, Vergleiche) und Detailerfassung. Wiederholungen und Zustandsverben wirken beruhigend, signalisieren Kontinuität, Ordnung, Vertrautheit. Die Natur wird personifiziert.

Büchner legt in seiner Sprache Bewusstseinsschichten der Sprechenden frei. Mittel sind Wortwiederholung, Satzbrüche, Ausrufe, Interjektionen.

In Heines lyrischer Sprache klingen Formen der Romantik und des Volkslieds an, die durch Ironie bewusst gebrochen werden.

Übersicht: Biedermeier, Junges Deutschland, Vormärz

Hintergrund	**Politik:** Restauration, staatliches Vorgehen gegen Liberale und Demokraten **Gesellschaft:** Entstehen eines Besitzbürgertums, Landflucht, Anwachsen der Großstädte, Enttäuschung und Hoffnungslosigkeit in breiten Bevölkerungsschichten aufgrund der politischen Situation **Kultur, Weltbild:** unterschiedliche Reaktionen auf die Zeit: • Resignation, Rückzug ins Private, Kleine; Tendenz zu Unterordnung und Entsagung (Biedermeier) • politisches Engagement der jungen Autoren; soziale Anklage (Junges Deutschland, Vormärz)
Literarisches Leben	gesteigertes Verlangen nach Unterhaltung und Information wachsende Nachfrage nach Zeitungen und Zeitschriften Bedeutung des Feuilletons; Probleme mit der Zensur
Autoren und Werke	Büchner: *Der Hessische Landbote, Dantons Tod, Lenz, Woyzeck* Droste-Hülshoff: Naturlyrik; *Die Judenbuche* Grabbe: *Don Juan und Faust* Grillparzer: *Sappho, Das goldene Vlies, König Ottokars Glück und Ende; Der Traum, ein Leben; Der arme Spielmann* Heine: *Die Harzreise, Buch der Lieder, Atta Troll, Deutschland. Ein Wintermärchen* Mörike: *Maler Nolten, Mozart auf der Reise nach Prag;* Lyrik Stifter: *Bunte Steine, Der Nachsommer*
Themen und Motive	**Biedermeier:** Familie, Heimat, einfaches Leben, Selbstgenügsamkeit **Junges Deutschland, Vormärz:** politische Themen, Frauenemanzipation, Sozialismus
Theorie, Formen und Sprache	**Theorie:** Grillparzer: Missverhältnis zw. Leidenschaft und Ordnung (Tragik) Stifter: das „sanfte Gesetz" Büchner: Betonung der wirklichkeitsgetreuen Darstellung Heine: Autonomie der Kunst **Formen:** Epik: Kleinformen, Reisebilder, Bildungs- und historischer Roman Drama: historische Themen, Possen, Volksstücke Lyrik: Idyllisch-Melancholisches, politische Lyrik **Sprache:** Biedermeier: Vertrautheit und Ordnung vermittelnde Bildlichkeit Büchner: Wiedergabe von seelischen Haltungen Heine: durch Ironie gebrochene Gefühlssprache

Realismus (1850–1890) und Naturalismus (1880–1900)

Hintergrund

Die zweite Hälfte des 19. Jahrhunderts ist die Ära Bismarcks. Mit seinem Namen sind die entscheidenden politischen Ereignisse verbunden: Deutscher Krieg, deutsch-französischer Krieg, Gründung des zweiten Kaiserreiches (1871), Kulturkampf, Sozialistengesetze und Sozialgesetzgebung. Nach Bismarcks Ausscheiden (1890) beginnt unter Wilhelm II. eine antidemokratische, national-imperialistische Politik, die in den Ersten Weltkrieg führen wird.

Es ist die Epoche des Bürgertums, der Arbeiterstandes (Industrialisierung) und sozialer Spannungen. Während in gebildeten Schichten das zunehmende Nützlichkeitsdenken kritisiert wird, verlieren überkommene Ideale beim neuen erfolgsorientierten Besitzbürgertum an Bedeutung. Im Streben nach sozialem Prestige versucht es Lebensweise und Wertbegriffe des Adels zu kopieren. Hier findet sich eine Welt des Scheins und der ausgehöhlten Moral.

Landflucht und Verstädterung lassen städtische Elendssiedlungen entstehen. Von nachhaltiger Wirkung ist der Zusammenschluss von Arbeitern in Arbeitervereinen und das Streben nach Wissen und Bildung in den unteren Kreisen.

Das Weltbild wird von verschiedenen geistigen Richtungen beeinflusst:
- Philosophie, Erkenntnis: Der Positivismus Auguste Comtes betont, dass man in Erkenntnisfragen nur vom Tatsächlichen und Erfahrbaren ausgehen dürfe. Der Relativismus stellt absolute Werte infrage. Menschliche Erkenntnis sei von einer unbestimmbaren Vielzahl von Faktoren abhängig. Arthur Schopenhauer sieht pessimistisch die Welt als Manifestation der Unvernunft. Alles Leben werde vom Leiden bestimmt.
- Religion: Ludwig Feuerbach verwirft Religion als Illusion und David Friedrich Strauß erklärt Teile der Evangelien als Mythen.
- Menschliches Verhalten: Die Vertreter des Sozialdarwinismus betonen den Kampf ums menschliche Dasein. Nach der Milieutheorie von Hippolyte Taine erfährt der Mensch seine entscheidende Prägung durch die Umwelt.
- Sozialismus: Saint-Simon erstrebt einen Staatssozialismus. Karl Marx ruft zusammen mit Friedrich Engels im *Kommunistischen Manifest* (1848) die Proletarier zum Zusammenschluss gegen den Kapitalismus auf.

So bestimmen Diesseitsausrichtung (Abkehr vom Idealismus der Klassik und Irrationalismus der Romantik), wirtschaftlicher Überlebenskampf, Determiniertheitsglaube und Pessimismus das Weltbild. Andererseits führen wirtschaftliche Erfolge und technischer Fortschritt zum Glauben an die Machbarkeit der Welt.

Literarisches Leben

Das Publikum besteht vor allem aus der Oberschicht und dem sich formierenden Mittelstand. Ausbildung und finanzielle Situation behindern in der Unterschicht (Arbeiter, Arbeitslose, ärmere Handwerker, Bauern, Bedienstete) den Zugang zur Literatur. Die Vermittlung in den höheren Schulen beschränkt sich auf klassizistische und historische Werke. Die zeitgenössische realistische und naturalistische Literatur wird kaum gelesen. Die Leser bevorzugen Unterhaltungsliteratur. Sie wird in Familienzeitschriften (z. B. *Die Gartenlaube*), in Leihbibliotheken (bevorzugt: Romane) und von Hausierern an der Haustür angeboten. Oft handelt es sich um anspruchslose Trivialliteratur mit Themen zwischen Idylle, Abenteuer und Exotik. Zu den bekannten Unterhaltungsschriftstellern zählt Karl May (1842–1912) mit Indianerromanen. Autoren, die von ihrer Arbeit leben wollen, müssen sich dem Publikumsgeschmack beugen. Einige Außenseiter verweigern sich dem Zeitgeist und resignieren.

In Berlin sammelt sich eine Gruppe von jungen naturalistischen Autoren um die Brüder Heinrich und Julius Hart. 1889 wird hier der Theaterverein „Freie Bühne" gegründet, deren geschlossene Vorstellungen der Zensur nicht unterliegen. Hier können Werke von Ibsen (*Gespenster*) und Hauptmann (*Vor Sonnenaufgang*) aufgeführt werden. In München verlangt Michael Georg Conrad (1846–1927) eine Neuorientierung der Literatur im Sinne des Naturalismus. In seiner Zeitschrift *Die Gesellschaft* schreiben u. a. Johannes Schlaf und Gerhart Hauptmann.

Autoren und Werke

Der in Neuruppin geborene Theodor Fontane (1819–1898) arbeitete zunächst als Apotheker, dann als Redakteur, Korrespondent in England, Kriegsberichterstatter und Theaterkritiker bei verschiedenen Zeitungen. Seine literarische Tätigkeit begann mit Balladen, erst im Alter entstanden seine großen Gesellschaftsromane, mit denen er den deutschen Realismus vollendete: *Irrungen, Wirrungen* (1887), *Frau Jenny Treibel* (1892), *Effi Briest* (1894/95), *Der Stechlin* (1897). Fontane war ein scharfer Beobachter seiner Zeit. Unpathetisch, mit leisem, distanzierendem Humor, zugleich aber mit humanem Verständnis zeigt er soziale Konflikte auf, die vor allem der Spannung zwischen einer konservativen Haltung und notwendigem Fortschritt erwachsen. Von ihm führt ein Weg zur Romankunst Thomas Manns.

Friedrich Hebbel (1813–1863) wuchs in einem ärmlichen Umfeld auf. Finanzielle Unterstützung erhielt er von einer Hamburger Näherin. Im Anschluss an einen Italienaufenthalt ließ er sich in Wien nieder, wo er bis zu seinem Tod in guten Verhältnissen lebte. Hebbels Werk wird von persönlich-leidvollen Erfahrungen und seinem verzweifelten Streben nach Anerkennung und Selbstbehauptung bestimmt. Es zeigt den Einfluss von Hegel (Dialektik), Schopenhauer (Pessimismus), Feuerbach (Diesseitsorientierung) und Schelling (Metaphysik). Mit *Maria Magdalene* (1844) erneuert er das bürgerliche Trauerspiel. Während seine Vorgänger Lessing und Schiller den dramatischen Konflikt im Zusammenstoß der Stände (Adel und Bürgertum) begründet hatten, wollte Hebbel das Tragische ausschließlich aus der engen bürgerlichen Welt ableiten und damit zeigen, dass Tragik auch in einem begrenzten Umfeld möglich sei. Historisches Material bildet die Grundlage für *Agnes Bernauer* (1855). In dieser Tragödie stoßen das subjektive Recht des Individuums und die objektive Notwendigkeit des Staates aufeinander. Das Individuelle, so rein und unschuldig es auch sein mag, muss dem höheren Ganzen geopfert werden.

Der Zürcher **Gottfried Keller** (1819–1890) wollte zuerst Maler werden. Nach einem Studienaufenthalt in München gab er seinen Plan jedoch auf. Mit einem Stipendium kam er nach Heidelberg. Keller wurde von Jean Paul, Jeremias Gotthelf und Goethe beeinflusst, vor allem aber von der diesseitsorientierten Philosophie Ludwig Feuerbachs. Kellers Hauptwerk, der autobiografische Entwicklungsroman *Der grüne Heinrich* (1854/55; 2. Fassung 1879/80), zeigt Heinrich Lee, der die Schule verlassen muss, sich der Malerei zuwendet, aber scheitert. In der zweiten Fassung gelingt es ihm, seine Bilder zu verkaufen, sein Leben damit zu sichern, ein öffentliches Amt zu bekleiden und zufrieden, eingebunden in die Gesellschaft, zu leben. Im Novellenzyklus *Die Leute von Seldwyla* (1856 und 1874) finden sich die berühmten Novellen *Romeo und Julia auf dem Dorfe* und *Kleider machen Leute*.

Der Schlesier **Gerhart Hauptmann** (1862–1946), der 1912 den Nobelpreis erhielt, gilt als Hauptvertreter des deutschen Naturalismus. In seinem Gesamtwerk sprengt er aber die engen Grenzen der Epoche. Anregungen empfing er von Shakespeare und Büchner, aber auch aus der langen Tradition der schlesischen Mystik, des Pietismus, der griechischen Antike, der Zeit- und Familiengeschichte. Sein Werk bietet ein vielfältiges Spektrum an Themen und Motiven. In der novellistischen Studie *Bahnwärter Thiel* (1888) zerbricht die Hauptfigur zwischen stumpfem Trieb und fast mystischer Sehnsucht. Das soziale Drama *Vor Sonnenaufgang* (1889) spielt im schlesischen Kohlerevier und zeigt eine dem Alkohol und niederen Trieben verfallene Familie. Hauptmanns bekanntestes Schauspiel *Die Weber* (1892) schildert die Not der schlesischen Weber beim Weberaufstand von 1844. Hier ist nicht mehr die traditionelle Einzelperson der Held, sondern das Kollektiv der Weber. Handlungsmotivierend sind die Not und das Verlangen nach einem besseren Leben. Der

Biberpelz (1893) ist eine Komödie, die neben Lessings *Minna von Barnhelm* und Kleists *Der zerbrochene Krug* steht. Komik wird durch Gegensatz und Übertreibung erreicht. Sie verdeutlicht sich in den Situationen, den Charakteren und der Sprache. Humor, List und Verschlagenheit von Mutter Wolffen geben Antwort auf Schicksal und Armut. Wirklichkeit und Traum vermischen sich im Glashüttenmärchen *Und Pippa tanzt* (1906), dem Roman *Der Narr in Christo Emanuel Quint* (1910) und der Erzählung *Der Ketzer von Soana* (1918).

Arno Holz (1863–1929) und **Johannes Schlaf** (1862–1941) veröffentlichen gemeinsam drei Novellen-Skizzen (1889): *Papa Hamlet* (Untergang einer Schauspielerfamilie), *Der erste Schultag* und *Ein Tod*. Bevorzugt wird die dem naturalistischen Drama nahe stehende Dialogform. Der Sekundenstil ist stark ausgebildet. Das gemeinsame Drama *Familie Selicke* (1890) stellt das Milieu einer Kleinbürgerfamilie dar. Im *Phantasus* versucht Holz seine neue Lyriktheorie zu verdeutlichen.

Der Zürcher **Conrad Ferdinand Meyer** (1825–1898) stand unter dem Einfluss seiner schwermütigen, streng kalvinistischen Mutter. Jacob Burckhardt (*Die Kultur der Renaissance in Italien*, 1860) und eine Italienreise machten ihn mit der Renaissance vertraut. In seinem Werk wendet er sich bevorzugt historischen Themen zu. Dabei setzt er Pathos neben Verhaltenheit, Sinnliches neben Rationales, und zwar so, dass das leidenschaftliche Element stets durch die abkühlende Distanz der Form gebunden wird. Meyers aristokratisch-ästhetische Antwort auf eine materialistische Welt heißt Entsagung. Dazu dienen ihm Rahmenerzählung und Rückblende. In der Verserzählung *Huttens letzte Tage* (1871) stellt er den Kontrast zwischen Huttens machtvollem Leben und der schon vom Jenseits durchdrungenen Ruhe seines letzten Aufenthalts dar. Die Novelle *Der Heilige* (1879) hat das Leben Thomas Beckets, des Erzbischofs von Canterbury, zum Thema. In der Renaissance spielen die Novellen: *Die Hochzeit des Mönchs* (1884), *Die Versuchung des Pescara* (1887) und *Angela Borgia* (1891). Der Roman *Jürg Jenatsch* (1876) zeigt eine Hauptfigur, die ihren Glauben für patriotische Ziele opfert. Meyers Lyrik verdeutlicht in besonderer Weise das Bemühen um ästhetische Form.

Der Niedersachse **Wilhelm Raabe** (1831–1910) besaß einen klaren Blick für die Schattenseiten seiner Zeit. Beeinflusst von Thakeray, Dickens, vor allem aber von der pessimistischen Philosophie Schopenhauers, karikiert er die Philisterwelt des Kleinbürgertums. Viele seiner Figuren sind originelle Sonderlinge, die sich im engen und realen Alltag nicht zurechtfinden. Zu seinen Hauptwerken zählen die Romane *Die Chronik der Sperlingsgasse* (1857), *Der Hungerpastor* (1864), *Der Schüdderump* (1870) und die Kriminalgeschichte *Stopfkuchen* (1891).

Theodor Storm (1817–1888) stammte aus Husum, der „grauen Stadt am Meer" (*Die Stadt*). Die herbe Landschaft Schleswig-Holsteins, die Nordsee, die Einsamkeit der in Mythos und Sage eingebundenen Menschen, die letztlich einem unentrinnbaren Schicksal ausgeliefert sind, bilden die Themen und Grundmotive seiner Novellen. Bekannt geworden sind *Immensee* (1850), *Pole Poppenspäler* (1874) und *Aquis submersus* (1878). Sein Meisterwerk, die Rahmennovelle *Der Schimmelreiter* (1888), erzählt vom großen, einsam kämpfenden Menschen, dem Deichgrafen Hauke Haien, dessen Einsatz gegen Naturgewalten, stumpfsinnige Dorfbewohner und das Schicksal vergeblich bleibt.

Themen und Motive

Die gesellschaftlichen und politischen Spannungen finden im **Realismus** noch kein literarisches Echo. Die Autoren neigen zu Unterhaltung, Idylle, Verherrlichung des Bestehenden und zum Einsatz eines distanzierenden Humors, mit dem man auch der Resignation angesichts der Nichteinlösbarkeit des Ideals zu begegnen versucht. Der von Otto Ludwig formulierte Ausdruck „poetischer Realismus" besagt, dass die Wiedergabe der Realitäten verklärt und subjektiv gefiltert wird. Extremes bleibt ausgespart (z. B. abstoßend Hässliches).

Der **Naturalismus** verengt und verschärft die Perspektive auf das kleinbürgerliche Elend. Obrigkeitsstaat, deutschnationale Gesinnung, Militarismus, Kapitalismus werden kritisiert, die Menschen in ihrer Abhängigkeit von Anlage, Trieb und Umwelt und der daraus resultierenden Handlungsarmut gezeigt. Befreiungsversuche solcher passiven Helden scheitern. Gegen Besitzstreben, Scheinmoral und falsches Heldentum stellt man die Armut städtischer Elendsquartiere, Triebdeterminiertheit und gebrochene Existenzen. Die Kritik am Bürgertum fordert gleichzeitig soziales Mitgefühl heraus.

Theorie, Formen und Sprache

Theorie

- In den dramentheoretischen Schriften **Friedrich Hebbels** wird Hegels Einfluss spürbar. So soll das Drama historisch sein und den dialektisch verlaufenden Lebensprozess zeigen. In der Verwirklichung seiner Individualität verstößt der Einzelne gegen das Ganze. Im Tragischen geschieht Versöhnung, aber auch Vernichtung des Individuums.
- **Gustav Freytag** (*Technik des Dramas*) betont die Bedeutung der Komposition beim Drama (Exposition, steigende Handlung, Höhepunkt, fallende Handlung, Katastrophe). Das Ganze hat Vorrang vor dem Teil. Tragisches entspringt dem Helden, von dem der Handlungsimpuls ausgeht.

- **Paul Heyse** verweist darauf, dass eine Novelle einen Konflikt, eine Idee, ein Charakterbild, ein Ereignis darzustellen habe. Das „Spezifische", das die Geschichte von anderen Geschichten unterscheidet, nennt er in Anlehnung an die sog. Falken-Novelle Boccaccios den „Falken" (Dingsymbol, Leitmotiv).
- Ansätze einer materialistisch-marxistischen Theorie finden sich bei **Ludwig Feuerbach** und **Karl Marx**. Nach Feuerbach sind Kunst und Religion Produkte des menschlichen Geistes. Damit wird der seit Platon behauptete transzendente Charakter der Kunst bestritten. Für Marx, Engels und später Lenin sind Kunst und Literatur nur im Zusammenhang mit den gesellschaftlichen Gegebenheiten zu betrachten.
- **Friedrich Nietzsche** leitet den Ursprung der Kunst aus der Grunderfahrung des Dionysischen und Apollinischen ab. Das Dionysische beantwortet die individuell erlebte Grausamkeit des Daseins mit der Aufhebung der Individualität. Es schafft ein Bewusstsein von der Identität alles Lebenden. Gegenüber diesem Gefühl des Rausches steht das Apollinische als Welt der klaren Schönheit, Ordnung und Ausgewogenheit, in der das Individuum seine Grenzen erkennt.

Die poetologischen Überlegungen der Naturalisten zeigen den naturwissenschaftlichen Einfluss der Zeit. Dies wird besonders bei **Arno Holz** deutlich: „Die Kunst hat die Tendenz, wieder die Natur zu sein. Sie wird sie nach Maßgabe ihrer jeweiligen Reproduktionsbedingungen und deren Handhabung." Abgekürzt lautet diese Formel: „Kunst = Natur – x" („x" meint die subjektive Handhabung und die eingesetzten Mittel). Danach ist es die Aufgabe des Künstlers, einen bestimmten Wirklichkeitsausschnitt exakt und vollständig sprachlich abzubilden. Diese fotografische Genauigkeit, die den Autor ganz verschwinden lässt und eine Identität von Erzählzeit und erzählter Zeit erreichen will, nennt man „Sekundenstil". Um den Realitäten möglichst gerecht zu werden, sind beim Drama ausführliche Regieanweisungen notwendig. Bei Hauptmann findet sich diese Theorie realisiert: exakte Beschreibung des Milieus mit seinen festgelegten gesellschaftlichen und psychologischen Abläufen, analytische Dramenstruktur, offener Schluss.

Formen

Realismus
Im Bereich des realistischen **Dramas** sind die Tragödien Hebbels von Bedeutung. Ludwig Anzengruber führt in Österreich das Volksstück weiter.
Der **Lyrik kommt wenig Gewicht zu.** Höhepunkte bilden Theodor Storm, mit dem die Tradition der Erlebnis- und Stimmungslyrik ausläuft, und Conrad

Ferdinand Meyer, der das persönliche Erlebnis zurücktreten lässt (Dinggedicht: *Der römische Brunnen*). Die Ballade bevorzugt historische Stoffe.

Im Realismus dominiert das Epische. Es bietet die Möglichkeit breiter Beschreibung, verbunden mit Detailgenauigkeit und psychologischer Analyse. Die Novelle verwendete man zur Darstellung konzentrierter Milieu- und Identitätskonflikte. Der realistische Roman ist vorwiegend Gesellschaftsroman (Fontane: *Effi Briest*), Bildungsroman (Keller: *Der grüne Heinrich*) und historischer Roman (Fontane: *Schach von Wuthenow*).

Naturalismus
Die Stärke des Naturalismus liegt im Drama, das mit Hauptmann europäischen Rang erreicht. Die Autoren wählen einen engen Wirklichkeitsausschnitt. Minutiös wird das Milieu festgehalten (detaillierte Regieanweisungen; Sekundenstil). Um eine konzentrierte Aussage zu erreichen, beschränkte man sich auf wenige Figuren. Einem analytischen Handlungsaufbau entsprach die fortschreitende Aufhellung zurückliegender Ursachen. Aus Gründen der Wahrscheinlichkeit wurde die Einheit von Ort und Zeit weitgehend gewahrt.

Großstadt, Technik und soziales Elend werden von der naturalistischen Lyrik als zeitgemäße Themen, jedoch zunächst in überkommenen Formen gestaltet. Dagegen verlangt Arno Holz den Sekundenstil auch für die naturalistische Lyrik. Er lehnt sprachliche Musikalität, Reim und Strophe ab und konzentriert sich nur auf den Rhythmus. Seine rhythmisierte Prosalyrik (*Phantasus*, 1898) gibt dem Jugendstil, der Neuromantik, dem Symbolismus und Expressionismus wesentliche Impulse.

Auch im Bereich der Epik greifen die naturalistischen Autoren sozialkritische Themen auf, liefern Milieustudien und berücksichtigen psychologische und pathologische Einzelheiten. Der Erzähler vermeidet Kommentierungen. Auch hier wird mit dem Sekundenstil gearbeitet (Holz, Schlaf: *Papa Hamlet*).

Sprache

Absicht des Realismus ist die unparteiische Wiedergabe der Realitäten. Diese geschieht aber aus der subjektiven Sicht des Erzählers und unter Ausklammerung des Extremen (kein Raum für Heroismus und Pathos; vgl. den Widerspruch „poetischer Realismus"). Ein unterschwelliger Humor schafft Distanz.

Der naturalistische Stil erstrebte ein präzises Abbild der Realität. Mithilfe des sog. Sekundenstils suchte man auch kleinste Details festzuhalten. Damit näherte man sich reportagehaften Formen. Sprache ist real gesprochene Sprache, also Umgangssprache, Dialekt. Sie arbeitet mit Satzbrüchen, Satzfragmenten und Pausen.

Übersicht: Realismus und Naturalismus

Hintergrund	**Politik:** Bismarck-Ära, zweites deutsches Kaiserreich **Gesellschaft:** Aufstieg des kapitalorientierten Bürgertums, soziale Spannungen, Arbeiterelend, Verstädterung **Kultur, Weltanschauung:** Positivismus, Relativismus, Pessimismus, Diesseitsorientierung, Sozialdarwinismus, Milieutheorie, Sozialismus
Literarisches Leben	**Publikum:** Oberschicht und neuer Mittelstand: bevorzugtes Interesse für Unterhaltungsliteratur, Kunst als Dekor und Statussymbol **Autoren:** Außenseiter neben Unterhaltungsschriftstellern Zentren des Naturalismus: Berlin („Freie Bühne") und München
Autoren und Werke	**Realismus:** Fontane: *Irrungen, Wirrungen, Frau Jenny Treibel, Effi Briest* Hebbel: *Maria Magdalene, Agnes Bernauer* Gottfried Keller: *Der grüne Heinrich, Die Leute von Seldwyla* Meyer: *Huttens letzte Tage, Der Heilige, Angela Borgia;* Lyrik Raabe: *Der Hungerpastor, Stopfkuchen* Storm: *Immensee, Pole Poppenspäler, Der Schimmelreiter;* Lyrik **Naturalismus:** Hauptmann: *Bahnwärter Thiel, Die Weber, Der Biberpelz* Holz, Schlaf: *Papa Hamlet, Familie Selicke*
Themen und Motive	**Realismus:** verklärte Wiedergabe des Realen mit distanzierendem Humor und subjektiver Filterung, gedämpfte Sozialkritik, resignative Idylle **Naturalismus:** verschärfte Darstellung des kleinbürgerl. und proletarischen Milieus, Determiniertheit des Menschen (Anlage, Umwelt), Scheitern des passiven Helden, Kritik an Obrigkeitsstaat und Kapitalismus
Theorie, Formen und Sprache	**Theorie:** Freytag: Bedeutung der Dramenkomposition („Pyramide") Heyse: Bedeutung des „Falken" für die Novelle Arno Holz: Sekundenstil; „Kunst = Natur – x" **Formen:** Realismus: Dominanz der Epik (Erzählung, Novelle, Roman) Naturalismus: soziales Drama (Milieuschilderung, Sekundenstil) **Sprache:** Realismus: sachliche, humorvolle Distanziertheit Naturalismus: Sekundenstil; Umgangssprache, Dialekt

Die Moderne. Die Literatur um die Jahrhundertwende, Gegenströmungen zum Naturalismus (1880–1910)

Hintergrund

Militarismus, Nationalismus und Imperialismus prägen das **wilhelminische Zeitalter**. In der österreichischen Doppelmonarchie wachsen die Schwierigkeiten mit den partikularistischen Bestrebungen der Balkanvölker.

Für das reiche Bürgertum ist weiterhin die adlige Lebensweise Vorbild. Der Prozess der Entidealisierung setzt sich fort. Die Bedeutung der materiellen Werte nimmt zu. Mit der Industrialisierung bildet sich ein neuer Mittelstand (Verwaltungsfachleute), der sich gegen Handwerk und Arbeiterschaft abgrenzt. Die leistungsorientierte Gesellschaft verlangt Mobilität und Wissen. Der Arbeitsplatz ist jetzt von der Wohnung getrennt. Kleinfamilien setzen sich durch. Der schulischen und beruflichen Ausbildung der Kinder gilt großes Interesse.

Doch es gibt Stimmen, die diese Entwicklungen kritisch hinterfragen. Materialismus, Kapitalismus, Untertanenmentalität und Werteverfall werden als Zeichen eines allgemeinen Niedergangs gedeutet. So sehen sich viele Kulturträger durch den Pessimismus Arthur Schopenhauers bestätigt. Er wird verstärkt durch das Werk Friedrich Nietzsches, der bürgerliche Werte und Normen als Schein entlarvte. Albert Einsteins Relativitätstheorie stellt die bislang als fest geglaubten Begriffe von Raum und Zeit infrage. Sigmund Freud liefert mit seinen Forschungen einen ganz neuen Zugang zur menschlichen Psyche. Von Frankreich kommen die Schlagworte „décadence" und „fin de siècle".

Kennzeichen der Moderne

Die Wende vom 19. zum 20. Jahrhundert bezeichnet man als den Beginn der Moderne und verweist dabei auf die zeitlich besonders einschneidenden Leistungen von Nietzsche, Freud und Einstein. Als wesentliche Kriterien gelten:
- Skepsis gegenüber tradierten Werten,
- Relativierung der Realitäten,
- Infragestellen zeitlos gültiger Wahrheiten,
- Pluralismus und Widersprüchlichkeit rasch wechselnder Werte,
- zunehmende Dominanz des Irrationalen und Unbewussten.

Für die Literatur gilt entsprechend:
- Deskription statt Normierung in der Poetik,
- Pluralität differenzierender, z. T. widersprüchlicher Strömungen,
- Auflösung von Gattungen und Stilbindungen,
- Experimentierfreudigkeit.

Vor dem 20. Jahrhundert lassen sich bereits andere Ansätze für eine Moderne erkennen: die Renaissance, die Wende zum 19. Jahrhundert und die Mitte des 19. Jahrhunderts, in der in Frankreich der Begriff „la modernité" populär wird. Als Merkmale findet man: das **Ungenügen am Überkommenen, Individualisierung** und **Subjektivierung** (Begründen eigener Wirklichkeiten). Das jeweils Neue beinhaltet ein Infragestellen des bislang Gültigen, Dauerhaften, auch im Hinblick auf zeitlose Werte.

Schon vor der Jahrhundertwende lassen sich in der Literatur Entwicklungen ausmachen, die bis zur aktuellen Gegenwart bestimmend bleiben. Sie stehen im deutlichen Gegensatz zu den Kriterien der traditionellen Literatur. Im Hinblick auf verschiedene Untersuchungsbereiche lassen sich als widersprüchliche Bestimmungsmittel nennen:

Traditionelle Literatur	Moderne Literatur
Weltbild:	
geschlossen	offen
einfach	komplex
übersichtlich	labyrinthisch
konkret	abstrakt
harmonisch	dissonant
vertraut	verfremdet
eindeutige Wertmaßstäbe	Unsicherheiten, Relativität
überschaubarer Wertekanon	Wertepluralismus
positive Werte	Einbeziehung des Negativen, Hässlichen, Krankhaften, Perversen
Transzendenz als Gegebenheit	Diesseitsbezogenheit, Empirismus, Einbruch des Irrationalen als bedrohliche Macht
Figurendarstellung:	
hoher Individualitätsgrad	entpersönlichter, kollektivierter Held
klar erkennbare Eigenschaften	„ohne Eigenschaften"
innerlich ausgewogen	schizophren, abnorm
an Werte gebunden	orientierungslos
fähig zur Selbstbestimmung und Bildung	fremdbestimmt, ausgeliefert
aktiv, vorwärts strebend	passiv: mit sich und der unbewältigten Vergangenheit beschäftigt
sozial verpflichtet	einsam, isoliert, ausgestoßen
kommunikativ	sprachlos („innerer Monolog")

Traditionelle Literatur	Moderne Literatur
Raumdarstellung:	
weite Lebensräume	enge Räume
übersichtlich, hell	labyrinthisch, dunkel
Sicherheit, Geborgenheit vermittelnd	einschränkend, Gefängnisatmosphäre
Zeitdarstellung:	
großer Zeitabschnitt	kleiner Zeitabschnitt
chronologischer Ablauf der Ereignisse	Simultaneität, Montage unterschiedlicher Zeitebenen
Darbietungsform:	
klare Gattungsgrenzen (außer: Romantik)	Vermischung, Auflösung der Gattungen
klarer Aufbau	komplexe Gliederung, Montage, Experiment
EPIK:	
chronologisches Erzählen	Montage, Experiment
abgeschlossenes Geschehen	Fragment
meist auktorial, „allwissender" Erzähler	häufig personal, Zurücktreten des Erzählers
innere Handlung neben äußerer Handlung; Außensicht verstärkt	Dominanz von innerer Handlung; Innensicht verstärkt (erlebte Rede, innerer Monolog)
Erzählzeit kleiner als erzählte Zeit	Erzählzeit gleich oder größer als erzählte Zeit, Dehnungen
DRAMA:	
geschlossenes Drama	offenes Drama
„aristotelisches" Drama	episches Theater, absurdes Theater, Dokumentarstück; Verlust des Tragischen
LYRIK:	
meist klare Struktur	Form- und Strophenauflösung
Reim; metrisch gebunden	reimlos, Metrum nicht nachweisbar; pointiert
Rhythmus	rhythmisierte Prosa
Klang	Lakonismus (kurz, trocken, treffend, schmucklos)
SPRACHE:	
„feste" Sprache: Hochsprache, klare Syntax und Semantik	Sprachauflösung, Einbau des Dialekts, des Schweigens; Skepsis gegenüber tradierten Bedeutungen

Literarisches Leben

Viele Autoren stehen den politischen und gesellschaftlichen Entwicklungen distanziert gegenüber. Sie fühlen sich als Außenseiter. Dichterkreise bilden sich, etwa in Wien um Hermann Bahr (verschiedene Bezeichnungen: „Jung Wien", „Wiener Moderne", „Zweite Moderne"). Die Begriffe Avantgarde, Elfenbeinturm und Bohème versuchen diese Künstlerwelt zu kennzeichnen.

„**Avantgarde**" (frz. Vorhut) ist eine Sammelbezeichnung für Künstler, die mit ihren Werken formal und inhaltlich in Opposition zum Bestehenden treten. Auslöser ist die Vorstellung von einer eigenständigen Kunst. Zu ihnen gehören Arthur Schnitzler und Hugo v. Hofmannsthal. Auch im Münchner Stadtteil Schwabing entsteht ein berühmtes Künstlerviertel. Hier finden sich ganz unterschiedliche literarische Naturen ein, so Thomas Mann, Frank Wedekind und Stefan George. Das weltoffene Prag ist bis 1939 ein literarisches Zentrum. Hier stehen tschechische, jüdische und deutsche Kultur in regem Austausch.

Wie Stefan George ziehen sich viele Autoren in den sog. **„Elfenbeinturm"** zurück. Damit bezeichnet man das Verhalten eines Künstlers, der sich, angewidert von den Gegebenheiten des Alltags, in seine Arbeit, meist eine ästhetisch-ideelle Welt, flüchtet. Die Dichter sehen sich in priesterlicher Funktion und wollen nur eine bestimmte, elitäre Schicht ansprechen.

Die Künstlerwelt, die in Opposition zur Gesellschaft steht, bezeichnet man als **„Bohème"**. Seit der Mitte des 19. Jahrhunderts lässt sich eine Distanz zwischen Künstler und Bourgeoisie erkennen; die Ursachen liegen sowohl in einer gewollten Abwendung der Künstler als auch in einer mangelnden Akzeptanz durch die Gesellschaft. Kritik des Überkommenen und Betonen eigener Ungebundenheit bis zur Extravaganz sind Kriterien, die sich bei Gautier, Rimbaud und Verlaine finden. Nicht selten korrespondieren sie mit dem Dandytum. Später werden die „lost generation" um Gertrude Stein und Ernest Hemingway, die „Beat generation" mit Jack Kerouac und die Hippy-Bewegung als Nachfolger der Bohème des 19. Jahrhunderts betrachtet.

Literarische Richtungen

Noch während des Naturalismus entstehen verschiedene **Gegenbewegungen**, deren Vertreter sich nicht für die politisch-soziale Aktualität interessieren und eine realistisch-naturwissenschaftliche Weltsicht ablehnen. Diese Strömungen sind nicht immer klar voneinander abgrenzbar. Zu den weniger bekannten Strömungen gehören: Neuromantik, Neuklassik und Heimatkunst.

- Der Begriff **Neuromantik** entsteht Ende des 19. Jahrhunderts in Opposition zum Naturalismus. Als Vertreter gelten Ricarda Huch, Hermann Hesse mit

verschiedenen Romanen, Gerhart Hauptmann (*Hanneles Himmelfahrt, Die versunkene Glocke*) sowie Hofmannsthal und George. Themen aus den Bereichen Mythos, Sage, Märchen, Mittelalter und Romantik werden bevorzugt. Erkennbar ist eine Neigung zu Dekadenz und Ästhetizismus.
- Die Autoren der Neuklassik treten den Auflösungserscheinungen der Zeit mit einer Neubesinnung auf die Werte der Klassik entgegen (Formstrenge, Sprachdisziplin, ideelle Thematik). Diese Absicht verbleibt jedoch weitgehend in der poetischen Theorie (Paul Ernst: *Das moderne Drama*).
- Gegen die vom Naturalismus bevorzugte Großstadtthematik, gegen Intellektualisierung und Dekadenz versucht die konservative Heimatkunst auf Werte von Volkstum und Stammesart aufmerksam zu machen. Themen der Heimat- und Bauernliteratur des 19. Jahrhunderts werden aufgegriffen (unerreichte Vorbilder: Jeremias Gotthelf, Gottfried Keller, Ludwig Anzengruber) und oft ideologisch verschärft. Die Blut- und Bodendichtung des Nationalsozialismus findet in dieser mitunter trivialen, realitätsfernen und zuweilen auch faschistischen Welt eine ihrer Quellen. Als Vertreter gelten: Gustav Frenssen, Hermann Löns, Heinrich Waggerl und Peter Rosegger.

Bedeutendere Richtungen sind der Impressionismus und der Symbolismus.

Der Begriff Impressionismus (lat. impressio: Eindruck) geht auf ein Gemälde des französischen Malers Claude Monet (1840–1926) zurück. Von der Malerei wird er auf die Literatur übertragen. Hier steht er für eine europäische Strömung (ca. 1890–1910), die sich um die Wiedergabe rasch wechselnder Wahrnehmungen, Eindrücke und Stimmungen bemüht. Die Autoren wenden sich gegen eine naturalistische Sichtweise und konzentrieren sich auf individuelle und subjektiv erfahrene Erlebnisse, flüchtige Augenblicke und feine seelische Regungen. In der besonderen Betonung des Subtilen und Flüchtigen lässt sich die Auflösung eines ganzheitlichen Weltbildes, der Verlust überkommener Werte, die Abwendung von einem sich aus dem Historischen entwickelnden Erkenntnisprozess und der Ersatz des Rationalen durch die persönliche Empfindung erkennen. Formal bevorzugt man eine Abfolge an Bildern, wobei die Innenperspektive gegenüber der äußeren Handlung in den Vordergrund tritt, auch dort, wo man sich einer leichten und belanglos scheinenden Konversation hingibt. Häufig arbeitet man mit erlebter Rede und innerem Monolog.

Hauptvertreter des deutschen Impressionismus sind die Lyriker Detlev von Liliencron, Max Dauthendey und Richard Dehmel, der frühe Hugo von Hofmannsthal (auch als Dramatiker), der junge Rainer Maria Rilke, der Erzähler und Dramatiker Arthur Schnitzler und teilweise die Romanautoren Heinrich und Thomas Mann.

Die literarische Bewegung des **Symbolismus** bildet sich in den 80er-Jahren des 19. Jahrhunderts in Frankreich. Anregungen lieferte die deutsche Romantik. Die Vertreter des Symbolismus lehnen die zeitgenössischen politischen, gesellschaftlichen und geistigen Entwicklungen ab. Sie treten für eine reine Dichtung ein („poésie pure") und lösen die Literatur aus fremder Zweckgebundenheit („l'art pour l'art"). Deshalb werden realistische und naturalistische Beschreibung und belehrende Absichten verworfen. Es kommt darauf an, die großen, geheimnisvollen Zusammenhänge allen Daseins zu erspüren und symbolhaft anzudeuten. Um das Hintergründige erkennbar zu machen, muss die Dichtung eine suggestive Kraft entfalten. Dies geschieht durch kunstvoll verdichtete Form, Musikalität und Sprachmagie.

Autoren und Werke

Stefan George (1868–1933) stand unter dem Einfluss der französischen Symbolisten. Er sah sich als Dichter in priesterlicher Funktion und suchte in seiner Lyrik das erlesene Wort, das Zusammenspiel der Töne und die vollkommene Form. In den *Algabal*-Gedichten feiert er den elitären Machtmenschen. Berühmtheit erlangt hat sein Gedicht *Nach der Lese* („Komm in den totgesagten park und schau …"). Bedeutsam sind Georges Übersetzungen (Baudelaire, Verlaine, Swinburne, Shakespeare, Dante).

Hugo von Hofmannsthal (1874–1929), Sohn eines jüdischen Bankiers in Wien, verband verschiedene europäische Kulturkreise: Wien und Venedig, österreichisches und spanisches Barock, französische Romantik und französischen Symbolismus, griechische Antike und Orient. Entsprechend breit gestaltete sich sein Schaffen: Lyrik, Drama, Libretto, Essay, Erzählung. Sein Frühwerk zeigt formal eine Mischung von Stilstrenge und Musikalität, inhaltlich findet sich die Ambivalenz von Genuss und Leid, Lebensferne und Hingabe, oft mit Melancholie unterlegt. Mit dem sog. *Chandos-Brief* (1902) endet die lyrische Jugendphase. Es folgt eine Auseinandersetzung mit antiken, mittelalterlichen und barocken Stoffen. Wegweisend für das Musiktheater wurde die Zusammenarbeit mit Richard Strauss. Das lyrische Drama *Der Tor und der Tod* (1893) fängt die Stimmung des Fin de Siècle ein. Mit *Jedermann* (1911) greift er das mittelalterliche Mysterienspiel auf. Das Lustspiel *Der Schwierige* (1921) thematisiert Kommunikationsprobleme.

Rainer Maria Rilke (1875–1926) wurde in Prag geboren. Das Bemühen um vollendete Form und ästhetischen Ausdruck prägt seine frühe Lyrik. Zwei Russlandreisen führten zur Auseinandersetzung mit Gott. In *Das Stundenbuch* (1905) drückt er seine Gottessuche in Form von Bekenntnis- und Gebetslyrik aus. Durch den Aufenthalt in der Künstlerkolonie Worpswede, vor allem aber durch die Freundschaft mit dem französischen Bildhauer Auguste Rodin fühlte er sich der Wirklichkeit der Dinge näher (*Buch der Bilder*, *Neue Gedichte*; Tagebuchroman: *Die Aufzeichnungen des Malte Laurids Brigge*). Über Rodin findet er zur Antike. Daneben üben Cézanne, Klopstock, Hölderlin, Goethe und Kierkegaard Einfluss aus. Nach Rilke ist es die Aufgabe des Künstlers, den veruntreuten und leer gewordenen Dingen das ursprünglich Göttliche zurückzugeben. In Orpheus (*Sonette an Orpheus*) sieht er den reinen Künstler, der mit seinem Gesang Dasein und All feiert. Die Erschütterung durch den Ersten Weltkrieg führte zu verschlüsselter, chiffrenhafter Lyrik. Die gefühlte Gottferne der Zeit und die eigene Ungeborgenheit lösten eine heroische Suche nach dem dunklen, verborgenen Gott aus. Das Ringen, Ding und Gott zu verbinden, führte zum Begriff des „Weltinnenraums", in dem sich alles mystisch vereint (*Duineser Elegien*).

Der Wiener Arzt **Arthur Schnitzler** (1862–1931) wurde neben Hofmannsthal zum literarischen Chronisten der morbiden Wiener Gesellschaft um die Jahrhundertwende. Lebenshunger und Melancholie, Einsamkeit, innere Leere und die Affinität zwischen Liebe und Tod bestimmen sein episches und dramatisches Werk. Impressionistisch, mit einer Vorliebe für feine Zwischentöne und seelische Stimmungen (Nähe zu den Forschungen Freuds!), skizziert er seine Figuren, die von Augenblick zu Augenblick hetzen und ständig von Reflexionen belastet sind – eine Welt der Aristokraten, Künstler, Offiziere und „süßen Mädls" (*Anatol*, *Der einsame Weg*, *Liebelei*). Ständig ist das Ich mit sich selbst beschäftigt (vgl. den inneren Monolog in *Leutnant Gustl*).

Frank Wedekind (1864–1918) hielt sich in vielen europäischen Großstädten auf, bevor er sich in München niederließ. Hier arbeitete er an der satirischen Zeitschrift *Simplicissimus* und im 1901 gegründeten Kabarett „Elf Scharfrichter" mit. In seinem ersten Drama *Frühlings Erwachen* (1891) stellt er jugendliche Sinnlichkeit einer heuchlerischen Erwachsenenmoral gegenüber. Neben weiteren Theaterstücken (*Lulu*), die auf den Expressionismus verweisen, verfasst er Balladen in der Art des Bänkelsangs.

Themen und Motive

Der **Impressionismus** zielt auf Augenblickserfahrungen. Damit steht Episodisches im Vordergrund. Zeitgegebenheiten werden locker und ohne moralische Wertungen erfasst, mit besonderem Gefühl für seelische Stimmungen, sinnliche Reize und pikante Ereignisse. Thematisiert wird die Wechselhaftigkeit und Scheinhaftigkeit des Lebens (Österreichs barocke Tradition!), das in seiner Flüchtigkeit nicht genossen werden kann, dessen unverarbeitete Augenblicke in belastender, melancholischer Erinnerung wiederkehren. Die Vorliebe für kurze Momente in ihrem permanenten Wechselspiel verführt zur Unverbindlichkeit und drängt den Betrachter in eine passive Haltung.

Der **Symbolismus** verlangt Konzentration und zielt auf Wesentliches, Spirituelles. Da das den Dingen zugrunde liegende Geheimnis nicht erfassbar ist, wird es durch die suggestive Kraft der Sprache beschworen. Symbolhaft soll die rätselhafte, hinter allem Sein liegende Idee erahnt werden. Dies wird an Gedichttiteln Rilkes deutlich: *Der Panther*, *Das Karussell*, *Herbst*, *Blaue Hortensie*. Schnitzler zeigt in seinen dramatischen Kurzformen und Erzählungen verdichtete Lebensaugenblicke, in denen sich das Unbewusste artikuliert.

Theorie, Formen und Sprache

Theorie

1902 veröffentlicht Hugo v. Hofmannsthal einen fiktiven Brief des Philipp Lord Chandos an den Philosophen Francis Bacon, in dem der **Verlust der Fähigkeit** beklagt wird, „über irgend etwas zusammenhängend zu denken oder zu sprechen". Das ursprünglich als Einheit gefühlte Dasein löst sich in seine Teile auf. Begriffe zerfallen ihm im Mund „wie modrige Pilze". Der **Chandos-Brief** dokumentiert damit die **moderne Sprach- und Bewusstseinskrise**: Die Welt ist mit den herkömmlichen Begriffen nicht mehr zu bestimmen.

Die literarischen Strömungen stehen den historischen Realitäten distanziert gegenüber. Verstädterung, gesellschaftlicher Wandel, Technisierung und Materialismus führten in intellektuellen und künstlerischen Kreisen zur Opposition und zur Vorstellung, einer sterbenden Kultur anzugehören. Ohnmächtig gegenüber den Zeiterscheinungen ziehen sich die Künstler in die Gegenwelt eines übersteigerten Ästhetizismus zurück. Der sog. **„Elfenbeinturm"** wird zum Symbol für den sicheren Zufluchtsort in einer reinen und nur dem Schönen dienenden **Künstlersphäre**. Die so gewonnene Freiheit des Künstlers verlangt auch die Autonomie der Kunst. Die Formel **„l'art pour l'art"** (Kunst um der Kunst willen) propagiert den Selbstzweck der Kunst, die völlig frei von jeglichen politischen, gesellschaftlichen, weltanschaulichen und moralischen Interessen zu sein hat, reine Poesie („poésie pure"). So zeigt sich auch die Trennung, die sich im 19. Jahrhundert zwischen Kunst und Bürgertum vollzog. Der Künstler verweigert sich, er flüchtet in die Bereiche des Schönen. Damit wird die alte Forderung des Horaz, Dichtung müsse neben dem Vergnügen auch nützlich sein, verworfen. Diese Entwicklung bedeutet ein **Auseinanderfallen von Kunst und Leben**. Die bewusst gewählte Isolierung des Dichters wächst mit seiner Distanz zum Publikum. Er wird zum Außenseiter, Bohèmien und extravaganten Dandy.

Die **Fin de Siècle-Stimmung** lässt sich in der Motivik und Figurendarstellung erkennen. Während der Held im Naturalismus noch aktiv tätig ist, erscheint er hier passiv. Er hat Kommunikationsprobleme, monologisiert, er fühlt sich müde, isoliert und unverstanden; die Welt wird leidend erfahren. Er spürt die Vergänglichkeit des Lebens, die in ihm ein Gefühl von sanfter Melancholie hinterlässt. So ist er bereit für Illusionen. Deshalb geben sich die Figuren nicht selten kokett, verspielt, frivol und kapriziös. Das Ich wird demontiert. Es ist keine feste Figur mehr, von der aus die Handlung aufgebaut werden kann. Der Held treibt von Augenblick zu Augenblick. Sein Leben besteht aus einer Aneinanderreihung von Episoden, die keine Erfüllung bringen, weil sie stets vom reflektierenden Verstand begleitet werden, der permanent von einer unverarbeiteten Vergangenheit belastet wird. Das Geschehen spielt oft in herbstlicher Landschaft, in schönen Parks mit verschlungenen Wegen.

Formen

Im **Impressionismus** verweigert sich die Darstellung des Augenblicks einer längeren, durchkonstruierten Komposition. An ihre Stelle treten kurze Skizzen und Erzählungen, im Dramatischen lyrische Einakter. Lyrik dominiert.

Auch im **Symbolismus** liegt die Hauptleistung auf lyrischem Gebiet, den streng gefügten Gedichten Georges, der melodischen Lyrik Hofmannsthals und den Dinggedichten Rilkes (Das Dinggedicht will das Wesen eines Objekts, ob Gegenstand, Pflanze oder Tier, distanziert-sachlich erfassen. Vgl. Mörike: *Auf eine Lampe*; Conrad Ferdinand Meyer: *Der römische Brunnen*). Im Bereich des Dramas werden Einakter bevorzugt. Unter den epischen Formen ragen heraus: Rilkes *Aufzeichnungen des Malte Laurids Brigge* und Schnitzlers psychologische Erzählungen (*Leutnant Gustl*).

Sprache

Die **impressionistische** Sprache zeigt die Weltsicht: Parataxe, Ellipsen, Unter- und Abbrechen der Rede signalisieren Unsicherheit; Zurückhaltung bei Verben, asyndetische Aneinanderreihung von Wortgruppen, beiläufige Einwände und Pointen deuten auf Isolation und zersetztes Weltgefüge. In der Lyrik finden sich Lautmalerei, Synästhesien, Pointen und freie Rhythmen.

Bevorzugte Stilmittel des **Symbolismus** sind Analogien, Assoziationen, Klangkorrespondenzen, Mehrdeutigkeit, Metaphorik, Rhythmik, Synästhesien, Farb- und Lautsymbolik. Kennzeichnend sind der Rückzug der Dichter aus der realistischen Welt, die Betonung literarischer Eigenständigkeit, der Einbau mystischer Elemente, die Technik des Andeutens, die zum Dunklen und Hermetischen neigende Aussage, sprachliche Intensität und Magie.

Übersicht: Die Literatur um die Jahrhundertwende,
Gegenströmungen zum Naturalismus

Hintergrund	**Politik:** Ära Wilhelm II. (Militarismus, Nationalismus, Imperialismus) **Gesellschaft:** kapitalorientiertes reiches Bürgertum, neuer Mittelstand, zunehmende Mobilität, Kleinfamilie **Kultur, Weltanschauung:** Werteveränderung, materialistische Orientierung neben Untertanenmentalität, Zeitkritik durch Nietzsche, bedeutende wissenschaftliche Leistungen durch Albert Einstein und Sigmund Freud
Literarisches Leben	**Autoren:** Distanz zur gesellschaftlich-politischen Entwicklung, Außenseiter (Begriffe: Avantgarde, Elfenbeinturm, Bohème) Dichter- und Künstlerkreise in Wien, München-Schwabing und Prag (vgl. „Kaffeehausliteratur") **Publikum:** elitär, auf kleine Kreise beschränkt
Literarische Richtungen	Neuromantik: gefühlsbestimmte romantische Themen Neuklassik: Betonung strenger Formen, ideelle Themen Heimatkunst: enge provinzielle Themen, Anfälligkeit für faschistische Ideologie Impressionismus: Festhalten flüchtiger Augenblicke Symbolismus: Beschwörung und symbolhafte Andeutung des Daseinshintergrunds
Autoren und Werke	George: Gedichte, Übersetzungen Hofmannsthal: Gedichte; *Der Tor und der Tod, Jedermann, Der Schwierige*; Zusammenarbeit mit Richard Strauss Rilke: *Das Stundenbuch, Buch der Bilder, Neue Gedichte, Die Aufzeichnungen des Malte Laurids Brigge, Sonette an Orpheus, Duineser Elegien* Schnitzler: *Anatol, Der einsame Weg, Liebelei, Leutnant Gustl* Wedekind: *Frühlings Erwachen, Lulu*
Theorie, Formen und Sprache	**Theorie:** Sprachproblematik: Hofmannsthals *Chandos-Brief* „l'art pour l'art": Autonomie der Kunst, Auseinanderfallen von Kunst und Leben, Dichter als Außenseiter **Formen:** Skizzen, Erzählungen, lyrische Einakter, Dominanz der Lyrik **Sprache:** Impressionismus: Parataxen, Ellipsen, Sprachauflösung Symbolismus: Sprachskepsis neben Musikalität, Sprachmagie

Die Literatur in der Zeit des Expressionismus (1910–1925)

Hintergrund

Erster Weltkrieg, das Ende des Kaiserreiches, der Zerfall des österreichischen Vielvölkerstaates, der Versailler Vertrag und die Krisenjahre der Weimarer Republik bilden den politischen Rahmen der Epoche.

Industrialisierung, Bevölkerungswachstum und Verstädterung fördern eine Massengesellschaft, die es durch Kollektivierung, Schematisierung und Typisierung dem Einzelnen zunehmend erschwert, seiner Individualität zu entsprechen. Es beschleicht ihn das Gefühl der **Entfremdung**. Schon vor der Jahrhundertwende erkannte man in Künstler- und Intellektuellenkreisen die Brüchigkeit der abendländischen Kultur. Das Bewusstsein, am **Ende des bürgerlichen Zeitalters** zu stehen, hatte bei vielen Müdigkeit, Resignation und **Flucht in ästhetische Scheinwelt**en ausgelöst.

Der Verlust transzendenter Bindungen und tradierter Werte führt zu Verhaltensunsicherheit, verstärkt die Orientierungskrise, beraubt den Einzelnen seiner **Kritikfähigkeit** und macht ihn für **Diktaturen anfällig**. Die Ausrichtung auf vergängliche materielle Werte schafft das Verlangen nach immer neuen Reizen und Sensationen. Dies muss sich letztlich in **Passivität** und **Nihilismus** erschöpfen. Andererseits zwingt das Gefühl des Ausgeliefertseins zur radikalen Hinwendung an den eigenen Wesenskern, die **Existenz**. Immer wieder greifen die Autoren die Frage nach einem menschlichen Schicksal auf, das als Last erscheint (vgl. Kafka). Von dieser beengenden Situation wollen die Expressionisten mit einem idealistischen **Aufbruch zur Menschlichkeit** befreien.

Vorbereitet wird die Literatur der Zeit durch die Psychoanalyse Freuds, die Philosophie Nietzsches (siehe S. 200, 203), Bergsons und Kierkegaards.

Zentrale Aussagen **Henri Bergsons** (1859–1941, französischer Philosoph):
- Die intellektuelle Erkenntnisfähigkeit ist beschränkt.
- Tiefere Wirklichkeit kann nur durch Intuition erfasst werden.
- Das gesamte Universum lebt aufgrund einer es durchwaltenden Lebensenergie („élan vital").

Zentrale Aussagen **Sören Kierkegaards** (1813–1855, dänischer Philosoph, Vorläufer der Existenzphilosophie):
- Philosophie darf nicht abstrakte Philosophie bleiben, sondern muss sich mit der konkreten Situation des Menschen beschäftigen.
- Sie hat dem menschlichen Leben einen Sinn zu geben, soll der Mensch nicht in Angst und Verzweiflung verfallen.
- Einzige Möglichkeit: ganz dem Christlich-Absoluten zu leben.

Literarisches Leben

Die meisten Autoren wohnen in der Großstadt, hier finden sich ihre Verleger und ihr Publikum. In der Metropole Berlin ist die neue Massenkultur am deutlichsten zu spüren. Die Unterhaltungsindustrie gewinnt zunehmend an Boden. Gegenüber dieser Entwicklung nehmen die Expressionisten eine kritisch-distanzierte Haltung ein. Sie zeigt sich auch im Kabarett, einer Kleinkunstbühne, die Ende des 19. Jahrhunderts aus den Pariser Künstlerkneipen hervorgegangen ist. Charakteristisch ist eine Mischung aus Literatur, Musik, künstlerischer Bewegung und bildender Kunst. So werden humoristisch-satirische Texte als Lieder, Chansons, Gedichte, Balladen und Sketche vorgetragen, Pantomime, Tanz und Artistik angeboten. Die Inhalte pointieren, karikieren und parodieren meist aktuelle und allgemein bekannte Themen. Frühe Kabaretts im deutschen Sprachraum sind das „Überbrettl" (gegr. 1901) und „Schall und Rauch" (1902) in Berlin, „Elf Scharfrichter" (1901) mit Frank Wedekind in München und „Das Nachtlicht" in Wien. Die Expressionisten suchen bevorzugt das Berliner „Neopathetische Cabaret" (1910) auf.

Etwa seit 1910 treten Film und Kino ihren Siegeszug in Deutschland an. 1917 wird der Filmkonzern „Ufa" (Universum-Film AG) gegründet. Neben den vom Expressionismus beeinflussten irrealen Sujets (Robert Wiene: *Das Cabinet des Dr. Caligari*, 1920; Fritz Lang: *Dr. Mabuse, der Spieler*, 1922) werden Historienfilme produziert (Fritz Lang: *Die Nibelungen*, 1923/24). Etliche Autoren sehen als Verfasser von Drehbüchern einen neuen Wirkungskreis. Filmische Darstellungstechniken beeinflussen bald Erzählweise und Dramaturgie.

Unter den zahlreichen Zeitschriften, bei denen Schriftsteller mitarbeiten, ragen *Die Aktion*, herausgegeben von Franz Pfemfert, und *Der Sturm*, ediert von Herwarth Walden, hervor. Viele Autoren engagieren sich hier auch politisch.

Autoren und Werke

Gottfried Benn (1886–1956) stand unter dem Einfluss Nietzsches. 1912 erschien die Gedichtsammlung *Morgue* mit schockierenden Themen aus dem medizinischen Bereich. Erfahrungen menschlichen Leids während des Ersten Weltkriegs als Militärarzt in Brüssel führten zur Desillusionierung und Absage an herkömmliche Weltanschauungen. Die *Gehirne*-Novellen (seit 1914) sind monologische Prosatexte mit autobiografischen Elementen um die Figur des Dr. Rönne. Unvereinbar erscheinen Sinnliches und Intellektuelles. Allein das heroische Bekenntnis zur Kunst vermag aus der Sinnlosigkeit des Daseins zu befreien. 1917–1935 war Benn Facharzt für Haut- und Geschlechtskrankheiten in Berlin. 1933/34 geriet er kurzzeitig unter nationalsozialistischen

Einfluss. Nach 1945 haben Benns Lyrik und Prosa der Sprache neue Bereiche erschlossen und starke Wirkung auf die zeitgenössische Literatur ausgeübt.

Alfred Döblin (1887–1957) war Arzt für Neurologie und Psychiatrie in Berlin. 1933 emigrierte er über Zürich und Paris in die USA. 1945 kehrte er nach Deutschland zurück. Sein Hauptwerk ist der Großstadtroman *Berlin Alexanderplatz* (1929), der chronologisch das Leben des entlassenen Sträflings Franz Biberkopf schildert. Der Einfluss von John Dos Passos' *Manhattan Transfer*, James Joyce' *Ulysses* und der Psychoanalyse Sigmund Freuds lässt sich erkennen. Anregungen fand Döblin auch beim Film (Montagetechnik).

Georg Heym (1887–1912) beschwört in seiner Lyrik die Dämonie der Großstadt (*Berlin, Der Gott der Stadt*) und die Schrecken des Krieges (*Der Krieg*). Melancholie und Endzeitstimmung prägen sein frühreifes Werk.

Die entscheidenden Themen des Dramatikers **Georg Kaiser** (1878–1945) sind der neue Mensch und dessen Opferbereitschaft. Die Trilogie *Gas* und das Drama *Die Bürger von Calais* (1914) haben seinen Ruhm begründet.

Franz Kafka (1883–1924) wurde als Sohn eines wohlhabenden jüdischen Kaufmanns in Prag geboren. Nach einem Jura-Studium war er in einer Versicherung tätig. Sein Werk ist ohne den atmosphärischen Hintergrund Prags kaum denkbar. Spannungen mit seinem autoritären Vater, die Erfahrung stupider Bürokratie, Judentum und Kulturkrise prägten sein Weltbild. Kontaktlosigkeit (*Die Verwandlung*), unbegreifbare Schuld (*Das Urteil, Der Proceß*) und Isolation (*Der Hungerkünstler*) sind wiederkehrende Themen. In einer Welt, in der Botschaften den Einzelnen nicht mehr erreichen können (*Eine kaiserliche Botschaft*), besteht die Gefahr, den Lebenssinn zu verfehlen (*Vor dem Gesetz*).

Heinrich Mann (1871–1950) fühlte sich dem Sozialismus und romanischer Kultur verpflichtet. In *Professor Unrat* (1905, Roman; unter dem Titel *Der blaue Engel* mit Emil Jannings verfilmt) liefert er die Karikatur eines von Pflichteifer durchdrungenen Gymnasiallehrers, der einer Tänzerin verfällt. Sein bekanntester Roman ist *Der Untertan* (1914), eine scharfe Satire wilhelminischen Untertanengeistes.

Das bürgerliche Lustspiel *Die Hose* (1911) von **Carl Sternheim** (1878–1942) entlarvt die sozialen Aufstiegsabsichten eines kleinen Beamten.

Ernst Toller (1893–1939) nahm als Freiwilliger am Ersten Weltkrieg teil. Später wurde er Pazifist und Sozialist. Sein expressionistisches Bekehrungsdrama *Die Wandlung* (1919) spiegelt seine Entwicklung. Wegen seiner Mitgliedschaft im Zentralrat der bayerischen Räterepublik musste er fünf Jahre in Festungshaft verbringen. Hier entstand sein Drama *Masse Mensch*, das den tragisch endenden Einsatz einer Sozialistin zeigt. Mit dem Drama *Die Maschinenstürmer* (1920/21) kritisiert er Ausbeutung und Kinderarbeit.

Der Salzburger **Georg Trakl** (1887–1914) hatte Pharmazie studiert, war aber wegen tiefer Depressionen und Drogenabhängigkeit kaum in der Lage, seinen Beruf als Apotheker auszuüben. In Trakls Lyrik spürt man den Einfluss Hofmannsthals, Baudelaires und Rimbauds. Herbst, Nacht und Tod sind stets wiederholte Motive. Sie zeugen von der Einsamkeit des Menschen, der dem Verfall des Menschlichen, wie er besonders im Krieg zum Ausdruck kommt, nichts entgegenstellen kann. Die metaphernreiche Sprache geht vom Sinnlichen ins Visionäre und rätselhafte Gleichnis über. Klang, Bild, Farbsymbolik und Chiffre drücken expressiv das hinter den Dingen verborgene Grauen aus (*Der Herbst des Einsamen*, *De profundis*). Als Militärapotheker erlebte er die Schlacht bei Grodek in Galizien (*Grodek*). Er starb an einer Überdosis Kokain.

Der in Prag geborene **Franz Werfel** (1890–1945) stand mit Franz Kafka und Max Brod in freundschaftlichem Kontakt. In seiner „magischen Trilogie" *Der Spiegelmensch* (1920) bringt er den Gegensatz von scheinbarem und wahrem Ich zum Ausdruck. Die Novelle *Nicht der Mörder, der Ermordete ist schuldig* (1920) greift den im Expressionismus beliebten Vater-Sohn-Konflikt auf. Der Roman *Das Lied von Bernadette* (1941) ist die Geschichte des Wunders von Lourdes. In seinem letzten Roman *Stern der Ungeborenen* (1946) werden pessimistisch die Folgen einer der Technik verfallenen Welt aufgezeigt.

Kennzeichen, Themen und Motive

Die expressionistische Literatur ist eine Antwort auf die wirtschaftlichen, sozialen und politischen Veränderungen der Zeit. Ihre Vertreter kritisieren Kapitalismus, Industrialisierung, verkrustete Autoritätsstrukturen und die Scheinheiligkeit des wilhelminischen Bürgertums. Sie wenden sich gegen das materielle Weltbild des Naturalismus, die Vordergründigkeit des Impressionismus und das Dekorative des Jugendstils. Allen widersprüchlichen Strömungen innerhalb des Expressionismus sind folgende Merkmale gemeinsam:

- Protest gegen Individualitätsverlust, Kulturverfall, Materialismus, technischen Fortschritt und soziales Elend,
- Glaube an die gefühlsbestimmten Möglichkeiten des Menschen, der einen idealistischen Aufbruch zu neuer Humanität beschwört, aber auch
- Resignation angesichts der Grausamkeiten des Krieges und der Ohnmacht, die erkannten Missstände zu beheben.
- Ziel ist es, die innere Wirklichkeit, das Wesentliche, zum Ausdruck zu bringen.

Alle Themen und Motive kreisen um vier Schwerpunkte: Auflösung des Ich, neuer Mensch, Krieg und Großstadt.

Der Verlust verbindlicher Werte ist maßgeblich an der Orientierungslosigkeit und Unsicherheit des modernen Menschen beteiligt. Der damit eingeleitete **Ich-Verlust** des Einzelnen zeigt sich bei den Expressionisten in einer seelenlosen, automatisierten Großstadtwelt, in der das Ich entweder zum Teil einer funktionalisierten Maschinerie degeneriert oder in seinem „Willen zur Macht" das Kapital zu seinem Götzen erhebt. Im sozialdarwinistischen Kampf aller gegen alle verdinglicht das Ich, während die Gegenstände personifiziert werden. Der Erste Weltkrieg führt die animalische Natur des Menschen vor Augen. Von hier ist es nicht weit zu Abnormalität, sinnlicher Entartung und Wahnsinn. Auch die hybride Überzeichnung des Menschen (vgl. Nietzsche, Nationalsozialismus), ist Ausdruck einer Degeneration und Dissoziation.

Angesichts solcher Auflösungstendenzen **fordern** viele einen **Neubeginn**. Dieser äußert sich in religiöser Motivik, Pazifismus, Menschlichkeit, Sozialismus und einer Absage an jegliches autoritäre Verhalten (vgl. auch Vater-Sohn-Konflikt bei Franz Kafka: *Das Urteil*, Walter Hasenclever: *Der Sohn*).

Schon lange vor dem Ausbruch des **Ersten Weltkriegs** ahnen die Künstler die Katastrophe (vgl. Georg Heym: *Der Krieg*, 1911). Industrialisierung, Vermassung, Untertanenmentalität, Materialismus und der Verfall humanistischer Werte werden von den Autoren als Ursachen des Bösen erkannt. Der Krieg fordert unter den jungen Autoren Opfer: Alfred Lichtenstein, Reinhard Johannes Sorge, Ernst Stadler und August Stramm fallen; Georg Trakl nimmt sich das Leben. Die Zerstörungskräfte fördern die Motive des Verfalls, der Ausgeliefertheit, der Verzweiflung und des Todes (vgl. Trakls Herbstgedichte, Benns Ekel vor einem animalischen Menschen, Kafkas Schuldgefühle).

Mit der Industrialisierung, der damit verbundenen Landflucht und Verstädterung wird das **Großstadt-Motiv** verstärkt aufgegriffen. Die Expressionisten setzen sich in ihrer Lyrik eingehend mit der Thematik auseinander. An großen epischen Werken, die sich mit der Großstadt beschäftigen, erscheinen 1922 von James Joyce *Ulysses*, 1925 von John Dos Passos *Manhattan Transfer*, 1927 von Franz Kafka *Amerika* und 1929 von Alfred Döblin *Berlin Alexanderplatz*. Das Motiv wird meist von negativen Konnotationen begleitet. Die Großstadt trägt Züge des verruchten biblischen Babylons, eines Molochs, der seine Bewohner verschlingt. Gemeinschaft kann in der Massengesellschaft nicht gelingen. In einer Welt der Hektik, des Kapitalismus, der Korruption, des unnatürlichen, mechanisierten und monotonen Daseins, der Kriminalität und des Schmutzes bleibt die Menschlichkeit auf der Strecke. Der entindividualisierte Einzelne fühlt sich in der Anonymität verloren. Die Stadt als Raum bedeutet Enge und Freiheitsberaubung; Zeit wird als monotoner Ablauf erfahren, aus dem man nur durch Normverstoß ausbrechen kann.

Theorie, Formen und Sprache

Theorie
Folgende Aspekte prägen die expressionistische Kunst:
- Kasimir Edschmid sieht im Expressionismus eine neue Bewegung, in der sich ein ‚maßloses Gefühl' verwirkliche und ein neues Weltbild verdichtet zum Ausdruck komme (*Über den Expressionismus in der Literatur und die neue Dichtung*, 1919).
- Kurt Pinthus legt Wert auf die intensive Darstellung des Menschlichen (Vorwort zu: *Menschheitsdämmerung*, 1920).
- Gottfried Benn betont den Einfluss von Hölderlin und vor allem von Nietzsche. Es gelte tradierte Wirklichkeiten zu zertrümmern und dem Nihilismus die Kunst als einzige Möglichkeit entgegenzuhalten (Einleitung zu: *Lyrik des expressionistischen Jahrzehnts*, 1962).
- Der Einfluss des Films wird in der Montage- und Simultantechnik deutlich.

Formen
In der **Lyrik** kommen die pathetischen Gefühle des Expressionismus, seine Sehnsucht nach Brüderlichkeit und Einheit, aber auch sein Erschrecken vor dem Dämonischen am deutlichsten zum Ausdruck (vgl. Gedichte von Gottfried Benn, Georg Trakl, Georg Heym, Ernst Stadler). In den Kabaretts blüht das witzige Chanson, Bertolt Brecht schreibt Songs und Balladen.

Auch im **Drama** gelingt es, die Spannungen zwischen Unmenschlichem und Menschlichem darzustellen. So werden auf der Bühne Wandlungsfähigkeit, Opferbereitschaft und Aufbruchswille thematisiert. Zur Betonung des Typischen werden die Bühnenmittel stark reduziert.

Die **Epik** tritt zurück. Sie ist meist auf kleinere Formen angelegt und bevorzugt Novelle und Erzählung. Mit Satire, Groteske und idealisierter Utopie versucht man der Zeit zu begegnen.

Sprache
Sie drängt einerseits auf Verkürzung und Intensivierung, andererseits entlädt sie sich pathetisch, barock, hymnisch. So finden sich Raffungen, Ausrufe, Antithesen, Hyperbeln, Reihungen von Substantiven, Satzbrüche, asyndetische Verkürzungen, Assoziationsketten, Akkumulationen, Abstraktionen, aber auch eine subjektiv ausgerichtete Metaphorik, Monologisierung und hymnisch-pathetische Steigerungen. Weitere Merkmale sind die freie, oft ungebändigte Rhythmik und Sprachexperimente, z. B. durch eine gebrochene und gekürzte Syntax (Wortfetzen, „Telegrammstil").

Übersicht: Die Literatur in der Zeit des Expressionismus

Hintergrund	**Politik:** Erster Weltkrieg, Ende des Kaiserreichs, Krisenjahre der Weimarer Republik **Gesellschaft:** Industrialisierung, Massengesellschaft, Großstadtleben **Kultur, Weltbild:** Verhaltensunsicherheiten, Anfälligkeit für Diktaturen, Flucht in ästhetische Scheinwelten, Hinwendung zur eigenen Existenz, Versuch eines idealistischen Aufbruchs im Expressionismus; Impulsgeber: Freud, Nietzsche, Bergson, Kierkegaard
Literarisches Leben	Berlin als Zentrum einer Massenkultur, Beginn des Kabaretts, Beginn von Film und Kino, Zeitschriften: *Die Aktion, Der Sturm*
Autoren und Werke	Benn: Morgue-Gedichte, Gehirne-Novellen Döblin: *Berlin Alexanderplatz* Heym: Lyrik Kaiser: *Die Bürger von Calais* Kafka: *Die Verwandlung, Das Urteil, Der Proceß, Vor dem Gesetz* Heinrich Mann: *Professor Unrat, Der Untertan* Sternheim: *Die Hose* Toller: *Die Wandlung, Masse Mensch* Trakl: Lyrik (*Der Herbst des Einsamen, Grodek*) Werfel: *Der Spiegelmensch, Stern der Ungeborenen*
Kennzeichen, Themen und Motive	**Kennzeichen:** Protest gegen Individualitätsverlust, Kulturverfall, Materialismus, technischen Fortschritt, soziales Elend; Glaube an einen Wandel zur Humanität; Resignation **Themen und Motive:** Ich und Welt, Krieg, Großstadt
Theorie, Formen und Sprache	**Theorie:** Edschmid: Expressionismus als Ausdruck intensiven Gefühls Pinthus: das Menschliche als Ziel des Expressionismus Benn: Expressionismus als Wirklichkeitszertrümmerung, Kunst als Mittel gegen den Nihilismus Beginn der Montage- und Simultantechnik **Formen:** Lyrik: Ausdruck für Gefühle; Chansons, Songs, Balladen Drama: Wandlungs-, Erlösungsdramen; reduzierte Bühnenmittel Epik: kurze Formen (Erzählung, Novelle) dominieren **Sprache:** intensivierter, pathetischer und hymnischer Ausdruck, Sprachexperimente (Sprachreduktion, „Telegrammstil")

Die Literatur in der zweiten Hälfte der Weimarer Republik (1925–1933)

Hintergrund

Die Jahre 1924 und 1925 bringen der Weimarer Republik eine kurze Konsolidierung (Ursachen: Stresemanns Verständigungspolitik, wirtschaftliche Erholung). Doch die anhaltende **innenpolitische Krise** (fehlende demokratische Tradition, Auflösung des parlamentarischen Regierungssystems durch Anwendung des Art. 48, Parteilichkeit der Justiz, Radikalisierung der Öffentlichkeit) und die **ökonomische Destabilität** (Weltwirtschaftskrise, Arbeitslosigkeit) kennzeichnen in verstärktem Maße eine politisch und gesellschaftlich labile Situation, die von den sog. „goldenen Zwanzigern" nur übertüncht wird.

Weiterhin ist Berlin Zentrum der Massenkultur. In Kino- und Theaterpalästen, Kleinbühnen, Varietés, Tanzsälen, Boxarenen und Sportplätzen finden sich zahlreiche Besucher ein.

Literarisches Leben

In besonderer Blüte steht das **Kabarett** in Berlin. In München werden die Komiker Karl Valentin und Liesl Karlstadt populär. Bald wird die Kleinbühne ein Forum für linksorientierte Künstler, die vehement, aber letztlich vergeblich gegen heuchlerisches und rückwärtsgewandtes Spießbürgertum, Obrigkeitshörigkeit und wachsenden Nationalismus agieren und für Außenseiter und Proletarier eintreten.

Seit Mitte der 20er-Jahre zieht es viele europäische Schauspieler in die Filmstudios von Hollywood (z. B. Greta Garbo, Marlene Dietrich). Von hier kommt der **Film** als Massenware nach Deutschland, seit 1928/29 auch als Tonfilm. Filmtechniken wie Blende, Schnitt und Montage werden auf die Literatur übertragen.

Auch der **Rundfunk** verbreitet sich rasch. 1925 wird die Reichsrundfunkgesellschaft gegründet, 1926 nimmt die „Deutsche Welle" ihr Programm auf. Ende der 20er-Jahre hat das Hörspiel einen ersten Höhepunkt. Bekannte Autoren (z. B. Benn, Brecht, Döblin) arbeiten für diese Gattung.

Die wirtschaftliche Lage vieler Kulturträger und Schriftsteller ist bedrohlich. Viele leben an der Grenze des Existenzminimums. Zudem reduziert das mangelnde Interesse des Publikums für anspruchsvolle moderne Kunst das soziale Ansehen der Autoren. Eine wachsende Gegnerschaft baut sich in nationalsozialistischen Kreisen auf (vgl. Rosenbergs *Kampfbund für Deutsche Kultur*, 1927).

Autoren und Werke

In der Auseinandersetzung mit der Kriegspropaganda und den bürgerlichen Vorstellungen seiner Zeit ist der in Augsburg geborene **Bertolt Brecht** (1898–1956) schon früh misstrauisch geworden. Bereits sein erstes Stück *Baal* (1919) liefert eine aggressive Bilderfolge gegen bürgerliche Traditionen. Gesellschaftskritik zeigen *Trommeln in der Nacht* (1922), *Aufstieg und Fall der Stadt Mahagonny* (1930) und *Die heilige Johanna der Schlachthöfe* (1930). Anklage, Parodie und Satire des frühen Brecht erinnern an Büchner, Villon und Valentin. Zusammen mit dem Komponisten Kurt Weill verfasste er *Die Dreigroschenoper* (1928). Unter dem wachsenden Einfluss des sozialistischen und marxistischen Gedankengutes entwickelte Brecht seit der Mitte der 20er-Jahre die Theorie vom „**epischen Theater**", das die Zuschauer desillusionieren und zur rationalen Kritik führen soll. Das Theaterstück bekommt damit die Funktion eines „Lehrstücks". Brecht demonstrierte seine Absicht in *Mutter Courage und ihre Kinder* (1941), im Parabelstück *Der gute Mensch von Sezuan* (1943) und im *Leben des Galilei* (1943). Die Beschäftigung mit der chinesischen Literatur führte zu seinem Drama *Der kaukasische Kreidekreis* (1944/45). 1933 verließ Brecht Deutschland. Über Prag, Wien, Zürich und Paris floh er nach Svendborg in Dänemark, 1940 weiter über Finnland und die UdSSR in die USA. 1947 ließ er sich in Ostberlin nieder.

Der Österreicher **Hermann Broch** (1886–1951) ist durch seine Trilogie *Die Schlafwandler* (1931/32) und vor allem durch *Der Tod des Vergil* (1945) bekannt geworden. Klage über den Verfall der Werte und Hoffnung auf eine neue mystisch geprägte Zeit sind seine Grundthemen.

Lion Feuchtwanger (1884–1958) musste 1933 als Jude und Pazifist emigrieren (Frankreich, USA). Er schrieb Dramen (Zusammenarbeit mit Brecht) und erneuerte den historischen Roman (*Jud Süß*, 1925). Der Zeitroman *Der Erfolg* (1930) erfasst den Aufstieg des Nationalsozialismus.

Hermann Hesse (1877–1962), Sohn eines Missionspredigers, floh als Fünfzehnjähriger aus dem theologischen Seminar Maulbronn und wurde Buchhändler. Seit 1904 arbeitete er als freier Schriftsteller. Ab 1919 wohnte er in Montagnola im Tessin. 1946 erhielt er den Nobelpreis für Literatur. Schwäbischer Pietismus des Elternhauses, schulische Enge und das Leiden an einer nihilistischen und pessimistischen Gegenwart sind Hesses Grunderfahrungen. In der Novelle *Unterm Rad* (1906) verarbeitete er sein eigenes Schultrauma. *Siddhartha* (1922) zeigt das Verlangen nach stillem Glück und den buddhistischen Läuterungsweg. In *Der Steppenwolf* (1927) ist Harry Haller Außenseiter in einer leistungsorientierten Gesellschaft. Den Gegensatz von sinnlichem und geistigem Leben gestaltet er in *Narziß und Goldmund* (1930).

Hesses Hauptwerk ist der Erziehungsroman *Das Glasperlenspiel* (1943). Das Gefühl des Ausgestoßenseins, die innere Auseinandersetzung mit den sinnlichen und geistigen Kräften, die Ablehnung des Krieges und die Suche nach östlichen Erkenntniswegen führten in den 70er- und 80er-Jahren zu einer Hesse-Renaissance.

Thomas Mann (1875–1955) stammte aus einer Lübecker Patrizierfamilie. Nach dem Tod des Vaters folgte er seiner Mutter nach München. 1933 emigrierte er in die Schweiz, dann in die USA. Nach dem Krieg ließ er sich in Kilchberg bei Zürich nieder. 1929 erhielt er den Nobelpreis für Literatur.

Thomas Mann bekannte sich zur bürgerlichen Tradition. Seine konservative Haltung erwuchs aus der Sorge um das Humane in einer Zeit politischer Barbarei. Die Einflüsse von Mythos und Bibel, Reformation, Aufklärung, Klassik, Romantik, der Philosophie Schopenhauers und Nietzsches, der Musik Wagners und der Psychoanalyse Freuds werden in seinen Werken immer wieder deutlich. Sein Erstlingsroman *Buddenbrooks* (1901) schildert den „Verfall einer Familie", aber auch den Untergang des alten Bürgertums. Die Novelle *Der Tod in Venedig* (1913) bietet die Geschichte des bislang disziplinierten Schriftstellers Gustav von Aschenbach, der durch die Verführung des Ästhetischen in einen tödlich-dionysischen Rausch gerissen wird. Die Atmosphäre Venedigs hat ambivalenten Charakter. Lebenssüße und Todesnähe vermischen sich. Das eigentliche Thema ist die Stellung des Künstlers in der Spannung zwischen Form und Chaos. In seinem Roman *Der Zauberberg* (1924) schildert Thomas Mann die Krisensituation des morbiden europäischen Großbürgertums am Vorabend des Ersten Weltkriegs. Im Geiste Lessings und Goethes zeigt die Tetralogie *Joseph und seine Brüder* (1933–1943) den Weg des Menschen aus dem Mythos in sittlich-vernünftige Höhe. Der Roman *Lotte in Weimar* (1939) diente der Auseinandersetzung mit dem Goethebild seiner Zeit. Eine Abrechnung mit dem Nationalsozialismus wird *Doktor Faustus. Das Leben des deutschen Tonsetzers Adrian Leverkühn, erzählt von einem Freunde* (1947). Immer wieder griff Thomas Mann in seinen Erzählungen den unauflöslichen Konflikt zwischen Bürgerlichkeit und Künstlertum auf (vgl. *Tristan, Tonio Kröger*).

Der in Klagenfurt geborene **Robert Musil** (1880–1942) studierte in Berlin Philosophie, Psychologie, Mathematik und Physik. 1906 erschien sein autobiografisch gefärbter Schulroman *Die Verwirrungen des Zöglings Törleß*. Der fragmentarische Roman *Der Mann ohne Eigenschaften* (1930–1943) ist ein Schlüsselwerk der Zeit.

Joseph Roth (1894–1939) beschreibt in seinen melancholischen Romanen den Niedergang der österreichischen Monarchie (*Radetzkymarsch*).

Richtungen, Themen und Motive

Die Literatur der Zeit bildet ein differenziertes Spektrum:

Gegen die uneinlösbaren Hoffnungen des Expressionismus wenden sich die Vertreter der **Neuen Sachlichkeit**. Desillusioniert, nüchtern und pragmatisch halten sie Tatsachen fest. Sie verarbeiten wissenschaftlich objektive Quellen, analysieren die sozialen Verhältnisse, beschreiben die menschliche Psyche, verfassen Reportagen und Tatsachenromane. Zu nennen sind die Reportagen Egon Erwin Kischs (1885–1948), die Romane Lion Feuchtwangers, die sog. „Gebrauchslyrik", z. B. von Ringelnatz, Tucholsky und Kästner, und der dokumentarische Anteil, den Erwin Piscator auf die Bühne bringt.

Das Wissen um die Gefährdung des Menschen und die Suche nach Geborgenheit und innerer Freiheit führen zu einer **religiösen Erneuerung**. Autoren wie Werner Bergengruen, Gertrud von Le Fort, Ezard Schaper, Rudolf Alexander Schröder, Stefan Andres und Reinhold Schneider bekennen sich zu christlichen Werten und treten für ein humanes Menschentum ein.

Bald nach dem Abklingen des Expressionismus kommt es zu einem Wiederaufleben der deutschen **Naturlyrik**. Dabei wird die Natur als ein konkretes Gegenüber sachlich beobachtet. Das schließt nicht aus, dass die realen Erscheinungen als Symbole und Chiffren einer transzendenten Wirklichkeit gedeutet werden können (naturmagische Richtung). Nicht selten findet sich der Einbau mythischer Bilder als Abwehr einer überzogenen Technikgläubigkeit und Sinnsuche in einer orientierungslosen Zeit. Zu nennen sind in diesem Zusammenhang Autoren wie Oskar Loerke (1884–1941), Wilhelm Lehmann (1882–1968) und Georg Britting (1891–1964), von denen ein direkter Weg zu Peter Huchel, Günter Eich und Karl Krolow führt.

Verlorenes glaubt man auch in der Beschwörung der **Heimat** zu finden. Neben einer trivialen Richtung erscheint bei vielen Autoren der Heimatbegriff ambivalent. So zeigt Ludwig Thoma (1867–1921) in *Magdalena* und *Moral* die Enge der bäuerlichen Welt, Lena Christ (1881–1920) gibt in ihren *Erinnerungen einer Überflüssigen* der Sehnsucht nach dem Oberland Ausdruck. Oskar Maria Graf (1894–1967) überschreitet mit seiner Autobiografie *Wir sind Gefangene* (1927) die provinziellen Grenzen.

Eine **proletarisch-sozialistische Literatur** hat ihren Ursprung in den politischen Verhältnissen der Sowjetunion (Oktoberrevolution 1917) und Deutschlands (Spartakusaufstand 1919). Zu den engagierten Autoren zählen Johannes R. Becher (1891–1958) und Anna Seghers (1900–1983). Mit theoretischen Schriften treten bereits in den 20er-Jahren Georg Lukács und Walter Benjamin hervor. 1928 wird der „Bund proletarisch-revolutionärer Schriftsteller" gegründet (Orientierung am „Sozialistischen Realismus" Maxim Gorkis).

Theorie, Formen und Sprache

Theorie
Die mit der Auflösung des Weltbilds verbundene Sprach- und Erzählkrise (vgl. *Chandos-Brief* Hofmannsthals) setzt sich fort. Massengesellschaft und neue Medien veranlassen zum Experimentieren (Reportage, Montagetechnik).

In der Absicht, die Gesellschaft zu verändern, entwickelt Brecht das epische Theater. Entscheidend für ihn ist dabei, dass der Zuschauer stets sein kritisches Bewusstsein bewahrt, um klar urteilen und handeln zu können. Zur Erreichung dieses Ziels bedient sich Brecht der Mittel der Verfremdung (s. S. 94 f.).

Formen
Besondere Bedeutung kommt der **epischen Dichtung** zu, v. a. dem Roman. Er greift im Sinne der Neuen Sachlichkeit geschichtliche, biografische und aktuelle Themen auf (historischer Roman, Zeitroman: Franz Werfel, Erich Maria Remarque, Alfred Döblin, Lion Feuchtwanger, Hans Fallada). Daneben stehen Kleinformen, die sich für den Rundfunk verwenden ließen (Essay, Hörspiel).

Im **dramatischen Bereich** finden die Zeit- und Lehrstücke Bertolt Brechts (episches Theater) und Ödön von Horváths neben dem dokumentarischen Theater Erwin Piscators und den Volksstücken (Ludwig Thoma, Marieluise Fleißer) Beachtung. Steigender Beliebtheit erfreut sich der Film.

Die **Lyrik** tendiert zur Versachlichung. Die Ballade wird neu entdeckt. In der Naturlyrik kommt neben sachlicher Beschreibung auch eine metaphysische Komponente zum Ausdruck. Zu erwähnen sind lyrische Gebrauchsformen, die vom einfachen Spruch über Song und Schlager bis zum Marschlied reichen.

Sprache
Traditionelle Formen genügen der Moderne nicht mehr. In Anlehnung an die Filmtechniken setzt man verschiedene Erzählelemente zusammen (Montageroman). Die chronologisch ablaufende Zeit wird von der Zeitschichtung abgelöst. Das Raumerlebnis verlagert sich zunehmend vom sinnlich wahrnehmbaren Bereich in das Bewusstsein. Im sog. „stream of consciousness" werden assoziative Bilder- und Gedankenketten darzustellen versucht (Mittel: innerer Monolog). Dies führt zur Auflösung der Syntax bis zu Satz- und Wortfragmenten. Umgangssprache und Dialekt werden verstärkt berücksichtigt. Erzählperspektiven wechseln rasch. Der auktoriale Erzähler tritt zurück.

Brecht arbeitet mit den Möglichkeiten der Verfremdung, Erwin Piscator will die Zuschauer ins Theaterspiel integrieren. Er verwendet für seine Ziele Sprechchöre, Revuen, Bildprojektionen und Filme.

Übersicht: Die Literatur in der zweiten Hälfte der Weimarer Republik

Hintergrund	**Politik:** Erfolge in der Außenpolitik, innenpolitische Spannungen, Destabilität durch Weltwirtschaftskrise **Gesellschaft:** Arbeitslosigkeit, Radikalisierung **Kultur:** „Goldene Zwanziger", Berlin als Zentrum der Massenkultur
Literarisches Leben	**Unterhaltung und Medien:** Kabarett, Film, Rundfunk: Hörspiel **Autoren:** schlechte finanzielle Lage, politisches Engagement **Publikum:** wachsendes Interesse an trivialer Sensationsliteratur rechte Szene: Gegner moderner Kunst
Autoren und Werke	Brecht: *Baal, Die Dreigroschenoper, Mutter Courage und ihre Kinder, Der gute Mensch von Sezuan, Leben des Galilei* Broch: *Die Schlafwandler, Der Tod des Vergil* Feuchtwanger: *Jud Süß, Erfolg* Hesse: *Unterm Rad, Siddhartha, Der Steppenwolf, Das Glasperlenspiel* Thomas Mann: *Buddenbrooks, Der Tod in Venedig, Der Zauberberg, Joseph und seine Brüder, Doktor Faustus* Roth: *Hiob, Radetzkymarsch*
Richtungen, Themen und Motive	Neue Sachlichkeit: objektive Wiedergabe der Wirklichkeit religiös orientierte Literatur: christlich-humane Weltsicht Naturlyrik: sachlich und naturmagisch Heimatkunst: trivial und ambivalent proletarisch-sozialistische Literatur: Orientierung am Sozialistischen Realismus
Theorie, Formen und Sprache	**Theorie:** Brecht: episches Theater **Formen:** Epik: Zeitroman, historischer Roman; Essay, Hörspiel Drama: Zeit- und Lehrstück, dokumentarisches Theater, Volksstück; Film Lyrik: Gebrauchslyrik, Naturlyrik, Ballade, Songs, Schlager, Marschlied **Sprache:** Zeitschichtung, Montage, stream of consciousness, Perspektivenwechsel, Syntaxauflösung, Umgangssprache, Dialekt; Mittel der Verfremdung

Die Literatur in der Zeit des Nationalsozialismus (1933–1945)

Hintergrund

Hitlers Machtübernahme am 30. Januar 1933 leitet eine Zeit der Diktatur, des Krieges, des Holocausts und der Barbarei in bisher nicht gekanntem Ausmaß ein. Die Kontinuität der deutschen Kultur wird nachhaltig zerstört.

So wird eine in Politik und Gesellschaft praktizierte **Gleichschaltung** auch im Kulturbereich angestrebt. Mit Zensur versuchen die Nationalsozialisten, Kunst und Literatur gemäß ihren Zielen zu reglementieren. Autoren, die sich nicht fügen, erhalten Schreibverbot, werden verfolgt, inhaftiert und ermordet. Die Folgen dieser Barbarei (1933: Bücherverbrennung, Austritt der deutschen Abteilung aus dem internationalen PEN-Club, Bildung der Reichskulturkammer unter Josef Goebbels) sind für die deutsche Literatur verheerend.

Sozialdarwinismus (Überleben der Tüchtigsten), die Ideen des Grafen Gobineau (Hierarchie der Menschenrassen), Vorstellungen von Houston Stewart Chamberlain (Antisemitismus) und vor allem die Rassenlehre von Alfred Rosenberg sind die **ideologischen Quellen** des Nationalsozialismus.

Die Exilliteratur steht in der Tradition demokratischer bzw. marxistischer Kultur, während die in Deutschland verbliebenen Autoren Kraftquellen aus christlich-humanistischem und existenzialistischem Gedankengut erschließen (Existenzialismus: Richtung der modernen Philosophie. Die Auflösung der alten Ordnungen und das verstärkte Erleben menschlicher Grunderfahrungen wie Angst und Verzweiflung werden zum zentralen Motiv des Denkens. Karl Jaspers und Martin Heidegger, die führenden Vertreter, gehen auf Kierkegaard zurück und beeinflussen den frz. Existenzialismus von Sartre und Camus).

Literarisches Leben

Rund 1500 namhafte Autoren verlassen Deutschland und gehen im **Exil** einem ungewissen Schicksal entgegen. Zunächst wendet man sich ins europäische Ausland. Mit dem Ausbreiten der nationalsozialistischen Herrschaft flieht man in die USA, nach Mexiko, Südamerika und in die Sowjetunion. Zentren der deutschen Exilliteratur entstehen in Prag (bis 1939), Paris (bis 1940), London, Stockholm, Amsterdam, Moskau und New York.

Der umstrittene Begriff „innere Emigration" steht sowohl für die in Deutschland oft unter Lebensgefahr weiterschreibenden Autoren als auch für Schriftsteller, die sich ins Private und Innerliche zurückzogen. Da Distanz Ablehnung u n d Duldung bedeuten kann, lässt sich keine pauschale Aussage über die in Deutschland verbliebenen Autoren treffen.

Zahlreiche Selbstmorde verdeutlichen die ausweglos scheinende Situation (1935: Kurt Tucholsky, 1936: Eugen Gottlob Winkler, 1938: Egon Friedell, 1939: Ernst Toller, 1940: Walter Hasenclever, Walter Benjamin, Jochen Klepper, 1942: Stefan Zweig). Paul Kornfeld wurde im KZ Lodz, Albrecht Haushofer (*Moabiter Sonette*) in Berlin-Moabit ermordet. Fast alle Autoren lehnten das NS-Regime konsequent ab. Nur wenige unterlagen seinen Fangstricken (Hanns Johst). Einzelne, die sich zunächst blenden ließen, kehrten der Diktatur bald den Rücken (Gottfried Benn).

Die NS-Kulturpolitik zerstörte den Literaturbetrieb nicht nur durch Verfolgung kritischer Autoren und Verbot anspruchsvoller Literatur, sondern auch durch die Förderung trivialer, regimeadäquater ideologischer Werke.

Autoren und Werke, Themen und Motive

Exilliteratur

Obwohl uneinheitlich und vielschichtig, ist der Exilliteratur doch das Grundthema „Humanität" gemeinsam. Die Autoren fühlen sich als Repräsentanten deutscher Kulturtradition, mit der sich das Geschehen in Deutschland nicht vereinbaren lässt. So entstehen im Ausland viele Werke als Antwort auf Diktatur und Krieg. Die Autoren rufen auf, warnen, klagen an, analysieren und dokumentieren. In den monatlichen Radiosendungen „Deutsche Hörer" (ab 1940) wandte sich Thomas Mann über BBC London an Deutschland.

Viele Stücke Brechts wie *Mutter Courage* und *Schweyk im zweiten Weltkrieg* greifen die Zeitthematik auf. Im Romanbereich sind zu nennen: Klaus Manns *Mephisto*, Lion Feuchtwangers *Exil*, Anna Seghers' *Das siebte Kreuz*. In der Lyrik nehmen Brecht, Johannes R. Becher, Else Lasker-Schüler und Franz Werfel Stellung. Im Exil entstehen aber auch Werke, die nicht unmittelbar die politische Situation thematisieren. So arbeitet Thomas Mann an seinem Roman-Zyklus *Joseph und seine Brüder*, Stefan Zweig schreibt seine *Schachnovelle* (1941); Franz Werfel und Joseph Roth verfassen mehrere Romane.

Die Rückkehr vieler Emigranten nach dem Krieg erleichtert der deutschen Literatur den Neubeginn und den Kontakt zur internationalen Literatur.

Antifaschistische Literatur in Deutschland

Eines der wenigen Publikationsorgane, in denen Vertreter der inneren Emigration zu Wort kommen können, ist bis zu ihrem Verbot 1943 die *Frankfurter Zeitung*. Viele Werke kreisen um die Frage der Macht (Werner Bergengruen: *Der Großtyrann und das Gericht*, Reinhold Schneider: *Las Casas vor Karl V.*, Jochen Klepper: *Der Vater*, Stefan Andres: *El Greco malt den Großinquisitor*).

Rückzug ins Innere und Flucht aus einer politisch fanatisierten Umgebung kommen in den Gedichten der naturmagischen Richtung (z. B. Oskar Loerke, Wilhelm Lehmann) und bei Autoren zum Ausdruck, die sich an traditionelle Formen und Themen anlehnen (Rudolf Hagelstange, Georg Britting). Angesichts der erlebten Unmenschlichkeit greifen viele Lyriker religiöse Themen auf (Rudolf A. Schröder).

Faschistische Literatur

Die Werke der vom NS-Regime hofierten Autoren heroisieren Volk und Reich. Thematisiert werden Führerfiguren (Heinrich Bauer: *Florian Geyer*), das *Volk ohne Raum* (Hans Grimm), das *Volk auf dem Wege* (Josef Ponten), Bauerntum (Hermann Stehr: *Das Geschlecht der Maechler*), Märtyrertum (Hanns Johst: *Schlageter*), die Überlegenheit der nordischen Rasse (Erwin G. Kolbenheyer: *Gregor und Heinrich*), Krieg in vielen trivialen Romanen. Auch der Film wurde für die Propaganda eingesetzt (Veit Harlan: *Kolberg*, 1945).

Theorie, Formen und Sprache

Theorie

Zwischen 1936 und 1939 kommt es zu einer heftigen literaturtheoretischen Auseinandersetzung, der sog. Expressionismusdebatte. Der kommunistische Literaturtheoretiker Georg Lukács stellt in der Moskauer Exilzeitschrift *Das Wort* die These auf, dass der Expressionismus und andere moderne Strömungen subjektiv, irrational und dekadent seien. Damit aber ließen sich keine antifaschistischen Ziele verwirklichen. Eine Rückkehr zu den großen gesellschaftskritischen Realisten sei deshalb notwendig. Dagegen wenden sich Ernst Bloch, Walter Benjamin, Anna Seghers und Bertolt Brecht: Die Moderne könne nicht mit den Mitteln der Vergangenheit sinnvoll erfasst werden.

Ein anderer Streitpunkt ist der historische Roman. Linksorientierte und sozialistische Autoren sehen in diesem Genre eine Flucht vor den Realitäten. Befürworter wie Lion Feuchtwanger und Alfred Döblin verweisen dagegen auf die zeitkritische Haltung, die bei vielen Autoren gleichwohl deutlich werde.

Formen und Sprache

Exilliteratur: In Aufrufen und Anklageschriften wird die politische Situation in Deutschland kommentiert. In Autobiografien (Toller: *Eine Jugend in Deutschland*, 1933), Erzählungen und Romanen kommt Zeitgeschehen zum Ausdruck (Graf: *Der Abgrund*, 1936, Horváth: *Jugend ohne Gott*, 1937, Seghers: *Das siebte Kreuz*, 1942). Dramatiker haben kaum Gelegenheit, ihre Werke aufzuführen.

Literatur der inneren Emigration: Die Lyrik ist die wichtigste Gattung der antifaschistischen Literatur. Ihre besondere künstlerische Form (vgl. die Beliebtheit des Sonetts) steht gegen das Chaos der Zeit, ihr verschlüsselter Inhalt enthält Botschaften, die den Machthabern unzugänglich sind. In gefahrvoller Zeit bietet das Tagebuch die Möglichkeit der Selbstauseinandersetzung. Der kunstvolle Essay beschäftigt sich mit Fragen des Ästhetischen (Eugen Gottlob Winkler). Erzählung und Roman greifen wiederholt historische Stoffe auf, in denen nicht nur die Flucht aus der Realität, sondern vor allem auch indirekt Kritik geübt wird durch die Beschreibung von Gegenwelten. Das Drama tritt gegenüber Lyrik und Prosa zurück.

NS-Literatur: Die Epik konzentriert sich auf den Bauern- und Kriegsroman. Lyrik und Drama verherrlichen NS-Themen. 1933 entwickelt sich aus dem Drama das Thingspiel (Freilichttheater für Massenveranstaltungen).

Übersicht: Die Literatur in der Zeit des Nationalsozialismus

Hintergrund	**Nationalsozialistische Diktatur:** Gleichschaltung von Politik, Gesellschaft und Kultur Reglementierung von Kunst und Literatur ideologische Quellen: Sozialdarwinismus, Gobineau, Chamberlain, Rosenberg
Literarisches Leben	Emigration (Tradition demokratischer bzw. marxistischer Kultur), innere Emigration (christliches bzw. existenzialistisches Gedankengut), Gefährdung d. Autoren, Verarmung d. Literaturbetriebs
Autoren und Werke, Themen und Motive	**Exilliteratur:** Autoren als Repräsentanten deutscher Kulturtradition Stellungnahme der Autoren zu den Vorgängen in Deutschland Autoren: Thomas Mann, Brecht, Klaus Mann, Feuchtwanger, Seghers, Lasker-Schüler, Werfel **Antifaschistische Literatur in Deutschland:** Bedeutung der *Frankfurter Zeitung*; Thematisierung der Macht durch Bergengruen, Schneider, Klepper, Andres Rückzug ins Innere; Religiöses: Naturlyrik, religiöse Lyrik **Faschistische Literatur:** Heroisierung von Volk, Reich, Führer, Krieg
Theorie, Formen und Sprache	**Theorie:** Expressionismusdebatte; Diskussion über historischen Roman **Formen und Sprache:** Exilliteratur: Aufrufe, Anklagen, Essays, Erzählungen, Romane Innere Emigration: Lyrik; Tagebuch, Essay NS-Literatur: Bauern- und Kriegsroman

Die deutschsprachige Literatur im Westen (1945–1990)

Hintergrund

Weltpolitisch stehen die Jahre nach 1945 unter einem zunehmenden **Ost-West-Gegensatz**. Deutschland wird geteilt. 1949 entstehen die Bundesrepublik und die Deutsche Demokratische Republik. Berlin erhält eine Sonderstellung, Österreich wird neutral. Während sich im Westen eine demokratische Gesellschaft ausbildet, gerät der Osten immer stärker in Abhängigkeit von der Sowjetunion und ihrem kommunistischen System. Fortan bestimmen Kalter Krieg und atomares Wettrüsten die Weltpolitik. Erst der drohende wirtschaftliche Zusammenbruch der Sowjetunion bringt eine Entspannung, die 1989 zum Fall der Mauer und 1990 zur Wiedervereinigung führt.

Im Verlauf ihrer Geschichte hat sich die Bundesrepublik im Inneren mit teilweise massiven Problemen auseinanderzusetzen (Wiederbewaffnung, Studentenunruhen, Außerparlamentarische Opposition, Terrorismus, Nachrüstung). Das Problem der Arbeitslosigkeit konnte bis heute nicht bewältigt werden.

Die westliche Gesellschaft ist durch **Pluralismus, Kapitalismus, Leistungsdenken, Pragmatismus** und **Konsumorientiertheit** geprägt. Kommunikationssysteme verbinden jeden Winkel der Welt. In der Multimedia-Gesellschaft explodiert das Informationsangebot. Viele Menschen fühlen sich vom Nachrichten-, Wissens- und Sensationsangebot überfordert.

Auf kulturell-weltanschaulicher Ebene bestimmen folgende Themen die Auseinandersetzung: Holocaust, Werteverlust, Probleme der Massengesellschaft, Bedrohung durch technischen Fortschritt, Informationsüberflutung.

Wie kann das Leben angesichts des Transzendenz- und Werteverlusts, des Holocausts, der Selbstentfremdung, Isolation und Verzweiflung überhaupt ertragen werden?

- Diese Frage, von der jüngeren Generation nach dem Zweiten Weltkrieg gestellt, versucht der **französische Existenzialismus** zu beantworten. Nach Sartre ist der Mensch dann frei, wenn er sich zum Handeln entscheidet und zu diesem bekennt (vgl. *Die Fliegen*). Für Camus kann die absurde Welt nicht verstanden werden. Freiheit und Würde erlangt der Mensch, wenn er das Sinnlose hinnimmt, aber gleichzeitig einen inneren Abstand als eine Form des Protests zu ihm schafft (*Der Mythos von Sisyphus*).
- Die kritischen Gesellschaftsvorstellungen der **„Frankfurter Schule"** (Theodor W. Adorno, Max Horkheimer, Herbert Marcuse, Jürgen Habermas) liefern theoretische Grundlagen für die studentische Protestbewegung und für Stimmen, die sich gegen das Establishment erheben.

- Für Ludwig Wittgenstein sind die „Grenzen meiner Sprache die Grenzen meiner Welt". **Erkenntnis und Wirklichkeit** hängen damit von den Möglichkeiten der **Sprache** ab. Basil Bernstein stellt die später umstrittene These über den Zusammenhang von Sprache und sozialer Schicht auf.

Literarisches Leben

Verschiedene Faktoren beeinflussen das literarische Leben seit 1945:
- der geistige Nachholbedarf, wie er sich im Bekenntnis zu literarischen Traditionen (Klassik, Realismus, Expressionismus) und im Interesse an westlicher Literatur (Hemingway, Saint-Exupéry) zeigt,
- die Rolle der zurückkehrenden Emigranten (einschließlich eines Streits über die Bewertung der Emigration und der inneren Emigration),
- Papierknappheit und wachsende Bedeutung von Zeitungen (Kurzgeschichte!) und Rundfunk (Hörspiel!),
- Autoren-Gruppen (besonders: „Gruppe 47", „Gruppe 61", „Werkkreis Literatur der Arbeitswelt"),
- wiederholte Versuche einer Standortbestimmung von Literatur, die von einer ersten Bestandsaufnahme (Günter Eich: *Inventur*, 1947) bis zur Postmoderne reichen (vgl. Peter Handkes „Elfenbeinturm" einerseits und das politische Engagement Heinrich Bölls und Günter Grass' andererseits),
- eine fragwürdige Bildungsreform (Analyse von Werbetexten statt Klassiker-Lektüre),
- literarische Experimente (z. B. die konkrete Poesie),
- das Verhältnis zwischen BRD- und DDR-Autoren,
- die wachsende Informationsflut in der Multimedia-Gesellschaft.

Das wirtschaftlich orientierte Denken der westlichen Demokratien beeinflusst Kultur und Kunst. Zunehmend wird die Literaturproduktion nach pragmatisch-kapitalistischen Maßstäben ausgerichtet. Das bedeutet:
- für das **Verlagswesen**: Großverlage setzen sich gegenüber Kleinverlagen durch. Ihre Marktanalysen und ihr kapitalintensiver Werbeeinsatz für publikumswirksame Werke bestimmen den Literaturmarkt. Große Medienkonzerne entstehen. Kleinere Verlage versuchen sich zu spezialisieren.
- für den **Autor**: Der Druck gewinnorientierter Verlage wächst. Der finanziell abhängige Autor ist durch Vorgabe von Terminen und Themen eingeengt.
- für das **Publikum**: Eine aufwändige Werbung der Medienkonzerne vermittelt, was ihm zu gefallen hat. Die Kurzlebigkeit der literarischen Mode fördert die permanente Nachfrage. Angesichts der wachsenden Buchproduktion geht der Überblick verloren. Literaturkritiker sind gefordert.

- für die Kunst: Am günstigsten ist es, wenn es gelingt, das Publikum für Qualität zu begeistern. Romane, die verfilmbar sind, haben dabei weit bessere Chancen als Dramen oder gar Gedichte, denn sie können einem breiteren Publikum zugänglich gemacht werden und führen so zu einem höheren Absatz. Im lyrischen Bereich setzen sich kurzlebige Texte durch, die für den Liedermarkt der Schlager- und Pop-Szene geschrieben sind, und in der Regel keine Qualität beanspruchen.

Theorie

In der Moderne gibt es eine Vielzahl unterschiedlicher Äußerungen zur Poetik. Wichtige Ansätze liefern die Vertreter der marxistisch-materialistischen (Lukács), der phänomenologischen (Heidegger) und der kommunikationstheoretisch-linguistischen (Saussure) Richtung. Etliche Schriften weisen auf den Experimentalcharakter moderner Kunst (so Arbeiten von Broch und Musil). Ernst Bloch orientiert die Kunst am Utopischen, an der Beschreibung des Möglichen, aber noch nicht Geleisteten. Adornos dialektische Ästhetik versucht den Doppelcharakter der Kunst aufzuzeigen. Kunst ist zwar gesellschaftlich bedingt, wendet sich aber gegen die Gesellschaft. Heidegger sieht als Aufgabe der Kunst, das anwesende, aber verborgene Sein zu verdeutlichen. Umberto Eco, von der Zeichen- und Informationstheorie beeinflusst, betont die Offenheit und Vieldeutigkeit des Kunstwerks. Das Wissen um das Rätselhafte der Kunst, das sich jedem Zugriff zu entziehen scheint, darf als Beleg für Existenz und Freiheit der Kunst gewertet werden.

Autoren, Werke, Themen, Gattungen

Epik

Etliche Romane, die unmittelbar **nach dem Krieg** in Deutschland erscheinen, sind schon im Exil verfasst und im Ausland publiziert worden, so *Das siebte Kreuz* von Anna Seghers (Mexiko 1942, Berlin 1946), *Das Glasperlenspiel* von Hermann Hesse (Zürich 1943, Berlin 1946) und *Stalingrad* von Theodor Plivier (Moskau 1943/44, Berlin 1946). In Deutschland veröffentlicht 1946 Hermann Kasack *Die Stadt hinter dem Strom* und im gleichen Jahr erscheint Elisabeth Langgässers *Das unauslöschliche Siegel*. Zeitkritik wird deutlich, wenn auch mit unterschiedlichen Intentionen: Geht es Plivier um Dokumentation und Entmythologisierung, so fragen Kasack und Langgässer nach den Ursachen des Bösen, die in Technisierung und Glaubenslosigkeit gesehen werden. Der Rückzug aus einer inhuman gewordenen Welt wird bei Hesse beschrieben, am Ende erscheint diese Fluchtmöglichkeit jedoch infrage gestellt.

In der Nachkriegszeit tritt die **Kurzgeschichte** an die Stelle der Novelle (wichtige Vertreter: Borchert, Weisenborn, Aichinger, Schnurre, Langgässer).

Die Romane der **50er-Jahre** versuchen die Vergangenheit aufzuarbeiten und sich mit der aktuellen gesellschaftlichen Gegenwart auseinanderzusetzen. Böll, Koeppen, Andersch, Frisch, Martin Walser und Grass stehen hier repräsentativ. Der Tenor ist häufig pessimistisch. Krieg und nationalsozialistische Vergangenheit bleiben weiter Thema, dazu kommt die Frage nach der Position des Menschen im technischen Zeitalter und die Sorge um die Entwicklung der bundesrepublikanischen Gesellschaft. Das Individuum glaubt, als Nonkonformist nur am Rande der Etablierten eine Lebensmöglichkeit zu sehen.

Diese Themen werden in den **60er-Jahren** weitergeführt (vgl. Böll: *Ansichten eines Clowns*) und um die Problematik des geteilten Deutschlands erweitert (Uwe Johnson). Allerdings entsprechen Form und Inhalt des modernen Romans oft nicht den Erwartungen der Öffentlichkeit. Breite Leserschichten bevorzugen eine traditionelle, geradlinige Erzählform, d. h. Romane, die inhaltlich die Sehnsüchte der Masse widerspiegeln, und Figuren, die eine leichte Identifikation erlauben. Der anspruchslose Bestseller gewinnt an Bedeutung.

In den **70er-Jahren** scheint die Krise des Romans überwunden, man spricht von einer „Tendenzwende". **„Neue Subjektivität"** und **„Neue Innerlichkeit"** sollen den Neubeginn signalisieren. Rückzug auf das Private (vgl. Karin Struck: „Das Starren auf die Außenwelt hat die Innenwelt verwaisen lassen."), eigenes Schicksal und die Spiegelung eigener Zustände in anderen Figuren werden thematisiert (vgl. Karin Struck: *Die Mutter*, 1975; Gabriele Wohmann: *Frühherbst in Badenweiler*, 1978). In der Beschäftigung mit sich selbst sieht man nicht eine Flucht, vielmehr eine Möglichkeit des Widerstandes, der Selbsterhaltung (vgl. Wohmann: *Selbstverteidigung*, 1971). 1978 erscheint Martin Walsers Bestseller *Ein fliehendes Pferd*. In der klar aufgebauten Novelle wird ein Pferd auf der Flucht zur Metapher (dem „Falken", siehe S. 45) für die Flucht zweier befreundeter Männer vor den sie bedrängenden Realitäten. Offen bekennt sich Peter Handke zu einem Rückzug in den Elfenbeinturm und verweist dabei auf Hermann Lenz, der eindeutig mit seinem Werk der Aktualität absagt. Neben diesem Rückzug steht die dokumentarische Literatur (Günter Wallraff), die aber in Gefahr gerät, an Poetischem zu verlieren.

Die **80er- und frühen 90er-Jahre** stehen unter einem neuen Schlagwort: **Postmoderne**. Umberto Ecos *Der Name der Rose* (1980, dt. 1982) wird zu einem Schlüsselwerk. Ecos Roman ist eine ins Mittelalter verlegte Kriminalgeschichte, gleichzeitig eine Anspielung auf italienische Zeitverhältnisse (Affäre Aldo Moro) und Diskussionsforum für wissenschaftstheoretische Probleme. Damit wird die Tendenz klar: Vielfalt der Themen, Motive, Perspektiven und Deutungsmöglichkeiten. Der Leser sieht sich durch Anspielungen und Zitate angeregt (Intertextualität: Übernahme und Bezugnahme auf andere Texte, z. B. durch Zitate, Motive, Anspielungen, sprachlich-stilistische Eigenheiten). Die Figuren der Postmoderne sind Außenseiter, oft mit besonderen Fähigkeiten ausgestattet. Der Verschränkung und Vieldeutigkeit von Themen, Motiven und Erzähltechniken entspricht die sprachliche Gestaltung. Bei Eco vermischen sich Hochsprache, Umgangssprache, Latein und Geheimzeichen. Was heißt Postmoderne? – Vermischung von Vergangenem und Gegenwärtigem, Intellektuellem und Trivialem, Geistigem und Sinnlichem.

In Deutschland erscheinen Sten Nadolnys *Die Entdeckung der Langsamkeit* (1983), Patrick Süskinds *Das Parfum* (1985), 1988 Christoph Ransmayrs *Die letzte Welt*, 1992 Robert Schneiders *Schlafes Bruder*. Der 1995 verlegte Roman *Ein weites Feld* von Günter Grass wird von der Literaturkritik zwiespältig aufgenommen. 1999 erhält Grass den Nobelpreis für Literatur.

Drama
Die deutschen Dramatiker hatten es während des Dritten Reiches schwerer als die Vertreter der beiden anderen Gattungen, da sie mit ihren Werken auf eine Bühne angewiesen waren und Aufführungen in Deutschland nicht, im Exil kaum möglich waren. Unmittelbar nach dem Krieg konzentrieren sich die Theater häufig auf klassische Stoffe (*Iphigenie, Nathan*), aber auch moderne ausländische Autoren wie Wilder, Williams, Giraudoux, Sartre und Anouilh wurden gespielt. Zwei deutsche Werke bestimmten die frühe Zeit: Zuckmayers *Des Teufels General* (1946) und Borcherts *Draußen vor der Tür* (1947). Bedeutung gewann nach dem Krieg auch das Hörspiel, das bereits in der Weimarer Zeit eine erste Blüte erlebt hatte (Borchert, Weyrauch, Eich, Bachmann).

In der Folgezeit werden neben **Brecht**, der am Berliner Ensemble sein episches Theater aufführt, **Dürrenmatt** und **Frisch** bedeutsam. Sie unterscheiden sich bereits in ihrer Intention von Brecht. Während dieser eine Veränderung der Gesellschaft im Sinne des marxistischen Sozialismus anstrebt, fehlt bei den Schweizern die ideologische Absicht. Beide glauben nicht mehr an eine Veränderbarkeit der Welt mithilfe des Theaters. Während Frisch mit seinen Parabelstücken noch eine Verhaltensänderung beim Betrachter erzeugen will, zeigen die grotesken Stücke Dürrenmatts nur mehr die Widersinnigkeit der Welt.

In den 60er-Jahren tritt das **dokumentarische Theater** in den Vordergrund. Es will betont mit objektivem Quellenmaterial arbeiten, lehnt dichterische Erfindung ab und setzt sich die Entschleierung der Wahrheit zum Ziel (vgl. Peter Weiss, Rolf Hochhuth, Heinar Kipphardt). Neben dem Dokumenttheater beginnt 1966 mit Martin Sperrs *Jagdszenen aus Niederbayern* das **neue Volksstück**, das sich mit Werken von Franz Xaver Kroetz in den 70er-

Jahren durchsetzt. Eine deutliche Konfrontation mit dem herkömmlichen Theater sucht **Peter Handke**. In seiner *Publikumsbeschimpfung* (1966) gibt es weder Auftritte, noch Dialoge, noch ein Bühnenbild.

Eine Dramenform, die sich ebenfalls vom herkömmlichen Theater abwendet, ist das **absurde Theater** (Samuel Becketts: *Warten auf Godot,* Eugène Ionesco *Die Nashörner*). Die Sinnlosigkeit der Welt bedingt den Verzicht auf einen logischen Handlungsablauf, klärende Dialoge und Lösungen. Die Personen verharren in Kontaktlosigkeit, reden aneinander vorbei, alles bleibt offen.

Lyrik
1949 stellt **Adorno** die Behauptung auf, dass es nach Auschwitz unmöglich sei, Gedichte zu schreiben: Die dichterische Sprache habe durch ihren Einsatz für die NS-Diktatur an Glaubwürdigkeit verloren; nach der unfassbaren Grausamkeit der Hitlerdiktatur sei das Gedicht als ästhetische Ausdruckform nicht mehr vertretbar. In diesem Sinne macht Günter Eich Bestandsaufnahme in seinem Gedicht *Inventur* (1947), in dem alltägliche Dinge nüchtern aneinandergesetzt werden. Der Dichter muss äußerst behutsam mit der Sprache umgehen, sozusagen nach der Katastrophe erst wieder buchstabieren lernen.

Wichtig für das Verständnis der Lyrik wurde Gottfried Benns Marburger Rede über Lyrik (1951), in der er in der Dichtung eine Möglichkeit sieht, Wirklichkeit zu schaffen und so Chaos und Nihilismus zu entgehen. Wilhelm Lehmann und Peter Huchel sehen in der Naturlyrik die Möglichkeit einer neuen Wirklichkeitsorientierung. Karl Krolow hat darauf aufmerksam gemacht, wie in der deutschen Naturlyrik das individuelle Ich sich gegenüber der Natur fortgesetzt zurücknimmt. Einen Neuansatz im Ringen um die Sprache versucht die Österreicherin Ingeborg Bachmann (1926–1973). Sie bemüht sich um eine vieldeutige Metaphorik, neue, oft paradoxe Kombinationen, wo traditionelle Bilder fragwürdig und verbraucht erscheinen (*Die gestundete Zeit*, 1953, *Anrufung des großen Bären*, 1956).

In den Gedichten von **Marie Luise Kaschnitz** (1901–1974) verbinden sich christliche Humanität mit moderner Existenzangst (*Neue Gedichte*, 1957). Das Leid der verfolgten Juden haben vor allem **Nelly Sachs** (1891–1970) und **Paul Celan** (1920–1970) angesprochen. Die Schwierigkeit, es in Worte zu fassen, führte zum verschlüsselten, dunklen, „hermetischen" Gedicht.

Die **politische Lyrik** nimmt z. T. das Erbe von Brecht, Tucholsky und Erich Kästner aus den 20er-Jahren wieder auf (Enzensberger, Fried). Ein Zwischenspiel sind die Sprachexperimente der **konkreten Poesie** (Eugen Gomringers *Konstellationen,* 1953). Die **Lyrik der 70er-Jahre** versucht, in einfacher Sprache Augenblickserlebnisse festzuhalten, wobei das Ich wieder in den Vordergrund tritt (Neue Subjektivität; vgl. Karin Kiwus, Ursula Krechel).

Übersicht: Die deutschsprachige Literatur im Westen

Hintergrund	**Politik:** Kapitulation (1945), Gründung der BRD und der DDR (1949), Blockbildung, Kalter Krieg, Wiedervereinigung (1990); innenpolitische Probleme: Wiederbewaffnung, Studentenbewegung, Terrorismus, Arbeitslosigkeit **Gesellschaft:** demokratisch, pluralistisch, kapitalistisch; Multimedia-Gesellschaft **Kultur, Weltanschauung:** Vergangenheitsbewältigung, Technikentwicklung, Selbstentfremdung; Existenzialismus, Frankfurter Schule, Wittgenstein
Literarisches Leben	**Beeinflussende Faktoren:** westliche Literatur, Zeitungen und Rundfunk, Autoren-Gruppen, „Elfenbeinturm" und politisches Engagement, Informationsflut **Buch als Ware:** Verlage: Großverlage, Buchgemeinschaften, Medienkonzerne; Autor: wachsender Erfolgsdruck; Publikum: Orientierung an literar. Moden; Kunst: oft Quantität vor Qualität, Bestseller, Trivialliteratur
Theorie	marxistische, phänomenologische, kommunikationstheoretische Ansätze; Experimentalcharakter moderner Kunst; Dialektik der Kunst: Adorno; Offenheit des Kunstwerks: Eco
Autoren, Themen und Gattungen	**Epik:** Exil- und Nachkriegsliteratur: Zeitkritik, Fluchtmöglichkeiten: Seghers, Hesse, Plivier, Langgässer; Kurzgeschichte 50er-Jahre: Vergangenheitsbewältigung, Mensch im techn. Zeitalter, Nonkonformismus: Böll, Koeppen, Andersch, Frisch, Grass 60er-Jahre: Zeitkritik: Böll; geteiltes Deutschland: Johnson 70er-Jahre: Neue Subjektivität, Neue Innerlichkeit: Struck, Wohmann; Rückzug: Handke, Dokumentation: Wallraff 80er-, 90er-Jahre: Postmoderne: Nadolny, Süskind, Rob. Schneider **Drama:** Nachkriegszeit: Klassik, ausländische Moderne; Zuckmayer, Borchert; Hörspiel: Weyrauch, Eich 50er-Jahre: Brecht; Parabelstücke: Frisch, Groteskes: Dürrenmatt 60er-Jahre: dokumentarisches Theater: Weiss, Hochhuth, Kipphardt; Volksstück: Fleißer, Horváth, Kroetz; absurdes Theater **Lyrik:** Nachkriegszeit: Bestandsaufnahme: Eich 50er-Jahre: Kunst gegen Chaos: Benn; Naturlyrik: Lehmann, Huchel, Krolow; Konkrete Poesie: Gomringer, Jandl 60er-Jahre: hermetisches Gedicht: Sachs, Celan, Eich; politische Lyrik: Enzensberger, Fried, Degenhardt 70er-Jahre: Augenblickslyrik, Neue Subjektivität: Kiwus, Krechel

Die Literatur der DDR (1945–1990)

Hintergrund

Die theoretische Grundlage der DDR-Literatur bildete der **sozialistische Realismus** (künstlerische Richtung, die seit dem Allunionskongress der Schriftsteller in Moskau 1934 verbindlich für die sowjetischen Autoren war. Kennzeichen: marxistische Grundlage, Einsatz für die von der kommunistischen Partei geführte Arbeiterklasse, Aufzeigen der revolutionären Entwicklung, Erziehung des Publikums im sozialistischen Sinn, positiver Held, realistische Zeiterfassung, optimistische Zukunftsperspektive).

In Deutschland hatte sich 1928 der „Bund Proletarisch-Revolutionärer Schriftsteller" (BPRS) gegründet. Seine Mitglieder nahmen die Ideen des sozialistischen Realismus auf und suchten sie in ihren Exilwerken zu verwirklichen. Zwischen dem Cheftheoretiker des BPRS, Georg Lukács, und Brecht kam es zur sog. **Expressionismusdebatte**. Während Lukács die sozialistische Literatur in der Tradition der Klassik und des bürgerlichen Realismus sah, trat Brecht für moderne, experimentelle Literatur ein. Lukács forderte ein harmonisch abgerundetes Kunstwerk, das Typisches (gesellschaftliche Klassenprobleme) im Besonderen (Leben des Einzelnen) widerspiegeln soll. Montage, Reportage und Verfremdung wurden als Formalismus kritisiert und abgelehnt.

Literarisches Leben

Die Literaturschaffenden waren in der DDR niemals frei. Bereits in der Besatzungszeit bestimmte die Sowjetische Militäradministration, welches Werk gedruckt werden durfte. Sozialistisch orientierten Autoren, die aus dem Krieg zurückkehrten, wurden kulturelle Aufgaben übertragen (Johannes R. Becher, Anna Seghers, Bertolt Brecht). Nach der Gründung der DDR kontrollierten und überwachten staatliche Stellen die Schriftsteller. Schon früh wird deutlich, dass die Partei die **Literatur** als ein Mittel zur Durchsetzung ihrer **politischen Ziele** betrachtet. Wer sich der offiziellen Kulturpolitik fügt und bereit ist, die Menschen sozialistisch-ideologisch zu beeinflussen, wird gefördert. Wer andererseits künstlerische Selbstständigkeit reklamiert, wird kritisiert, als reaktionär verteufelt und seine Werke bleiben unveröffentlicht.

Dem, der sich nicht anpassen will, bleibt nur die **Emigration**. Bereits in den 50er- und 60er-Jahren verlassen die DDR: Horst Bienek, Ernst Bloch, Peter Huchel, Uwe Johnson, Heinar Kipphardt, Christa Reinig. Nach der Ausbürgerung Wolf Biermanns (1976) kommt es zu einer größeren Ausreisewelle. Zu ihr gehören Sarah Kirsch, Günter Kunert, Reiner Kunze, Erich Loest.

Entwicklung, Autoren, Themen

Anfang der 50er-Jahre versuchen parteikonforme Autoren den Aufbau des Sozialismus positiv zu beschreiben (sog. **„Aufbau-Literatur"**). Sie zeigen Helden, die die sozialistische Idee gegen alle Hindernisse zum Sieg führen und Optimismus verbreiten. Auch das Theater steht im Dienst der politischen Zielsetzung. Es bringt Figuren auf die Bühne, die im Arbeitsprozess stehen und den Weg zum Sozialismus vorantreiben sollen. Die führende Figur im Theaterleben ist Brecht, der 1948 aus den USA zurückkehrte. In Ostberlin baut er das **„Berliner Ensemble"** auf, dessen Leitung seine Frau Helene Weigel übernimmt. Nach Brechts Tod 1956 wirken seine Vorstellungen weiter, so bei Heiner Müller (1929–1995). Die zweite Hälfte der 50er-Jahre zeigt den Unwillen der Partei gegenüber nicht linientreuen Autoren. Literarische Experimente in Anlehnung an Kafka und moderne amerikanische Autoren werden öffentlich verworfen. Der bekannteste Roman dieser Jahre ist Bruno Apitz' (1900–1979) *Nackt unter Wölfen* (1958), der authentisches Geschehen im KZ Buchenwald thematisiert. 1959 wird auf der Bitterfelder Konferenz ein Programm entworfen (der sog. **„Bitterfelder Weg"**), das die führende Position der SED im Kulturbereich betont und den sozialistischen Realismus als Kampfmittel gegen moderne Entwicklungen fordert. Arbeiter sollen sich verstärkt literarisch betätigen und den sozialistischen Aufbau in Industrie und Landwirtschaft beschreiben (Parole: „Greif zur Feder, Kumpel!"). Umgekehrt sollen Berufsautoren den Weg zum Arbeiter finden (Parole: „Dichter in die Produktion!"). Es kommt jedoch nicht zur Entstehung einer Arbeiterliteratur. Auf der zweiten Bitterfelder Konferenz 1964 wird das Scheitern indirekt zugegeben.

Die Epik der 60er-Jahre steht unter dem Begriff **„Ankunftsliteratur"** (nach dem Titel des Romans *Ankunft im Alltag* von Brigitte Reimann, 1961). Sie schafft Helden, die sich im Verlauf eines Bildungsprozesses in die sozialistische Gesellschaft eingliedern. Neben klischeehaften Werken finden sich auch anspruchsvollere Arbeiten (Erwin Strittmatter: *Ole Bienkopp*, 1963). Viele jüngere Autoren beginnen in den 60er-Jahren Gedichte zu veröffentlichen, in denen Persönliches, etwa die Sehnsucht nach Glück und Geborgenheit, anklingt. Daneben findet sich Satirisches, aber auch Pessimistisches. Zu nennen sind: Wolf Biermann, Johannes Bobrowski, Volker Braun, Sarah Kirsch, Reiner Kunze. Das Drama steht zwar weiterhin unter den Vorgaben der Partei, doch Tendenzen zur Darstellung persönlicher Bedürfnisse, teilweise mythisch eingekleidet, sind erkennbar (Peter Hacks: *Amphitryon*, 1967; *Adam und Eva*, 1972).

Ulrich Plenzdorfs Erzählung *Die neuen Leiden des jungen W.* (1972) fand auch im Westen ein großes Echo. Edgar Wibeau bricht seine Ausbildung ab und zieht als Außenseiter in ein Gartenhaus. Er hat eine Beziehung zur Verlobten eines etablierten Zeitgenossen. Die Lektüre von Goethes *Die Leiden des jungen Werther* vermittelt ihm Parallelen zu seinem eigenen Leben. Das Werk entfachte in der DDR eine Diskussion um die Aufgaben von Kunst und Literatur. Wibeaus Verhalten, seine Unangepasstheit, sein schnoddriger Jugendjargon und die Möglichkeit, dass seine „Leiden" die Verfassung einer ganzen Generation spiegeln, riefen ablehnende Politikerstimmen auf den Plan.

Unangepasste Figuren bringt auch **Volker Braun** auf die Bühne. In *Freunde* (1971) und *Hinze und Kunze* (1979) kritisiert er überzogene Forderungen an die Arbeiter im Arbeitsprozess. **Christoph Hein** wird durch seine Novelle *Der fremde Freund*, die in der Bundesrepublik unter dem Titel *Drachenblut* (1982) erscheint, bekannt. Eine Autorin, die wiederholt in die öffentliche Kritik geriet, ist **Christa Wolf** (1929–2011). Das SED-Mitglied stieß mit seinen Werken *Der geteilte Himmel* (1963), *Nachdenken über Christa T.* (1968) und *Kindheitsmuster* (1976) auf deutliche Vorbehalte der Partei. Nach der Wende entfachte Wolfs Erzählung *Was bleibt* (1990) einen Literaturstreit in Deutschland. Man warf der Autorin Opportunismus vor (siehe S. 242).

Übersicht: Die Literatur der DDR

Hintergrund	Sozialistischer Realismus (in der Sowjetunion: 1934); Expressionismusdebatte (1937/38): Gegensatz zwischen Lukács (für traditionelle Lit.) und Brecht (für moderne experimentelle Lit.)
Literarisches Leben	Besatzungszeit: Literatur unter sowjetischer Kontrolle; DDR: Literatur unter Kontrolle der SED; Repressalien gegen kritische Autoren; Emigration von Autoren in den Westen; 1976: Ausbürgerung W. Biermanns; Folge: Ausreisewelle
Entwicklung, Autoren, Themen	50er-Jahre: „Aufbau-Literatur": optimistisches Bild vom Sozialismus; Absage an literarische Experimente, Vorgehen gegen nicht linientreue Autoren; B. Apitz: *Nackt unter Wölfen*; „Bitterfelder Weg": Arbeiter als Autoren, Autoren in die Produktion 60er-Jahre: „Ankunftsliteratur": Eingliederung in die sozialistische Gesellschaft als Bildungsprozess; E. Strittmatter: *Ole Bienkopp*; Lyrik: Sehnsucht nach Menschlichem Ab 70er-Jahre: Diskussion über die Aufgaben der Kunst, ausgelöst durch: • Ulrich Plenzdorf: *Die neuen Leiden des jungen W.* • Christa Wolf: *Kindheitsmuster, Nachdenken über Christa T.* • Volker Braun: *Freunde, Hinze und Kunze* • Christoph Hein: *Der fremde Freund / Drachenblut*

Die deutsche Literatur nach der Wiedervereinigung

Hintergrund

Schon bald nach der Wiedervereinigung legt sich die spontane Begeisterung, bedingt durch hohen finanziellen Einsatz der alten und wachsende Arbeitslosigkeit in den neuen Bundesländern. Soziale Probleme führen zu einem Mitgliederanstieg bei politischen Extremgruppierungen. Über die Jahrtausendwende hinaus scheint die „Mauer in den Köpfen" vieler Deutscher noch nicht gefallen zu sein. Die Frage nach der politischen, gesellschaftlichen und weltanschaulichen Identität Deutschlands steht ebenso im öffentlichen Interesse wie die Intensivierung globaler Beziehungen mit ihren Vor- und Nachteilen.

Bedeutsame internationale Ereignisse und Entwicklungen wirken sich nachhaltig in Deutschland aus:
- Bereits 1991 löst sich die Sowjetunion auf. In **Russland** kommt es zu politischen Reformen und zur Teilprivatisierung der Wirtschaft, doch bleiben die Erfolge aus; politische Destabilisation, hohe Inflation und Korruption dominieren. Erst unter Präsident Putin (2000–2008) stabilisieren sich politische Lage und wirtschaftliche Verhältnisse, während die demokratische Entwicklung stagniert.
- Am **11. September 2001** erfolgt ein Anschlag islamistischer Terroristen auf die Vereinigten Staaten, bei dem die Türme des World Trade Center zerstört werden und etwa 3 000 Menschen den Tod finden. Dieser Schock bildet einen historischen Einschnitt in der Geschichte der USA. Er führt zur Ausrufung des Antiterrorkrieges durch Präsident George W. Bush sowie zum Afghanistan- und Irakkrieg.
- Die deutsche Wiedervereinigung motiviert die zukunftsorientierten Kräfte der **Europäischen Union**. Anfang 2008 gehören ihr 27 Länder mit fast einer halben Milliarde Menschen an.
- Der technische Fortschritt auf den Gebieten des Transportwesens und der Kommunikation sowie die Liberalisierung des Welthandels leiten einen Prozess der zunehmenden internationalen Verflechtung auf allen Gebieten ein (Wirtschaft, Politik, Kultur, Wissenschaft, Umwelt). Diese sog. **Globalisierung** löst heftige Debatten aus. Kritisiert wird die Geschwindigkeit des Prozesses, die soziale Ungleichheit durch übermäßigen wirtschaftlichen Konkurrenzdruck fördere, von mangelnder Transparenz begleitet werde und demokratische Entwicklungen behindere. Positiv gesehen werden dagegen der Rückgang bewaffneter Konflikte sowie bessere wirtschaftliche Absatzchancen, die den gesellschaftlichen Wohlstand steigern könnten.

In der Gesellschaft kann man einen langsamen, aber stetigen **Umstrukturierungsprozess** beobachten. Die bürgerliche Mitte verliert an stabilisierender Kraft. Die Oberschicht bleibt an Leistung und Erfolg orientiert, die untere Mittelschicht bzw. Unterschicht ist zum Teil traditionsverwurzelt, zum Teil konsum-materialistisch bis hedonistisch ausgerichtet. Die Anzeichen einer zunehmenden Kluft zwischen Arm und Reich mehren sich. Aber auch Integrationsprobleme und Bildungsnotstand („PISA-Studie"!) belasten die Gesellschaft. Die Zahl der Single-Haushalte steigt weiter an. Ursachen sind nicht nur längere Arbeitszeiten und berufliche Flexibilität, sondern auch die gesellschaftliche Akzeptanz des Alleinseins und der Partnerschaft auf Zeit.

Am Beginn des 21. Jahrhunderts lassen sich verschiedene **weltanschauliche Trends** beobachten:
- ein leicht abnehmendes Interesse an der hedonistisch ausgerichteten Spaßgesellschaft der 90er-Jahre,
- eine zunehmende Bereitschaft der jüngeren und mittleren Generation („PC-Generation"), sich in der virtuellen Welt als einer Schein- und Gegenwelt zu bewegen,
- eine Tendenz zu einer auf Lebensqualität ausgerichteten Einstellung, in der Werte, Sinnsuche, Ruhe und Geborgenheit zählen und einen Rückzug aus einer hektischen, schnelllebigen und fordernden Welt bedeuten („Cocooning" als neuer Trend; von engl. „cocoon" = Kokon).
- Nach wie vor aber sind in weiten Teilen der Bevölkerung existenzielle Ängste, Orientierungsprobleme, Skeptizismus, Pessimismus, Fluchtgefühle und Anfälligkeit für extreme Ideologien verbreitet.

Globalisierung und Digitalisierung verändern traditionelle Wirtschaftsformen. Die Nutzung von Internet und Intranet hat sich längst durchgesetzt. Aufgrund wachsender Konkurrenz, aber auch aus Profitgier verlagern zahlreiche Firmen ihre Produktion in „Billiglohn-Länder".

Diesseitsorientierung und strenges kapitalistisches Denken verändern die ethische Haltung vieler Unternehmer. Zwar befindet sich Deutschland im Zentrum des neuen Europa, doch steigt die Zahl der **Arbeitslosen** bis Anfang 2005 auf über 5 Millionen (12,1 %). Von der rot-grünen Regierungskoalition unter Bundeskanzler Gerhard Schröder (SPD) eingeleitete Gegenmaßnahmen (Hartz-Gesetze) greifen zunächst nicht. Nach der Bildung einer großen Koalition (2005) unter Angela Merkel (CDU) nimmt die Arbeitslosigkeit parallel zu einem globalen wirtschaftlichen Aufschwung ab (Dezember 2007: 3,4 Mill. = 8,1 %). Allerdings verunsichert seit Anfang 2008 eine weltweite Bankenkrise die Wirtschaft.

Literarisches Leben; literarische Entwicklungen

Wende und Wiedervereinigung wirken sich zunächst vor allem auf die Literaturproduktion und die Rezeptionsbereitschaft in den neuen Bundesländern, dem ehemaligen „Leseland DDR", aus. Das Ende der staatlichen Bevormundung, Kontrolle und Überwachung stürzt den literarischen Markt zunächst in heftige Turbulenzen. Er wird von Verlagsauflösungen, -neugründungen und -umstrukturierungen geprägt.

Diskussionsgegenstand bilden die Rehabilitierung ehemals ausgeschlossener Autoren, aber auch die Frage, inwieweit die ideologisch-politische Inanspruchnahme der DDR-Literatur ihrer künstlerischen Aussagekraft geschadet habe. Dies betrifft vor allem das **Verhältnis von Literatur und Moral**.

Eine heftige, auch im Ausland viel beachtete Auseinandersetzung entzündet sich an **Christa Wolfs** Erzählung *Was bleibt* (1990). Führende Literaturkritiker zweifeln Wolfs Glaubwürdigkeit an. Die Kontroverse, die sich über mehrere Jahre hinzieht, beinhaltet auch die Frage nach der grundsätzlichen Beurteilung von Schriftstellern, die unter besonders schwierigen politischen Bedingungen arbeiten müssen. Während manche Kritiker vor vorschnellen Verurteilungen warnen, meinen andere, dass vor allem den konsequent Verfolgten das Recht zur literarischen Äußerung zustehen müsse.

Die moralische Integrität des Schriftstellers wird erneut 2006 zum internationalen Thema der Feuilletonisten, als **Günter Grass** seine Nazivergangenheit und Mitgliedschaft in der Waffen-SS in der „Frankfurter Allgemeinen Zeitung" (kurz vor dem Erscheinen seiner Autobiografie *Beim Häuten der Zwiebel!*) eingesteht. Grass muss sich Vorwürfen der Unredlichkeit, Heuchelei und eines fragwürdigen Marketingkalküls stellen. 2012 löst sein Gedicht *Was gesagt werden muss,* in dem er Israel der Kriegstreiberei beschuldigt, weltweite Empörung und Widerspruch aus.

In den Jahren nach der Wiedervereinigung erscheinen zahlreiche Werke ostdeutscher Schriftsteller auf dem Literaturmarkt. Aufsehen erregen besonders die Arbeiten von Volker Braun, Thomas Brussig, Christoph Hein, Wolfgang Hilbig (1941–2007), Wulf Kirsten, Monika Maron, Heiner Müller (1929–1995) und Christa Wolf (1929–2011). In verschiedenen literarischen Formen (u. a. Autobiografie, Tagebuch und Roman) wird in der **„Wendeliteratur"** aus vielfältigem persönlichen Erinnern und Gewissensbefragen ein gesellschaftliches Gedächtnis, dessen schon historisches Erfahrungs- und Erlebnispotenzial dem gesamtdeutschen Gegenwartsbewusstsein hilfreiche Akzente setzt.

Doch zunächst, als die Grenzen fallen, sieht man sich mit der Frage konfrontiert, nach welchen Regeln ein sinnvoller Diskurs zu gestalten sei. So löst die **Begegnung deutsch-deutscher Autoren** eine Reflexion über das jeweils eigene Selbstverständnis aus. Im Verlauf dieser Bestandsaufnahme sehen verschiedene westdeutsche Kritiker die deutsche Literatur in einer **Krisensituation**. Sie konstatieren einen desolaten Zustand und beklagen Stagnation, mangelnden Realitätsbezug, fehlendes erzählerisches Talent, rückläufige Leserzahlen und, von wenigen Ausnahmen abgesehen, einen Verlust an internationaler Bedeutung. Außerdeutschen Entwicklungen wie der Postmoderne (siehe S. 68, 233 f.) sei zu wenig Beachtung geschenkt worden.

In dieser problematischen Lage erregen junge Autoren, wie Christian Kracht (geb. 1966), Benjamin von Stuckrad-Barre (geb. 1975) und Benjamin Lebert (geb. 1982), Aufsehen. Sie bekennen sich zur **Popliteratur**, schreiben für ihresgleichen, thematisieren ihre Gegenwart mit dem Akzent auf Sex, Drogen und Musik und bedienen sich einer Sprachmischung aus Slang und Szenenjargon. Ein neuer Markt, der vorwiegend junge Menschen anspricht, wird erschlossen und erzielt durch geschickt eingesetzte Werbestrategien enorme Verkaufserfolge. Die banale Wirklichkeit, das „Abfällige", ist Gegenstand der Trashliteratur (engl. „trash" = „Abfall"). Ihre Vertreter wollen sich von der traditionellen Literatur absetzen, deren Normen sie für verstaubt und überholt halten. Eine populäre aus den USA importierte Form der Popliteratur sind die Poetry Slams („Poetry Slam" = „Dichterwettstreit"). Es handelt sich um einen literarischen Wettbewerb, bei dem in Bars und Musikkneipen selbst verfasste Texte in festgelegter Zeit vorgetragen und vom Publikum bewertet werden. Nach dem Urteil verschiedener Beobachter des literarischen Marktes hat die Popliteratur bereits 2001 ihren Höhepunkt überschritten.

Neben der Belletristik erfreut sich das **Sachbuch** seit dem Ende der 90er-Jahre steigender Beliebtheit, besonders wenn es Wissen erzählerisch-spannend verpackt anbietet („narrative nonfiction"). Beispiele sind die Bestseller des TV-Entertainers Hape Kerkeling über seine Reise auf dem Jakobs-Weg *Ich bin dann mal weg* (2006) und *Gott. Eine kleine Geschichte des Größten* (2007) von Manfred Lütz sowie *Freiheit: Ein Plädoyer* (2012) von Joachim Gauck.

Eine weitere interessante Entwicklung ist die wachsende Nachfrage nach **Hörbüchern**. Sie bieten neue Möglichkeiten der Rezeption, indem sie vorhandene Leerstellen der sinnlichen Aufnahme ausfüllen. So lässt sich etwa bei der Tätigkeit im Haushalt oder beim Autofahren Literatur aufnehmen. Auch Vertreter der älteren Generation, deren Sehvermögen eingeschränkt ist, bevorzugen dieses Medium.

Als leicht zugängliche Publikations- und Verbreitungsmöglichkeit gewinnt das Internet an Bedeutung. Zunehmend wird traditionelle **Literatur in digitaler Form** angeboten (eBook bzw. E-Book = „electronic book"). Besonders erfolgreich erweist sich dabei der Vertrieb von Fachbüchern. Hier spielen die im Bereich der Belletristik oft geschätzten materiellen Eigenschaften des gedruckten Buches eine geringere Rolle.

Aufgrund der technischen Möglichkeiten des Netzes entstehen zudem neue, spezielle Textproduktionen. So bindet die **Netzliteratur** das Publikum in die Entstehung eines Textes ein. Der Leser wird zum Mitautor und experimentiert multimedial mit Worten, Tönen, Bildern und Videosequenzen in einem dynamisch fortschreitenden Prozess. Da jederzeit in die Textgenese eingegriffen werden kann, verlieren überkommene Erzählstrategien an Relevanz.

Als neue literarische Formen präsentieren sich **Online-Tagebücher** und Schreib-Projekte, an denen oft eine Vielzahl von Autoren beteiligt ist. Hier kann man persönliche Erlebnisse transparent machen und unmittelbar auf aktuelle Ereignisse reagieren (vgl. Twitterliteratur, auch: Twiction, Twitteratur: Nutzer des Online-Dienstes „Twitter" versuchen in auf 140 Zeichen beschränkten Kurztexten literarische Qualität zu bieten).

Der moderne Literaturbetrieb wird entscheidend von den **Buchmessen** und den **Medien** bestimmt. Neben der Frankfurter Buchmesse, der größten und bedeutendsten Buchmesse der Welt, hat sich die Leipziger Buchmesse als „Lesefest" einen Namen gemacht. Diese Messen informieren über Neuerscheinungen und innovative Trends und verstehen sich als Kommunikationsplattformen für Autoren, Verlage und Leser. In Literatursendungen wie „Das literarische Quartett" von Marcel Reich-Ranicki (bis Ende 2001) und der Nachfolgesendung „Lesen!" von Elke Heidenreich werden ausgewählte Bücher vorgestellt und besprochen. Medien wie „Der Spiegel", „Focus" und „Stern" veröffentlichen regelmäßig Bestsellerlisten, an denen sich die breite Öffentlichkeit orientiert. Starke Beachtung finden renommierte **Literatur-Preise**, wie der Georg-Büchner-Preis (2011 an Friedrich Christian Delius, 2012 an Felicitas Hoppe), der Ingeborg-Bachmann-Preis (2011 an Maja Haderlap für ihren Text *Im Kessel*, einem Auszug aus ihrem Debütroman *Engel des Vergessens*), der Deutsche Buchpreis (2011 an Eugen Ruge für *In Zeiten des abnehmenden Lichts*) und der Preis der Leipziger Buchmesse (2011 an Clemens J. Setz für *Die Liebe zur Zeit des Mahlstädter Kindes*, 2012 an Wolfgang Herrndorf für *Sand*).

Eine Absatzsteigerung der in Medien und Buchmessen hervorgehobenen sowie mit Preisen bedachten Werke ist in jedem Fall zu erwarten. Da sich die Verlage als Wirtschaftsunternehmen verstehen, versuchen sie mit geschickter Marketingstrategie Lesererwartungen zu erkennen und zu beeinflussen. Die Berücksichtigung aktueller Trends im Massengeschmack verspricht zwar quantitativen Erfolg, dieser ist aber nicht selbstverständlich mit Qualität gleichzusetzen. Zunehmend übernehmen literarische Agenturen als Vertreter der Autoren die Verhandlung mit den Verlagen. Die Leserschaft verändert sich langsam. Während Jugendliche Fernsehsendungen und Computerspiele bevorzugen, zeichnet sich eine wachsende Leserzahl bei der älteren Generation ab.

Gattungsmerkmale, thematische Schwerpunkte, Autoren, Werke
Epik
Die Autoren versuchen einer **komplex erfahrenen Wirklichkeit** zu entsprechen. Sie montieren verschiedene Wirklichkeitsebenen zusammen, verfremden und lösen auf, vermischen Reales mit Fantastischem. Die Figuren sind austauschbar, beliebig. Formal zeigt sich eine Abwendung von überkommenen Vorgaben, so in der Aufgabe des linearen Erzählens und der Auflösung chronologischer Handlungsabfolgen und fester Orte. Die Vermischung von anspruchsvoller und Massenliteratur sowie Intertextualität und Berücksichtigung historischer Stoffe verweisen auf Elemente der Postmoderne. Mit verschiedenen Formen wird experimentiert.

So vielfältig wie die Gestaltungsmöglichkeiten, so breit ist das thematische Spektrum. Einige Schwerpunkte lassen sich dennoch erkennen:

Ein breiter Raum des Schrifttums der 90er-Jahre wird von ostdeutschen Autoren ausgefüllt. Thematisiert werden die Ereignisse von 1989/1990 und das frühere Leben in der ehemaligen DDR. **Wolfgang Hilbig** (1941–2007; 1989: Ingeborg-Bachmann-Preis, 2002: Georg-Büchner-Preis) beschreibt in seinem erfolgreichen Roman „Ich" (1993) eine Figur, die, von der Stasi erpresst, langsam ihre Identität verliert und zwischen Realität und Täuschung nicht mehr zu unterscheiden weiß. Ebenfalls ein großer Verkaufserfolg ist **Thomas Brussigs** Schelmenroman *Helden wie wir* (1995). Der Protagonist, ein junger Mann, der in seiner Art an Grass' Oskar Matzerath erinnert, entlarvt auf groteske Weise die Verhältnisse in der DDR. Schonungslos rechnet **Volker Braun** in *Der Wendehals. Eine Unterhaltung* (1995) mit dem früheren

Staat ab, kritisiert aber zugleich die Einstellung der Bundesbürger. Die autobiographische Arbeit *Vierzig Jahre. Ein Lebensbericht* (1996) von **Günter de Bruyn** zeigt die Schwierigkeiten eines Menschen, der sich dem sozialistischen Regime nicht unterordnen will. Im gleichen Jahr erscheint **Christa Wolfs** (1929–2011) *Medea. Stimmen* als Bearbeitung eines antiken Stoffes. Wolf deutet die rächende Heldin des antiken Mythos als Verfolgte um, die in ihrer Heimat nicht geduldet und im westlichen Korinth als Barbarin verachtet wird. Ein Vergleich mit dem Lebensweg der Autorin drängt sich auf. **Ingo Schulze** behandelt in *Simple Storys. Ein Roman aus der ostdeutschen Provinz* (1998) den sozialen Umbruch in Ostdeutschland zur Wendezeit. Zusammenhängende Kurzgeschichten zeigen an einer Reihe von Schicksalen und aus vielen Perspektiven, wie sich die Wende auf Menschen einer thüringischen Kleinstadt auswirkt. Zur Wendezeit spielt auch Schulzes Roman *Neue Leben* (2005).

Bei Johanna, Protagonistin in **Monika Marons** Roman *Endmoränen* (2002), hat die Wende eine tiefe Krise ausgelöst. Sie kommt sich überflüssig vor und sieht in ihrer Arbeit und ihrem Leben keinen Sinn mehr. Ein sehr privates Schicksal greift **Irina Liebmann** in ihrem Roman *Wäre es schön? Es wäre schön! Mein Vater Rudolf Herrnstadt* (2008) auf. Sie geht der von Idealen und Irrtümern gezeichneten Geschichte ihres Vaters nach, eines bekannten Journalisten und Kommunisten in der frühen DDR, der mit dem verkrusteten Staatsapparat in Konflikt geriet und dafür büßen musste. Im gleichen Jahr erscheint **Uwe Tellkamps** umfangreicher Gesellschafts- und Schlüsselroman *Der Turm*. Er spielt vor der Wende in einem vom Bildungsbürgertum bewohnten Dresdener Villenviertel oberhalb der Elbe. Tellkamp erhält für sein Werk 2008 den Deutschen Buchpreis. Preisträger von 2011 ist **Eugen Ruge** mit seinem DDR-Familienepos *In Zeiten des abnehmenden Lichts,* das unterhaltsam und humorvoll Historisches in der Form einer Familiengeschichte erzählt.

Im Wendejahr 1989 ist **Sven Regeners** erfolgreicher Debütroman *Herr Lehmann* (2001; verfilmt 2003) angesiedelt, eine vergnüglich zu lesende Geschichte eines Barmanns aus Berlin-Kreuzberg und seiner kleinen, unspektakulären Welt.

Martin Walser veröffentlicht 1991 sein Erzählwerk *Verteidigung der Kindheit*. Darin lässt er einen auf seine Mutter fixierten Helden unter der deutschen Teilung leiden. **Günter Grass'** *Ein weites Feld* (1995) behandelt vielschichtig deutsche Geschichte vom Vormärz bis in die Zeit nach der Wende und versucht historische Parallelen aufzuzeigen. Als Buch der Wende erwartet, war die Aufnahme bei der Kritik geteilt.

Eine andere Gruppe von Werken belegt, dass die Kriegs- und Nachkriegszeit bei einigen Autoren immer noch ein zentrales Sujet bildet. Heimatverlust und

-suche, Schuld, Trennungsversuche und Erinnerung bilden thematische Schwerpunkte. **Hanns-Josef Ortheil** versucht sich mit *Abschied von den Kriegsteilnehmern* (1992) von der Vätergeneration zu trennen. **Winfried Georg Sebalds** (1944–2001) Roman *Die Ausgewanderten* (1994) schildert in vier Erzählungen das Leben von vier aus der europäischen Heimat vertriebenen Juden. Alle zerbrechen an ihrem Schicksal. Sebald schreibt, um Erinnerung zu bewahren, Ausgeliefertsein und Heimatlosigkeit erkennbar zu machen. Um Vergangenheit und Schuld kreist **Bernhard Schlinks** Bestseller *Der Vorleser* (1995). Sein Ich-Roman *Die Heimkehr* (2006) handelt von der Suche nach Herkunft und Heimat. **Uwe Timms** Novelle *Die Entdeckung der Currywurst* (1993; verfilmt 2007) berichtet von menschlichen Beziehungen in den letzten Kriegstagen und der Nachkriegszeit. Timms *Am Beispiel meines Bruders* (2003) ist der Erinnerung an den älteren Bruder gewidmet, der mit 19 Jahren 1943 in einem ukrainischen Lazarett starb.

Viele Autoren sehen ihre Gegenwart pessimistisch. Sie beschreiben Identitätsverluste, existenzielle Ängste, Beziehungsprobleme, Unbehaustheit und Getriebensein in einer egoistischen, fremdgewordenen Welt.

Der 1990 veröffentlichte Großstadtroman *Rebus* des Österreichers **Peter Rosei** ist von Melancholie geprägt. 1995 erscheinen drei Romane österreichischer Autoren, in denen ebenfalls Morbidität dominiert: **Elfriede Jelineks** *Die Kinder der Toten*, **Christoph Ransmayrs** *Morbus Kitahara* und **Josef Haslingers** *Opernball*. Elfriede Jelineks (1998: Georg-Büchner-Preis; 2004: Nobelpreis) Werk ist bissige Sozialkritik, gekleidet in eine Art von Totentanz. Hier wie in fast allen ihren Werken nimmt sie satirisch-provokant Stellung gegen gesellschaftliche Missstände. Christoph Ransmayr liefert eine düstere Welt-Utopie, nach der eine positive menschliche Entwicklung nicht möglich ist. Auch Haslingers Politthriller verfolgt gesellschaftskritische Absichten. Damit reihen sich diese Romane in eine österreichische Literaturtradition, die immer wieder Fragen der Schuld, Heimatlosigkeit, Verzweiflung und Vergänglichkeit aufgreift und sich einer heilen Heimatidylle verweigert.

Patrick Roth ist durch seine Christustrilogie (*Riverside*, 1991; *Johnny Shines*, 1993; *Corpus Christi*, 1996) bekannt geworden. Ihre Teile tragen den Charakter von Kriminalgeschichten und fallen durch eine kunstvoll-archaisierte Sprache auf. **Sibylle Bergs** Debütroman *Ein paar Leute suchen das Glück und lachen sich tot* (1997) thematisiert das Scheitern von Glückssuchern im alltäglichen Wahnsinn. Ihr Reiseroman *Die Fahrt. Vom Gehen und Bleiben* (2007) zeichnet das Schicksal ruhelos getriebener Figuren nach, die auch an entlegenen Orten keine Zufriedenheit finden. Heimat existiert nicht mehr, und jede Reise erweist sich als eine Fahrt in die eigene Fremdheit. **Katharina**

Hacker beschreibt in ihrem mit dem Deutschen Buchpreis 2006 ausgezeichneten Roman *Die Habenichtse* (2006) eine düstere, trostlose Welt, die von Egoismus, menschlicher Kälte und Kommunikationsproblemen beherrscht wird und in der es keine tieferen Werte gibt. In ihrem Erstling *Das Blütenstaubzimmer* (1997) kritisiert Zoë Jenny eine egoistisch ausgerichtete Gesellschaft, in der normale Eltern-Kind-Beziehungen misslingen. Die Protagonistin Helene in Julia Francks Roman *Die Mittagsfrau* (2007) zerbricht an einer Vielzahl von Schicksalsschlägen und setzt in den Nachkriegswirren ihr kleines Kind auf einem Bahnsteig aus. In Martin Mosebachs (geb. 1951) Roman *Der Mond und das Mädchen* (2007) werden die Eheprobleme des jungen Bankers Hans inmitten des ironisierten Frankfurter Großstadtlebens dargestellt, und Bernhard Schlinks *Liebesfluchten* (2000) beschreibt in sieben Erzählungen Fluchtformen der Liebe.

Christian Krachts (geb. 1966) *Faserland* (1995) steht am Beginn der deutschen Popliteratur der 90er-Jahre. Der Roman, der von der Reise eines jungen Mannes von Sylt durch sein „Fatherland" in die Schweiz erzählt, versucht verschiedene Facetten der Generation des Protagonisten zu reflektieren. Obwohl Inhalt und Sprache vor etlichen Kritikern nicht bestehen können, begründet Krachts Werk eine unerwartete Nachfrage nach Popliteratur. In seinem 2001 erschienenen Roman *1979* setzt er sich mit dem brüchig gewordenen westlichen Wertesystem, dem Islamismus und Maoismus auseinander. Sein Roman *Imperium* (2012), der vom Scheitern eines Aussteigers handelt, wird in der literarischen Öffentlichkeit kontrovers diskutiert.

Einen völlig anderen Weg beschreitet Daniel Kehlmann (geb. 1975) in dem Bestseller *Die Vermessung der Welt* (2005). Der junge Autor folgt humorvoll den Biographien zweier Wissenschaftler: des Mathematikers Carl Friedrich Gauß und des Naturforschers Alexander von Humboldt. Dabei erfasst er aber nicht nur die unterschiedlichen Charaktere der beiden Protagonisten, sondern bietet auch einen Einblick in ihre wissenschaftlichen Leistungen.

2009 erscheinen mehrere Werke, die sich mit Krankheit, Alter, Leid und Tod beschäftigen. Zu ihnen zählen Jens Petersens *Bis dass der Tod* (2009: Ingeborg-Bachmann-Preis) und Kathrin Schmidts *Du stirbst nicht*. Das Leid, wie es durch Unterdrückung, Verfolgung und Folter unter der Ceaușescu-Diktatur erfahren wurde, bestimmt als beklemmendes Leitmotiv das Werk von Herta Müller. Immer wieder wird in harten, oft surrealen Sprachbildern die schreckliche Erinnerung gegenwärtig: *Herztier* (1994), *Der König verneigt sich und tötet* (2003), *Atemschaukel* (2009). 2009 erhält Herta Müller den Literatur-Nobelpreis. Wie Herta Müller kommen auch die Schriftsteller Richard Wagner, **William Totok, Johann Lippet** und **Helmuth Frauendorfer** aus Rumänien. Sie gelten als Vertreter der multikulturellen Literatur in Deutschland.

Bereits in den 70er- und 80er-Jahren spricht man von der sogenannten „Gastarbeiterliteratur", später von „Migrantenliteratur", „Exilliteratur" und „interkultureller Literatur". Viele Themen der deutschschreibenden, aus der Fremde stammenden Autoren kreisen um Vergangenheitserlebnisse, Flucht, Heimatlosigkeit und Identitätsproblematik. Mitunter gelingt es, die erfahrenen Schwierigkeiten ironisch distanziert zu bewältigen. Zu den bekannteren Autorinnen und Autoren gehören die in Prag geborene **Libuše Moníková** (1945–1998), **Terézia Mora** (geb. 1971 in Sopron, Ungarn; 1999: Ingeborg-Bachmann-Preis) und der in Damaskus geborene Erzähler **Rafik Schami**. Aus Moskau kommt **Wladimir Kaminer** (*Russendisko*) und aus Tiflis in Georgien die Theaterregisseurin, Dramatikerin und Romanautorin **Nino Haratischwili** (geb. 1983). 1965 siedelte **Feridun Zaimoglu** (geb. 1964) mit seinen Eltern aus der Türkei nach Deutschland. 1995 erscheint sein erstes Buch *Kanak Sprak. 24 Misstöne am Rande der Gesellschaft*, das die Lebenssituation türkischer Migranten thematisiert. Mit dem Bestseller *Leyla* (2006) reiht er sich unter die besten deutschsprachigen Autoren der Gegenwart ein.

Das Genre des neokonservativen Familienromans wird von verschiedenen Autoren aufgegriffen. 2005 erscheinen **Eva Menasses** *Vienna*, eine humorvoll erzählte anekdotenreiche Geschichte einer Wiener Familie mit jüdischen Wurzeln, und **Arno Geigers** ebenfalls in Wien spielender Roman *Es geht uns gut*, der an drei Generationen österreichische Geschichte sensibel und vergnüglich erfahrbar macht. **Norbert Scheuers** Roman *Überm Rauschen* (2009) bietet eine Familiengeschichte aus der melancholischen Erinnerungsperspektive des Ich-Erzählers Leo Arimond. In **Reinhard Jirgls** Roman *Die Stille* bildet ein Fotoalbum den Hintergrund zur Geschichte zweier Familien, in der sich thematisch dicht und sprachlich eigenwillig die Ereignisse des 20. Jahrhunderts spiegeln. **Eugen Ruges** autobiografischer Debütroman *In Zeiten des abnehmenden Lichts* (2011) hält die Erfahrungen von vier Generationen mit dem DDR-Sozialismus fest. Familie, Liebe, Schuld, Krieg und die Macht der Vergangenheit sind die mit dramatischer Intensität erzählten Themen in **Nino Haratischwilis** Roman *Mein sanfter Zwilling* (2011).

Der Berliner Schriftsteller **Jan Peter Bremer** (geb. 1965; 1996: Ingeborg-Bachmann-Preis für *Der Fürst*) erzählt präzise, leicht und einfallsreich in *Der amerikanische Investor* (2011) über einen Autor, der sich in einer Schreibkrise befindet und dem neuen amerikanischen Hausbesitzer einen Beschwerdebrief zu schreiben versucht.

Drama

Dem Drama wird nicht die gleiche Aufmerksamkeit geschenkt wie dem epischen Schrifttum. Auch hier lässt sich eine Vielfalt von Gestaltungsmöglichkeiten erkennen. Deutlich ist die Abkehr vom traditionellen bürgerlichen Theater. Mitunter sind der Einfluss des expressionistischen Dramas, des epischen Theaters Brechts, aber auch postmoderne Ansätze feststellbar. (Postdramatisches Theater: Um die Kommunikation zwischen Schauspieler und Zuschauer zu erhöhen, wird der Text der Dramenvorlage auf die Bühnen- und Aufführungssituation abgestimmt.) Manche Autoren experimentieren mit Formenmischungen und Hereinnahme fremder Textpassagen. Tendenzen zur mosaikartig montierten Szenenfolge, zu langen Monologen, sogar zur stummen Darstellung (**Peter Handke**: *Die Stunde da wir nichts voneinander wußten*, 1992) sind festzustellen. Die Form soll einer fremd gewordenen, zersplitterten und beziehungsarmen Welt entsprechen. Zu den bedeutenden Regisseuren zählen **Frank Castorf** (geb. 1951), **Christoph Schlingensief** (1960–2010), **Thomas Ostermeier** (geb. 1968) und **Christoph Marthaler** (geb. 1951).

1995 stirbt der Dramatiker und Regisseur **Heiner Müller**, dessen Arbeiten oft um Sterben und Tod kreisen, beispielsweise die einem Totentanz gleichenden Szenenfolge *Germania 3. Gespenster am Toten Mann* (1996). Tod, Schuld und die Schatten der Vergangenheit finden sich nicht nur in den Prosawerken, sondern auch in den Stücken von **Elfriede Jelinek**, so in *Burgtheater* (1985) und *Der Tod und das Mädchen I–V* (2002).

Botho Strauß' Schauspiel *Ithaka* (1996) lehnt sich an Homers Heimkehr des Odysseus an. Gezeigt wird, wie sich das Fehlen des Herrschers auf die Bevölkerung von Ithaka auswirkt. Mythische Stoffe behandeln auch **Volker Braun** in *Limes. Mark Aurel* (2002) und **Moritz Rinke** in *Die Nibelungen* (2002).

Wiederholt werden die Probleme der modernen Arbeitswelt angesprochen. **Thomas Hürlimanns** Stück *Carleton* (1996) problematisiert am Leben des amerikanischen Agronomen Carleton den technischen Fortschritt. In **Urs Widmers** Drama *Top dogs* (1996) will eine Gruppe von gekündigten Top-Managern mit Hilfe der „New Challenge Company" die Krise des „Outplacements" überwinden und ins Berufsleben zurückkehren. Das Stück, das aus Interviews des Autors mit entlassenen Managern entstand, besitzt keinen durchgehenden Handlungsstrang. Seine offene Form zeigt Nähe zum epischen Theater. Auffällig sind die austauschbaren Figuren, die im Fachjargon parlieren, der besonders in der „Schlacht der Wörter" deutlich wird. Im „Stück in vier Akten" *Republik Vineta* (2000) von **Moritz Rinke** versuchen sechs psychisch kranke Manager den Verlust ihres Arbeitsplatzes mit ärztlicher Hilfe durch ein Planungsspiel zu ersetzen. Das Vorhaben scheitert. Eine aktuelle Thematik greift

Rolf Hochhuth in *McKinsey kommt* (2003) auf. Es geht um die von Konzernbossen durch Profitgier verschuldete Arbeitslosigkeit.

Hürlimanns Komödie *Das Lied der Heimat* (1998) kreist um Gottfried Keller, der vergeblich dem Trubel an seinem 70. Geburtstag in die Schweizer Bergwelt zu entfliehen versucht.

Lyrik

Die moderne Lyrik zeigt ein vielfältiges Spektrum: Orientierung an klassischen Formen steht neben der Bereitschaft zum Experiment, Chiffriertes neben klarer Daseinsbeschreibung. Zur Diagnose der Befindlichkeit von Ich und Welt gehören Ironie, Erinnerung, Klage, Rückzug und verschlüsselter Wunsch.

In subjektiver Betroffenheit drückt sich die Wiedervereinigungsthematik in **Jürgen Beckers** *Foxtrott im Erfurter Stadion* (1993) aus. Erinnerungen an die verlorene Heimat der Kindheit zwischen Dresden und Meißen, Veränderungen in detailliert beobachteter Natur und Gesellschaft sowie Kritik des modernen Sprachverfalls bilden thematische Schwerpunkte in der Lyrik **Wulf Kirstens**, so in den Sammlungen *Stimmenschotter* (1993) und *Wettersturz* (1999). Auch **Thomas Rosenlöcher** setzt die lange Reihe deutscher Naturlyrik fort. Formal der Tradition verbunden enthalten seine Gedichtbände *Schneebier* (1988), *Ich sitze in Sachsen und schau in den Schnee* (1998) und *Am Wegrand steht Apollo* (2001) Idylle und beißenden Spott. Hartes archaisches Naturleben findet sich in **Helga M. Novaks** Lyriksammlung *Silvatica* (1997), die damit in mythische Welten vorstößt, abseits aller modischen Trends.

Eigenwillig sind die Gedichte von **Robert Gernhardt** (1937–2006). Seine Gedichte, die in der Tradition Heines, Morgensterns und Tucholskys stehen, zeigen einen zeitgenössischen Chronisten, virtuos in der Form und feinnervig im Inhaltlichen. Die Themen in *Lichte Gedichte* (1997), *In Zungen reden* (2000) und *Im Glück und anderswo* (2002) kreisen um Glück und Vergänglichkeit. In seinen letzten Arbeiten, besonders in der Sammlung *Später Spagat* (2006), beschäftigt er sich mit seiner schweren Erkrankung.

Durs Grünbeins Lyrik verbindet souverän traditionelle Formen mit modernen Themen. Die Gedichte in *Schädelbasislektion* (1991) weisen auf den Einfluss G. Benns. In *Falten und Fallen* (1994) wird ein Ich beklagt, das völlig auf mathematische Formeln festgelegt ist. Die Sammlung *Nach den Satiren* (1999) begleitet ein lyrisches Subjekt in einer Spätkultur. Müde möchte es sich aus einer unerträglichen Welt zurückziehen. Elegischer Grundton, Vergänglichkeit, Trauer um die eigene Zeitlichkeit bestimmen die Gedichte in *Erklärte Nacht* (2002). Das Streben nach Klassizität und die Suche nach einer imaginären antiken Welt erkennt man auch in *Strophen für übermorgen* (2007).

Die deutsche Literatur nach der Wiedervereinigung

Hintergrund	**Internationale Ereignisse:** Auflösung der UdSSR (1991), Terroranschlag in New York (11.9.2001); Afghanistankrieg, Irakkrieg; EU-Erweiterung; Globalisierung **Gesellschaft:** Abflauen der Wiedervereinigungseuphorie; Arbeitslosigkeit; Integrationsprobleme; demographischer Wandel **Weltanschauung:** abklingendes Interesse an der Spaßgesellschaft, „PC-Generation", „Cocooning", Existenzängste, Pessimismus, ideologische Anfälligkeit **Wirtschaft:** Konkurrenzverschärfung durch Globalisierung, Profitorientierung
Literarisches Leben; literarische Entwicklungen	Turbulenzen im Literaturmarkt, Krisensituation der dt. Literatur Literaturstreit: Christa Wolf; Günter Grass Postmoderne, Wendeliteratur, Popliteratur, Sachbücher, Hörbücher, digitale Bücher (eBooks), Netzliteratur Bedeutung von Buchmessen, Literatursendungen, Bestsellerlisten, Literatur-Preisen, literarischen Agenturen
Autoren, Themen, Gattungen	**Epik:** Form: Elemente der Postmoderne, Abkehr vom linearen und chronologischen Erzählen, Montage Themen: Wende, DDR-Vergangenheit (Hilbig, Brussig, Braun, de Bruyn, Wolf, Schulze, Maron, Liebmann, Walser, Grass); Kriegs-, Nachkriegszeit (Ortheil, Sebald, Schlink, Timm); Leidendes Ich in trostloser Welt (Rosei, Jelinek, Ransmayr, Haslinger, Berg, Hacker, Timm, Jenny, Franck, Mosebach, Schlink); Religiöses, Traumhaftes, Unbewusstes (Roth); Popkultur (Kracht, Stuckrad-Barre); Biographisch-Wissenschaftliches (Kehlmann) **Drama:** Form: Abkehr vom bürgerl. Theater, Einflüsse des Expressionismus, des epischen Theaters, der Postmoderne; montierte Szenenfolgen und längere Monologpartien; Postdramatisches Theater Themen: Mythos (Strauß, Braun, Rinke); Moderne Arbeitswelt (Hürlimann, Widmer, Rinke, Hochhuth); Künstler und Ruhm (Hürlimann); Krankheit, Alter, Leid, Sterben und Tod (H. Müller, Jelinek, Petersen, Schmidt); Familiäres (Menasse, Geiger, Scheuer, Jirgl, Ruge, Haratischwili); Interkulturelle Literatur (Moníková, Mora, Schami, Kaminer, Haratischwili, Zaimoglu) **Lyrik:** Form: klassische Form neben Experimentellem, Tendenzen zur Chiffre, Ironie, Elegie, distanzierten Betrachtung Themen: Natur (Kirsten, Rosenlöcher, Novak); Spiel und Betroffenheit (Gernhardt); Elegisches (Grünbein)

Literaturhinweise

ANDREOTTI, M.: Die Struktur der modernen Literatur. Bern, Stuttgart ²1990
BOHN, V.: Deutsche Literatur seit 1945. Frankfurt/M. 1995
BORMANN, A. v.: Gebremstes Leben, Groteske und Elegie. Zur Literatur in den neuen Bundesländern seit der Wende. In: Aus Politik und Zeitgeschichte. Beilage zur Wochenzeitung *Das Parlament*. B13/98. S. 31–39
BRAAK, I.: Poetik in Stichworten. Kiel ⁵1974
BRENDEL, A.: Textanalysen II. München ²1977
DAEMMRICH, H. S. u. I.: Themen und Motive in der Literatur. Tübingen 1987
EMMERICH, W.: Kleine Literaturgeschichte der DDR. Erweiterte Neuausgabe. Leipzig 1996
FRENZEL, E.: Stoffe der Weltliteratur. Stuttgart ³1970
FRENZEL, H. A. u. E.: Daten deutscher Dichtung. Chronologischer Abriß der deutschen Literaturgeschichte. 2 Bde. München ³⁴2004
GLEISSNER, H.: Rhetorik. München 1973
GOETTE, J.: Methoden der Literaturanalyse im 20. Jahrhundert. Frankfurt/M. ⁵1979
GUTHKE, KARL S.: Das deutsche bürgerliche Trauerspiel. Stuttgart ⁴1984
GUTZEN, D. u. a.: Einführung in die neuere deutsche Literaturwissenschaft. Berlin ³1979
HOFFMANN, F. G., RÖSCH, H., neu bearbeitet von RÖSCH, H. u. a.: Grundlagen, Stile, Gestalten der deutschen Literatur. Berlin 1998
HOHENDAHL, P. U.: Literaturkritik und Öffentlichkeit. München 1974
KANZOG, K.: Erzählstrategie. Heidelberg 1976
KAYSER, W.: Das sprachliche Kunstwerk. Bern 1975
KESTING, M.: Das epische Theater. Zur Struktur des modernen Dramas. Stuttgart ⁵1972
KLOTZ, V.: Geschlossene und offene Form im Drama. München ¹⁰1980
KRAFT, TH. (Hrsg.): Lexikon der deutschsprachigen Gegenwarts-Literatur seit 1945. 2 Bde. München 2003
KRYWALSKI, D.: Wege zur Philosophie: ein Text- und Arbeitsbuch; Grundlagentexte zur Philosophie (Sekundarstufe II). München 1996
KILLY, W.: Wandlungen des lyrischen Bildes. Göttingen ⁷1978
LÄMMERT, E.: Bauformen des Erzählens. Stuttgart ⁸1983
MANN, O.: Geschichte des deutschen Dramas. Stuttgart 1963
MAST, C. (Hrsg.): ABC des Journalismus. Ein Leitfaden für die Redaktionsarbeit. Konstanz ⁸1998

METZLER-Literatur-Lexikon: s. SCHWEIKLE, G. u. I.
OPITZ, M., OPITZ-WIEMERS, C.: Tendenzen in der deutschsprachigen Gegenwartsliteratur seit 1989. In: METZLER: Deutsche Literaturgeschichte. Von den Anfängen bis zur Gegenwart. Stuttgart, Weimar ^{7}2008. S. 666–740
PESTALOZZI, K.: Die Entstehung des lyrischen Ich. Berlin 1970
PFISTER, M.: Das Drama. Theorie und Analyse. München ^{4}1984
PLETT, H.: Textwissenschaft und Textanalyse. Heidelberg 1975
SCHLÜTER, H.: Sonett. Stuttgart 1979
SALMON, W.: Logik. Stuttgart 1990
SCHLOSSER, H. D.: dtv-Atlas zur deutschen Literatur. Texte und Tafeln. München 1983
SCHRADER, M.: Epische Kurzformen. Theorie und Didaktik. Königstein 1980
SCHWEIKLE, G. u. I. (Hrsg.): Metzler-Literatur-Lexikon. Begriffe und Definitionen. Stuttgart ^{2}1990
STANZEL, F. K.: Typische Formen des Romans. Göttingen ^{9}1979
WELLEK, R., WARREN, A.: Theorie der Literatur. Berlin 1966
WIEGMANN, H.: Geschichte der Poetik. Ein Abriß. Stuttgart 1977
WILPERT, G. v.: Sachwörterbuch der Literatur. Stuttgart ^{5}1969
WINKELS, H.: Gute Zeichen. Deutsche Literatur 1995–2005. Köln 2005
WUCHERPFENNIG, W.: Geschichte der deutschen Literatur. Von den Anfängen bis in die Gegenwart. Stuttgart ^{3}1997
ZIRBS, W. (Hrsg.): Literaturlexikon: Daten, Fakten und Zusammenhänge. Berlin 1998

Stichwortverzeichnis

Absicht s. Intention
Abstracts 151
Absurdes Theater 76, 84, 94, 235
Adorno, Th. W. 230, 232, 235
Adressatenbezogenes Schreiben **145 ff.**
Aichinger, I. 233
Aischylos 81, 90
Akt 74
Alexandriner 102, 157
Allegorie 114
Anakreon 164
Andersch, A. 233
Andres, St. 223, 227
Anekdote 63, 71
Angelus Silesius 154
Ankunftsliteratur 238
Anna Amalia 174
Anouilh, J. 234
Anzengruber, L. 200, 207
Apitz, B. 238
Apollinaire, G. 191
Argumentieren s. Erörterung
Argumentation **22 f.**, 31, **135 ff.**
– ~sgang 22
– ~sweise 23
Ariost, L. 182
Aristoteles 83, 90, 93, 156
Arkadien 155
Arnim, A. v. 74, 181, **182**, 186
Arnim, B. v. 181
Ästhetizismus 207, 210
Athenäum 181
Aufbau-Literatur 238
Aufklärung 50, 67, 91, **160 ff.**

Außenseiter 206, 210, 220, 234
Außensicht 37
Autorengruppen 231
Autor und Erzähler 34, 43
Avantgarde 206

Bachmann, I. 109, 234 f.
Bacon, F. 160, 210
Bahr, H. 206
Ballade **106**, 109, 169, 175, 179, 191, 201, 214, 224
Barclay, J. 155
Barock 67, 90 f., **153 ff.**
Basissatz s. Überblicksinformation
Baudelaire, Ch. 115, 191, 208, 216
Bauer, H. 228
Beat generation 206
Becher, J. R. 109, 223, 227, 237
Becker, J. 251
Beckett, S. 75, 84 f., 235
Becket, Th. s. Thomas Becket
Begriffsklärung **24 f.**, 32
Beiseitesprechen **87**
Benjamin, W. 223, 227 f.
Benn, G. 109, 110, 113, 191, **214 f.**, 217 f., 220, 227, 235
Berg, S. 247
Bergengruen, W. 223, 227
Bergson, H. **213**
Bernstein, B. 231
Bestseller 233
Beziehungsentwicklungen 52
Bidermann, J. 91, 154
Biedermeier 50, 67, **188 ff.**
Bienek, H. 237

Biermann, W. 107, 237 f.
Bildlichkeit **113 ff.**
Bismarck, O. v. 195
Bitterfelder Weg 238
Blanckenburg, Fr. v. 164
Blankvers 102
Bloch, E. 228, 237
Bobrowski, J. 238
Boccaccio, G. 162, 200
Bodmer, J. J. 161, 164
Bohème 206
Bohèmien 210
Böhme, J. 154
Böll, H. 45, 48, 51 f., 231, 233
Borchert, W. 233 f.
Botenbericht 75
Braun, V. 238, 242, 245 f., 250
Brecht, B. 74, 76, 92, 106, 109, 218, 220, **221**, 224, 227 f., 234, 237 f.
Breitinger, J. J. 161, 164
Bremer, J. P. 249
Brentano, C. v. 108, 114, 181, **182**
Brief **143**, 151
Brion, Fr. 168
Britting, G. 113, 223, 228
Broch, H. 61, **221**, 232
Brockes, B. H. 164
Brod, M. 216
Brussig, Th. 242, 245
Bruyn, G. d. 246
Buchmessen 244
Büchner, G. 74, 76, 91 f., 169, **189**, 193, 221
Buff, Ch. 168
Bund Proletarisch-Revolutionärer Schriftsteller 223, 237
Burckhardt, J. 198

Bürgerliches Trauerspiel 91, 94, 162, 165, 197

Calderon, P. 182, 190
Camus, A. 226, 230
Castelvetro, L. 83
Castorf, F. 250
Cézanne, P. 209
Celan, P. 114, 235
Cervantes, M. de 67, 184
Chamberlain, H. St. 226
Chamisso, A. v. 182, **183**
Chiffre 115
Chor **74**, 81, 92
Christ, L. 52, 223
Claudius, M. 105, 112, 164
Collage 46
Commedia dell'Arte 90, 191
Comtes, A. 195
Conrad, M. G. 196
Corneille, P. 154

Dandy 206, 210
Dante, A. 182, 208
Darbietungsform **205**
Das Nachtlicht 214
Das Wort 228
Dauthendey, M. 207
Décadence 203
Definition 24, 32
Defoe, D. 67, 165
Degenhardt, F. J. 107
Dehmel, R. 207
Dekadenz 207
Delius, Fr. Ch. 244
Der Sturm 214
Descartes, R. 160
Dialog **87 f.**
Dialoghafter Monolog 88

Dickens, Ch. 53, 198
Die Aktion 214
Dietrich, M. 220
Dinggedicht 191, 201, 211
Dingsymbol 45
Direkte Rede 41
Doderer, H. v. 56
Döblin, A. 34, 38 f., 45 f., 49, 56, **215**, 217, 220, 224, 228
Dokumentartheater 94, 224, 234
Dos Passos, J. 215, 217
Dossier 151
Dostojewski, F. 52
Drama **73 ff.**
– Formen 94 ff.
– Gattungsgeschichte **90 ff.**
– Geistliches ~ 74, 90
– Geschichts~ 95
– geschlossene Form **75 ff.**, 179
– Ideen~ **95 f.**, 179
– Jesuiten~ 90 f., 154, 157
– Komposition **73 ff.**, 78
– Märtyrer~ 91, 93, 157
– offene Form **76 ff.**
– Schul~ 74, 90, 157
Drei Einheiten 83, 163
Droste-Hülshoff, A. v. 45, **189 f.**, 193
Dürrenmatt, Fr. 79, 92, 95, 234

Eco, U. 68, 232 ff.
Edschmid, K. 218
Eich, G. 223, 231, 234 f.
Eichendorff, J. v. 36 f., 50, 56, 108, 110, 112 f., 181, **183**, 185 f.
Einstein, A. 203
Elegie **106**, 109
Elfenbeinturm 206, 210, 233

Elf Scharfrichter 209, 214
Emblematik 158
Emigration 237
– Innere ~ 226, **229**
Empfindsamkeit **160 ff.**, 163, 173, 181
Empirismus 160
Engels, Fr. 188, 195, 200
Englische Komödianten 154
Enzensberger, H. M. 235
Epigramm **106**, 109, 157, 164, 179
Epik **33 ff.**
Epische Formen **63 ff.**
Episches Theater 76, 94 f., 221, 224
Epochenzuordnung **29**, 31
Erläutern 23 ff., 31
Erlebte Rede 41
Ernst, P. 207
Erregendes Moment 77
Erörterung **127 ff.**, 140
– Arbeitsschritte 128 ff.
– Argumentieren **135 ff.**
– Ausarbeitung 135 ff.
– Fehler 139 f.
– Formen 127
– Fünfsatz 136
– Gliederung 131 ff.
– Stoffsammlung 130 f.
– Themaerschließung 129 f.
Erzähl-
– ~einsatz 46
– ~form 34 f., 43
– ~perspektive 35, 43
– ~situation s. ~verhalten
– ~verhalten 38, 43
– auktoriales ~ 38
– neutrales ~ 39

- personales ~ 39
- ~te Zeit **59 f.**
- ~weisen 40
- ~zeit **59 f.**

Erzähler 33, **34 ff.**, 49
- auktorialer ~ 35, **38**
- ~bericht 40
- neutraler ~ **39**
- personaler ~ **39**
- ~position 34, 43

Essay 125, 126, **151 f.**, 224, 229
Euripides 90
Exilliteratur 227 f.
Existenzialismus 226, **230**
Exposition 75, 77
Expressionismus 92, 189, 201, 209, **213 ff.**, 228, 231
Expressionismusdebatte 228, 237

Fabel (Erzählung) 63, 71, 165
Fabel (Plot) 33
Fallada, H. 225
Faschistische Literatur s. Literatur
Fastnachtsspiel 90
Feuchtwanger, L. **221**, 223 f., 227 f.
Feuerbach, L. 92, 195, 197, 200
Fichte, J. G. 181, 183
Fiedler, L. 68
Fielding, H. 165
Figur und Umwelt
- Drama 80
- Epik 52

Figurendarstellung
- Drama **79 ff.**, 82
- Epik **49 ff.**, 53 f.

Figurenkonstellation
- Drama 81 f.
- Epik 52

Figurenkonzeption
- Drama 79 ff., 82
- Epik 49 ff.

Figurenrede 40
Film 214, 218, 220, 224, 228
Fin de siècle 203, 208, **211**
Flaubert, G. 53
Fleißer, M. 224
Fleming, P. 106, 156
Fontane, Th. 53, **196**, 201
Fortuna 155
Franck, J. 248
Frankfurter Schule 230
Frankfurter Zeitung 227
Frauendorfer, H. 249
Freie Rhythmen 104
Freiligrath, F. 188, 193
Frenssen, G. 207
Freud, S. 203, 209, 213, 215, 222
Freytag, G. 77, 199
Fried, E. 235
Friedell, E. 227
Friedrich II. 107
Frisch, M. 34, 40, 50, 56, 92, 234

Garbo, G. 220
Gauck, J. 243
Gautier, Th. 206
Gedichtformen **106 ff.**
Geiger, A. 249
Gellert, Ch. F. 162 f., 165
Geniebewegung 169
George, St. 115, 206 f., **208**
Gerhardt, P. 154
Germanistik 182
Gernhardt, R. 251
Gerstenberg, H. W. 170
Geschichte 33, 73
Geßner, S. 164

Gespräch 143 f.
Gestaltende Interpretation
  141 ff.
Gestaltendes Erschließen **141 ff.**
Giraudoux, J. 234
Gleichnis 115
Glosse 120, 126
Gobineau, J. A. v. 226
Goebbels, J. 226
Goethe, A. 175 f.
Goethe, J. W. v. 35, 67, 74, 81,
  83, 87, 91, 100, 102, 104 ff.,
  111, 116, 132, 160, 162 f.,
  168 ff., 174 ff., 178, 182, 184,
  191 f., 197, 209, 222
Gomringer, E. 235
Gontard, S. 176
Gorki, M. 223
Görres, J. v. 181
Gotthelf, J. 197, 207
Gottsched, J. Ch. 83, **161**, 163 ff.
Grabbe, Ch. D. 74, **190**
Graf, O. M. 223, 228
Grass, G. 50, 231, 233 f., 242,
  245 f.
Grillparzer, F. **190**, 192 f.
Grimm, H. 228
Grimm, J. 181 f.
Grimm, W. 181 f.
Grimmelshausen, H. J. Ch. 45, 50,
  67, **154**, 158
Grün, A. 193
Grünbein, D. 251
Grundidee 33
Gruppe 61 231
Gruppe 47 231
Gryphius, A. 91, 108, 112, 116,
  154 f., 157
Günderode, K. v. 181

Günther, Ch. 156
Gutzkow, K. 188, 193

Habermas, J. 230
Hacker, K. 247 f.
Hacks, P. 238
Haderlap, M. 244
Hafis 175, 182
Hagedorn, Fr. v. 162, 165
Hagelstange, R. 228
Haller, A. v. 164
Hamann, J. G. 169
Handke, P. 92, 231, 233, 235,
  250
Handlung **47 f.**
– äußere ~ 47 f.
– innere ~ 47 f.
– offene ~ 75, 78
– verdeckte ~ 75, 78
– ~ und Geschehen 75
Handlungs-
– ~gang 44, 48
– ~stränge 47
– ~verknüpfungen 45
Haratischwili, N. 249
Harlan, V. 228
Hart, H. u. J. 196
Hasenclever, W. 217, 227
Haslinger, J. 247
Hauff, W. 182
Hauptmann, G. 74, 81, 84, 92,
  189, 196, **197 f.**, 200 f., 207
Haushofer, A. 109, 227
Hebbel, Fr. 83, 92, **196 f.**, 199 f.
Hegel, Fr. 92, 176, 197, 199
Heidegger, M. 226, 232
Heidenreich, E. 244
Heimatkunst **207**
Hein, Ch. 239, 242

Heine, H. 116, **190 f.**, 193, 251
Held 52, 67, 157
- passiver ~ 189, 199, 211
- tragischer ~ 80, 82
Hemingway, E. 65, 206, 231
Herder, J. G. 168, **169 ff.**, 181 f., 184, 186
Herrndorf, W. 244
Herwegh, G. 188
Herz, H. 181
Hesse, H. 53, 67, 206, **221 f.**, 232
Hexameter 102
Heym, G. 109, 191, **215**, 217 f.
Heyse, P. 200
Hilbig, W. 242, 245
Hildegard v. Bingen 154
Hippie-Bewegung 206
Hitler, A. 226
Hochhuth, R. 251
Hoffmann, E. T. A. **183**
Hofmannsthal, H. v. 34, 74, 92, 108, 206 f., **208 f.**, 210, 216
Hölderlin, Fr. 104, 106 f., **176 f.**, 209, 218
Hollywood 220
Hölty, Ch. 168
Holz, A. 191, **198**, 200 f.
Hoppe, F. 244
Horaz 156, 164, 210
Horkheimer, M. 230
Hörbücher 243
Hörspiel 220, 224, 231, 234
Horváth, Ö. v. 224, 228
Huchel, P. 223, 235, 237
Hume, D. 160
Hürlimann, Th. 250 f.
Hymne **106 f.**, 109, 171, 179
Hypotaxe 16

Ibsen, H. 74, 196
Ich
- erlebendes, erzählendes ~ 39 f.
- ~Erzählung 39
Idealismus **173 f.**, 189, 195
Iffland, A. W. 174
Impressionismus **207**, **209 f.**, **211**, 216
Indirekte Rede 41
Individualitätsgrad d. Figur **49 f.**
Inhaltsangabe
- Inhaltswiedergabe 13, 30
- strukturierte ~ 147
Innensicht 37, 39
Innerer Monolog 41, **143**, 224
Intention 26, 32
Interpretationsmethoden 11 f.
Intertextualität 234, 245
Ionesco, E. 235

Jannings, E. 215
Jaspers, K. 226
Jean Paul **177**, 197
Jelinek, E. 247, 250
Jenny, Z. 248
Jirgl, R. 249
Johannes v. Tepl 50
Johnson, U. 233, 237
Johst, H. 227 f.
Journalismus 188
Joyce, J. 215, 217
Junges Deutschland **188 ff.**
Jung Wien 206

Kabarett 214, 218, 220
Kafka, F. 34, 50, 53, 56, 213, **215 f.**, 217
Kaiser, G. 74, **215**
Kalendergeschichte 63, 71

Kaminer, W. 249
Kant, I. 160, 169, 173 f., 176 f., 178 f.
Karl August 174, 176
Karl Eugen 169
Karlstadt, L. 220
Kasack, H. 232
Kaschnitz, M. L. 116, 235
Kästner, E. 191, 223, 235
Katharsis 90, 93
Kayser, W. 103 f.
Kehlmann, D. 248
Keller, G. 37, 52, 56, 67, **197**, 201, 207, 251
Kerkeling, H. 243
Kerner, J. 182
Kerouac, J. 206
Kierkegaard, S. 209, **213**, 226
Kipphardt, H. 234, 237
Kirchenlied 154, 164
Kirsch, S. 237 f.
Kirsten, W. 242, 251
Kisch, E. E. 223
Kiwus, K. 235
Klang **110**
– ~figuren 110
– ~funktionen 113
Klassik 50, 67, 91, **173 ff.**, 181, 231, 237
Klassische Epochen 178
Kleist, E. v. 162, 164
Kleist, H. v. 81, **177**, 182, 198
Klepper, J. 227
Klinger, M. 91, 169
Klopstock, Fr. G. 104, 107, **162**, 164 f., 168, 177, 209
Koeppen, W. 233
Kolbenheyer, E. G. 228
Kommentar **119 f.**, 126

Kommentierende Formen **119 ff.**, 126
Komödie 90, **96**
– Groteske ~ 92, 95
Konkrete Poesie 231, 235 f.
Körner, Ch. G. 170
Kornfeld, P. 227
Kotzebue, A. F. v. 174
Kracht, Ch. 243, 248
Krechel, U. 235
Kritik **121 f.**
Kroetz, F. X. 92, 234 f.
Krolow, K. 223, 235
Kunert, G. 237
Kunze, R. 237 f.
Kurzgeschichte **63 ff.**, 71, 233

Lang, F. 214
Langgässer, E. 232 f.
La Roche, S. v. 163, 165
L'art pour l'art 208, 210
Lasker-Schüler, E. 115, 154, 227
Laube, H. 188
Lebert, B. 243
Le Fort, G. v. 223
Legende 65, 71
Lehmann, W. 223, 228, 235
Leibniz, G. W. 160
Leid 81
Leitmotiv 45
Lenau, N. 106, 108
Lengefeld, Ch. v. 170
Lenin, W. I. 200
Lenz, H. 233
Lenz, J. M. R. 74, 76, 91, **169 ff.**, 189
Leserbrief **151**
Lessing, G. E. 91, 93, **161 ff.**, 164 f., 197 f., 222

Lichtenberg, G. Ch. 165
Lichtenstein, A. 217
Liebmann, I. 246
Liliencron, D. v. 207
Lied **107**, 109
Lippet, J. 249
Literatur **1 ff.**
– der DDR **237 ff.**
– der Jahrhundertwende 50, 92, **203 ff.**
– der Weimarer Republik **220 ff.**
– Gastarbeiter~ 249
– im Nationalsozialismus **226 ff.**
– in digitaler Form 243 f.
– ~markt 231
– Migranten~ 249
– moderne ~ **204 f.**
– multikulturelle ~ 249
– nach der Wiedervereinigung **240 ff.**
– Pop~ 243, 248
– ~preise 244
– Trash~ 243
– traditionelle ~ **204 f.**
– Trivial~ 68, 196
– Twitter~ 244
– Wende~ **242, 245 f.**
– zwischen 1945 und 1990 (BRD) **230 ff.**
Loerke, O. 223, 228
Loest, E. 237
Lohenstein, D. C. v. 157
Löns, H. 207
Lost generation 206
Ludwig XIV. 153
Ludwig, O. 199
Lukács, G. 223, 228, 232, 237
Lütz, M. 243

Lyrik **99 ff., 235, 251**
– Anakreontische ~ 164
– Bauelemente **101 ff.**, 105
– Erlebnis~ 168, 200
– Formen 109
– Gebrauchs~ 223
– Gedanken~ 164
– Liebes~ 157
– Natur~ 223 f., 235, 251
– Politische ~ 235
– Rokoko 164
Lyrisches Ich **100**
Lyrische Sprache 110 ff.

Macpherson, J. 167
Mallarmé, St. 115
Manierismus 158
Mann, H. 207, **215**
Mann, K. 227
Mann, Th. 39, 45, 50 ff., 55, 60, 132 f., 206 f., **222**, 227
Marc Aurel 156
Märchen 65, 68, 71
Maron, M. 242, 246
Marlowe, Ch. 154
Marthaler, Ch. 250
Marx, K. 188, 190, 195, 200
May, K. 196
Meister Eckhart 154
Menasse, E. 249
Mendelssohn, M. 161
Metapher **113 f.**
Metonymie 115
Metternich, K. v. 191
Meyer, C. F. **198**, 200 f., 211
Milieutheorie 195
Mimesis 93
Mitleid 93

Moderne 50, 52, 67, **203 ff.**
Monet, C. 207
Moníková, L. 249
Monolog **86**, 89, 143
Monologhafter Dialog 88
Montage 46, 215, 218, 220, 224
Mora, T. 249
Morgenstern, Ch. 251
Mörike, E. 36 f., 182, 191, 193, 211
Moro, A. 233
Mosebach, M. 248
Motiv **26**, 31
– Aufbruchs~ 185
– Bühnen~ 156
– Einsiedler~ 156
– Familien~ 192, 249
– Fenster~ 185
– Flucht~ 249
– Fortuna~ 155
– Frühlings~ 185
– Großstadt~ 217
– Heimat~ 192, 223
– Jugend~ 185
– Kindsmörderin~ 170
– Märchen~ 185
– Masken~ 156
– Natur~ 181
– Sehnsuchts~ 185
– Vanitas~ 155
– Vergangenheits~ 249
– Wander~ 185
– Weg~ 185
– Zeit~ 155
Motte-Fouqué, Fr. H. K. 182
Müller, A. 182
Müller, Heiner 238, 242, 250
Müller, Herta 248
Mundt, Th. 188

Musil, R. 53, **222**, 232
Mystik 154, 156 f.

Nachahmung 93
Nadolny, S. 234
Nationalsozialismus 217, 221 f.
Naturalismus 50 f., 67, 92, 189, **195 ff.**, **199**, 201, 216
– Gegenströmung zum ~ **203 ff.**
Nestroy, J. N. 193
Neue Innerlichkeit 233
Neue Sachlichkeit **223 f.**
Neue Subjektivität 233, 235
Neuklassik **206 f.**
Neuromantik 201, **206 f.**
Nietzsche, Fr. 104, 191, **200**, 203, 213 f., 217 f., 222
Nicolai, Fr. 161
Novak, H. 251
Novalis 51, 56, 67, 104, 107 f., 181, **183**, 186
Novelle 45, **66**, 72

Ode **107**, 109, 164, 171, 177, 179
Online-Tagebücher 244
Oper 91, 155, 157 f.
Opitz, M. 91, 108, **155 f.**, 158
Ortheil, H.-J. 247
Ostermeier, Th.. 250

Pantheismus 160, 167, 179
Parabel **66**, 71, 115
Parataxe 15
Pentameter 102
Peripetie 93
Personifikation 114
Petersen, J. 248
Petrarkismus 157

Pfeffel, G. K. 165
Pfemfert, F. 214
Phasenbildung (Epik) 44
Pietismus **163**, 181
Pinthus, K. 218
Piscator, E. 84, 223 f.
Platen, A. v. 106, 108
Platon 110, 200
Plautus 90
Plenzdorf, U. 238 f.
Plivier, Th. 232
Plotin 183
Poésie pure 208, 210
Poetik 83, 155 f.
- Aufklärung 161
- Barock 156
- Biedermeier, Junges Deutschland, Vormärz 192 f.
- Expressionismus 218
- Jahrhundertwende 210
- Klassik 178 f.
- Moderne 232
- Naturalismus 199 f.
- Realismus 50, 199 f.
- Romantik 185 f.
- Sturm und Drang 170 f.
- Weimarer Republik 224
- zwischen 1936 und 1939 228
Poetry Slam 243
Ponten, J. 228
Positivismus 195
Postdramatisches Theater 250
Postmoderne 68, 231, **233 f.**
Prag 206
Progressive Universalpoesie 185

Quintilian 113 f.

Raabe, W. 56, **198**
Raimund, F. **191**, 193
Ransmayr, Ch. 234, 247
Rationalismus 160
Raum 55, **83 ff.**, 85
- ~arten 55
- ~darstellung 57 f., **205**
- ~erfahrungen 56, 224
- ~funktionen 84
- ~gestaltung **55 ff.**, 57 f., 83, 85
- ~konzeption Drama 83 f.
- ~motivik **55 f.**, 58
Realismus 51 f., 67, 192, **195 ff.**, 231
Rede **123 f.**, 126, **150**
Reich-Ranicki, M. 244
Regener, S. 246
Reim **111 f.**
Reimann, B. 238
Reinig, Ch. 237
Relativismus 195
Remarque, E. M. 224
Renaissance 49, 90, 204
Reyen 74
Rezension **121 f.**, 126
Rhetorische Mittel **16 ff.**, 110, 113 ff.
Rhythmus **103 f.**
Richardson, S. 165
Rilke, R. M. 56, 104, 106, 108 f., 114 f., 207, **208 f.**, **210 f.**
Rimbaud, A. 110, 191, 206
Ringelnatz, J. 223
Rinke, M. 250
Rinuccini, O. 155
Rodin, A. 209
Rokoko **164**

Roman **66 ff.**, 72
- Aufklärungs~ 164
- Barock~ 158
- Bildungs~ 67, 69, 162, 164, 175, 179, 192 f., 201
- Brief~ 165, 171
- ~entwicklung 67 f.
- Entwicklungs~ 69, 183
- Erziehungs~ 67, 69, 165, 222
- Familien~ 69, 165, 249
- Frauen~ 193
- Gesellschafts~ 69, 201
- Heroisch-galanter ~ 158
- Historischer ~ 70, 193, 201, 224, 228
- Kriminal~ 70
- Künstler~ 70, 191
- Montage~ 68, 224
- postmoderner ~~ 68, 72, 233 f.
- Schäfer~ 158
- Schelmen~ 158, 245
- Trivial~ 68, 72
- ~typen 69
- Utopischer ~ 70
- Zeit~ 70, 193, 221, 224
Romantik 50 f., 67, **181 ff.**
Romantische Ironie 186
Ronsard, P. 156
Rosegger, P. 207
Rosei, P. 247
Rosenberg, A. 220, 226
Rosenlöcher, Th. 251
Roth, J. 222, 227
Roth, P. 247
Rousseau, J.-J. 161, 165, **167 ff.**, 177
Rückblende/-wendung 60
Ruge, E. 246, 249
Rundfunk 220

Sachbuch 243
Sachs, H. 90
Sachs, N. 235
Sachtexte **119 ff.**, 141, **145 ff.**
Sage 65, 71
Saint-Exupéry, A. de 231
Saint-Simon, C. H. de 190, 195
Salonkultur 181
Sartre, J. P. 226, 230, 234
Satzarten 15
Satzfiguren 16
Saussure, F. de 232
Scaliger, J. C. 156
Schäferdichtung 157
Schall und Rauch 214
Schami, R. 249
Schaper, E. 223
Schelling, Fr. 176, 181, 183, 197
Scheuer, N. 249
Schiller, Fr. 74, 76, 81, 84, 91, 100, 106, 109, 116, **169 ff.**, 174 f., **176**, 177, **178 f.**
Schlaf, J. 196, 198, 201
Schlager 224
Schlegel, A. W. 108, 181 f., **184**
Schlegel, C. 181
Schlegel, D. 181
Schlegel, Fr. 181, **183**, 185 f.
Schlegel, J. E. 102
Schleiermacher, Fr. 181
Schlingensief, Ch. 250
Schlink, B. 247 f.
Schmidt, K. 248
Schneider, Reinhold 223, 227
Schneider, Robert 234
Schnitzler, A. 206 f., **209**, 210 f.
Schnurre, W. 233
Schopenhauer, A. 92, 195, 197 f., 203, 222

Schröder, R. A. 223, 228
Schütz, H. 91, 155
Schuld 80
Schulze, I. 246
Schwab, G. 182
Schwabing 206
Schwank 66, 72
Sebald, W. G. 247
Seghers, A. 56, 223, 227 f., 232, 237
Sekundenstil 200 f.
Seneca 90, 155 f., 157
Setz, C. J. 244
Shaftesbury Earl of 179
Shakespeare, W. 90 f., 93, 110, 154, 165, 168 f., 170 f., 182, 184, 190, 208
Sidney, Ph. 155
Simplicissimus 209
Simultaneität 85
Simultantechnik 46, 218
Song 224
Sonett **107 ff.**, 109, 156, 229
Sophokles 56, 81, 90, 155
Sorge, R. J. 217
Sozialdarwinismus 195, 226
Sozialismus 195
Sozialistischer Realismus 223, 237 f.
Spener, Ph. J. 163
Sperr, M. 92, 234
Spinoza, B. d. 160, 167, 179, 183
Sprache **14 ff.**
– dramatische ~ **86 ff.**, 89
– Funktion dramatischer ~ 89
– Kunst~ 179
– lyrische ~ **110 ff.**, 116, 117
– Seelen~ 165
– Sprachkrise 210

Stadler, E. 217 f.
Ständeklausel 91, 156, 163
Stehr, H. 228
Stein, Ch. v. 174, 176
Stein, G. 206
Stellungnahme **27 f.**, 31 f.
Sternheim, C. **215**
Stichomythie 87
Stifter, A. 35, 51, 67, **191 ff.**
Stil **16 f.**
Stoff 33
Stoizismus 155
Storm, Th. 45, 55 f., 60, **199**, 200
Stramm, A. 217
Strauß, B. 250
Strauß, D. Fr. 195
Strauss, R. 208
Stream of consciousness 41, 224
Stresemann, G. 220
Strittmatter, E. 238
Strophenformen **105**
Struck, K. 233
Stuckrad-Barre, B. v. 243
Sturm und Drang 50 f., 67, **167 ff.**, 173, 181, 190
Süskind, P. 234
Swinburne, A. Ch. 208
Symbol 115
Symbolismus 207, **208**, **210 f.**
Synästhesie 114
Synekdoche 115
Syntax 15
Szene 74
Szenengestaltung 144

Tagebuch **143**
Taine, H. 195
Takt 101
– ~reihen 102 f.

Tauler, J. 154
Teichoskopie 75
Telegrammstil 218
Tellkamp, U. 246
Terenz 90
Text
- Analyse **1 ff., 10**
- Aufbau **13**, 31
- Aufgabenschwerpunkte **3 f.**,
  10 ff., 31 ff.
- Erschließung **1 ff., 10**
- Interpretation **1 ff., 10 ff.**
- Sprachuntersuchung **14 ff.**, 32
- Untersuchungsbereiche **33 ff.**
- ~vergleich **28 f.**, 32
Thakeray, W. M. 198
Thema 33
Thingspiel 229
Thoma, L. 223 f.
Tieck, L. 67, 108, 181, **184**, 186
Timm, U. 247
Thomas Becket 198
Toller, E. **215**, 227 f.
Totok, W. 249
Tragik 197
Tragikomödie **96**
Tragödie 90, **97**
Trakl, G. 106, 114 f., **216 ff.**
Tropus (Rhetorik) 113
Tropus (liturg. Gesang) 90
Tucholsky, K. 191, 223, 227,
  235, 251

Überblicksinformation 12, 30
Überbrettl 214
Uhland, L. 182
Unterhaltungsliteratur 196

Valentin, K. 220 f.
Vanitas 108, 155
Varnhagen, R. 181
Vergleich 115
Verknüpfungen (Epik) 45
Verlagswesen 231, 244
Verlaine, P. 206, 208
Vers **101 ff.**
Villon, F. 221
Volkslied 169, 171, 182, 186
Volksstück 97
Vondel, J. v. d. 154
Vorausdeutung 60 f.
Vormärz **188 ff.**, 192
Vulpius, Ch. 175 f.

Wackenroder, W. H. 181, 184
Waggerl, H. 207
Wagner, H. L. 170
Wagner, R. (Komponist) 222
Wagner, R. (Autor) 248 f.
Walden, H. 214
Wallraff, G. 233
Walser, M. 233, 246
Walther v. d. Vogelweide 105
Wedekind, F. 189, 206, 209, 214
Weerth, G. 188
Weigel, H. 238
Weill, K. 221
Weimar 174
Weimarer Klassik 178 f.
Weimarer Republik 220
Weinheber, J. 107
Weisenborn, Th. 233
Weiss, P. 92, 234
Weltbild 159, 166, 172, 184,
  195, **204**, 219

Wendeliteratur **242**
Werfel, F. 74, 216, 224, 227
Werkkreis Literatur der
  Arbeitswelt 231
Weyrauch, W. 234
Widmer, U. 250
Wieland, Ch. M. 67, **162 f.**, 165, 170
Wienbarg, L. 188
Wiene, R. 214
Wiener Moderne 206
Wilder, Th. 55, 234
Wilhelm II. 195
Wilhelminisches Zeitalter 203
Willemer, M. v. 175
Williams, T. 234
Winckelmann, J. J. 164, 173
Winkler, E. G. 227, 229
Wittgenstein, L. 55, 231
Wohmann, G. 233
Wolf, Ch. 239, 242, 246

Wood, R. 167
Wortwahl 14

Young, E. 167

Zaimoglu, F. 249
Zech, P. 109
Zeit
– ~bewusstsein **61 f.**
– ~darstellung **205**
– ~deckung 60
– ~dehnung 60
– ~gestaltung **59 ff.**
– im Drama 84, 85
– in der Epik **59 ff.**, 62, 84
– ~raffung 59, 85
– ~schichtung 224
Zesen, Ph. 158
Zuckmayer, C. 234
Zweig, St. 227
Zweite Moderne 206

Sicher durch das Abitur!

Effektive Abitur-Vorbereitung für Schülerinnen und Schüler:
Klare Fakten, systematische Methoden, prägnante Beispiele sowie Übungsaufgaben auf Abiturniveau mit erklärenden Lösungen zur Selbstkontrolle.

Deutsch

Dramen analysieren und interpretieren	Best.-Nr. 944092
Erörtern und Sachtexte analysieren	Best.-Nr. 944094
Gedichte analysieren und interpretieren	Best.-Nr. 944091
Epische Texte analysieren und interpretieren	Best.-Nr. 944093
Abitur-Wissen Erörtern und Sachtexte analysieren	Best.-Nr. 944064
Abitur-Wissen Textinterpretation Lyrik · Drama · Epik	Best.-Nr. 944061
Abitur-Wissen Deutsche Literaturgeschichte	Best.-Nr. 94405
Abitur-Wissen Prüfungswissen Oberstufe	Best.-Nr. 94400
Kompakt-Wissen Rechtschreibung	Best.-Nr. 944065

Englisch

Übersetzung	Best.-Nr. 82454
Grammatikübungen	Best.-Nr. 82452
Themenwortschatz	Best.-Nr. 82451
Grundlagen, Arbeitstechniken, Methoden mit Audio-CD	Best.-Nr. 944601
Sprachmittlung	Best.-Nr. 94469
Sprechfertigkeit mit Audio-CD	Best.-Nr. 94467
Klausuren Englisch Oberstufe	Best.-Nr. 905113
Abitur-Wissen Landeskunde Großbritannien	Best.-Nr. 94461
Abitur-Wissen Landeskunde USA	Best.-Nr. 94463
Abitur-Wissen Englische Literaturgeschichte	Best.-Nr. 94465
Kompakt-Wissen Abitur Themenwortschatz	Best.-Nr. 90462
Kompakt-Wissen Abitur Landeskunde/Literatur	Best.-Nr. 90463
Kompakt-Wissen Kurzgrammatik	Best.-Nr. 90461
Kompakt-Wissen Grundwortschatz	Best.-Nr. 90464

Französisch

Sprachmittlung · Übersetzung	Best.-Nr. 94512
Landeskunde Frankreich	Best.-Nr. 94501
Themenwortschatz	Best.-Nr. 94503
Textarbeit Oberstufe	Best.-Nr. 94504
Klausuren Französisch Oberstufe mit MP3-CD	Best.-Nr. 105011
Abitur-Wissen Französische Literaturgeschichte	Best.-Nr. 94506
Kompakt-Wissen Abitur Themenwortschatz	Best.-Nr. 945010
Kompakt-Wissen Kurzgrammatik	Best.-Nr. 945011

Latein

Abitur-Wissen Lateinische Literaturgeschichte	Best.-Nr. 94602
Abitur-Wissen Römische Philosophie	Best.-Nr. 94604
Abitur-Wissen Prüfungswissen Latinum	Best.-Nr. 94608
Klausuren Latein Oberstufe	Best.-Nr. 106011
Kompakt-Wissen Kurzgrammatik	Best.-Nr. 906011

Erdkunde/Geographie

Erdkunde – Atmosphäre · Relief- und Hydrosphäre · Wirtschaftsprozesse und -strukturen · Verstädterung	Best.-Nr. 94909
Geographie 1 – Bayern	Best.-Nr. 94911
Geographie 2 – Bayern	Best.-Nr. 94912
Geographie – Baden-Württemberg	Best.-Nr. 84904
Erdkunde – NRW	Best.-Nr. 54902
Abitur-Wissen Entwicklungsländer	Best.-Nr. 94902
Abitur-Wissen Die USA	Best.-Nr. 94903
Abitur-Wissen Europa	Best.-Nr. 94905
Abitur-Wissen Der asiatisch-pazifische Raum	Best.-Nr. 94906
Abitur-Wissen GUS-Staaten/Russland	Best.-Nr. 94908
Kompakt-Wissen Abitur Erdkunde Allgemeine Geografie · Regionale Geografie	Best.-Nr. 949010
Kompakt-Wissen Abitur – Bayern Geographie Q11/Q12	Best.-Nr. 9490108
Lexikon Erdkunde	Best.-Nr. 94904

Politik

Abitur-Wissen Demokratie	Best.-Nr. 94803
Abitur-Wissen Sozialpolitik	Best.-Nr. 94804
Abitur-Wissen Die Europäische Einigung	Best.-Nr. 94805
Abitur-Wissen Politische Theorie	Best.-Nr. 94806
Abitur-Wissen Internationale Beziehungen	Best.-Nr. 94807
Kompakt-Wissen Abitur Grundlagen der nationalen und internationalen Politik	Best.-Nr. 948001
Kompakt-Wissen Abitur Grundbegriffe Politik	Best.-Nr. 948002

Natürlich führen wir noch mehr Titel für alle Fächer und Stufen: Alle Informationen unter
www.stark-verlag.de

(Bitte blättern Sie um)

Geschichte

Geschichte 1 – Deutschland vom 19. Jahrhundert
bis zum Ende des Nationalsozialismus .... Best.-Nr. 84763
Geschichte 2 – Deutschland seit 1945 · Europäische
Einigung · Weltpolitik der Gegenwart .... Best.-Nr. 84764
Geschichte 1 – Bayern, Gesellschaft im Wandel (15.–19. Jh.) ·
Demokratie und Diktatur – Probleme der deutschen Geschichte
im 20. Jh. .... Best.-Nr. 947818
Geschichte 2 – Bayern, Historische Komponenten europäischer
Kultur und Gesellschaft · Konfliktregionen und Akteure inter-
nationaler Politik in historischer Perspektive .... Best.-Nr. 947828
Geschichte 1 – Baden-Württemberg, Die demokratische
und nationale Bewegung in der Auseinandersetzung mit
dem Obrigkeitsstaat · Die Entwicklung der politischen Kultur
und ihrer Grenzen im Kaiserreich und in der Weimarer Republik ..... Best.-Nr. 84760
Geschichte 2 – Baden-Württemberg
Deutschland seit 1945 · Die bipolare Welt .... Best.-Nr. 84762
Geschichte 1 – NRW, Vom 19. Jahrhundert
bis zum Ende des Nationalsozialismus .... Best.-Nr. 54761
Geschichte 2 – NRW, Deutschland und Europa
nach dem Zweiten Weltkrieg .... Best.-Nr. 54762
Grundlagen, Arbeitstechniken und Methoden –
Geschichte .... Best.-Nr. 94789
Abitur-Wissen Die Antike .... Best.-Nr. 94783
Abitur-Wissen Das Mittelalter .... Best.-Nr. 94788
Abitur-Wissen Französische Revolution .... Best.-Nr. 947812
Abitur-Wissen Die Ära Bismarck: Entstehung und
Entwicklung des deutschen Nationalstaats .... Best.-Nr. 94784
Abitur-Wissen
Imperialismus und Erster Weltkrieg .... Best.-Nr. 94785
Abitur-Wissen Die Weimarer Republik .... Best.-Nr. 47815
Abitur-Wissen
Nationalsozialismus und Zweiter Weltkrieg .... Best.-Nr. 94786
Abitur-Wissen
Deutschland von 1945 bis zur Gegenwart .... Best.-Nr. 947811
Abitur-Wissen USA .... Best.-Nr. 947813
Abitur-Wissen Naher Osten .... Best.-Nr. 947814
Kompakt-Wissen Abitur Geschichte Oberstufe .... Best.-Nr. 947601
Lexikon Geschichte .... Best.-Nr. 94787

Wirtschaft/Recht

Wirtschaft – Wirtschaftliches Handeln im Sektor Unternehmen ·
Wirtschaftliches Handeln im Sektor Ausland .... Best.-Nr. 84852
Betriebswirtschaft .... Best.-Nr. 94851
Wirtschaft – Bayern .... Best.-Nr. 94852
Abitur-Wissen Volkswirtschaft .... Best.-Nr. 94881
Abitur-Wissen Rechtslehre .... Best.-Nr. 94882
Kompakt-Wissen Abitur Volkswirtschaft .... Best.-Nr. 948501
Kompakt-Wissen Abitur Betriebswirtschaft .... Best.-Nr. 924801
Kompakt-Wissen
Rechnungswesen mit Bilanzanalyse .... Best.-Nr. 924802

Kunst

Abitur-Wissen Malerei · Plastik · Architektur .... Best.-Nr. 949618
Abitur-Wissen Analyse und Interpretation .... Best.-Nr. 94962
Kompakt-Wissen Abitur Kunst .... Best.-Nr. 949601

Ethik

Ethische Positionen in historischer Entwicklung ... Best.-Nr. 94951
Abitur-Wissen Philosophische Ethik .... Best.-Nr. 94952
Abitur-Wissen Glück und Sinnerfüllung .... Best.-Nr. 94953
Abitur-Wissen Freiheit und Determination .... Best.-Nr. 94954
Abitur-Wissen Recht und Gerechtigkeit .... Best.-Nr. 94955
Abitur-Wissen Religion und Weltanschauungen ... Best.-Nr. 94956
Abitur-Wissen
Wissenschaft · Technik · Verantwortung .... Best.-Nr. 94957

Religion

Katholische Religion 1 .... Best.-Nr. 84991
Katholische Religion 2 .... Best.-Nr. 84992
Abitur-Wissen – ev. Religion
Der Mensch zwischen Gott und Welt .... Best.-Nr. 94973
Abitur-Wissen Glaube und Naturwissenschaft ..... Best.-Nr. 94977
Abitur-Wissen Jesus Christus .... Best.-Nr. 94978
Abitur-Wissen Die Frage nach dem Menschen ...... Best.-Nr. 94990
Abitur-Wissen Die Bibel .... Best.-Nr. 94992
Abitur-Wissen Christliche Ethik .... Best.-Nr. 94993

Erziehungswissenschaft

Erziehungswissenschaft NRW GK/LK .... Best.-Nr. 54941
Erziehungswissenschaft .... Best.-Nr. 94941

Pädagogik/Psychologie

Grundwissen Pädagogik .... Best.-Nr. 92480
Grundwissen Psychologie .... Best.-Nr. 92481

Sport

Bewegungslehre · Sportpsychologie .... Best.-Nr. 94981
Trainingslehre .... Best.-Nr. 94982

**Natürlich führen wir noch mehr Titel für alle
Fächer und Stufen: Alle Informationen unter
www.stark-verlag.de**

Bestellungen bitte direkt an:
STARK Verlagsgesellschaft mbH & Co. KG · Postfach 1852 · 85318 Freising
Tel. 0180 3 179000* · Fax 0180 3 179001* · www.stark-verlag.de · info@stark-verlag.de
*9 Cent pro Min. aus dem deutschen Festnetz, Mobilfunk bis 42 Cent pro Min.
Aus dem Mobilfunknetz wählen Sie die Festnetznummer: 08167 9573-0

Lernen ▪ Wissen ▪ Zukunft
STARK